经典传家

经典回到生活　阅读从心开始

经典传家

『经典传家』丛书遴选了清代《四库全书》的精华，而且每一种书在注释、译文、解读等方面做了大量的、扎实的工作。

——傅璇琮

国学就是中国人的学问。『经典传家』是一套非常适合大众阅读的国学经典丛书。国学的传承和发展迫切需要好的大众读本。

——毛佩琦

《四库全书》浩如烟海，真正的必读经典就这百余部。

——任德山

国学是相互通融的，切忌断章或是割裂。今人只有从《周易》等原始经典入手，才能真正找到进入国学的门径。

——刘君祖

经典传家系列丛书

图解 孙子兵法 三十六计

孙武等 著

崇贤书院 释译

黄山书社

《孙子兵法·三十六计》阅读指南

权威专家保证书稿质量

以最优异的品质呈现给读者最权威的兵法读本。

图文配合还原经典记忆

所选插图出处繁多，几乎涵盖了所有古代版画的优秀作品。力求营造与所处年代相符的阅读氛围。

选字注音

- 将偏僻字选出单独标注拼音。
- 将古今读音相异的字单独标注拼音。
- 将重复出现的字词都反复标注。

注 释

- 权威、准确、客观、极具启发性。

释 例

- 出现在译文之后，百余个战例。
- 阐释每段主题，明晰文章要义。

孙子兵法·三十六计

虚实篇第六

[原文]

孙子曰：凡先处战地而待敌者佚(yì)①，［曹操曰：力有余也。］**后处战地而趋战者劳②。故善战者，致人而不致于人③。**

[注释]

①凡先处战地而待敌者佚：此句言在作战中，若能率先占据战地，就能使自己处于以逸待劳的主动地位。处，占据。佚，即“逸”，指安逸、从容。

②后处战地而趋战者劳：作战中若后据战地仓促应战，则疲劳被动。趋，奔赴，此处为仓促之意。

③致人而不致于人：调动敌人而不被敌人所调动。致人，调动敌人。致于人，为敌人所调动。致，招致、引来。

耿弇宫台望战

耿弇（3—58），字伯昭，扶风茂陵（今陕西兴平东北）人，东汉中兴名将。西汉末年，跟随刘秀起兵造反，任大将军。

[译文]

孙子说：两军交战，总是先进入战场而等待敌人的一方，显得安逸从容；后到达战场而仓促应战的一方，就必然疲惫不堪。所以，善于指挥作战的人，总是能设法调动敌人而不被敌人所调动。

[释例一]

公元29年，汉光武帝令耿弇攻讨张步，张步派大将军费邑驻军历下，费邑派其弟费敢驻守巨里。耿弇进兵先到巨里，命令部众多伐树木，扬言用于填塞坑堑，急修攻城工具，三日后全军进攻巨里城；并暗地里放归俘虏，使其告知汉军的攻期。第二天费

孙子兵法

〇六六

《孙子兵法·三十六计》阅读指南

战例解说诠释深奥战术

二百多个精彩战例详尽诠释深奥幽微的战术义理，深入浅出。生动的故事重现战争场面的波谲云诡。

再现经典在国人中的权威

编者以拳拳弘扬中国传统经典之心，精心挑选传统文化结晶，飨之于所有爱读书的人。

邑率领精兵三万人来攻。耿弇对诸将说："我之所以修攻城器具，就是想引诱费邑前来呀！"当即拨出三千精兵固守巨里，亲自领精兵占据高地，乘高合围，大战，临阵斩费邑，敌兵溃散。

[原文]

能使敌人自至者，利之也①；[曹操曰：诱之以利也。]**能使敌人不得至者，害之也**②。[曹操曰：出其所必趋，攻其所必救。]**故敌佚能劳之**③，[曹操曰：以事烦之。]**饱能饥之**，[曹操曰：绝其粮道。]**安能动之**④。[曹操曰：攻其所必爱，出其必趋，使敌不得不救也。]

将帅之臣

李牧（？—前229），战国时期赵国人，杰出的军事家、统帅。

[注释]

①能使敌人自至者，利之也：能使敌人自来，乃是以利引诱的缘故。利之，以利引诱。

②能使敌人不得至者，害之也：此言能使敌人不能到达战地，乃是牵制敌人的结果。害，妨碍、阻挠之意。

③劳之：使之疲劳。

④安能动之：言敌若固守，就设法使他移动。

[译文]

能让敌人自动进入我所预设的战场，是用小利引诱的结果；能让敌人不能到达其预定地域，是制造困难阻挠的结果。所以，对安逸的敌人应该设法使其疲劳，对粮食充足的敌人应该设法使其饥饿，对安稳的敌人应该设法使其移动。

[释例二]

（1）公元前三世纪中期，赵国驻守北部边防的良将李牧，常年驻扎在

孙子兵法·三十六计

孙子兵法

〇六七

版画插图

- 所选插图皆为古人原创，确保原汁原味。
- 选图方面，广征博采保证插图清晰质感。
- 以图释文，书中的文字与插图完全一一对应。

图名图说

- 古版画的名称、出处等。
- 叙述与正文相关的故事内容。
- 由正文引出的感慨与得到的启发。

总 序

国学是什么？简单说，就是中国人之所以成为中国人的学问。因此，国学不仅包括数千年积累流传下来的经典，比如“四书五经”、《老子》《庄子》《孙子》《史记》《汉书》、唐诗、宋词，也包含研究中国人思维方式、生活方式、行为方式乃至娱乐方式的各种学问。广言之，国学研究的对象不仅包括文献，也包括实物；不仅包括物质文化遗产，也包括非物质文化遗产，如我国各民族的建筑、服饰、饮食、音乐、绘画、医药、戏曲等等。

国学是不断丰富、不断发展的学问。上面说的从“四书五经”到唐诗、宋词就是一个不断丰富发展的过程。近代以来，国学的研究范围还在不断地扩大，比如敦煌学、甲骨学，是随着有关文物的出土而兴起的；比如红学，是随着文学理论和学术风气的发展变化而兴起和发展的。随着时间的推移和学术的进步，必将有更多的学问被纳入国学研究的范围。

数千年来，中国人做学问形成了自己独特的理论和方法，比如思想理论、史学理论、文学理论，以及训诂学、考据学、音韵学等等。但这些理论和方法并不是一成不变的。比如，在史学研究领域，由于地下文物的出土，王国维等人提出了以地下文物与传世文献相补充互证的“二重证据法”。近代以来，西风劲吹。国人主动借鉴西方学术研究的理论和方法，研究中国学问。王国维借鉴尼采的哲学理论研究中国的文学戏剧，胡适以杜威的实验主义研究中国的“国故”。国学从来没有拒绝外国学问的融合，佛教传入中国后，经过改造，形成了中国独特的佛学、因明学；自明朝末年西学传入中国后，中国的天文学、数学等就已经融入了西学的因素。马克思主义传入中国后，不少人用马克思主义理论研究中国历史文化，它们自然也成为了国学的一部分。因此，国学又是开放的、随时代而进步的。那么，当今我们研究、振兴国学，不允许也不应该倒退，不允许也不应该僵化。

然而，国学又是与西学明显区分的。国学是西学的对应物，是与西学完全不同的学术体系。在近代，西学挟坚船利炮强势进入中国之后，中国人还视自我，对于中国固有之学问的称呼出现了中学、国故学、国粹、国学这样的名称。面对“帝国主义”的强大，中国人自愧不如，一方面拼命地学习、引进西学，另一方面拼命地贬低、抛弃国学。虽然也有一些人，如张之洞为保护中华文化之根本，提出“中学为体，西学为用”，如胡适，提出“整理国故”，以“再造文明”“建立民族自信心”，但其声音终被时代所淹没。国学一再被严重曲解和轻视，造成了中国历史文化的大断裂。也许，这一历史过程是必然的。但回顾过去，中国在走向独立富强的过程中，国学所付出的代价实在太大、太惨重了。

新中国成立后，饱受屈辱的中国人从此站立了起来，民族自信心大大加强，但没有能够及时认识到国学在新时代的重要性，甚至仅存的一点点国学遗产也进一步成为被抛弃的对象。改革开放三十年之后，走向富强的国人终于幡然醒悟，保护和振兴国学逐渐成为全民的共识。一个强大的自立于世界民族之林的国家，必然要有与之相匹配的伟大的民族文化。中国人，从领导者、学术界到普通百姓，都在重新发现国学的现代价值。同时，在走向全球化的进程中，东西方各国也把目光投向了中国。中国学问，中国的一切都在被重新评价。中国不仅为了自身的建设和发展需要从传统文化中汲取智慧，而且也面临着以优秀的中华文化向全人类贡献智慧的责任和挑战。

那么，这套经典传家丛书的编纂就是可喜的，编纂者的初衷和努力就是可敬的。希望这套丛书能发挥点滴作用，如同涓涓细水与千百万有志者的努力一道汇成大潮，去迎接中华民族的伟大复兴！

是为序。

毛佩琦

二〇一五年五月

前言

《孙子兵法》与《三十六计》是中国古代军事理论的精华。这两本书的内容博大精深，其中蕴含着精妙而深邃的智慧，是中国古典军事文化遗产中的璀璨明珠。凡用兵者，必先仔细研读，领悟其精髓，方能决胜千里。

《孙子兵法》是春秋末期我国古代大军事家孙武所著的一部军事经典著作，这部兵书共十三篇，五千余言，它总结了春秋时代的战争经验，内容涉及对战争的基本原则、将领的独立决策性、作战时地形的作用等军事思想，揭示出战争的本质和一些重要规律，对后世的政治、军事、哲学思想产生了巨大影响，被誉为“武学之圣典，兵家之绝唱”。《三十六计》最早见于《南齐书》，语出《王敬则传》，据传为南北朝时刘宋名将檀道济所作。《三十六计》是一部兵法和智谋的奇书，“瞒天过海”“声东击西”“隔岸观火”等三十六条计策精略得当，已经为人们耳熟能详，但要真正理解其中的智慧，却要仔细研读。《三十六计》已经成为古代兵家行军作战的决胜宝典，对后世影响深远。

虽然我们现在已经远离了战国时代的烽火硝烟，但《孙子兵法》与《三十六计》这两部兵法奇书的实用性已经远远超出了军事战争的范畴，被广泛运用于外交、金融、职场、商场、处世等各项领域，适用于今，这已不仅仅是兵家言论，更多的是其中所蕴含的精神已经渗透到世人生活的各个角落，从而演变成为现代社会生活的智慧结晶，由此获益的人不可胜数。无论是商业竞争、企业管理、人际交往、社会生活、外交谈判等方方面面，随处可见其身影，并成为世人“无往而不利”的成功之道。

美军西点军校将《孙子兵法》列为教学参考书，严令学生深层钻研，活用兵计；松下电器总裁视孙子兵法为企业文化，用《孙子兵法》的思想来管理每一名员工；借古人的眼光来谋划策略，用成功者的事例来创新理念，将会使我们更好地把握成功的主动权，立于不败之地。英国著名军事理论家利德尔·哈特向人透露：他的军事著作中所阐述的观点，其实在 2500 年前的《孙子兵法》中就可以找到。

鉴于《孙子兵法》和《三十六计》所蕴含的精妙智慧，编者重新编辑了这两本先贤智慧的结晶，期待能够给读者带来更多的领悟。本书的编排具有以下特色：

首先，本书的原文均参考权威版本加以校订，其中《孙子兵法》的原文我们选取的是带有曹操译注的版本，这样读者在读孙武兵法思想的同时，还可以看到曹操的兵法思想。为了读者能够顺利阅读，我们还把名家的译文、注释附在原文相应的内容后面，帮助读者明了原文的意思。

其次，由于《孙子兵法》成书较早，文字较晦涩，我们在每一篇的原文后都选取了中国历史上许多著名的战役，这些战例都与其前面的原文相结合，便于读者理解其中的兵法思想。例如，在《三十六计》反间计的原文后，我们给读者提供了《三国演义》中蒋干的例子，他两次过江，自以为得了机密，却不知正好中了周瑜的计谋，反而使曹军一败涂地。这样战例与原文相结合，让读者轻而易举地理解了这一计。

最后，我们选取了大量精美的中国古版画作插图。选图时，我们严格按照插图清晰、文字插图对应等原则，使每一幅插图都成为阅读著名战役时不可或缺的一部分。文图对照、以图释文，著名人物和战役的形象生动鲜明，使阅读变成了一件赏心悦目的事情。

总的来说，这本书将《孙子兵法》和《三十六计》作了全面的解读，融文字、图片、注音、注释、战例分析等于一体，文字有限，内蕴无穷。希望读者可以从本书中汲取智慧，更好地把握命运的主动权，立于不败之地。

崇賢書院

目录

孙子兵法

三十六计

孙子兵法

计[1]篇第一

[原文]

孙子曰：兵[2]者，国之大事[3]，死生之地，存亡之道，不可不察[4]也。

[注释]

①计：预计、计算的意思。这里指战前通过对敌我双方客观条件的分析，对战争的胜负做出预测、谋划。

②兵：本义为兵械，后逐渐引申为兵士、军队、战争等。这里作战争解。

③国之大事：国家的重大事务。

④不可不察：意指不可不仔细审察、谨慎对待。察，考察、研究。

[译文]

孙子说：战争是国家的大事，是关乎人民生死、国家存亡的重要方面和根本问题，是不可以不加以认真研究的。

[原文]

故经之以五事[1]，校之以计，而索其情[2]：[曹操曰：谓下五事七计，求彼我之情也。]**一曰道[3]，**[曹操曰：谓导之以教令。]**二曰天，三曰地，四曰将[4]，五曰法[5]。道者，令民与上同意也[6]，故可以与之死，可以与之生，而不畏危[7]。**[曹操曰：危者，危疑也。]**天者，阴阳[8]、寒暑[9]、时制[10]也。**[曹操曰：顺天行诛，因阴阳四时之制。故《司马法》曰："冬夏不兴师，所以兼爱民也。"]**地者，远近、险易[11]、广狭[12]、死生[13]也。**[曹操曰：言以九地形势不同，因时制利也。论在《九地》篇中。]**将者，智、信、仁、勇、严[14]也。**[曹操曰：将宜五德备也。]**法者，曲**

制[15]、官道[16]、主用[17]也。［曹操曰：曲制者，部曲、旗帜、金鼓之制也。官者，百官之分也。道者，粮路也。主用者，主军费用也。］**凡此五者，将莫不闻[18]，知之者胜，不知者不胜[19]。故校之以计，而索其情。**［曹操曰：同闻五者，将知其变极，即胜也。索其情者，胜负之情。］**曰：主孰有道[20]？将孰有能[21]？天地孰得[22]？法令孰行？兵众孰强[23]？士卒孰练[24]？赏罚孰明？吾以此知胜负矣[25]。**

曹操会兵击袁术

孙策欲起兵攻袁术，但恐有失，于是联合曹操，两军夹击。袁术兵大败。

［注释］

①经之以五事：此句意为要从五个方面分析、预测。经，度量、衡量。五事，指下文的“道、天、地、将、法”。

②校之以计，而索其情：此句意为要通过比较双方的谋划，来探索战争胜负的情势。校，衡量、比较。计，指筹划。索，探索。情，情势，这里指敌我双方的实情，战争胜负的情势。

③道：本义为道路、途径，引申为政治主张。

④将：将领。

⑤法：法制。

⑥令民与上同意也：使民众与国君统一意志，拥护君主的意愿。令，使、让的意思。民，普通民众。上，君主、国君。意，意愿、意志。

⑦不畏危：不害怕危险。

⑧阴阳：指昼夜、晴雨等不同的气象变化。

⑨寒暑：指寒冷、炎热等气温差异。

⑩时制：指春、夏、秋、冬四季时令的更替。

⑪险易：指地势的险要或平坦。

⑫广狭：指作战地域的广阔或狭窄。

⑬死生：指地形条件是否利于攻守进退。死，即死地，进退两难之地。生，即生地，易攻能守之地。

⑭智、信、仁、勇、严：此是孙子提出的作为优秀将帅所必须具备的五种品德。智，智谋才能。信，赏罚有信。仁，爱抚士卒。勇，勇敢果断。严，军纪严明。

⑮曲制：有关军队的组织、编制、通讯联络等具体制度。

⑯官道：指各级将吏的管理制度。

⑰主用：指各类军需物资的后勤保障制度。主，掌管。用，物资费用。

⑱闻：知道、了解。

⑲知之者胜，不知者不胜：此句意为对五事（道、天、地、将、法）有深刻的了解，对这些条件掌握得好，就能胜，掌握得不好，则不能胜。知，知晓，这里含有深刻了解、确实掌握的意思。

⑳主孰有道：指哪一方国君政治清明，拥有民众的支持。有道，指政治清明。

㉑将孰有能：哪一方的将领更有才能。

㉒天地孰得：哪一方拥有天时、地利。

㉓兵众孰强：哪一方的兵械锋利、士卒众多。兵，此处指的是兵械。

㉔士卒孰练：哪一方的军队训练有素。练，娴熟。

㉕吾以此知胜负矣：我根据这些情况来分析，即可预知胜负之归属了。

[译文]

因此，要从五个方面进行仔细的比较分析，从而探察了解敌我双方的实际情况。这五个方面，一是政治，二是天时，三是地利，四是将帅，五是法制。所谓政治，指的是能使民众与君主同心同德的政治路线和政策方针，让民众心甘情愿与君主同生共死，而不惧怕任何危难。所谓天时，指的是用兵时的昼夜晴雨、严寒酷暑、春夏秋冬等气候情况。所谓地利，指的是用兵打仗时距离的远与近，地势的险峻与平坦，地域的宽阔与狭窄，是死地还是生地等地理条件。所谓将帅，指的是要考察他是否具有足智多谋、言而有信、关爱部下、勇猛果断、治军严明等素质和能力。所谓法制，指的是军队的组织编制、军事训练、管理教育、军令法规、武器装备、军需供应等情况。以上这五个方面的情况，将帅们没有不了解的；但只有真正通晓和掌握这些情况的人才能取得战争的胜利。所以说，必须从以下几个方面认真计算比较，从而探索敌我双方胜败的情况。也就是说比较敌我：哪一方的君主政治清明、路线政策正确？哪一方的将帅有才能？哪一方占有天时与地利？哪一方的军纪严明、法令能严格执行？哪一方的兵力比较强大？哪一方的士兵训练有素？哪一方的军队管理有方、赏罚分明？根据这些情况就可以判断谁胜谁负了。

孙权跨江破黄祖

孙权自公元200年孙策死后，占据江东。甘宁为孙权分析，如要取天下，须先破黄祖，稳固根据地。孙权于是跨江攻打黄祖，扩充了自己的地盘。

[释例一]

这五方面的素养，被称为“五才”或“五德”。岳飞就是这样的全才之将。他严于律己，带兵有方，在抗金战争中立下大功。

[释例二]

公元前206年，韩信向刘邦说：“项羽一声怒吼，千人都吓得胆战腿软，但是他不信任人，不把重要的任务交付给有能力的将领们。他的勇不过匹夫之勇罢了。项羽待人，恭敬而慈爱，说起话来，柔和温顺；部下生病了，他同情病人的痛苦，甚至为他流泪，把自己的食物分给他们；但是等到部下因有功该封给爵位时，他却迟迟没有动静。这就是妇道人家的习气——不识大体。项羽目前虽然做天下的领袖，诸侯们都臣服于他，可是他不驻守在可控制中原的关中，宁可跑到彭城（今徐州）去。又违背义帝当时与天下诸侯所做的约定，而把他所亲近的、喜爱的人，都封为王。诸侯们对他这种自私行为十分愤怒。项羽把义帝驱逐到江南一隅。凡是项羽军队所到过的城邑，没有不被蹂躏得残破毁灭的，所以天下人都非常怨恨，老百姓们都不愿归顺拥戴他，只是被他的淫威所逼迫罢了！他名义上虽然是天下的领袖，实际上已经失去了天下人的心，所以说，他目前看来很强，但很快就会衰弱下去。您当初由东方进入秦的武关，一点儿也没有损害到秦国的老百姓，而且废除了秦朝的苛刻刑罚，颁布“约法三章”。秦国的老百姓，几乎没有一个人不希望大王在秦国

马援

马援，字文渊，扶风茂陵（今陕西兴平东北）人，东汉著名的军事家，刘秀的得力干将。

做王的。现在大王起兵向东，收复三秦王的属地，只要送一封文告去，就可以了！”刘邦重视韩信的分析，“部署诸将所击”，终于称雄天下。

［释例三］

公元48年，伏波将军马援带领着马武、耿舒等四万人马去攻打五溪蛮。去五溪蛮有两条路可走：一条是通过壶头山的，路近，可是难走；一条是通过充县的，道路平，可是远得多。耿舒主张走充县那一路。马援认为路远，既费时日，又费粮草，不如走壶头山这条路。马援上奏章向汉光武帝请示。汉光武帝同意他的看法。他们就向壶头山进发。汉军到了壶头山，好不容易找到一块较大的地方，把军队驻扎下来。可是天热，好些士兵中暑死去。马援自己也得了病。遂分士兵为两队：一队守住营寨，对付五溪蛮人；一队在山崖上凿窑洞，使士兵可以在里面避避热气。五溪蛮人一忽儿敲着鼓冲下来，一忽儿打个呼哨跑回去，弄得汉兵没法交战。马援不管太阳多么毒，瘴气多么厉害，他总是跑到外面去，踮着脚，望着五溪蛮人的动静。他的部下瞧见他流着汗，连胡子都湿了，央告他到窑洞里去休息。他笑着说：“老头儿不怕热，你们进去吧。”左右士兵被他感动得流下眼泪。但汉军仍进退不得，困在山腰，这是因为马援不得天时地利。

［释例四］

（1）齐景公时，晋国进攻齐国的阿邑、鄄邑；同时，燕军侵略齐国的河上之地。齐国军队大败。景公对此忧心不已。晏子于是向他推荐田穰苴，说：“穰苴虽然是田氏庶子，但是他这个人文武兼备，文能亲服左右部下，武能威慑敌人，希望君王试试他。”齐景公召见穰苴跟他谈论军事，对他大加赞赏，就任命他作将军，领兵抵抗燕国和晋国的军队。穰苴对景公说：“我一向地位低下，君王把我从平民提拔起来，位在大夫之上，可能士兵对我不信服，百姓对我缺乏信任。由于我资历浅而权威不足，希望得到君王的宠臣、国人所尊重的大臣来担任监军，这样更加可行。”于是景公派庄贾前往。穰苴跟庄贾约定说：“明天中午在营门会合。”

第二天，穰苴先赶到军中，等待庄贾。烈日当空而庄贾还未到达，穰苴进入营中，检阅军队，指挥士兵，宣布纪律条令。军纪宣布完毕，已是黄昏时分，这时庄贾才姗姗来迟。穰苴问道：“你为什么迟到？”庄贾说：“有劳大夫和亲戚们送行，所以耽搁了。”穰苴说：“如今敌国深入侵略，国内很不安定，士兵们在边境上风餐露宿，百姓的性命都在您手上，还有什么相送的呢？”召军正来问道：“按照军法，约定时间而迟到的，怎么说？”军正回答说：“应当斩首。”庄贾害怕了，派人向景公求救。那人去了，还没来得及回来，穰苴就斩了庄贾，以此号令三军。三军将士全都震惊万分。景公派使者带着符节前来赦免庄贾，穰苴说：“将在外，君命有所不受。”穰苴执法如山，不畏权贵，最终得以克敌制胜。

（2）曹操有一次领兵出征，行军经过麦田，下令：“士兵不得损坏麦子，违犯命令的予以处死。”骑兵都下马步行，扶起麦子帮助马匹通过。这时曹操的坐骑受惊跃入麦田，曹操吩咐主簿按法给自己定罪。主簿根据《春秋》上所记载的道理回答说：“对于高贵的人不能施用刑罚。”曹操说：“制定法令的人自己犯法，怎么能统率部队呢？但我是军队主帅，不能自杀，请允许我处罚自己吧。”就取剑割下自己的一绺头发作替代。这是以割发代罪来表示执法之严。

（3）公元228年，诸葛亮出兵祁山，以马谡督领各军在前，同张郃在街亭交战。马谡违反诸葛亮的调度，

穰苴斩监

穰苴，春秋时期齐国人，是齐景公时掌管军事的大司马，所以后人也称他为“司马穰苴”。穰苴整军之后，齐军面貌立刻改观，纪律严明、军容整肃、令行禁止、悉听约束。

放弃水源，上山驻军，不下山据守城邑。张郃断绝马谡取水的道路，大败马谡，蜀军溃散。诸葛亮被迫退回汉中，后来依军法把马谡处死。诸葛亮亲自奔丧，为他痛哭流涕，抚慰他的家属，和他在世时一样情深义重。蒋琬对诸葛亮说："古时候晋国同楚国交战，楚国杀了领兵的得力大臣，晋文公自然高兴了。现在天下没有安定，而杀了智谋之士，难道不惋惜吗？"诸葛亮流着眼泪说："孙武之所以能够制胜于天下，是用法严明。现在天下分裂，交战刚刚开始，如果又废除军法，怎能讨伐敌人呢？"

（4）公元 1053 年，宋朝名将狄青奉令远征侬智高。狄青向各将士下令：不得轻易与敌人交战。当时，陈曙恐怕狄青独得战功，乘狄未到之机，抢先发兵进击，行到昆仑关，被敌人打败。袁用等将领狼狈逃回。狄青到了宾州，得知陈曙军队溃败情况，勃然大怒，说："号令不齐，怎得不败？应该严申军律。"次日黎明，诸将都到齐了，依次在堂上列坐。狄青起身先向陈曙行军礼，陈曙也起立还礼。然后狄青召袁用等三十二人，严厉叱责陈曙说他违犯号令，吃了败仗，按军法当斩首；袁用等遇敌即逃，罪也当斩。遂令卫士将他们一一捆绑，推出辕门，都枭首示众。余将恐惧得腿都发颤。从此整顿队伍，明确约束，昼夜戒备，壁垒一新。

［释例五］

（1）唐代名将李抱真为训练精兵，采取了一条新方法：对应服役的成年男子，从在籍的一户三丁中选一丁，免除其徭役和赋税，发给弓箭，令他们利用农闲时节，分组立靶子练习射箭，年末进行大赛。李抱真亲自去评比，优者奖赏，劣者批评。将近三年，练得"成卒"二万，都是精兵。正当安史之乱，李希烈攻陷汴梁，李纳、李怀光相继叛唐。李抱真独以数州之地与叛军作战，叛军无不畏惧。

（2）公元 1555 年，戚继光到浙江时，发现卫所军队长期不事军事训练，而金华、义乌地区的乡团民兵矫健勇猛，他获准从那里招募了三千人，教给他们击刺之法，长短兵器交替使用，因此戚继光的这支军队特别精锐。戚继光又考虑到江南地方多湖泽，不利于车马奔驰追逐，于是就根据当地地形制定军事阵势，找出便于兵力展开的方法，对所有的战舰、火器、兵械加以精选，重新置备。从此，"戚家军"的威名播扬天下。

公元 1561 年，倭寇大肆劫掠桃渚、圻头。戚继光迅即率军奔赴宁海，控制住桃渚，在龙山镇击败倭寇，一直追击到雁门岭。戚继光先后打了九仗，全部获胜。

［释例六］

（1）安史之乱期间，唐朝名将李光弼与叛将史思明大战。唐军中一副将执利矛刺杀敌人，矛刺穿马腹，还刺中数人；军士中也有迎战敌人时，不战而退的。李光弼对以矛刺敌者赏绢五百匹，不战而退者处以斩刑。

戚继光治军有道

戚继光，明朝抗倭名将、军事家。在沿海地区组织抗击来犯倭寇，终于扫平倭寇之患。他严明纪律，赏罚必信。每战多捷，世人誉为“戚家军”。

（2）公元954年3月，高平战役开始，后周和北汉军队都已列好阵势，北汉骑兵上前挑战。樊爱能见势即退兵，何徽带着步兵列阵在骑兵后面，被奔腾而来的骑兵一冲击，顿时溃不成军。樊、何二将向南而逃。后周世宗派近臣前去阻止，却没有人肯听从命令，都扬言说：“官军吃了大败仗，残余的将士已无心作战了。”到了傍晚，由于后周军队取得了胜利，樊爱能、何徽及将士陆续返回军中。

周世宗到达潞州后，逮捕了临阵脱逃的人，把其中军使以上将领和监军一起斩首。从此，不管是桀骜不驯的将领还是纪律松弛的士兵，人人有所戒惧。世宗考虑到何徽曾有防守平阳的功劳，想赦免他的罪，结果没有这样做，还是将他与樊爱能一起杀了，尸体都用专门的车辆运送回去安葬。

（3）公元219年，吕蒙到江陵，将被囚的于禁释放，俘获关羽和将士们的家属，给以抚慰，对全军下令：“不得骚扰百姓和向百姓索求财物。”吕蒙帐下有一亲兵，与吕蒙是同乡，从百姓家中拿了一个斗笠遮盖官府的铠甲。铠甲虽然属于公物，但吕蒙认为他违反了军令，不能因是同乡就破坏军法，便流着眼泪把这个亲兵处死了。全军都因此感到震惊、恐惧，南郡从此道不拾遗。

[原文]

将听吾计[1]，用之必胜[2]，留之；将不听吾计，用之必败，去[3]之。[曹操曰：不能定计，则退去之。]**计利[4]以听[5]，乃为之势[6]，以佐其外[7]。**[曹操曰：常法之外也。]**势者，因利而制权[8]也。**[曹操曰：制由权也，权因事制也。]

[注释]

①将听吾计：如果能听从、采纳我的计谋。将，作助动词，表示假设，如果。

②用之必胜：用兵就一定能取得胜利。之，语助词，无义。用，实行，即用兵。

③去：离开。

④计利：计谋有利。

⑤听：听从、采纳。

⑥乃为之势：造成一种积极的军事态势。乃，于是、就的意思。为，创造、造就。之，虚词。势，态势。

⑦以佐其外：用来辅佐他对外的军事活动。

⑧因利而制权：根据利害关系采取灵活的对策。因，根据、凭依。制，制定、采取。权，权变、灵活处置。

[译文]

如果君主听从、采纳我的计谋，运用它指导战争，就一定能取得胜利，我就留下来；如果他不听从我的计谋，贸然用兵便必然招致失败，那么，我就应该辞别离去。

如果经过对利害的权衡，君主采纳了我的计谋策略，就要设法造成有利的态势，用它辅助军事行动外部条件的形成。所谓有利的态势，就是根据对我有利的情况而采取灵活机动的措施和行动。

[释例七]

（1）公元22年，冯异回到父城，对父城县令苗萌说：“如今各路将领都是勇士，突然兴起，大多凶狠残暴，唯独刘秀将军的军队所到之处不掳人掠货。我观察他的言行，他不是一个平庸之辈，我们可以依附于他。”苗萌回答说：“我和你生死在一块，我听从你的主意。”这是冯异比较两方之将领所做出的决定。

（2）公元223年，魏文帝问贾诩：“我准备征讨不服从命令的人，以统一天下，吴、蜀两国，应先讨伐哪一个？”贾诩说：“进攻他国，应先在军事上权衡；完成统一的根本大计，则当崇尚道德教化。陛下应顺应形势，接受汉朝禅让，统治全国。如果推广文教、道德以安抚人心，静观形势变化，平定天下就不难。吴、蜀虽然都是小国，但是地势险要，有长江天险。刘备有雄才大略，诸葛亮善于治国，孙权长于辨别虚实，陆逊精通军事；蜀汉固守险要，东吴陈舟江湖，我们很难在短期内将他们击败。用兵的原则是，先了解夺取胜利的途径，然后再作战；根据敌人的力量任命将领，这样才能做到攻战无误。据我分析，我们的文臣武将没有人是刘备、孙权的对手，即使陛下亲自对付他们，也未必有一定取胜的把握。从前虞舜让士兵拿着盾牌和雉羽跳舞，苗部落就臣服了。我认为陛下目前应对他们加以抚慰，然后再用武力征讨。”文帝不听，出动大军，结果无功而返。

贾诩

贾诩，字文和，是三国时魏国的大臣。善用计谋，屡次为曹操献上妙计，曹操在官渡战袁绍，在潼关破西凉马超、韩遂，都有他的功劳。

［释例八］

公元279年，西北巨寇树机能攻陷凉州，晋武帝派讨虏护军兼武威太守马隆去征讨。马隆设局募兵，规定：须引弓四钧，挽弩九石，方得入选。马隆亲自检试，得三千五百人，称为已足。又自至武库选刀、剑、戈等武器。武库长只给粗械，与隆发生争执。马隆复入奏武帝，陈明武库长阻难情形。武帝因传谕武库长，任隆自择。马隆始得往取精械，分给勇士。马隆率部向西进发，行过温水。树机能拥众数万，据险固守。隆见山路崎岖，不易轻进，就令部下，载兵徐进，且战且前，令勇士挽弓四射，发无不中，胡兵多应弦倒地。马隆冒险进兵，如同平地，转战千里，未尝受挫，反杀伤胡虏数千人，直抵武威镇所。树机能被隆乘胜奋斫，枭首凉州，秦凉各境，一律肃清。

[原文]

兵①者，诡道也②。[曹操曰：兵无常形，以诡诈为道。]**故能而示之不能③，用而示之不用④，近而示之远，远而示之近⑤**[曹操曰：欲进而治去道，若韩信之袭安邑，陈舟临晋而渡于夏阳也。]**利而诱之⑥，乱而取之⑦，实而备之⑧，**[曹操曰：敌治实，须备之也。]**强而避之⑨，**[曹操曰：避其所长也。]**怒而挠之⑩，**[曹操曰：待其衰懈也。]**卑而骄之⑪，佚而劳之⑫，**[曹操曰：以利劳之。]**亲而离之⑬。**[曹操曰：以间离之。]**攻其无备，出其不意。**[曹操曰：击其懈怠，出其空虚。]**此兵家之胜⑭，不可先传也⑮。**[曹操曰：传，犹泄也。兵无常势，水无常形，临敌变化，不可先传也。故料敌在心，察机在目也。]

[注释]

①兵：用兵打仗。

②诡道也：诡诈之术。诡，欺诈、诡诈。

③能而示之不能：言能战但装作不能战的样子。此句至“亲而离之”的十二条作战原则，即著名的“诡道十二法”。能，有能力、能够。示，显示。

④用而示之不用：实际要打，却装作不要打。用，用兵。

⑤近而示之远，远而示之近：实际要进攻近处，却装作要进攻远处；实际要进攻远处，却装作要进攻近处，致使敌人无法防备。

⑥利而诱之：敌人贪利，则以利来引诱，伺机打击之。利，此处作动词用，贪利的意思。诱，引诱。

⑦乱而取之：对处于混乱状态的敌人，要抓住时机进攻他。乱，混乱。

⑧实而备之：指对待实力雄厚之敌，需严加防备。实，实力雄厚。

⑨强而避之：面对强大的敌人，当避其锋芒，不可硬拼。

⑩怒而挠之：此句言敌人易怒，就设法激怒他，使他丧失理智，临阵指挥作出错误的抉择，导致失败。怒，易怒而脾气暴躁。挠，挑逗、扰乱。

⑪卑而骄之：此句言敌人卑怯谨慎，应设法使其骄傲自大，然后伺机破之。卑，小、怯。

⑫佚而劳之：此句言敌方安逸，就设法使他疲劳。佚，同“逸”，安逸、自在。劳，作动词用，使之疲劳。

⑬亲而离之：如果敌人内部团结，则设计离间、分化他们。亲，亲近；离，离间、分化。

⑭兵家之胜：此句言上述“诡道十二法”乃军事家指挥若定的奥妙之所在。兵家，军事家。胜，奥妙。

⑮不可先传也：在战争中应根据具体情况作出决断，不能事先呆板地作出规定。先，预先、事先。传，传授、规定。

[译文]

用兵打仗本是一种诡诈之术，需要运用种种方法欺骗敌人。明明能征善战，却向敌人装作软弱无能的样子；本来准备用兵，却伪装成不准备打仗的假象；要攻打近处的目标，却给敌人造成准备攻击远处的假象；要攻打远处的目标，相反却要装作准备要在近处攻击。敌人贪心就用小利来引诱他上当；敌人混乱就乘机攻取他；敌人实力雄厚就要谨慎防备他；敌人强大就暂时避开其锋芒；敌人容易激动发怒，要设法挑逗他，使其失去理智；对于小心谨慎的敌人，要千方百计让他骄纵，丧失警惕；敌人安逸就设法骚扰他，搞得他疲惫不堪；对内部团结的敌人，要设法离间他，让他分裂。在敌人没有准备时突然发起进攻，在敌人预想不到的情况下采取行动。凡此种种，是军事家用兵取胜的奥妙所在，这只能随机应变灵活运用，是无法事先规定刻板传授的。

[释例九]

公元前 200 年，韩王信造反，汉高祖亲自带兵去攻打他。到了晋阳（今太原）听说韩王信私通匈奴，便派使者到匈奴去探个虚实。匈奴把壮士和肥大的马匹都藏了起来，只留一些老弱兵士和牲畜。使者回来后，都说可攻匈奴，唯独刘敬回来报告说：“两国互相攻击的时候，应该矜夸炫耀，尽量表现自己的长处让人看。这次我到匈奴去，只看见一些羸瘦的牲畜和老弱的士兵，这必是匈奴故意显露他们的短处，而埋伏着奇兵来争利。我认为匈奴是不可进攻的。”汉高祖大怒，斥骂刘敬并用刑具把他囚禁在广武。汉高祖率军前往，到了平城，匈奴果然出兵攻打汉军，汉高祖被围困在白登山。

班超投笔从戎

班超（32—102），字仲升，东汉著名的军事家和外交家。因家境贫寒，班超早年只能替官府抄写文书来维持生计。后来班超决定弃笔从戎，开始了他的军旅生涯。

[释例十]

公元 87 年，班超发于阗诸国兵进攻莎车。龟兹王遣将率兵五万人救援莎车。班超召部将和于阗王商议说：“我们兵少，不能进攻，各自散去。于阗从此地东去，我们也从此西归，今夜就出发。”班超暗地放了俘虏让其散布消息。龟兹王听到这消息高兴极了，亲自率一万骑兵奔赴西界截击班超；温宿王领八千骑兵于东界伏击于阗。班超探知敌军已去，密召诸部整备军旅，鸡鸣时刻奔赴莎车大营。莎车大惊，各处奔逃。班超追斩五千敌人，大获其马畜财物。莎车遂降。

[释例十一]

（1）公元 530 年，北魏遣尔朱天光与贺拔岳率兵进攻万俟丑奴。丑奴退保安定，贺与天光会师岐州，扬言夏令将至，天气渐热，不便行师，应等到秋凉再进。丑奴听到后，信以为真，散众归耕，只派部分军兵据险立栅。贺拔岳知敌军势分，遂与尔朱天光乘夜发兵，攻入大栅，长驱直进，直达安定。丑奴弃城出走，贺拔岳等赶至平凉，围住丑奴，活捉了他。其他大栅也都归降。

（2）公元前 205 年 8 月，刘邦让韩信带兵去攻打魏。魏王把重兵都布守在蒲坂一带，堵绝了临晋关的通路，韩信就故意布置很多疑兵，陈列船只在临晋关黄河的对岸，故作要渡河的样子；而另外派了精兵，不用船而用木制的形似瓮罐的渡河器材，捆绑成木粽子，暗中从夏阳附近偷偷地渡过黄河，攻打魏的首都安邑。魏王豹没想到这一情况，大为吃惊，就带了兵来抵抗，在毫无准备的情况之下，不是韩信的对手，被韩信俘虏。魏遂被平定。

（3）公元 589 年春天，隋将贺若弼从广陵领兵渡过长江。他事先请准沿江驻守的部队每当交替之时，都到广陵集中，这时大张旗帜，遍地都是营地。陈人以为隋军大量涌到，急忙调发军队戒备，不久知道只是隋军驻守部队交替，调发的军队遂都散回；后来陈人习以为常，不再有所防备。贺若弼还不时地派兵沿江打猎，人马喧噪。所以当贺若弼真正渡江时，陈人没有发觉。

李牧雁门纵牧

李牧，生年不详，卒于公元前 229 年，战国时期赵国人，杰出的军事家。官至赵国相，大将军衔，受封赵国武安君。李牧早期主要负责北部边疆，常年驻守代郡、雁门郡。

［释例十二］

战国时期赵国北部边防的大将李牧，常年驻守代郡、雁门郡一带，防备匈奴的入侵。他订立了一个规章：发现匈奴兵来袭，要立刻退回营区自保；如果擅自离营捕掳敌人，要处以斩刑。匈奴人知道这一规章后，认为李牧怯懦。在边防的士卒日日受赏而不用打仗，都希望有一战之机。约在公元前 233 年，有一天，李牧放出大批百姓四出放牧，田野里满是百姓。匈奴以小股兵马入侵，李牧假装战力不备而败退，任匈奴抓去了几千人。随后匈奴单于倾巢来犯。李牧设下了许多灵活多变的战阵，用奇兵包抄，一举杀掉了十几万匈奴骑兵，单于仅以身免，败逃而去。

［释例十三］

（1）公元前 519 年，吴人攻打州来，楚国的薳越率领楚国和诸侯的军队奉命救援州来。吴国的公子光说：“胡国、沈国、陈国、顿国、许国、蔡国和楚国七国同伙而不同心，楚国是可以打败的。如果分兵先攻胡国、沈国和陈国的军队，他们必然首先溃退。三国败退，诸侯的军队就军心动摇了。诸侯混乱，楚军必然拼命奔逃。请让先头部队放松戒备减少军威，后续部队巩固军阵整顿师旅，以引诱敌人。”吴王听从了。7 月，在鸡父交战。吴王用三千名囚徒专攻胡、沈和陈。三国军队争着俘虏吴军。吴国的

越国破吴

吴越、吴楚之间的战争前后持续几十年，吴国虽然一时风光无限，吴王阖闾（即公子光）、夫差都叱咤南方，但是后来越国勾践卧薪尝胆，励精图治，带领越国精兵大破吴国。

囚徒有的奔逃，有的束手就擒，三国的军队乱了阵脚。吴军紧跟着进攻，三国的军队败退。吴军俘虏了胡、沈两国的国君和陈国的大夫。吴军释放胡、沈的俘虏让他们逃到许国、蔡国和顿国的军队里，说："我们的国君死了！"军心大乱。吴军便擂鼓呐喊跟上去。三国的军队奔逃，楚军也拼命奔逃。

（2）公元383年11月，东晋猛将刘牢之率领精兵五千，进攻洛涧。刘牢之分兵迂回到秦军侧后，截断敌人后路，亲自率兵强渡洛涧，夜袭梁成中军大营。秦军抵挡不住，主将梁成战死，五万秦兵大败，一万五千余名秦兵被歼。秦军沿淝水西岸布阵，阻止晋军反攻。晋前锋都督谢玄派人对苻融说："将军这是持久作战的办法，不是速战速决的打算。如果你把秦军稍向后撤，让出一块地方，使晋军渡过淝水，两军决一胜负，不是很好吗？"苻坚说："可以稍退一步，等到晋军兵马半渡之际，再用骑兵夹击，一定可以取胜。"于是苻融答应了谢玄的要求，指挥秦军后撤。秦军内部本来就不稳，这一撤，阵势大乱，不可遏止。晋军乘势抢渡淝水。原晋军将领朱序在阵后大喊："秦军败了，秦军败了！"秦军后方部队一听，争着逃命。苻融见势不妙，急忙驰马前去整顿部队，结果被晋追兵杀死。晋军乘胜猛追，秦军人马相踏，昼夜不停地逃跑，听到风声鹤唳，也以为是东晋追兵。就这样，几十万秦军，逃散和被歼者十之七八，苻坚也中箭负伤，逃回洛阳。

［释例十四］

（1）公元621年，唐高祖李渊派李孝恭和李靖攻打萧铣。萧铣令其大将文士弘率兵数万进驻清江抵御。李孝恭想与之交锋，李靖说："不可。文士弘健将，士卒骁勇，今失荆门，悉锐拒我，是救败之师，此锋殆不可当。

不如泊舟南岸，待他锐气已衰，然后出去奋击，必获全胜。”李孝恭不听，留李靖守营，自率兵出战，果然大败，被迫退保南岸。

[释例十五]

公元前 204 年 8 月，刘邦派刘贾带领两万人渡河协助彭越，骚扰楚军后方，烧其积聚，截断楚军补给线。接着，彭越攻占了睢阳、外黄等十七个城，楚军侧背所受的威胁越来越大。9 月，项羽率兵攻打彭越。项羽临走前，告诫成皋守将曹咎说：“小心坚守成皋，即使汉军挑战，也千万不要出战，只要能阻止汉军东进，我十五天内一定击败彭越，然后再与将军会合。”项羽很快收复了十七个城，但没有能够消灭彭越的游军。这支游军仍在梁、楚之间积极活动，威胁楚的后方。

公元前 203 年 10 月，刘邦鉴于楚军主力东调，成皋方向敌我强弱对比已经发生了重大变化，便转守为攻，不断向成皋守将曹咎挑衅。曹咎最初还遵照项羽的告诫，坚守不出，后来经不起汉军的连日辱骂和挑衅，一怒之下，率军出战。当楚军正在渡汜水的时候，汉军乘机攻击，大破楚军，曹咎兵败自杀。汉军再次夺回成皋。项羽听到成皋失守，急忙由睢阳回救。汉军依据险要地形，坚守不战。这时，由于韩信攻占临淄，齐地战事吃紧，项羽又命令龙且带兵二十万去救齐。十一月，韩信攻破齐国，歼灭了龙且的部队。项羽被迫与刘邦订立和约，把鸿沟以西的地方归汉，鸿沟以东的地方归楚。

张子房悲歌散楚

张良，字子房，“汉初三杰”之一。张良跟随刘邦以后，屡次献上计策，助刘邦在争霸战争中逐步壮大。尤其是楚汉之争中，张良更是功不可没。

[释例十六]

公元 617 年，隋将宋老生率领两万精兵驻扎在霍邑。唐公李渊亲率大军直取霍邑。李世民见宋老生固守城池而不应战，便带少数人马先到霍邑城下，举鞭指挥，装出挥兵围城的架势，以激怒宋老生。宋老生起初还很镇静，后来果然被激怒了，开城出战，靠城墙摆开阵势。李渊和他的长子李建成合军在城东列阵，李世民和唐公女婿柴绍在东南结阵。宋老生挥兵猛进，首先压唐公阵，李建成不慎落马，阵势稍乱。宋老生领兵乘势追杀，唐公和建成合军抵敌不住，便都退败。这时李世民率两员骁勇战将骑着马从南面高地冲下来，迅猛出击，把宋老生军队拦腰截断，宋老生军大乱，各自奔逃，大败而散。城头上的宋军怕唐军攻进来，急忙放下门闸。宋老生领一部分部队欲进城不能，被隔在城外，焦急之下，只好攀绳登城，被李世民所率之追兵杀死。

[释例十七]

公元前209年，匈奴冒顿杀了父亲头曼自立为单于。当时东胡很强盛，听到这个消息，便派使者对冒顿说想得到头曼在世时的千里马。冒顿问臣子们的意见，臣子们都说："千里马是匈奴的宝马，不要给他。"冒顿说："和人家国境毗连，怎么能爱惜一匹马呢？"于是把千里马送给东胡。不久，东胡认为冒顿怕他，便又派使者对冒顿说，想要得到单于的一位阏氏。冒顿又问左右的意见，左右的人都愤怒地说："东胡人没有道义，竟然想获得阏氏。让我们去攻打他们。"冒顿说："和人家国境毗连，怎么能爱惜一位女子呢？"于是把自己所宠爱的阏氏送给了东胡。东胡王更加骄傲，竟向西边侵占土地，又派使者对冒顿说："匈奴有没人居住的空地一千多里，我想要获得它。"冒顿问臣子们的意见，有的说："那是一片被丢弃的空地，给他们也可以。"冒顿非常愤怒地说："土地是一个国家的根本，怎么可以给他们？"便把主张给东胡土地的臣子都杀了。冒顿立即上了马，发出命令攻打东胡，国中有谁不跟着去的，就要被杀。东胡当初因为轻视冒顿，没有防备。所以冒顿所率领的军队一到，就把东胡打得大败，消灭了东胡王。

[释例十八]

公元前512年，吴王问伍员说："攻打楚国怎么样？"伍员回答说："楚国执政的人多而互相不和，没有人敢承担责任。如果组织三支部队对楚国进行突然袭击而又快速撤退，他们必然都出而应战。他们出来，我们就回去；他们回去，我们就出动，楚军必然疲于奔命。屡次突击快撤，用各种方法使他们失误。他们疲乏以后再派三军跟上，必然大胜他们。"吴王阖闾听从其计，楚国从此就开始困顿疲乏了。这是设法使休整充分的敌人疲劳，为后来破楚入郢创造条件。

[释例十九]

公元756年2月，安禄山接到史思明的败报，再给他加派精兵，等郭子仪部队官军到达恒阳，史思明军又跟踪来到。郭子仪凭营垒自卫，叛军来就守阵，叛军退就出击；白天陈兵扬威，夜晚偷袭敌营，弄得叛军无法休息。这样相持了几天，李光弼对郭子仪说："贼兵疲怠了，可以打了。"6月，子仪、光弼统率仆固怀恩、浑释之、陈回光等在嘉山列阵，贼将史思明、蔡希德、尹子奇等也结阵进逼，一仗打下来郭军把叛军杀得大败，斩杀四万，生擒五千，还夺得五千匹战马，史思明丢掉头盔光着脚逃往博陵。

伍员剑赠渔父

伍员，即历史上有名的伍子胥。本为楚国人，因父亲伍奢劝谏楚平王，招致灭门之灾。伍员一夜愁白了头，得以过了韶关。但到渡口，追兵便跟来了。有渔父载伍员过江，伍员为报答渔父的救命之恩，解下腰上的佩剑送给渔父。后来伍员投奔吴国，助吴王阖闾攻打楚国。

[释例二十]

公元25年，刘玄派舞阴王李轶、大司马朱鲔等率众兵马守卫洛阳城。光武帝刘秀准备向北攻取燕、赵，派寇恂、冯异统军驻防在黄河边上，抵抗朱鲔等人。冯异写信给李轶说："敝人听说明镜是用来观察形象的，往古的事件是用来认识今天的。古时微子离开殷朝进入周，项伯背叛西楚霸王归顺……您真能从大事成败中觉悟过来，就请赶快定下大计，功劳可和微子、项伯相比。转祸为福，就在这个时候了……"李轶回信给冯异说："现在我守卫洛阳，你镇守孟津，都占据着要害之地，希望我们同心不二。还望您详细禀报萧王（刘秀），我愿意献上愚见，以佐助国家，安定民众。"冯异上奏给刘秀。刘秀故意泄露了李轶的信件，以让朱鲔知道。朱鲔知道后果然大怒，于是派人刺杀了李轶。因此洛阳城中众人离心，有许多人投靠刘秀。

[释例二十一]

公元908年，梁主朱温自泽州还师，留刘知俊围攻潞州。晋王李存勖命令周德威援潞州，说："从前朱温所患，只一先王，今闻吾王之丧，说我少年嗣位，未司军事，不能出兵。我若简练兵甲，倍道兼行，出其不意，掩其无备，以愤卒击惰兵，何忧不胜？解围定霸，在此一举了！"李存勖带领周德威等率军到了三垂冈下，第二天黎明，恰逢大雾漫天，咫尺不辨，驱军疾进，直抵夹寨。梁军毫无防备，刘知俊还未起床，来不及出寨抵挡。梁军大败。

[原文]

夫未战而庙算①胜者，得算多也②；未战而庙算不胜者，得算少也。多算胜，少算不胜，而况于无算乎③！吾以此观之，胜负见矣④。[曹操曰：以吾道观之矣。]

[注释]

①庙算：古代兴师作战之前，通常要在庙堂里商议谋划，分析战争的利害得失，制定作战方略。这一作战准备程序，就叫作"庙算"。

②得算多也：取得胜利的条件充分、众多。算，计数用的筹码，此处引申为取得胜利的条件。

③多算胜，少算不胜，而况于无算乎：胜利条件具备多者可以获胜，反之，则无法取胜，更何况未曾具备任何取胜条件。而况，何况。于，至于。

④胜负见矣：言胜负结果显而易见。见，同"现"，显现。

[译文]

开战之前，在朝廷策划谋算时就能预知胜利的，是因为筹划周密，胜利的条件充分；开战之前就预计不能取胜的，是因为谋划不周，缺少获胜的条件。筹划周密，条件充分，就能取胜；筹划不周，缺少条件，就难以取胜；更何况那些根本不作筹划、毫无胜利条件的战役呢？我们依据这些方面来考察，谁胜谁负便一目了然了。

[释例二十二]

公元26年，东汉将领邓禹入关。他的将士们请求他迅速进攻长安，他对将士们说："我们的人马虽说不少，可是能打仗的却不多。再说，前面没有粮草供给我们，从后面运粮更难以济事。赤眉军进入长安不久，声势浩大，粮草充实，其锋锐不可当。如果我军马上去跟他们交战，能不吃亏吗？不过赤眉军也有一个弱点，他们人多粮草少，并且没有来源，他们在长安也待不了多久，迟早会发生变乱。我探听到上郡、北地、安定三个郡，粮食富足，牲口也多，我军先不进长安，暂在北道休兵，等待时机。我们有了粮食、马匹，长安那边也许维持不了多久。这样，我们准能打败赤眉军，顺利地进入长安。”

［结语］

计篇：计，计算、庙算。“庙算”兴师为国家大事，在政祭一致的古代，君臣必先谨告于祖庙，关在庙内讨论军事：一为求祖先的佑助，二为统一君臣的意志，三为提防谋略的外泄。基于彼方、我方的考虑与比较，而定出作战的基本计划。

孙子以“庙算”作为军事谋策，受到历代的重视。汉高祖的军事集团中有“运筹帷幄之中，决胜千里之外”的张良、陈平等人。据传，张良能奇谋巧运，曾“借箸代筹”即借助筷子，测定出刘邦破楚军关键之策。唐代军事家李靖娴熟兵法，著有《李卫公问对》一部兵书。相传其每次随唐太宗出征，都随身携带“算袋”统计测算，为唐太宗出筹定计。

作战篇第二

[原文]

[曹操曰：欲战必先算其费，务因粮于敌也。]

孙子曰：凡用兵之法①：驰车千驷(sì)②，革车千乘③，带甲④十万，[曹操曰：驰车，轻车也，驾驷马；革车，重车也，言万骑之重。车驾四马，率三万军，养二人主炊家子，一人主保固守衣装，厩(jiù)二人主养马，凡五人。步兵十人，重以大车驾牛。养二人主炊家子，一人主守衣装，凡三人也。带甲十万，士卒数也。]千里馈粮⑤，[曹操曰：越境千里。]则内外⑥之费，宾客之用⑦，胶漆之材⑧，车甲之奉⑨，日费千金⑩，然后十万之师举⑪矣。[曹操曰：谓购赏犹在外。]其用战也胜⑫，久则钝兵挫锐⑬，攻城则力屈⑭，久暴师则国用不足⑮。[曹操曰：钝，弊也；屈，尽也。]夫钝兵挫锐、屈力殚货⑯，则诸侯乘其弊而起⑰，虽有智者，不能善其后矣⑱。故兵闻拙速，未睹巧之久也⑲。[曹操曰：虽拙，有以速胜。未睹者，言无也。]夫兵久而国利者，未之有也⑳。故不尽知㉑用兵之害㉒者，则不能尽知用兵之利㉓也。

[注释]

①法：规律、法则。

②驰车千驷：战车千辆。驰车，即快速轻便的战车。驰，奔、驱的意思。千驷，即千辆粮秣、军械等军需物资。驷，原指一车套四马，这里作量词。

③革车千乘：用于运载粮草等军需物资的辎重车千辆。革车，用皮革缝制的篷车，是古代重型兵车，主要用于运载战车。乘，辆。

④带甲：穿戴盔甲的士兵，此处代指军队。

⑤千里馈粮：跋涉千里辗转运送粮食。馈，馈送、供应。

⑥内外：前后方。内，指后方。外，指军队所在地，即前方。

⑦宾客之用：指与各诸侯国使节往来的费用。

⑧胶漆之材：通指制作和维修弓矢等军用器械的物资材料。

袁曹对阵

袁绍与曹操陈兵官渡，相持了十余日。袁绍兵强马壮，后方有粮草补给不停运送，而曹操这方粮草不足，军心涣散。如若不是许攸反袁献策，烧掉袁绍粮草，曹军早已败亡。

⑨车甲之奉：代指武器装备的保养、补充开销。车甲，车辆、盔甲。奉，同“俸”，指费用。

⑩日费千金：每天都要花费大量财力。千金即千镒，代指开支巨大。金，古代计算货币的单位，秦时，一金为一镒（二十两或二十四两）。

⑪举：出动。

⑫其用战也胜：在战争耗费巨大的情况下用兵打仗，就要求做到速战速胜。胜，取胜，这里作速胜解。

⑬久则钝兵挫锐：言用兵旷日持久就会造成军队疲惫，锐气挫伤。钝，疲惫、困乏的意思。挫，挫伤。锐，锐气。

⑭力屈：力量耗尽。屈，竭尽、穷尽。

⑮久暴师则国用不足：长久陈师于外就会给国家经济造成困难。暴，同“曝”，露在日光下，文中指在外作战。国用，国家的开支。

⑯屈力殚货：此言力量耗尽经济枯竭。殚，枯竭。货，财货，此处指经济。

⑰诸侯乘其弊而起：其他诸侯国便会利用这种危机前来进攻。弊，疲困，此处作危机解。

⑱虽有智者，不能善其后矣：即便有智慧超群的人，也将无法挽回既成的败局。后，后事，此处指败局。

⑲兵闻拙速，未睹巧之久也：此句言用兵打仗宁肯指挥笨拙而求速胜，而没见过为求指挥巧妙而使战争长期拖延的。拙，笨拙、不巧。速，迅速

取胜。巧，工巧、巧妙。

⑳夫兵久而国利者，未之有也：长期用兵而有利国家的情况，从未曾有过。

㉑不尽知：不完全了解。

㉒害：危害、害处。

㉓利：利益、好处。

［译文］

孙子说：大凡用兵作战，一般的规律是要动用战车千辆、辎重车千辆，集结军队十万，还要长途运送军粮。那么，前方后方的经费、招待使节宾客的开支、维修作战器材的消耗、车辆兵甲保养补充的开支，方方面面每天都需要耗费数目庞大的资金，然后十万大军方能出动。

动用如此庞大的军队作战，就需要力争速胜。旷日持久就会使军队疲惫，锐志受挫；攻打城池就会使战斗力耗损；军队长期在外作战，就会使国家财力难以维持。如果军队疲惫，锐气受挫，战斗力耗损，国家经济枯竭，那么，别的诸侯国就会乘此危机而发起进攻。到那时，即使有再高明能力的人，也无法挽回了。所以，用兵作战只听说过宁可指挥笨拙但求速战速胜的事，还没有见过为讲究指挥精巧而使战争旷日持久的现象。战争久拖不下而对国家有利的情形，从来未曾有过。因此，不完全了解用兵弊害的人，也就不可能真正认识到用兵的益处。

［释例一］

公元前 258 年 9 月，秦国发兵，派王陵攻打赵国的都城邯郸。这时，武安君白起生病，不能走动。王陵攻邯郸，斩获不大。武安君病愈，秦王想派武安君代替王陵做大将。武安君说："邯郸的确不易攻破，而且诸侯的援救一天即可抵达。那些诸侯许久以来就与秦的关系不好，如今，秦虽攻破长平的赵军，而秦兵也死伤过半，国内兵力空虚，跋山涉水去攻人家的都城，赵国从内应战，诸侯从外攻击，必然击破秦兵，不可以这样做。"于是托称生病。秦王改派王龁代王陵为大将，王龁率军用了八九个月围攻邯郸，久攻不克。楚国春申君及魏公子领兵数十万攻秦军，秦军死伤极多。

［释例二］

公元 226 年，魏文帝死去，孟达心里不安。诸葛亮了解这个情况后就引诱他。孟达多次和诸葛亮通信，暗里答应归附蜀汉；孟达和魏兴太守申仪有矛盾，申仪暗地向魏帝上表告发了他。孟达听到这消息，心里恐惧，打算举兵叛变。司马懿写信安慰他，孟达犹豫没有拿定主意，司马懿就偷偷地出兵进讨。将领们说："孟达和吴、蜀互有来往，应当观察动静而后用兵。"司马懿说："孟达不讲信义，这正是他疑心的时候。应当乘此时促使他下定决心。"于是，司马懿就加速赶路，八天的工夫就到了孟达的城下。吴、蜀各派偏将向西城安桥、木阑塞等处援救孟达。司马懿分派将领拒挡他们。起初，孟达和诸葛亮通信说："宛城距离洛阳八百里，距离我一千二百里。司马懿听到我举兵之事，要上表给皇帝，一往一来，需要一个月的时间。那么我们的城邑已经坚固，一切军事都已办妥。我这里有天险，司马懿一定不能亲自前来；即使将领们来，我也不怕了。"等到魏军来到时，孟达又写信告诉诸葛亮说："我举兵八天而魏军就已来到城下，为什么来得这样神速？"公元 228 年司马懿攻打新城，用十六天的时间攻下了它，杀了孟达。

司马懿智擒孟达

司马懿（179—251），字仲达，河内温县孝敬里（河南温县招贤镇）人，三国时期魏国杰出的政治家、军事家，权臣。多次率军对抗诸葛亮，以其功著，封宣王。其孙司马炎称帝后，追尊为"晋宣帝"。

[原文]

善用兵者，役不再籍①，粮不三载②。[曹操曰：籍，犹赋也。言初赋民，便取胜，不复归国发兵也。始载粮，后遂因食于敌，还兵入国，不复以粮迎之也。]**取用于国③，因粮于敌④，故军食可足也。**[曹操曰：兵甲战具，取用于国中，粮食则因敌也。]**国之贫于师者远输⑤，远输则百姓贫。近于师者贵卖⑥，贵卖则百姓财竭，**[曹操曰：军行已出界，近于师者贪财，皆贵卖，则百姓虚竭也。〕**财竭则急于丘役⑦。力屈、财殚(dān)，中原内虚于家⑧。百姓之费，十去⑨其七；**〔曹操曰：丘，十六井也。百姓财殚尽而兵不解，则运粮尽力于原野也。十去其七者，所破费也。〕**公家之费⑩，破车罢(pí)马⑪，甲胄(zhòu)矢(shǐ)弩(nǔ)⑫，戟(jǐ)楯(dùn)蔽橹(lǔ)⑬，丘牛⑭大车⑮，十去其六。**〔曹操曰：丘牛，谓丘邑之牛；大车，乃长毂(gǔ)车也。〕**故智将务食于敌⑯，食敌一钟⑰，当吾二十钟；萁(qí)秆⑱一石⑲，当吾二十石。**〔曹操曰：萁，豆秸(jiē)也；秆，禾槁(gǎo)也。石，百二十斤也。转输之法，费二十石乃得一石。〕

［注释］

①役不再籍：不二次从国内征集兵员。役，兵役。籍，本义为名册，此处用为动词，即登记、征集。再，二次。

②粮不三载：不多次从本国运送军粮。三，多次。载，运送。

③取用于国：指武器装备等从国内取用。

诸葛亮造木牛流马

诸葛亮六出祁山时，粮草供应不足。诸葛亮才思过人，冥想几日后，造出了木牛流马，用来运送粮草，有效地补给了军需。

④因粮于敌：粮草给养依靠在敌国就地解决。因，依靠、凭藉。

⑤国之贫于师者远输：国家之所以因用兵而导致贫困，是由于军粮的远道运输。之，虚词，无实义。师，指军队。远输，远道运输。

⑥近于师者贵卖：临近军队驻扎点的地区物价会飞涨。近，临近。贵卖，指物价飞涨。

⑦急于丘役：加重军役的征用。急，在这里有加重之意。丘役，军赋，古代按丘为单位征集军赋，一丘为一百二十八家。

⑧中原内虚于家：国内百姓之家因远道运输而变得贫困、空虚。中原，此处指国中。

⑨去：耗去、损失。

⑩公家之费：国家的费用。公家，国家。费，费用、开销。

⑪罢马：疲惫不堪的马匹。罢，同“疲”。

⑫甲胄矢弩：泛指各种作战装备。甲，护身铠甲。胄，头盔。矢，箭。弩，弩机，一种依靠机械力量射箭的弓。

⑬戟楯蔽橹：是对当时攻防兵器与装备的泛指。戟，古代戈、矛功能合一的兵器。楯，同“盾”，盾牌，用于作战时防身。蔽橹，用于攻城的大盾牌。

⑭丘牛：从丘役中征集来的牛。

⑮大车：指载运辎重的牛车。

⑯智将务食于敌：明智的将帅总是务求就食于敌国。智将，明智的将领。务，务求、力图。

⑰钟：古代的容量单位，每钟六斛四斗。

⑱萁秆：泛指马、牛等牲畜的饲料。

⑲石：古代的重量单位，三十斤为一钧，四钧为一石。

［译文］

善于用兵的人，兵员绝不一再征集，粮草不会多次运送。武器装备由国内取用，粮食饲料则在敌国补充，这样，军队的武器粮草供应就可满足作战需求了。

战争致使国家陷于贫穷的主要方面是向出征部队远程运送物资，远程运输必然导致百姓的贫穷。临近军队驻地的地区，物价必然高涨，物价高涨就会使百姓财力枯竭。国家财力枯竭，就必然导致加重徭役赋税的征用。军力耗尽，财力枯竭，国内便会出现十室九空、普遍贫穷的景象。人民群众的财产将因战争而耗去十分之七；国家的财富也会由于车辆的损坏，马匹的疲劳生病，盔甲服装、箭羽弓弩、枪戟盾牌、车蔽大橹的制造补充而耗去十分之六。

所以，高明的将帅总是力求在敌国解决粮草的供应问题。吃掉敌国的一钟粮食相当于从本国运送二十钟粮食；耗费敌国的一石草料等于从本国运送二十石草料。

［释例三］

“粮不三载”：春秋时期，军队出征时，载粮送至国境；凯旋时，则载粮以迎之于国境。仅此两次，没有第三次，因为到敌国，必须“因粮于敌”。

［原文］

故杀敌者，怒也①；［曹操曰：威怒以致敌。］**取敌之利者，货也**②。［曹操曰：军无财，士不来；军无赏，士不往。］**故车战，得车十乘已上**③，**赏其先得者**。［曹操曰：以车战能得敌车十乘已上，赏赐之。不言车战得车十乘已上者赏之，而言赏得者何？言欲开示赏其所得车之卒也。陈车之法：五车为队，仆射一人；十军为官，卒长一人；车满十乘，将吏二人。因而用之，故别言赐之，欲使将恩下及也。或曰：言使自有车十乘已上与敌战，但取其有功者赏之，其十乘已下，虽一乘独得，余九乘皆赏之，所以率进励士也。］**而更其旌旗**④，［曹操曰：与吾同也。］**车杂而乘之**⑤，［曹操曰：不独任也。］**卒善而养之**⑥，**是谓胜敌而益强**⑦。［曹操曰：益己之强。］

［注释］

①杀敌者，怒也：言军队英勇杀敌，关键在于激励部队的士气。怒，激励士气。

②取敌之利者，货也：若要使军队勇于夺取敌人的财物，就要先依靠财货奖赏。利，财物。货，财货，此处指用财货奖赏的意思。

③已上：以上。已，同“以”。

④更其旌旗：在缴获的敌方车辆上更换上我军的旗帜。更，更换。

⑤车杂而乘之：将缴获的敌方战车和我方车辆混杂在一起，用于作战。杂，掺杂、混合。乘，驾、使用。

⑥卒善而养之：言优待被俘的敌军士兵，使之为己所用。卒，俘虏、降卒。

⑦是谓胜敌而益强：这就是说在战胜敌人的同时使自己更加强大。

［译文］

要使士兵英勇杀敌，就应该激起他们对敌人的仇恨；要想夺取敌人的军需物资，就要对争先的士卒进行物质奖励。所以，在车战中，凡是缴获敌人战车十辆以上的，就要奖励最先夺得战车的人。并且将被缴敌车换上我军的旗帜，并将其混合编入自己的战车行列。对于被俘虏的敌军士卒，要善待他们且保证给予他们充足的供养，为我所用。这就是所谓的战胜敌人也使自己更为强大的原因。

[释例四]

公元前 279 年，燕国攻破齐国。田单保即墨，便宣扬说：“我们只是怕燕军把所俘虏的齐兵的鼻子割掉，把他们排列在队伍的前头，来和我们作战，那么即墨是非垮不可了。”燕国人听了，就照着做了。城中人看到那些投降的齐国士兵，鼻子都被割掉了，军民上下都愤怒异常，守城之志更加坚决，惟恐被燕军所捉。田单再一次施展反间计，说：“我们怕燕国人挖掘我们城外的那些坟墓，辱及祖宗的灵骨，这是我们一想到都胆战心惊的事。”燕国人把齐人的祖坟全部挖开，焚烧那些尸骨。即墨人从城头上望见那情景，都不禁痛哭失声，涕泪纵横，一致要求出城决一死战，敌我不两立之心自是十倍于前。田单乘燕军防守松懈的机会，大举出击，把敌人打得大败。收复沦亡的七十多座城。

[释例五]

公元 162 年，东汉荆州刺史度尚率军追击桂阳叛贼卜阳、潘鸿。卜阳等惧而逃入南方，东汉兵破其所屯三处，获得大量珍宝。但阳、鸿等党众还十分强大，度尚欲进军击灭敌人，但士兵暴富，没有斗志。度尚对将士们说，叛贼善于攻守，现在我们兵少，不能进攻。遂令士兵随便出营打猎，度尚密派亲信乘机焚烧其营，珍宝等全部被烧光。狩猎者回来后无不涕泣。度尚趁此机会对将士们说，卜阳财宝足富数世，但大家须尽

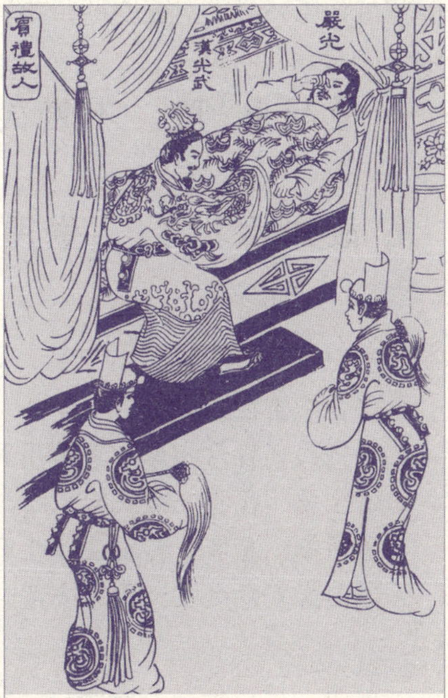

宾礼故人

刘秀与严光曾经是故人，关系亲近。刘秀得了天下之后，严光便躲避起来。一日，刘秀探知严光的住处，星夜造访。严光在熟睡中，刘秀便与他同睡一床，丝毫没有皇帝的架子。

力去取。将士们听后愤然而起。第二天拂晓，进军叛贼驻地，卜阳等尽管防守牢固，但没有准备充足。东汉将士奋勇杀敌，遂平定了卜阳、潘鸿等叛贼。

[释例六]

公元 24 年，河北各地有铜马、青犊等义军突起。刘秀出兵征讨，先遣吴汉北往，调发各郡兵马。幽州牧苗曾已到，不肯听从命令，被吴汉乘机砍死，夺得兵符，四处征调，共计得数万骑兵。吴汉率兵会于清阳。铜马义军遣众挑战，刘秀令各军坚壁不动，伺机夺取敌军财物，并断绝敌军粮道。敌军求战不得，求食无着，勉强支持数日，疲乏不堪，乘夜偷偷逃去。汉军追至馆陶，大破敌军。敌军一大半缴械投降，尚有余众会合，又来抵抗汉军。刘秀鼓励将士，进至蒲阳交战，又将敌人杀得大败。敌众只好投降。刘秀封敌首领为列侯，降众尚不自安，只恐将来有变。刘秀窥知其意，命令各军归营，自乘轻骑巡行各寨，降众方相语道："萧王（刘秀）推心置腹，亲疏无二，我等能不替他效死么？"从此全体悦服。刘秀遂将降众分配各营，得众数十万。因此，关西称刘秀为"铜马帝"。

[原文]

故兵贵①胜，不贵久。[曹操曰：久则不利。兵犹火也，不戢将自焚也。]

故知兵之将②，生民③之司命④，国家安危之主⑤也。[曹操曰：将贤则国安也。]

[注释]

①贵：重在、贵在。

②知兵之将：指深刻理解用兵之法的优秀将帅。知，认识、了解。

③生民：代指一般民众。

④司命：星名，传说主宰生死，此处引申为命运的主宰。

⑤国家安危之主：国家安危存亡的主宰者。主，主宰之意。

[译文]

所以，用兵打仗贵在速战速胜，而不宜久拖不下。

懂得用兵之道的将帅，是民众生死的掌握者，是关乎国家安危最重要的角色。

[释例七]

公元前 284 年，燕昭王尽起燕兵，任乐毅为上将军。乐毅总领赵、楚、韩、魏、燕诸国之兵攻打齐国，并且在济水打败了齐国。各国诸侯收兵返国，唯独燕军在乐毅率领下追击不舍，直逼到临淄城下。齐湣王败于济西，没法抵抗而逃走，退守莒邑。后来乐毅攻入临淄，将齐国的珍宝、财物、祭器等悉数掠取，并运送到燕国。燕昭王颇为欢喜，亲自到济上犒赏将士并宴飨他们，将昌国地方封给乐毅，号称“昌国君”。于是，燕昭王收集了在齐所掠取的器物归国，而命令乐毅继续用力攻取、平定其余的齐国城邑。乐毅在攻下齐国的首都临淄后，采取速战战术，仅用半年时间就攻取了齐国七十余城。

乐毅济上劳军

乐毅，战国后期杰出的军事家，辅佐燕昭王振兴燕国，报了强齐伐燕之仇。当时齐国内乱，乐毅入临淄，取宝物、祭器，输之于燕。燕王亲至济上劳军，行赏飨士，并封乐毅为上将军。

[结语]

本篇以速战速决思想为中心，反复陈述久战之害。军粮，主张“因敌”。“军以粮为本，兵以奇正为始，器械为用，委积为备。”（诸葛亮语）作战贵在速战速决，中外不乏其例：俄国著名的军事统帅苏沃洛夫把军队的迅速机动和闪电般的突击，说成是真正的战争灵魂——“一分钟决定战斗结局，一小时决定战局胜负，一天决定帝国的命运”。战国时期，燕昭王在乐毅大将军辅佐下，用二十八年时间励精图治，复国报仇，在攻下齐国首都临淄以后，采取速战战术，仅用半年时间就攻取了齐国七十余城。

谋攻篇第三

［原文］

孙子曰：凡用兵之法：全国为上，破国次之①；［曹操曰：兴师深入长驱，拒其城郭，绝其内外，敌举国来服，为上；以兵击破得之，其次也。］**全军为上，破军次之；**［曹操曰：《司马法》曰：万二千五百人为军。］**全旅为上，破旅次之；**［曹操曰：五百人为旅。］**全卒为上，破卒次之；**［曹操曰：自旅以上至百人也。］**全伍为上，破伍次之②。**［曹操曰：百人以下至五人。］**是故百战百胜，非善之善者也③；不战而屈人之兵，善之善者也④。**［曹操曰：未战而敌自屈服。］

［注释］

①全国为上，破国次之：此句说以实力为后盾，迫使敌方城邑完整地降服为上策，而通过战争交锋，攻破敌方城邑则稍差一些。全，完整。国，春秋时，主要指都城，或者还包括外城及周围的地区。破，攻破、击破。

②军、旅、卒、伍：春秋时军队编制单位。一万二千五百人为军，五百人为旅，一百人为卒，五人为伍。

③非善之善者也：不是好中最好的。

④不战而屈人之兵，善之善者也：此句说不战而使敌人屈服，才能说是高明中最高明的。屈，屈服、降服。

［译文］

孙子说：衡量战争胜多胜少的一般原则是：以能使敌国完整无损地降服于我为上策，而攻破敌国使其残缺受损来取得胜利则略逊一筹了；能使敌人一军一万二千五百将士完整无损地降服为上策，而用武力击败敌人一个军则略逊一筹了；能使敌人一旅五百将士完整无损地降服为上策，而用武力击败敌人一个旅则略逊一等了；能使敌人一卒官兵全员降服为上策，击溃一卒兵众就差一等了；能使敌人一伍士卒全员降服为上策，击溃一伍士卒就差一等了。所以，百战百胜，虽然高明，但不是最高明的；不用武力进攻就能使敌人降服，才是高明之中最高明的。

[释例一]

公元前 205 年，韩信偷偷地渡过黄河，攻打魏的首都安邑。魏王豹大为吃惊，就带了兵来抵抗韩信，在毫无准备的情况下，魏大败，魏王豹被韩信俘虏。于是，韩信平定了魏，改为河东郡。第二年，汉王派张耳跟着韩信带兵东征，向北攻打赵王歇及守在代地的成安君陈馀。韩信打败了代地的部队，在阏与活捉了代相夏说，接着大破赵军，斩了陈馀，活捉了赵王歇。这都是破敌之国。平定了赵国之后，韩信用广武君李左车的计策，派人到燕国去，燕国人听到了消息，立刻投降。韩信令燕人以国降，是为上策；打败魏、赵，是次策。

[原文]

故上兵伐谋[1]**，**[曹操曰：敌始有谋，伐之易也。]**其次伐交**[2]**，**[曹操曰：交，将合也。]**其次伐兵**[3]**，**[曹操曰：兵形已成也。]**其下攻城。**[曹操曰：敌国已收外粮城守，攻之为下政也。]**攻城之法**[4]**为不得已**[5]**，修橹轒辒（fén wēn）**[6]**，具器械**[7]**，三月而后成；距闉（yīn）**[8]**，又三月而后已**[9]**。**[曹操曰：修，治也。橹，大楯也。轒辒者，轒床也；轒床其下四轮，从中推之至城下也。具，备也。器械者，机关攻守之总名，飞楼云梯之属。距闉者，踊土积高而前，以附其城也。]**将不胜**[10]**其忿而蚁附之**[11]**，杀士三分之一**[12]**，而城不拔**[13]**者，此攻**[14]**之灾也。**[曹操曰：将忿不待攻器成，而使士卒缘城而上，如蚁之缘墙，必杀伤士卒也。]

[注释]

①上兵伐谋：用兵的最高境界是用谋略战胜敌人。上兵，上乘用兵之法。伐，进攻、攻打。伐谋，以谋略攻敌赢得胜利。谋，谋略。

②其次伐交：当时的外交战争，主要表现为运用外交手段瓦解敌国的联盟，扩大、巩固自己的盟国，孤立敌人，迫使其屈服。伐交，即进行外交战争以争取主动。交，交合，此处指外交。

③伐兵：通过军队之间的交锋一决胜负。兵，军队。

④法：办法、做法。

⑤为不得已：言实出无奈而为之。

⑥修橹轒辒：制造大盾和攻城的四轮大车。修，制作、建造。橹，藤革等材料制成的大盾牌。轒辒，攻城用的四轮大车，用桃木制成，外蒙生牛皮，可以容纳兵士十余人。

⑦具器械：准备攻城用的各种器械。具，准备。

⑧距闉：为攻城作准备而堆积的土山。距，通“具”，准备。闉，通“堙”，土山。

⑨已：完成、竣工之意。

⑩胜：克制、制服。

⑪蚁附之：指士兵像蚂蚁一般爬梯攻城。

⑫杀士三分之一：使三分之一的士卒被杀。士，士卒。

⑬拔：攻占城邑或军事据点。

⑭攻：此处指攻城。

[译文]

所以说，用兵作战的最高追求是用谋略战胜敌人，其次是运用外交手段取得胜利，再次是用军事手段去夺取胜利，攻打敌国城池是最差的选择。采用强攻城池的战术，是不得已而为之。要攻打敌人城池，先得制造攻城用的大盾牌和大型战车，准备好各种攻城用的器具，需要数月才能完成；而堆筑攻城用的小土山，又需要几个月的时间才能结束。然后，将领也许难以抑制自己的愤怒，驱逐士兵像蚂蚁一样爬云梯攻打敌城，结果可能是士兵死伤三分之一，而敌城尚未能攻破，这就是攻城可能造成的灾难。

[释例二]

（1）公元前 204 年，韩信破赵斩陈馀。于是向李左车问道：“我想要向北攻打燕国，向东攻打齐国，怎样才能成功？”李左车说：“将军涉过西河，俘虏了魏王，又捉了夏说，一战便攻破了井陉，不到一个上午打败了二十万赵军，杀了赵相成安君，名闻四海，威震天下。这些都是将军您的长处。然而校尉们十分辛劳，士卒们十分疲乏，实在是很难叫他们再卖力了。现在将军您要是发动这一支疲乏困倦的军队去驻扎到燕国坚固的城下，跟他战斗，恐怕会僵持很久，而且又没有攻下它的力量。这些是将军在这方面的短处。现在不如解下盔甲武装，守在赵国，安抚百姓。百里之内的地区，每天都可以送来牛和酒，犒劳您的将士兵卒。而后把部队驻守到通往燕国的路上，接着派一个辩士送一封信，把你军队的长处展示给他看，燕国一定不敢不听从您的命令。用威势把燕国降服了之后，再派人去齐国，齐国也一定会降服的。用兵之道，本来就是先声夺人，虚张声势，而后再动刀兵计策，就是这么办的！”韩信听了，说：“好极了！”就照李左车的计策，派人到燕国去，燕国果然投降了。

刘玄德智取汉中

刘备用孔明计大败曹操，夺取了汉中。

（2）公元765年，唐代宗下诏命郭子仪领兵往泾阳驻扎。当时，郭子仪只有一万军队。等郭子仪到了泾阳，仆固怀恩联络吐蕃、回纥、党项、羌等西北部族的军队三十万包围了泾阳。郭子仪派部将李国臣、高升、陈回光等分据一方，而自己则率领两千武装骑兵往来策应。回纥人感到奇怪，便问：“这人是谁？”回答说：“是令公郭子仪。”回纥人吃了一惊，说：“郭令公还活着吗？因仆固怀恩说：‘唐朝皇帝已经去世，郭令公也死了，中国无主。’所以我们就跟着来了。郭令公现在活着，唐天子也在吗？”回答说：“唐天子非常健康。”回纥人明白了，说：“仆固怀恩是在欺骗我们啊！”郭子仪的使者对回纥人说：“过去回纥不远万里来和唐朝一起讨伐大奸大恶的安史叛贼，帮助唐朝收复两京，与我们同甘苦共患难，现在你们却不顾过去的友谊，帮助叛臣仆固怀恩，这是多么愚蠢啊！像仆固怀恩这样背叛朝廷，连自己的母亲都抛弃了的人，对回纥又有什么益处呢？”回纥人说：“本来传说令公已经去世，不然的话，怎能到这里来动干戈。如果现在郭令公真的还活着，我们可以见一见吗？”郭子仪就要去见回纥人，左右的官员们劝阻说：“回纥包藏祸心，不可轻易相信。”郭子仪说：“敌人的军队数量是我们的几十倍，现

郭子仪免胄见酋

郭子仪（697—781），唐代著名的军事家。代宗时，叛将仆固怀恩勾引吐蕃、回纥进犯关中地区，郭子仪采取了结盟回纥、打击吐蕃的策略，保住了唐朝的江山。

在力量悬殊，我将向他们表示我的真心诚意。”部下请派五百骑兵随从保护，郭子仪也不同意。当即令将士们高声传话：“郭令公来了。”回纥剑拔弩张严阵以待。郭子仪只带着几十个骑兵出来，摘下了头盔，会见回纥首领，说：“我和列位同甘苦共患难好长时间了，为什么突然忘记深情厚谊到这种地步啊？”回纥首领和部将们丢掉武器，下马拜迎说：“果然是我们所尊敬的令公。”郭子仪当即宴请大家，一同饮酒，还送给他们锦帛彩缎，表示友好。

（3）公元821年，成德兵马使王廷凑取深州而叛离朝廷，官军三面进攻，均因衣粮缺乏，不能持久而退。公元822年，唐德宗赦廷凑罪，授工部尚书。廷凑仍镇军深州城。诏令兵部侍郎韩愈宣慰廷凑，愈持敕启行，直抵深州。廷凑令军士拔刃张弓，迎愈入馆。愈见甲仗罗列，毫无惧容。廷凑对韩愈说：“多年不解兵事，实皆军士所为，廷凑本心不愿这样做。”愈厉声道：“天子认为尚书有将帅才，故特赐节钺。难道尚书不能与健儿讲清大义吗？”廷凑无话可说了。甲士上前说道：“先太师（指王武俊）为国击走朱滔，血衣犹在，我军何负朝廷，而被视同盗贼呢？”愈答道：“你们尚能记得先太师，太好了。试想从前叛逆，自禄山、思明，以及元济、师道，所遗子孙，现在还有在朝廷做官的吗？田令公以魏博归朝廷，子孙做高官，刘悟、李祐现在都是节度使，你们难道没听说吗？”众人不能回答。廷凑恐众心摇动，麾众令出，慢慢地对韩愈说：“侍郎来此，想让廷凑做什么？”愈说道：“神策六军诸将，如牛元翼才具，本也不少，但朝廷顾全大体，不忍闲置，敢问尚书为何既受朝命，围攻不退？”廷凑道：“我这便放他出去。”遂即设宴待愈，厚礼遣归，深州围解。

[释例三]

投井遇叔

苏秦，字季子，东周洛阳人，战国时有名的军事家、纵横家。他第一次出外游说并未成功，回家后家中父母兄嫂甚至妻子都对他不理不睬，苏秦又愧又气，走到屋外想投井自尽，被叔父给拦住。叔父开导一番，劝他再次出外实现抱负。第二次，苏秦终于名动天下。

公元前203年，淮阴侯韩信攻破齐地，请汉王刘邦立他做假王以镇齐。使者谒见汉王时，汉王大怒而责骂韩信，陈平暗地踩了一下汉王的脚，汉王领悟，于是隆重地对待其使者，并派张良往立韩信为齐王。公元前201年，有人上书告楚王韩信要造反。汉高祖问诸将的意见，诸将都说要赶紧发兵。陈平说："那人上书告韩信欲造反，有没有人知道这事？"高帝说："没有。"陈平又问："韩信自己知道吗？"高帝说："不知道。"陈平又说："皇帝的精兵和楚兵比起来如何？"高帝说："不能超过。"陈平又问："陛下带兵作战的将领有能超过韩信的吗？"高帝说："比不上他。"陈平又说："现在陛下的兵士不如楚国精锐，而且将领用兵不及韩信，如果发兵攻伐，这是逼他作战，我为陛下感到不安。"高帝说："那这事怎么办？"陈平说："古时天子有巡行天下、会合诸侯的事。南方有云梦泽，陛下装作出游云梦泽，而在陈州会合诸侯。陈州在楚地的西界，韩信听到天子愉快游行，他一定出郊欢迎，并进谒陛下。当他进谒时，陛下即可借机拘捕他，这只是一个力士的事情罢了。"高帝认为有道理，后遂出发。楚王韩信果然郊迎于道中，高帝安排的武士把他拘捕，载在后面的车中。

[释例四]

（1）公元前287年，苏秦游说楚国，楚王说："现在，您打算合天下为一体，拉拢各诸侯国，使危亡的国家得以生存下去，寡人愿意恭敬地以整个国家来跟随。"于是六国南北联合，将力量聚集在一起，苏秦便成为这个合纵盟约的领导人，同时成为六国的宰相。苏秦将六国合纵的事向秦国宣布，秦人有十五年之久不敢窥视函谷关。

（2）公元211年9月，曹操进军，全部渡过渭水。马超等几次挑战，但曹军拒不应战。马超等一再请求割让土地，并请求送儿子去做人质。贾诩认为可以假装同意，曹操再问他下一步的策略，贾诩说："离间他们的联盟而已。"曹操说："我明白了。"

韩遂请求与曹操相见。曹操与韩遂是老朋友，于是，他们两人都不带随从，来到阵前说了很长时间。没有说到军事，只是谈论当年在京都的往事与老朋友们，高兴时拍手大笑。当时，马超部队中的关中人与胡人都来围观，前后重重叠叠。曹操笑着对他们说："你们是想来看曹操吗？我也是一个人，并没有四只眼两张嘴，只是智谋多一些罢了。"会面结束后，马超派人问韩遂说："曹操说了些什么？"韩遂说："没说什么。"马超等人便有了疑心。有一天，曹操又给韩遂写了一封信，信中圈改涂抹了许多地方，并故意让马超等人知晓，马超等人更加怀疑韩遂。曹操先派轻装部队进行挑战，与马超等人大战多时，后派精锐骑兵进行夹击，大破马超兵士。

（3）公元219年10月，陆浑人孙狼造反作乱，杀死了县主簿，向南投奔关羽。关羽授给孙狼官印，给他一些士兵，让他回去做寇贼，孙狼在许都以南一带活动，常与关羽遥相呼应。关羽的威名震动了中原，魏王曹操商议，准备迁移许都，以躲避关羽的威风锐气。丞相军司马司马懿、西曹属蒋济对曹操说："于禁等人因为大水而全军覆没，并因为不善战而失败，对国家大事还构不成大的损失。刘备和孙权从外表看关系很密切，实际上并不融洽。关羽的势力太大了，孙权必然不情愿。可派人劝孙权威胁关羽的后方，答应孙权把江南封给他，这样樊城之围自然就解除了。"曹操听从了他们的建议。

[释例五]

公元451年，魏主拓跋焘攻宋。宋主使臧质统万人救彭城，行至盱眙，既入城，见城中守备物资丰饶，即与太守沈璞誓同坚守。魏主遣使入城，馈送刀剑，求供美酒。守将臧质送给魏主好几坛酒，交来使带回。魏主酒兴正浓，即命开封取酒，哪知一股臭气由坛中涌出。仔细验视，并不是酒，乃是浑浊的小溲！魏主大怒，便令将士攻城，四面筑起长围，依靠群山筑造浮桥，截断城中水陆通道。接着，魏兵肉搏登城，宋守兵用长矛巨斧，或戳或斫，魏兵纷纷下坠，不能上去。一个月之后，魏兵死了一万多人，其高梁王又被射死。魏主知宋将有援兵来救，遂毁弃攻具，向北退走。

[释例六]

关羽战徐晃

徐晃（？—227），字公明，三国时期曹操麾下的将领，是曹操部下“五子良将”之一。关羽围樊城之际，徐晃奉命解围。徐晃以声东击西的战术，攻破关羽的防线，成功解除樊城之围。

公元249年秋季，蜀汉的卫将军姜维进犯雍州，依傍曲山建筑两座城，派句安、李歆等人驻守，并聚集羌胡人为人质，进犯侵逼各个郡。征西将军郭淮和雍州刺史陈泰进行抵挡。陈泰说：“曲城虽然坚固，但离蜀国路途遥远而险阻，当然需要长途运送粮食；羌人怕姜维的劳役繁重，必然不肯长久依附他。如今围攻夺取曲城，用不着厮杀流血就可以攻克。他们虽有救兵，但山道险阻，不是行军打仗之地。”于是郭淮派陈泰率领讨蜀护军徐质、南安太守邓艾进兵包围了曲城，切断了运输道路和城外流水。句安等人出城挑战，陈泰按兵不动。城内将士困窘不堪，仅靠分配的粮食和聚积起来的雪水度日。姜维率兵前来救援，出了牛头山就与陈泰的军队相遇。陈泰说：“用兵之法贵在不战使人屈服。如今扼守牛头山，姜维没有了退路，就会成为我们的笼中之鸟了。”于是命令诸军各自坚守营垒，不与姜维交战并派人向郭淮报告，让郭淮快速向牛头山进军，截断姜维退路。郭淮采纳这个意见，进军洮水。姜维害怕了，迅速撤兵，句安等人孤立无援，只好献城投降。

[原文]

故善用兵者，屈人之兵而非战也①，拔人之城而非攻也②，毁人之国而非久也③。[曹操曰：毁灭人国，不久露师也。]**必以全争于天下④，故兵不顿⑤而利可全⑥。此谋攻之法也⑦。**[曹操曰：不与敌战，而必完全得之，立胜于天下，则不顿兵挫锐也。]

[注释]

①屈人之兵而非战也：不采用直接交战的办法而迫使敌人屈服。

②拔人之城而非攻也：夺取敌人的城池而不靠硬攻的办法。

③毁人之国而非久也：此句言灭亡敌人之国毋需旷日持久。非久，不是旷日持久。

④必以全争于天下：一定要根据全胜的战略争胜于天下。全，即上言“全国”“全军”“全旅”“全卒”“全伍”之“全”。

⑤顿：同“钝”，指疲惫、挫折。

⑥全：保全、万全。

⑦此谋攻之法也：这就是以谋略胜敌的最高标准。法，标准、准则。

[译文]

所以，善于指挥战争的人，降服敌人不是通过战场厮杀的方式，夺取敌人的城池不用强攻的手段，毁灭敌人的国家也不需要旷日持久的征战讨伐。他们务求用完整全面的胜利而称霸天下，这样，自己的军队不至于疲钝折损就已经全面地获得了胜利。这就是以谋略克敌制胜的基本准则。

[原文]

故用兵之法：十则围之①，[曹操曰：以十敌一，则围之，是谓将智勇等而兵利钝均也。若主弱客强，操所以倍兵围下邳，生擒吕布也。]**五则攻之，**[曹操曰：以五敌一，则三术为正，二术为奇。]**倍则分之②，**[曹操曰：以二敌一，则一术为正，一术为奇。]**敌则能战之③，**[曹操曰：己与敌人众等，善者犹当设奇伏以胜之。]**少④则能逃⑤之，**[曹操曰：高壁坚垒，勿与战也。]**不若⑥则能避之。**[曹操曰：引兵避之。]**故小敌之坚，大敌之擒也⑦。**[曹操曰：小不能当大也。]

[注释]

①十则围之：兵力十倍于敌就包围敌人。

②倍则分之：此句言有一倍于敌人的兵力时，就设法分散敌人，造成局部上的更大优势。倍，加倍。分，分散。

③敌则能战之：此句言如果敌我力量相当，则应当敢于抗击、对峙。敌，指兵力相等，势均力敌。能，乃、则。此处与“则”合用以加重语气。

④少：兵力少。

⑤逃：逃跑、躲避。

⑥不若：不如，指实际力量不如敌人。

⑦小敌之坚，大敌之擒也：弱小的部队如果坚持硬拼，就会被强大的敌人所俘虏。小敌，弱小的军队。之，助词。坚，坚定、强硬，此处指固守硬拼。大敌，强大的敌军。擒，捉拿，此处指俘虏。

刘备猇亭之战

猇亭之战中，陆逊以奇计破蜀兵，创下了以一当十的战例。

[译文]

因此用兵打仗的战术方法是：我方的兵力十倍于敌人时，便把敌军围困起来加以聚歼或威逼其投降；我军的兵力五倍于敌人时，便对敌军发起猛烈攻击；我军的兵力一倍于敌人，就要设法将敌军分散，以优势兵力各个击破；敌我双方的兵力相当时，可以与敌交战；我军兵力比敌军少时，就应该设法摆脱敌人；我军的实力不如敌人时，就应当尽量避免与其交战。因为，弱小的军队如果坚持硬拼，就必然会被实力强大的军队制服擒获。

[释例七]

公元 356 年，燕慕容恪率军追段龛至广固城下，龛闭门固守，恪整日按兵不动。诸将莫名其妙，齐请速攻。恪对诸将说："用兵不宜执一，或宜缓行，或宜急取。若彼我势均，敌外有强援，一或顿兵，将腹背受敌，自应急攻为是，希望速得大利；倘我强彼弱，彼又无外援，不如羁住守兵，静待彼自毙，兵法所谓十围五攻，便是此意。按行军常法，必欲急攻，谅数旬即可攻下，但恐恶战，伤我士众。故当持久以取，不要贪得近攻。"于是严固围垒，屯田课耕。后城中粮尽，龛出降，终克广固。

[释例八]

公元918年，晋王进军大梁，至胡柳陂。黎明，侦察骑兵来报梁军追到。晋王问计于周德威，德威说："贼众多，倍道而来，尚未扎营，而我军营栅已固，守备有余，战则兵力不如敌众，况且梁兵思家，内怀愤激之情，与其交战，恐未必得志，请王按兵不与交战，德威乘其不立营栅，疲惫之时，用骑兵扰乱他，使其不得安息，然后可一举歼灭敌军。"晋王不同意，率亲军先出，德威不得不领幽州兵随行。梁将贺瑰大军结阵而前，横亘数十里。晋王率亲军陷入梁阵，厮杀往还十余里，梁将王彦章败走。晋辎重兵望见梁军旗帜，惊慌溃散，扰乱了幽州兵，自相践踏。周德威不能制止，父子都战死。梁兵从四面八方攻上来，晋王占据高丘收集散兵，但已不能与梁军作战了。周德威知敌军势众，骤战必败，提出的万全之策，但没被晋王采纳，终至大败。

[释例九]

公元538年，东魏莫折后炽勾结贱党，到处抢掠。西魏李贤率乡兵与刺史史宁征讨他。后炽列阵以待。李贤对史宁说："贱聚结时间长，兵马甚多，若只列一阵兵力进攻，敌必集结所有兵力抵抗我，其势不分，众寡不敌。今如令诸军分为数队，多设旗鼓，犄角而前，威胁敌人诸栅。公可别统精兵，直指后炽，按甲而待，不与敌交锋。后炽欲向前，怕公所率之精锐；敌诸栅欲出战，又惧我率之疑兵。令其进不得战，退不得逃，以待其懈，攻之必败无疑。后炽一败，众栅不攻自破。"史宁不同意，致屡战屡败。后炽闻李贤率兵到来，就弃史宁而与李贤接战，敌势不振，被李贤打得大败。

营中听计

[释例十]

公元前123年，卫青派兵遣将去打匈奴。右将军苏建、前将军赵信带着三千多骑兵，与匈奴单于兵数万相遇，战了一日，人马死伤殆尽。前将军赵信投降了匈奴，右将军苏建一人逃回。议郎周霸说："苏建全军覆没，而自己逃了回来，应当砍头。"军正闳和长史安说："不然，兵法小敌之坚，大敌之擒也。此次苏建独以数千人对付数万敌人，战至最后只剩一人，不肯投降，拼命地逃回来。如果杀了他，以后将士们打了败仗，谁还敢回来？"卫青说："就说苏建有罪，也应当奏明皇上。"

[原文]

夫将者，国之辅①也。辅周则国必强②，[曹操曰：将周密，谋不泄。]**辅隙则国必弱③**。[曹操曰：形见外也。]

[注释]

①辅：原辅木，这里引申为辅助、助手。

②辅周则国必强：言辅助周密、相依无间国家就强盛。周，周密。

③辅隙则国必弱：辅助有缺陷则国家必弱。隙，缝隙，此处指有缺陷、不周全。

[译文]

将帅是国君的辅佐。辅佐得周详缜密，国家就必定强盛，辅佐得有缺陷和漏洞，国家就必然衰弱。

[释例十一]

公元276年10月，晋征南大将军羊祜请求讨伐吴，他对晋武帝说："大晋兵众，多于前世，资储器械，盛于往时，今不于此时平吴，而更阻兵相守，不可长久。现在若引梁、益之兵，水陆俱下，荆楚之众，近临江陵，平南、豫州军队直指夏口，徐、扬、青、兖，攻向秣陵，鼓旆以疑之，多方以误之，以一隅之吴，当天下之众；势分形散，所备皆急，一处倾坏，上下震荡。如此对方军队混乱，必然攻克。"晋武帝采纳了他的建议，终于平吴，统一中国。

[原文]

故君之所以患于军者三①：不知军之不可以进，而

谓[2]之进；不知军之不可以退，而谓之退，是谓縻(mí)军[3]；［曹操曰：縻，御也。］**不知三军之事，而同三军之政者[4]，则军士惑[5]矣；**［曹操曰：军容不入国，国容不入军，礼不可以治兵。］**不知三军之权，而同三军之任[6]，则军士疑矣。**［曹操曰：不得其人也。］**三军既惑且疑，则诸侯之难至矣，是谓乱军引胜[7]。**［曹操曰：引，夺也。］

［注释］

①君之所以患于军者三：国君危害军队行动的情况有三个方面。君，国君。患，危害。

②谓：使，即命令。

③是谓縻军：这叫作束缚军队。縻，束缚、羁縻。

④不知三军之事，而同三军之政者：不了解军事而干预军队的政令。三军，代指军队。春秋时一些大的诸侯国设三军，有的为上、中、下三军，有的为左、中、右三军。同，参与、干预。政，政务，这里专指军队的行政事务。

孙策大战严白虎

孙策，字伯符，破虏将军孙坚之子，有大将之才。

⑤惑：迷惑、困惑。

⑥不知三军之权，而同三军之任：不知军队行动的权变灵活性质，而直接干预军队的指挥。权，权变、机动。任，指挥、统率。

⑦是谓乱军引胜：此句言自乱军队，失去了胜机。乱军，扰乱军队。引，招致，导致。

［译文］

国君给军事行动造成灾祸的情况有三种：不了解军队不能够进攻而强迫军队进攻，不了解军队不能够撤退而命令军队撤退，这说的是对军队的束缚；不懂得军队的管理而干预军队的管理政务，就会使将士们不知所从；不懂得军队作战的权宜机变而参与军队的指挥，就会使将士们疑虑重重。全军上下既迷惑不知所以，又疑虑不明就里，其他诸侯国进犯的机会就到来了。这就是所谓的自乱军队而招致敌国取胜。

袁术七路下徐州

[释例十二]

公元前61年，赵充国要用步兵屯田的办法来代替用骑兵进攻羌人的策略，他上书说："大军远在外地，每天所费的粮食和草料已经不少了，要是老这样守着，不但耗费财物，而且士兵、民众也都太苦了。西羌只能用恩德去收服，不能用兵力去消灭。这儿可以开垦的土地有两千多顷，我愿意撤退骑兵，单留下一万步兵，一面耕种，一面防守，这样西羌就能够平定下去。"但汉宣帝还是下诏让赵充国赶紧进兵。这是不应进军而国君强令进军的例证。

[释例十三]

公元前638年秋，楚国以救郑国为名，出兵进攻宋国。楚军进到泓水西面，宋襄公率领的宋军则在泓水东面布好阵势，准备迎击楚军。当楚军还没有全部渡过河的时候，司马子鱼说："他们人多，我们人少，等他们没有全部渡过的时候，请君王下令攻击他们。"宋襄公说："不行。"楚军渡过以后还没有排开阵势，子鱼又建议发起攻击。宋襄公说："还不行。"宋军等楚军排开阵势然后再攻击他们，结果自己被打得大败，宋襄公腿部受伤，他的卫队也全部被歼灭。第二年宋襄公因伤重而死。这正像战后子鱼反驳宋襄公时所说的："主公！你不懂得战争。"

[释例十四]

公元前204年，韩信和张耳带着几万军队去攻打赵国，赵王歇和成安君把很多兵力聚集在井陉关的隘口。广武君李左车通晓权变，提出不要出兵交战等良策，而成安君陈馀是一个迂腐的儒者，常常说："只要是正义之师，征战时是用不着什么奇谋诡计的。"他不接受李左车的计策。赵王用陈馀为师，结果陈馀在泜水边被杀，赵王歇被活捉，赵国灭亡。

[释例十五]

公元760年，李光弼率兵进围怀州，史思明领兵来救援，光弼再次后退。史思明派间谍散布流言，说他的将士都是北方人，思归心切。监军鱼朝恩信以为真，屡次上书说叛军可灭的状况，蛊惑唐肃宗速下诏催李光弼进兵。肃宗遂下诏谕。光弼上书说贼锋尚锐，不可轻进。肃宗不听，遣使者去督战。光弼不得已，进军到北邙，敌伏兵四起，官军抵挡不住，只好返奔。史思明乘势进击，杀死官军数千人。怀州复陷。

[原文]

故知胜有五：知可以战与不可以战者胜，识众寡之用者胜①，上下同欲者胜②，［曹操曰：君臣同欲。］**以虞待不虞者胜③，将能而君不御者胜④。**［曹操曰：《司马法》曰：进退惟时，无曰寡人。］**此五者，知胜之道也⑤。**［曹操曰：此上五事也。］

[注释]

①识众寡之用者胜：能善于根据双方兵力对比情况而采取正确的战略，就能取胜。众寡，指兵力多少。

②上下同欲者胜：上下同心协力的能够获胜。同欲，意愿一致、齐心协力。

③以虞待不虞者胜：有准备的对付没有准备的则能得胜。虞，准备。

④将能而君不御者胜：将帅有才能而国君不加以掣肘的能够获胜。能，有才能。御，原驾御，这里指牵制、制约。

⑤知胜之道也：认识、把握胜利的规律。道，规律、方法。

[译文]

所以，要预测胜利必须具备五个条件：清楚地知道什么情况下可以与敌作战、什么情况下不可以与敌作战的，能够获胜；懂得根据兵力的多少而采取不同战略战术的，能够获胜；将帅与士兵同心同德、同仇敌忾的，能够获胜；以充分周密的准备去对付毫无准备的敌人的，能够获胜；将帅有组织指挥才能而国君不加掣肘的，能够获胜。这五条，是认识、把握胜利的方法。

李光弼

李光弼（708—764），唐中叶名将，营州柳城（今辽宁朝阳）人。安禄山反唐时，李光弼会合郭子仪军队大破禄山部将史思明，河北十亲郡都复归唐。

[释例十六]

公元198年，曹操征讨张绣。一天，曹军退走，张绣欲追击。贾诩说："不可追，若追必败。"绣不同意，领兵追上曹军。曹军奋力接战，结果绣军大败而还。贾诩对张绣说："今可整兵再往追击，再战必胜。"绣说："今已败，为什么还要追？"诩说："兵势有变，今番必胜。"绣遂收散卒往追，果然大败曹军。张绣问贾诩："前以精兵追击，公曰必败，后以败兵击胜兵，而公曰必克。悉如公言，为何其事不同而得到验证呢？"贾诩说："将军虽善于用兵，可不是曹操敌手。曹军虽退，操必亲自断后，以防追兵；追兵虽精，大将却比不起曹操，彼兵亦锐，因知必败。曹操急于退兵，一定是因许都有事；既破追军，必轻车速回，不再准备；纵留诸将断后，也不是将军的敌手，虽用败兵而战必胜。"张绣佩服他的高见。

[释例十七]

公元前229年，秦将王翦奉诏攻赵，赵王投降。公元前227年，秦王派王翦攻燕，平定燕、蓟。秦将李信年少壮勇，曾以数千兵破过燕太子丹，公元前224年，秦王政奇其有能，问信说："朕要取荆楚，你看要多少兵？"信答道："二十万够了。"又问王翦，王翦说："非得六十万不可。"始皇说："王将军老了吧？李信说二十万已足。"于是以李信为将，带兵二十万攻楚，结果李信败逃，后王翦以六十万破荆。

[释例十八]

公元198年，曹操亲自率领大军进攻吕布，军至彭城(今徐州)，送劝降书。吕布得书欲投降，陈宫说:“今日降曹，若卵投石，岂可得全。”布出战，败至下邳城。吕布无谋多猜忌，不能制御诸将，诸将又各起意自疑。曹操大军围困三个月，城中上下离心，其将侯成、宋宪、魏续捆绑陈宫，率众投降。吕布与其部下登白门楼。曹兵围急，遂投降，吕布被杀。这是吕布与陈宫以及诸将上下不同欲而败亡。

[释例十九]

公元222年，魏南征吴国，魏将满宠率诸军在前，与敌隔水相对。满宠对诸将说:“今夕风很猛，敌人必来烧我营帐，应预先有所准备。”众将都提高了警惕。夜半，吴果遣人来烧营，宠率众掩击，大破吴众。

[原文]

故曰：知彼知己者，百战不殆①；不知彼而知己，一胜一负②；不知彼不知己，每战必殆。

[注释]

①殆：危险、失败。

②一胜一负：胜负各半，指没有必胜的把握。

[译文]

所以说：既了解敌方情况，又了解己方情况，便能百战百胜，不会有失败；不了解敌方情况，只了解己方情况，胜败可能平分；既不了解敌方情况，又不了解己方情况，那么每次战斗都注定会失败。

[结语]

谋攻，“谋”可作“议”。“欲攻战，必先谋”(曹操注)。古人称为“先谋”。汉代刘向说:“谋先则事昌。”(《说苑·说丛》)事先设谋，预测出事物的变化趋向，以便作出科学的决策，确保事物的成功。所以“用兵之道，先定其谋，然后可施其事”(诸葛亮《便宜十六策》)。岳飞也说过“勇不足恃，用兵在先定谋”。

本篇以“不战而屈人之兵”的全存主义为用兵的最高原则，是说运用外交解决胜于武力攻取，另外，力言统率权的独立与知己知彼的重要性。知己知彼规律，不仅普遍地应用于战争方面，还是政治家、外交家、教育家特别是企业家所借鉴的重要规律。“己”，对于企业来说，是指企业实力、经营方针、企业员工素质、股东等所构成的企业内部环境；“彼”，对于企业来说，是指与企业相关的供货商、消费者、服务对象、同行竞争者等所构成的以市场为中心的企业外部环境。企业家不能把握企业内、外部环境，是不能占有市场的。只有知己知彼，才能无往而不胜。

庞统献策取西川

刘备想要三分天下，西川是关键。庞统为刘备陈述形势，刘备带兵前去攻占西川，从而奠定了自己蜀汉的基础。

形篇第四

［原文］

孙子曰：昔之善战者，先为不可胜[①]**，以待敌之可胜**[②]**。不可胜在己，**［曹操曰：守，固备也。］**可胜在敌**[③]。［曹操曰：自修治，以待敌之虚懈。］**故善战者，能为不可胜，不能使敌之可胜**[④]。**故曰：胜可知，**［曹操曰：见成形也。］**而不可为**[⑤]。［曹操曰：敌有备故也。］

［注释］

①先为不可胜：先创造条件，使敌人不能战胜自己。为，造成、创造。不可胜，使敌人不可能战胜自己。

②以待敌之可胜：等待可以战胜敌人的时机。待，等待、寻找、捕捉的意思。敌之可胜，指敌人可以被我战胜的时机。

③不可胜在己，可胜在敌：指创造不被敌人战胜的条件，在于自己主观的努力，而敌方是否能被自己战胜，取决于敌方的失误，而非我方主观所能决定。

④能为不可胜，不能使敌之可胜：能够创造自己不为敌所胜的条件，而不能强令敌人一定具有可能被我战胜的时机。

⑤胜可知，而不可为：胜利可以预测，而不能强求。知，预知、预见。为，强求。

［译文］

孙子说：从前那些擅长用兵打仗的人，总是预先创造不被敌人战胜的条件，然后等待可以战胜敌人的时机。做到不被敌人战胜，全靠自己的努力；能否战胜敌人，则在于敌人是否让自己有机可乘。所以，擅长用兵打仗的人，能够做到自己不被敌人战胜，而不能做到使敌人必定被自己战胜。所以说：胜利是可以预见的，但是不可单凭主观愿望而强求的。

[原文]

不可胜者，守也；[曹操曰：藏形也。]**可胜者，攻也**①。[曹操曰：敌攻己，乃可胜。]**守则不足，攻则有余**②。[曹操曰：吾所以守者，力不足也，所以攻者，力有余也。]**善守者，藏于九地之下；善攻者，动于九天之上**③**，故能自保而全胜**④**也**。[曹操曰：因山川丘陵之固者，藏于九地之下；因天时之变者，动于九天之上。]

[注释]

①不可胜者，守也；可胜者，攻也：使敌人不能胜我，在于我方防守得好；而战胜敌人，则取决于我方进攻得当。

②守则不足，攻则有余：采取防守的办法，是因为自己的力量处于劣势；采取进攻的办法，是因为自己的力量处于优势。

③善守者，藏于九地之下；善攻者，动于九天之上：此句言善于防守的人，能够隐蔽军队的活动，如藏物于极深之地下，令敌方莫测虚实；善于进攻的人，进攻时能做到行动神速，如同从九霄飞降，出其不意，迅猛异常。九地，形容地深不可知；九天，形容天高不可测。九，虚数，代指多，古人常用“九”来表示数的极点。

④自保而全胜：保全自己而战胜敌人。

[译文]

当无法战胜敌人时，应该注重防守；当可以战胜敌人时，则应该采取进攻。实行防守，是因为实力不如对方，取胜的条件不充分；采取进攻，是因为实力强大，取胜的条件很充分。善于防守的军队，隐蔽自己就像藏于深不可知的地下一样，无迹可寻；善于进攻的军队，

董卓议立陈留王

董卓早年为汉将，拥兵自重，驻兵河东，正逢京都大乱，趁机进京，控制中央政权。之后董卓废汉少帝，立献帝，掌控天下。

展开兵力就像从九霄突然降下，势不可挡。所以，防守时可确保无误，攻击时定可大获全胜。

［释例一］

公元188年，东汉凉州贼王国围陈仓，左将军皇甫嵩督前将军董卓各率二万兵救援。董卓想加速进赴陈仓，皇甫嵩不听。董卓说："速救则城全，不救则城灭。"皇甫嵩说："不然，百战百胜，不如不战而屈人之兵。是以先为不可胜，以待敌之可胜。彼守不足，我攻有余。今陈仓虽小，城守固备。王国虽强，而攻我之所不救，非九天之势。势非九天，攻者受害；陷非九地，守者不拔。王国今已陷受害之地，而陈仓保不拔之城，我可不烦兵动众，而取全胜之功，为何要去救援呢？"于是不听董卓之议。王国围陈仓八十余天，城坚守固而不能拔。贼众疲敝，果然自解而退。皇甫嵩待敌衰而进兵攻击，连战大破敌众。

［原文］

见①胜不过众人之所知，非善之善者也；［曹操曰：当见未萌。］**战胜而天下曰善，非善之善者也。**［曹操曰：争锋也。］**故举秋毫②不为多力，见日月不为明目，闻雷霆不为聪耳③。**［曹操曰：易见闻也。］**古之所谓善战者，胜于易胜者也④。**［曹操曰：原微易胜，攻其可胜，不攻其不可胜也。］**故善战者之胜也，无智名，无勇功。**［曹操曰：敌兵形未成，胜之无赫赫之功也。］**故其战胜不忒(tè)⑤，不忒者，其所措⑥必胜，胜已败者也⑦。**［曹操曰：察敌必可败，不差忒也。］**故善战者，立于不败之地，而不失敌之败也。是故胜兵先胜而后求战⑧，败兵先战而后求胜⑨。**［曹操曰：有谋与无虑也。］**善用兵者，修道而保法⑩，故能为胜败之政⑪。**［曹操曰：善用兵者，先修治为不可胜之道，保法度不失敌之败乱也。］

［注释］

①见：预见。

②秋毫：鸟兽类在秋天新长的毫毛，比喻极轻微的东西。

③闻雷霆不为聪耳：能听到雷霆之声算不上耳朵灵敏。聪，听觉灵敏。

④胜于易胜者也：战胜容易打败的敌人（指已暴露弱点之敌）。

⑤不忒：没有差错。忒，失误、差错。

⑥措：筹措、措施。此处指采取作战措施。

⑦胜已败者也：战胜已处于失败地位的敌人。

⑧胜兵先胜而后求战：能取胜的军队，总是先创造取胜的条件，然后才同敌人决战。胜兵，胜利的军队。先胜，先创造不可被敌战胜的条件。

⑨败兵先战而后求胜：指失败的军队总是贸然开战，然后企图侥幸取胜。

⑩修道而保法：修明政治，确保各项法制的贯彻落实。道，政治、政治条件。法，法度、法制。

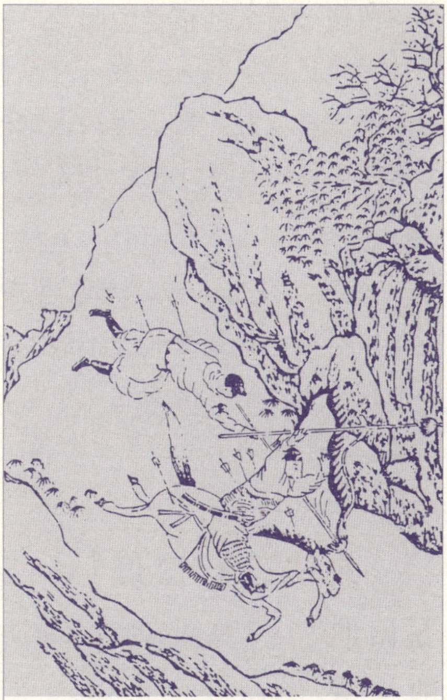

木门道弩射张郃

诸葛亮五出祁山败退，张执意要追赶，司马仲达拦阻不了便让其单独追赶，结果张中了埋伏，冤死山头。

⑪故能为胜败之政：胜败之政，即成为胜败上的主宰。政，同“正”，引申为主宰的意思。

[译文]

预见胜利但不超过一般人的见识，就不能算是高明中最高明的；打了胜仗而普天之下都说好的，还不是最理想的胜利。这就像能举起秋毫之重的东西算不上力气大，能看见太阳月亮算不上眼睛明亮，能听见雷霆的声音算不上耳朵灵敏一样。古时候所说的善于用兵打仗的人，是指那些总能战胜容易被打败的敌人的人。因此，这些擅长用兵打仗的人取得了胜利，没有足智多谋的名声，也没有背负勇猛善战的誉称。这是因为他们的胜利不是偶然的，是绝对不会有差错的。之所以不会有差错，是由于他们所采用的作战方针建立在必胜的基础上，战胜的是那些已经陷于必败境地的敌人。所以，擅长用兵打仗的人，总是使自己立于不败之地，而从不放过任何可以打败敌人的机会。因此，打胜仗的军队总是先取得必胜的条件，然后才寻找机会与敌人交战；打败仗的军队总是先与敌人交战，然后在战争中企图侥幸取胜。善于用兵打仗的人，能够修明政治，确保法度，所以能够掌握决定战争胜负的主动权。

［释例二］

公元前 61 年，汉宣帝派赵充国去平定西羌。赵充国到了金城，先零羌天天来挑战，赵充国只守不战。先零羌认为赵充国只是来防守的，就慢慢地放松下来。赵充国看准了机会，突然向先零羌进攻，杀得西羌兵马一败涂地。汉军掳到了牛、羊十万多头，车四千多辆。

［原文］

兵法：一曰度①，二曰量②，三曰数③，四曰称④，五曰胜。［曹操曰：胜败之政，用兵之法，当以此五事称量，知敌之情。］**地生度⑤，**［曹操曰：因地形势而度之。］**度生量⑥，量生数⑦，**［曹操曰：知其远近广狭，知其人数也。］**数生称⑧，**［曹操曰：称量己与敌孰愈也。］**称生胜⑨。**［曹操曰：称量之故，知其胜负所在。］**故胜兵若以镒(yì)称铢⑩，败兵若以铢称镒。**［曹操曰：轻不能举重也。］**胜者之战民⑪也，若决积水于千仞(rèn)⑫之谿(xī)⑬者，形⑭也。**［曹操曰：八尺曰仞。决水千仞，其势疾也。］

［注释］

①度：指土地面积的大小。

②量：容量、数量，指物质资源的数量。

③数：数量、数目，指兵员的多寡。

④称：衡量轻重，指敌对双方实力状况的衡量对比。

⑤地生度：此句言双方所处地域的不同，产生土地面积大小不同的“度”。生，产生。

⑥度生量：指因土地面积的大小不同，产生物质资源多少的“量”的差异。

⑦量生数：指物质资源多少的不同，产生兵员多寡的“数”的差异。

⑧数生称：指兵力多寡的不同，产生军事实力的对比和强弱的不同。

⑨称生胜：指双方军事实力对比的不同，产生、决定了战争由何方取胜。

⑩以镒称铢：此处比喻力量相差悬殊，胜兵对败兵拥有实力上的绝对优势。镒、铢，古代的重量单位。一镒等于二十四两，一两等于二十四铢；铢轻镒重，相差悬殊。

⑪战民：指统军指挥士卒作战。民，作“人”解，这里借指士卒、军队。

⑫千仞：比喻极高。仞，古代的长度单位，七尺（也有说八尺）为一仞。

⑬谿：山涧。

⑭形：指军事实力。

［译文］

兵法中，用来衡量胜负的因素，一是“度”，二是“量”，三是“数”，四是“称”，五是“胜”。敌我双方所处地域的不同，产生土地面积大小的“度”；敌我土地面积的大小，产生双方人口和物质资源多少的“量”；敌我人口和物质资源的不同，产生双方军队和兵员多少的“数”；敌我军队和兵员的不同，产生双方军事实力强弱的“称”；敌我军事实力的不同，最终决定了战争的谁胜谁负。所以，胜利的军队对于失败的军队，就像用镒与铢相比较，占有绝对优势；而失败的军队对于胜利的军队，就像用铢与镒相比较，处于绝对的劣势。打胜仗的一方指挥士兵作战，就像从万丈高山决开积蓄起来的流水，顺山涧直泻而下，其势锐不可当。这正是强大实力的表现。

［结语］

《形篇》的“形”，当谓军事实力。军事实力既然客观存在，其状况就会有所表现，如众寡、强弱等。“军之形也。我动彼应，两敌相察，情也”（曹操注）。“情”，军情，即军事实力状况的计算与对比，从而知战争胜负。

本篇所提出的“立于不败之地”的“自保而全胜”策略，就是靠着修明政治、合理运筹而实现。我国古代的军事运筹始于孙子，是世所公认的。

势篇第五

[原文]

孙子曰：凡治众如治寡①，分数②是也；[曹操曰：部曲为分，什伍为数。]**斗众③如斗寡，形名④是也；**[曹操曰：旌旗曰形，金鼓曰名。]**三军之众，可使必⑤受敌而无败者，奇正⑥是也；**[曹操曰：先出合战为正，后出为奇。]**兵之所加，如以碫（duàn）投卵⑦者，虚实⑧是也。**[曹操曰：以至实击至虚也。]

[注释]

①治众如治寡：管理人数众多的部队如同管理人数很少的部队一样。治，治理、管理。

②分数：此处指军队的编制。把整体分为若干部分，就叫“分数”，这里是指分级分层管理之意。

③斗众：指挥人数众多的部队作战。斗，使……战斗。

④形名：旌旗和金鼓。形，指旌旗。名，指金鼓。古战场上设置旗帜，由主帅高举于手中，让将士知道前进或后退；用金鼓来控制将士或进行战斗或终止战斗。

⑤必：“毕”的同音假借，完全、全部。

⑥奇正：古兵法常用术语，指军队作战的特殊战法和常用战法。就兵力部署而言，以正面受敌者为正，以机动突击为奇；就作战方式而言，正面进攻为正，侧翼包抄偷袭为奇；以实力围歼为正，以诱骗欺诈为奇。

⑦以碫投卵：比喻以坚击脆、以实击虚。碫，砺石，即磨刀石，代指坚硬的石头。

⑧虚实：古兵法常用术语，指军事实力上的强弱、优劣。有实力为“实”，反之为“虚”；有备为“实”，无备为“虚”；休整良好为“实”，疲敝松懈为“虚”。此处含有以强击弱、以实击虚的意思。

[译文]

孙子说：管理人数众多的军队能够像管理人数很少的军队那样应付自如，是由于军队编制和组织的合理；指挥大部队作战能够像指挥小部队作战那样得心应手，是由于旗帜鲜明、鼓角响亮，通讯联络畅通；能使全军在遭受敌人进攻时不致失败，关键在于“奇正”战术的运用，做到随机应变；指挥军队进攻敌人，就像用坚硬的石头砸鸟蛋那样一击即破，关键是避实击虚策略的正确运用。

[释例一]

公元前154年，吴楚七国反叛朝廷。吴王刘濞拥兵入大梁。吴王大将田禄伯说：“军队集结在一起，开往西边，没有出奇制胜的方法，难以奏效。臣愿带五万人，另外顺着长江、淮水西进，收淮南、长沙，进入武关，同大王会合。”吴王刘濞没有听从田禄伯的计谋，遂被周亚夫击败。

[原文]

凡战者，以正合，以奇胜①。[曹操曰：正者当敌，奇兵击不备也。]**故善出奇者，无穷如天地，不竭如江河②。终而复始，日月是也；死而复生，四时是也③。声不过五④，五声之变，不可胜听⑤也。色不过五，五色之变，不可胜观也。味不过五，五味⑥之变，不可胜尝也。**[曹操曰：自无穷如天地已下，皆以喻奇正之无穷也。]**战势不过奇正⑦，奇正之变，不可胜穷也。奇正相生⑧，如循环之无端⑨，孰能穷之⑩？**

[注释]

①以正合，以奇胜：以正兵合战，以奇兵制胜。合，交战、合战。

②无穷如天地，不竭如江河：喻正奇之变化有如宇宙万物之变化般无穷、江河一样永不竭尽。

③死而复生，四时是也：去而复来，如春、夏、秋、冬四季更替。

④声不过五：古代的基本音阶为宫、商、角、徵、羽五音。故此言声不过五。声，即音乐之最基本的音阶。

⑤五声之变，不可胜听：宫、商、角、徵、羽五声的变化，听之不尽。变，变化。胜，尽、穷尽之意。

⑥五味：指甜、酸、苦、辣、咸五种味道。

⑦战势不过奇正：此句言作战方式归根结底就是奇正的运用。战势，指具体的兵力部署和作战方式。

⑧奇正相生：奇正之间相互依存、转化。

⑨如循环之无端：此句言奇正之变化无始无终，永无尽头。循，顺着。环，连环。无端，无始无终。

⑩之：指奇正的相生变化。

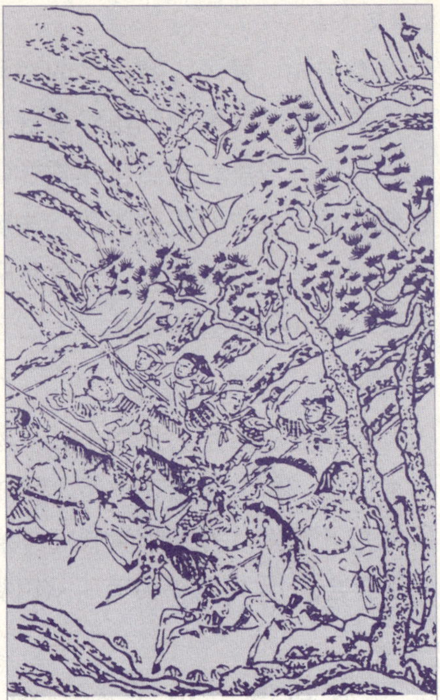

曹丕五路下西川

曹丕即位后，率兵入川，想一举平定蜀国。魏军五十万分五路进攻。诸葛亮与东吴结盟，奇兵出击，魏军在阳关受阻，不能前进。僵持许久，粮草不继，曹丕只得下令退兵。

[译文]

一般成功的战争，总是以“正”兵迎敌，以“奇”兵取胜。善于用奇兵取胜的将帅，他的战术变化，就好像天地的运行一样，无穷无尽；像江河的流水一样，永不停止。周而复始，这是日月运行的规律；衰而复盛，这是四季更换的法则。音调不过五种（宫、商、角、徵、羽），但五音的变化可以组成各种各样听不尽的乐曲；颜色不过五种（青、赤、黄、白、黑），但五色的配合可以绘出多姿多彩、永远看不完的图画；味道不过五种（辣、酸、咸、甜、苦），但五味的调和可以做出有滋有味尝不遍的佳肴。作战的战术方法不过“奇”（特殊战术，出奇制胜）和“正”（常规战术，按部就班）两种，但奇正的变化无穷无尽，不可胜数。奇与正的相互依存、相互转化，就像顺着圆圈旋转那样，无头无尾，无始无终，谁又能穷尽它呢？

[释例二]

公元前260年，赵国派廉颇为大将抵秦，秦派人到赵国实施反间计，说：“秦所畏惧的是赵括，廉颇容易对付，他已年老无用了。”赵王由于廉颇的屡次失败以及坚壁不出，于是中了反间计，派赵括代替廉颇领兵击秦。

赵括出兵攻秦，秦将白起令军佯败，同时又布置两支奇兵准备偷袭。赵军乘胜追逐，追到秦壁垒，壁垒防守坚固不能攻下，而秦的二万五千奇兵堵死了赵军的后路，又有五千骑兵，阻绝于壁垒间，把赵军一分为二，且堵住了赵军运粮的道路。赵括的军队大败，四十万人投降后被秦军坑杀了。这是白起以奇取胜的战例。

［释例三］

公元前718年4月，郑国人侵袭卫国郊外，以报复去年东门那一战役。卫国人带领南燕军队攻打郑国。郑国派祭足、原繁、祝聃带领三军攻打燕军的正面，派曼伯和子元偷偷率领制地的军队袭击燕军的后面。燕国人害怕郑国的三军，而没有防备从制地来的军队。6月，郑国的两个公子曼伯和子元在虎牢关击败了燕军。

［原文］

激水之疾①，至于漂石②者，势③也；鸷(zhì)鸟④之疾，至于毁折⑤者，节⑥也。［曹操曰：发起击敌也。］**是故善战者，其势险，**［曹操曰：险，疾也。］**其节短。**［曹操曰：短，近也。］**势如彍(guō)弩(nǔ)⑦，节如发机⑧。**［曹操曰：在度不远，发则中也。］

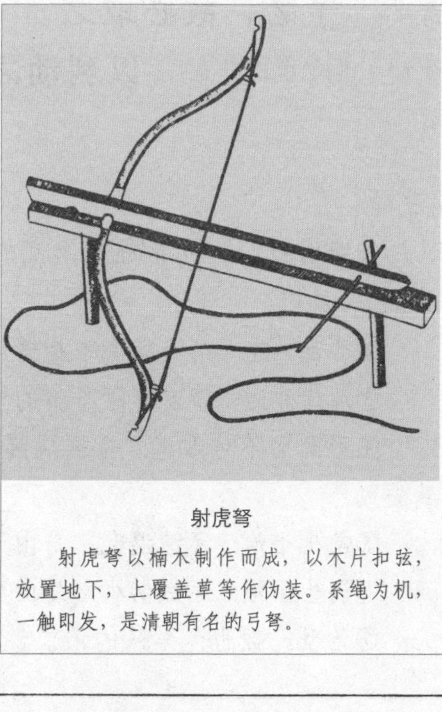

射虎弩

射虎弩以楠木制作而成，以木片扣弦，放置地下，上覆盖草等作伪装。系绳为机，一触即发，是清朝有名的弓弩。

［注释］

①疾：快、迅猛、急速。

②漂石：移动石头。漂，漂移。

③势：这里指事物本身态势所形成的内在力量。

④鸷鸟：凶猛的鸟，如鹰、隼、鹫之类。

⑤毁折：毁伤、捕杀。这里指捕击鸟、兽之类动物。

⑥节：节奏。指动作爆发得既迅捷、猛烈，又恰到好处。

⑦彍弩：张满待发之弩。彍，弩

弓张满的意思。

⑧发机：引发弩机的机钮，将弩箭突然射出。机，即弩牙。

［译文］

湍急的水流迅猛奔泻，以致能够把石头漂浮移动，那是由于水势强大的原因；凶猛的隼鹰奋猛搏击，以至于毁折小鸟骨翼，那是由于掌握了时机节奏的缘故。因此，善于指挥战争的将帅，他所造成的态势总是险峻逼人，发起攻击的时机节奏总是急促迅捷。这样的险势就像拉满了的弩弓，箭在弦上，蓄势待发，这样的节奏就像松弩放箭一样，一触即发。

［原文］

纷纷纭纭①，斗乱②而不可乱也；［曹操曰：乱旌旗以示敌，以金鼓齐之。］**浑浑沌沌③，形圆而不可败也④。**［曹操曰：车骑转也，形圆者出入有道，齐整也。］**乱生于治⑤，怯生于勇，弱生于强⑥。**［曹操曰：皆毁形匿情也。］**治乱，数也⑦；**［曹操曰：以部曲分名数为之，故不可乱也。］**勇怯，势也；强弱，形也。**［曹操曰：形势所宜。］**故善动敌⑧者，形之⑨，敌必从之；**［曹操曰：见羸形也。］**予之，敌必取之。**［曹操曰：以利诱敌，敌远离其垒，而以便势击其空虚孤特也。］**以利动之，以卒待之⑩。**［曹操曰：以利动敌也。］

［注释］

①纷纷纭纭：此指旌旗杂乱的样子。纷纷，紊乱无序。纭纭，众多且乱。

②斗乱：言于纷乱状态中指挥作战。

③浑浑沌沌：混乱迷蒙不清的样子。

④形圆而不可败也：指摆成圆阵，首尾连贯，与敌作战应付自如，不致失败。

⑤乱生于治：示敌混乱，是由于有严整的组织。

⑥弱生于强：示敌弱小，是由于本身拥有强大的兵力。

⑦治乱，数也：军队的治或乱，决定于组织编制是否有序。数，即前

言之“分数”，指军队的组织编制。

⑧动敌：调动敌人。

⑨形之：意指用假象迷惑欺骗敌人，使其判断失误。形，用作动词，即示形、示敌以形。

⑩以卒待之：用重兵伺机破敌。卒，士卒，此处可理解为伏兵、重兵。

战徐塘吴魏交兵

孙权病死，魏国趁乱进兵，双方在徐塘展开激战。吴国借助水阵，将魏兵打得措手不及，阵脚大乱，不得已退兵。

［译文］

战旗纷飞，人马混杂，在混乱中指挥战斗，要能保证自己的军队整齐不乱；兵如潮涌，混沌不清，要使自己的军队阵形周密而立于不败。向敌人展示混乱的假象，是建立在自己军队有严整组织管理的基础之上；向敌人展示怯懦，是由于本军将士有勇敢的素质；向敌人显示弱小，是由于自己拥有强大的实力。严整或者混乱，是军队组织编制好坏的结果；勇敢或者怯懦，是士兵素质态势的外在表现；强大或者弱小，是军事实力大小的显现。所以，善于调动敌军的将帅，用伪装假象迷惑敌人，敌人就会听从调动；用好处引诱敌人，敌人就会上当前来。用利益来引诱调动敌人，以重兵等待敌人，伺机聚而歼之。

［释例四］

（1）公元前353年，魏国联合赵国攻打韩国，韩国向齐国寻求救援。齐王派田忌为将，以孙膑为军师，一同前往救韩。孙膑和田忌采用攻魏的战法，率军径向魏国的大梁（今河南开封）进发。魏将接到齐师将偷袭后方的消息，便放弃攻韩，连忙赶回相救。孙膑知道庞涓的部队将到，便对田忌说：“他们三晋的将士，一向强悍勇敢而轻视齐兵，齐兵也因之被认为胆小怯弱。一个善于作战的将领，要会顺应这种情势，加以有利的引导。现在敌人如果恃勇轻敌而冒险急进的话，那对我们是最好不过了。我们也宜诈为怯弱以诱他轻进。当我军跨入魏境的第一天，安营时要建造十万人

排驾远迎

曹操在许都迎接汉献帝。

用的灶，第二天安营时建造五万人用的灶，到第三天，只要建造三万人用的就行了。”庞涓率军跟在齐军后面追赶了三天，看到齐军营灶日渐递减的情形，非常高兴地说：“我早就知道齐军胆小怕死，进入我国境内才三天，士卒已逃亡过半了。”于是庞涓就抛下步兵辎重，只带他的轻装健儿昼夜兼程，拼命追赶。孙膑计算庞涓的行程，约在黄昏时候会赶到马陵。孙膑便命士卒砍倒一些树木堵塞去路，并选一棵大树，将面对大路的一棵树的树干削去树皮，在上面写“庞涓死于此树之下”。又令军中善于射箭的一万名士兵手持强弩，夹道埋伏，约定：晚间但见大树底下有人点火，就万弩齐发。庞涓一路追赶，果然在当晚赶到那棵大树底下，看见光滑的树干上仿佛有字，于是点火照看。字还没读完，箭如雨下，魏军大乱，彼此逃散。庞涓自知智穷兵败，绝难脱身，于是拔剑自刎。齐军乘胜追击，彻底击溃魏军，并俘虏了魏太子申。

（2）公元 200 年 2 月，曹操在官渡，袁绍派郭图、颜良进攻驻在白马的东郡太守刘延，袁绍领兵到黎阳，将要南渡黄河。4 月，曹操往北救延。荀攸对曹操说：“现在我们兵少敌不过袁绍，应当分散他的兵力而行。您到延津，做出将要进兵渡河攻其后方的样子，这样袁绍必然分兵西来同我对抗；然后以轻兵偷袭白马，乘其不备，颜良就可以捉住了。”曹操采纳了他的计策。袁绍听说曹操挥兵渡河，果然分兵往西对抗。于是曹操领兵日夜兼程径趋白马，到离白马还有十多里的地方，颜良大惊，前来迎战。曹操派张辽、关羽首先出阵，击败敌军，斩了颜良。于是解了白马之围。

（3）公元前 154 年，吴楚七国反，汉景帝遣太尉周亚夫将兵击叛军。亚夫上书，大致是说楚兵敏捷而勇猛，难与争锋，现只可以梁委敌，使他固守，待臣断敌粮道，方可制楚。楚兵溃散，吴自无能为力了。景帝依议。亚夫走蓝田，出武关，进抵洛阳，在荥阳会兵，坚壁昌邑。吴方攻梁，梁王遣使求救，亚夫不肯相救。亚夫暗遣轻骑出淮泗口，绝吴楚兵之粮道，吴楚兵缺乏粮草。梁使韩安国、张羽为将军，且守且战，往往乘隙出击，力败吴兵。吴楚兵决定先前去攻击周亚夫军。亚夫见吴楚兵到来，又复坚壁相持，但守勿战。相持了几日，吴方兵将饿死许多，吴王向东逃去，二十多万士卒自然骇散；楚兵也饿得力乏，无法迎战汉军，四面狂奔。楚王自刎。

（4）公元前700年，楚国进攻绞国，军队驻扎在南门。莫敖屈瑕说：“绞国地小而人轻浮，轻浮就缺少谋略。请求不对砍柴的人设保卫，以此引诱他们。”楚王听从了。绞军俘获了三十个砍柴人。第二天，绞军争着出城，把楚国的砍柴人赶到山里。楚军等在北门，在山下设伏兵，大败绞军，绞国签订了城下之盟。

[释例五]

公元215年，曹操派张辽、乐进和李典等将率七千人驻守合肥。曹操去汉中征讨张鲁，把密信给了护军薛悌，封后在其边上写了“贼至乃发”四字。不久，孙权率十万军队包围合肥，诸将共同开封，密信曰：“若孙权至者，张、李将军出战，乐将军守护军，勿得与战。”诸将有所怀疑。张辽说：“曹公远征在外，等援兵来救，敌必攻破我城。因此以密信令我等在敌人未围之时，先进攻它，打击其盛势，以安众心，然后可守啊！成败之机，在此一战，诸位还有什么迟疑的？”张辽与李典共同出战，果然大破孙权，众心遂安。孙权攻城不下，遂退。

[原文]

故善战者，求之于势，不责于人[1]，故能择人而任[2]势。[曹操曰：求之于势者，专任权也。不责于人者，权变明也。]**任势者，其战人也[3]，如转木石；木石之性[4]：安[5]则静，危[6]则动；方则止，圆则行。**[曹操曰：任自然势也。]**故善战人之势[7]，如转圆石于千仞（rèn）之山者，势也。**

[注释]

①求之于势，不责于人：此句言应追求有利的作战态势，而不是苛求下属。责，求、苛求。

②任：任用、利用、掌握、驾驭的意思。

③其战人也：指挥士卒作战。与前《形篇》中之“战民”义同。

④木石之性：木石的特性。性，性质、特性。

⑤安：安稳，这里指平坦的地势。

⑥危：高峻、危险，此处指地势高峻陡峭。

⑦势：是指在“形”（军事实力）的基础上，发挥将帅的主观作用，因而造成有利的作战态势。

[译文]

所以，善于指挥作战的人，总是注意利用有利于己的必胜条件，而从不对部属求全责备。因此他们能够很好地量才用人，利用和创造必胜的态势。能够充分利用必胜态势的人，他们指挥战争就像转动木料、石头一样。木石的特性是：放在安稳平坦的地方就静止不动，放在险峻陡峭的地方就会滚动；方形的木石容易稳定静止，圆形的木石则滚动自如。所以，善于指挥作战的人所造成的有利态势，就像将圆石在万丈高山上转动一样，随时可以翻滚而下，其能量势不可挡，坚不可摧。这就是所谓的“势”。

张辽合肥陷阵

张辽（169—222），字文远，三国时魏国著名将领。合肥之战中，张辽率 800 余人出城与孙权军队大战。张辽的勇猛让孙权大惊，节节败走。合肥之危得以化解。

[释例六]

公元 278 年，西晋以杜预为镇南将军。杜预上奏伐吴说：“昔乐毅借济西一战，能克强齐；今兵威已势如破竹，数节之后，迎刃而解，无复著手，此势也。势不可失。”晋武帝司马炎遂于公元 279 年下诏大举伐吴，次年灭吴。

[结语]

本篇的要点是用兵之法，不外奇正两端，活用奇正，便可制胜。提出“凡战者，以正合，以奇胜”，即打仗主要靠出奇制胜。他认为要达到出奇制胜的重要手段，是“造势”“任势”，特别强调要“示形”“动敌”。所以说：“善动敌者，形之，敌必从之；予之，敌必取之。以利动之，以卒待之。”

《势篇》的“势”是物质的运动，军事实力形成的态势。“用兵任势也。”（曹操注）孙子所说的“任势”就是利用有利的形势，组织指挥进攻，以求一举得胜。“任势”的本义乃是“人”发挥主观能动性，根据战场环境的诸要素，顺势而治，捕捉最有利的战机，以取胜于敌人。

“任势”的战略战术思想，揭示给我们的不限于战场，在政治、经济及文化、体育领域都有利用形势、抓住时机取得成功的示例。比如企业经营活动，特别要抓住制造产品、供货、销售等重要环节。在产品销售时，就要测算好市场动态，按市场需要制造、推销产品，赢得利润。

虚实篇第六

［原文］

孙子曰：凡先处战地而待敌者佚①，［曹操曰：力有余也。］**后处战地而趋战者劳②。故善战者，致人而不致于人③。**

［注释］

①凡先处战地而待敌者佚：此句言在作战中，若能率先占据战地，就能使自己处于以逸待劳的主动地位。处，占据。佚，即“逸”，指安逸、从容。

②后处战地而趋战者劳：作战中若后据战地仓促应战，则疲劳被动。趋，奔赴，此处为仓促之意。

③致人而不致于人：调动敌人而不被敌人所调动。致人，调动敌人。致于人，为敌人所调动。致，招致、引来。

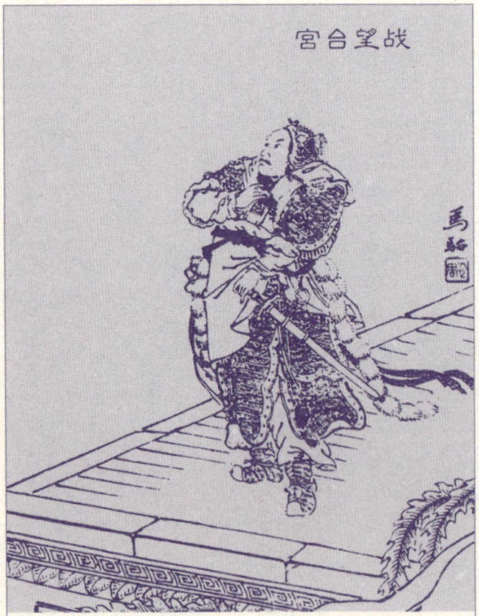

耿弇宫台望战

耿弇（3—58），字伯昭，扶风茂陵（今陕西兴平东北）人，东汉中兴名将。西汉末年，跟随刘秀起兵造反，任大将军。

［译文］

孙子说：两军交战，总是先进入战场而等待敌人的一方，显得安逸从容；后到达战场而仓促应战的一方，就必然疲惫不堪。所以，善于指挥作战的人，总是能设法调动敌人而不被敌人所调动。

［释例一］

公元29年，汉光武帝令耿弇攻讨张步，张步派大将军费邑驻军历下，费邑派其弟费敢驻守巨里。耿弇进兵先到巨里，命令部众多伐树木，扬言用于填塞坑堑，急修攻城工具，三日后全军进攻巨里城；并暗地里放归俘虏，使其告知汉军的攻期。第二天费邑率领精兵三万人来攻。耿弇对诸将说：“我之所以修攻城器具，就是想引诱费邑前来呀！”当即拨出三千精兵固守巨里，亲自领精兵占据高地，乘高合围，大战，临阵斩费邑，敌兵溃散。

将帅之臣

李牧（？—前229），战国时期赵国人，杰出的军事家、统帅。

［原文］

能使敌人自至者，利之也①；［曹操曰：诱之以利也。］**能使敌人不得至者，害之也②。**［曹操曰：出其所必趋，攻其所必救。］**故敌佚能劳之③，**［曹操曰：以事烦之。］**饱能饥之，**［曹操曰：绝其粮道。］**安能动之④。**［曹操曰：攻其所必爱，出其必趋，使敌不得不救也。］

［注释］

①能使敌人自至者，利之也：能使敌人自来，乃是以利引诱的缘故。利之，以利引诱。

②能使敌人不得至者，害之也：此言能使敌人不能到达战地，乃是牵制敌人的结果。害，妨碍、阻挠之意。

③劳之：使之疲劳。

④安能动之：言敌若固守，就设法使他移动。

［译文］

能让敌人自动进入我所预设的战场，是用小利引诱的结果；能让敌人不能到达其预定地域，是制造困难阻挠的结果。所以，对安逸的敌人应该设法使其疲劳，对粮食充足的敌人应该设法使其饥饿，对安稳的敌人应该设法使其移动。

［释例二］

（1）公元前三世纪中期，赵国驻守北部边防的良将李牧，常年驻扎在代、雁门郡一带，防止匈奴的入侵。有一次，他放出大批百姓四出放牧，田野中满是百姓。匈奴以小股兵马入侵，李牧假装没有战斗力而败退，任匈奴捉去好几千人。单于得到了这个消息，便率领大军，倾巢来犯。李牧布置了许多变化灵活的战阵，用左右包抄的奇兵，一举杀掉了十几万匈奴骑兵，打败了匈奴，单于仅以身免，败逃而去。这次战役以后的十几年中，匈奴再也不敢接近赵国的边境了。

（2）公元前353年，魏国出兵攻打赵国邯郸。齐将田忌想领兵直奔赵都，解邯郸之围，可是军师孙膑却说："要排解互殴狠斗，万不可卷入打成一团，而要避开双方拳来脚往的地方，只消伺机用拳猛袭其中一方空虚无备的腹位，待挨揍的人双手捂着肚子跪下，那么这场架自然也就解开了。现在魏国出兵进攻赵国邯郸，他的精兵锐卒，势必倾巢开赴前线，只剩一些老弱的留守国内。您何不利用这个空隙，带兵直捣大梁，袭击他们守备空虚的地方？那么他们在外的大军，必然会放下赵国赶回相救。这样做，我们岂不是一举解决了赵国的危急，同时还让魏国受到窘困的弊害吗？"田忌认为孙膑的话很有道理，便照着去做。魏国的部队果然撤去对邯郸的包围，急忙赶回大梁，在桂陵跟齐军遭遇，发生战争。齐师大破魏国的部队。

[释例三]

公元1053年，狄青请求进讨侬智高，到宾州时，因粮草没运到，遂按兵不动，下令准备十日军粮，诸将不解。侬智高侦知狄青正在宴乐，不加防备。当夜，风雨交加，狄青率部众两万，倍道兼行，出昆仑关，于归仁铺与敌相遇。侬智高倾寨抗拒官军，枪矢齐发，狄青先锋孙节战死。将卒畏青令严，不敢后退。狄青银盔铜面，登上高丘，手执白旗，指挥骑兵为左右翼，进攻敌后羸弱士卒，敌众已抵不住，顿时大败。青乘胜攻邕州，侬智高不及急救，遂纵火焚城，深夜遁去。

[原文]

出其所不趋①，趋其所不意。行千里而不劳者，行于无人之地也②。[曹操曰：出空击虚，避其所守，击其不意。]**攻而必取者，攻其所不守也③；守而必固者，守其所不**

攻也[4]**。故善攻者，敌不知其所守；善守者，敌不知其所攻**[5]**。**[曹操曰：情不泄也。]**微乎微乎，至于无形**[6]**；神乎神乎，至于无声**[7]**，故能为敌之司命**[8]**。**

乌林遇伏

曹操败走华容道，一路惊惶不已，没有查探敌人虚实，结果在乌林遭到伏击。

[注释]

①出其所不趋：此句言出兵要指向敌人无法救援的地方，即击其空虚。出，出击。不，这里作“无法、无从”解。

②行千里而不劳者，行于无人之地也：我行军千里而不致劳累，乃因行于敌军松懈无备处之故。无人之地，喻敌军松懈无备之处。

③攻而必取者，攻其所不守也：言出击而必能取胜，是由于所攻击的是敌人防守空虚之地。

④守其所不攻也：所守之处是敌人无力攻取的地方。

⑤故善攻者，敌不知其所守；善守者，敌不知其所攻：此句谓善于进攻的军队，敌人不知怎样防守；善于防守的军队，敌人不知如何进攻。

⑥微乎微乎，至于无形：此句谓虚实运用微妙极致，则无形可睹。微，微妙。

⑦神乎神乎，至于无声：虚实运用神奇之至，则无声息可闻。神，神奇、神秘。

⑧司命：命运的主宰者。

[译文]

我军出击之处，应是敌人无法到达的地方；我军奔袭的地方，应是敌人无法意料的地方。行军千里而不致劳累，是因为行进在没有敌人的地区；发起进攻而必定能取得胜利，是因为攻击的是敌人没有防备的区域；防守必定能固若金汤，是因为防守的是敌人无力攻取的地方。所以，善于进攻的人，敌人不知道应该怎样对其防守；善于防守的人，敌人不知道应该如

钟会邓艾取汉中

钟会（225—264），字士季，颍川人，三国时魏国谋士、将领。灭蜀后，钟会大力结交西蜀名士，打击邓艾等人，打算自立政权，但由于手下官兵不支持钟会的行动而发动兵变，钟会与姜维等人皆死于兵乱之中。

何对其进攻。微妙啊，微妙，使敌人看不到我军的一点蛛丝马迹！神奇啊，神奇，使敌人听不到我军的一点声息！所以，就能够把敌人的命运牢牢控制在我们手中。

[释例四]

公元263年，魏派遣钟会、邓艾分路攻蜀。钟会统兵十余万人，直奔汉中。邓艾督促三万余人，自狄道进汉中。蜀将姜维固守剑阁，钟会挥师攻维，屡攻不克，意欲退还。邓艾上言：“从阴平由斜径出剑阁，去成都，用奇兵攻其腹心。剑阁之守兵必然还涪，那时钟会军队就可以顺利地前进了；如果剑阁的守军不还，那守涪城的军队自然少了。兵法上说：攻其无备，出其不意。现在乘敌人的空虚，必定大破敌军。”10月，邓艾率兵就阴平僻道行无人之地七百多里，不顾艰险，逢山开道，遇水架桥。到了危崖峭壁的地方，邓艾用毡裹住身体，先滚下去，将士等不敢落后，如法遵行。及至无毡可裹，各自攀木沿崖，鱼贯而进。接近江油，江油守将马邈开城归降。蜀卫将军诸葛瞻眼见涪城难守，不得已退保绵竹。魏兵与蜀兵战至日暮，诸葛瞻和尚书黄崇都被斩。邓艾到成都，蜀主出降。

[原文]

进而不可御者，冲其虚也①**；退而不可追者，速而不可及也**②。[曹操曰：卒往进攻其虚懈，退又疾也。]**故我欲战，敌虽高垒深沟，不得不与我战者，攻其所必救也**③；[曹操曰：绝其粮道，守其归路，攻其君主也。]**我不欲战，画地而守之**④，[曹操曰：军不欲烦也。]**敌不得与我战者，乖其所之也**⑤。[曹操

曰：乖，戾也。戾其道，示以利害，使敌疑也。］

［注释］

①进而不可御者，冲其虚也：此句言我军进击而敌无法抵御，是由于攻击点正是敌之虚懈处。御，抵御。冲，攻击、袭击。虚，虚懈之处。

②退而不可追者，速而不可及也：我军后撤而敌不能追击，是由于我军后撤迅速，敌追赶不及。速，迅速、神速。及，赶上、追上。

③故我欲战……攻其所必救也：由于我已掌握了作战主动权，故当我欲与敌进行决战时，敌不得不从命。之所以如此，是因为我所选择的攻击点，是敌之要害处。必救，必定救援之处，喻利害攸关之地。

④画地而守之：画地而守，即据地而守，喻防守颇易。画，界限，指画出界限。

⑤乖其所之也：调动敌人，将其引往他处。乖，违、相反，此处有改变、调动的意思。之，往、去。

［译文］

我们前进，敌人之所以无法抵御，是因为我们攻击的是敌人兵力空虚的薄弱环节；我们撤退，敌人之所以无法追击，是因为我们的行动神速，敌人根本追不上。因此，如果我军准备出兵决战，敌人即使有高高的城墙和深深的壕沟可以据守，也会迫不得已出城与我军交战，这是因为我军攻击的是敌人必须加以救援的地方；如果我军不准备交战，哪怕只是在地上画一个阵形防守，敌人也无法与我军决战，这是因为我们诱使敌人背离了他所要走的方向。

［释例五］

公元184年，东汉将领朱俊进攻黄巾军于宛城，因寡不敌众，即围城筑土山以临城内，击鼓攻城西南角，黄巾军守将韩忠率众拥向西南面；朱俊自领精锐部队五千人，趁势攻城东北角，越土山而攻入城内。韩忠率余众退保小城，惶恐畏惧，乞求归降。

［原文］

故形人而我无形①，则我专而敌分②。我专为一，

敌分为十，是以十攻其一也[3]，则我众而敌寡。能以众击寡者，则吾之所与战者，约矣[4]。吾所与战之地不可知[5]，不可知，则敌所备者多；敌所备者多，则吾所与战者寡矣[6]。故备前则后寡，备后则前寡；备左则右寡，备右则左寡。无所不备，则无所不寡[7]。寡者，备人者也[8]；众者，使人备己者也[9]。［曹操曰：形藏敌疑，则分离其众以备我也。］

［注释］

①故形人而我无形：所以察明敌人的军情而使我军隐蔽得无影无形。形人，使敌人现形。形，此处作动词，显露的意思。我无形，即我无形迹（隐蔽真形）。

②我专而敌分：我集中而敌分散。

③是以十攻其一也：指我军在局部上对敌拥有以十击一的绝对优势。

④吾之所与战者，约矣：此句言能以众击寡，则我欲击之敌必定弱小、难有作为。约，少、寡。

⑤吾所与战之地不可知：我准备与敌作战之战场，敌无从知晓。

⑥不可知，则敌所备者多；敌所备者多，则吾所与战者寡矣：我与敌欲战之地，敌既无从知晓，就不得不多方防备，这样，敌之兵力势必分散；敌之兵力既已分散，则与我局部交战之敌就会弱小且容易被战胜了。

⑦无所不备，则无所不寡：言如果处处设防，必然是处处兵力寡弱，陷入被动。

⑧寡者，备人者也：言兵力之所以相对薄弱，在于分兵备敌。

⑨众者，使人备己者也：言兵力所以占有相对优势，是因为迫使对方分兵备战。

［译文］

所以，察明敌人的军情而使我军隐蔽得无影无形，就可以使我军集中兵力而使敌军兵力分散。我军兵力集中一处，敌人兵力分散十处，我军就可以用十倍于敌的兵力去攻打敌军，从而形成我众敌寡的绝对优势。既然能造成以众击寡的态势，那么我军所攻击的敌军就必然势单力薄。我军计划与敌军决战的地方，敌人是不可能知道的，敌人不知道决战的地方，就会在很多地方设防守备；敌人防备的地方多了，兵力就会分散，那么，我军进攻时所面对的敌军数量就少了。所以说，防御了前面，后面的兵力就一定减少，防御了后面，前面的兵力就一定减少；防御了左边，右边的兵力就会减少，防御了右边，左边的兵力就会减少。所有的地方都设防，那么所有的地方兵力都会减少。兵力缺少，是由于要处处被动地防备别人的进攻；兵力众多，是由于主动设法使得敌人处处要防备自己。

[释例六]

公元前154年春，吴楚七国造反，汉景帝派太尉周亚夫到了荥阳。周亚夫留下一部分人马，自己带领着大军退到昌邑。他吩咐将士们坚决遵守“只守不攻”的命令。一天晚上，吴兵奔到周亚夫坚守的城池，在东南面骚扰。亚夫派人在西北面防备，果然吴兵从西北面进攻。吴兵攻不进城，大多因饥饿而反叛或逃散了。

[释例七]

（1）公元413年，东晋朱龄石率兵两万自江陵出发，向西攻伐蜀国。临行时，刘裕与朱龄石密商道：“往年刘敬宣进兵黄虎，无功而还，今不宜再蹈覆辙了。”遂与龄石附耳数语，并取出一锦函，交与龄石，外面写着六字：“至白帝城乃开。”龄石受函西行，诸军虽进，未知意向。至白帝城，取示锦函，曰：“诸军悉从外水取成都，臧熹、朱林从中水取广汉，老弱乘高舰十余，由内水攻向黄虎。”蜀主谯纵果然防守内水，使其大将谯道福率重兵守涪城，遣其刺史侯辉守彭模，夹水筑城固守。诸将欲先攻击南城，龄石督诸军猛攻北城，攻克后斩侯辉等。至广汉又攻破谯道福别军，蜀主谯纵自缢，蜀平。

细柳式车

公元前158年，匈奴进犯中土。周亚夫在细柳营驻军，防卫京城。汉文帝为了激励士气，亲自到军营去慰勉将士时，但只得凭借节符传令。进入军中，皇帝的车马都只能缓步移动，不得奔跑。文帝称赞周亚夫教导有方，细柳军纪律严明。

（2）公元975年，宋征讨南唐，派王明领战舰直指金陵。南唐派使者召朱令赟带长江上游兵来救援。朱令赟从湖口带兵援救京师，号称十五万人，用木材缚成筏，长一百多丈，大的可以装载一千人，顺流而下，准备焚毁宋军采石浮桥，直抵金陵。王明请求增造战船三百艘，以便进攻朱令赟。宋太祖赵匡胤说："这不是应急的办法。"于是秘密地派使者令王明在洲浦间多立木杆，像是船帆樯的样子。朱令赟看见了，怀疑这里有伏兵，就稍稍逗留，而当时江水浅涸，无法航行。到了皖口，宋军集中兵力急攻，朱令赟势力穷蹙，就放火抗拒，适风转向，火反过来烧到自己的军队，部下全部溃散。朱令赟、王晖等人被宋军活捉。

［原文］

故知战之地，知战之日，则可千里而会战①。［曹操曰：以度量知空虚会战之日。］**不知战地，不知战日，则左不能救右，右不能救左，前不能救后，后不能救前，而况远者数十里，近者数里乎？**

［注释］

①故知战之地，知战之日，则可千里而会战：如能预先了解、掌握战场的地形条件与交战时间，则可以赴千里与敌交战。

［译文］

所以，只要能预料到在什么地方打仗，在什么时候打仗，即使是行军千里也可以前去与敌人交战；如果不能预料到在什么地方打仗，不知道在什么时候打仗，那么就会陷于左军不能救援右军、右军不能救援左军、前军不能救援后军、后军不能救援前军的被动局面，更何况远的相隔几十里、近的也要相隔几里，又怎样能应付自如呢？

涌金门张顺归神

张顺随宋江攻方腊，潜水近涌金门。因对地形不熟，惊动南军，被滚石和擂木砸死。

[原文]

以吾度[1]之，越人之兵[2]虽多，亦奚益于胜哉[3]？［曹操曰：越人相聚，纷然无知也。或曰：吴越，仇国也。］**故曰：胜可为也[4]。敌虽众，可使无斗。**

[注释]

①度：推测、推断。

②越人之兵：越国的军队。春秋时期，吴、越之间长期征伐不已。孙子为吴王讲论兵法，自然以越国为吴的假想敌。

③亦奚益于胜哉：越国军队人数虽众，然不知众寡分合的运用，则岂利于其取胜之企图。奚，何、岂。益，补益、帮助。

④胜可为也：言胜利可以积极造成。为，造成、创造、争取之意。

[译文]

依我的分析来看，越国的军队数量虽然众多，但对决定战争的取胜又有什么帮助呢？所以说，胜利是可以努力争取的。敌军的兵力虽然很多，但是可以让他们没有战斗力，反而无法参战。

[原文]

故策之而知得失之计[1]，作之而知动静之理[2]，形之而知死生之地[3]，角之而知有余不足之处[4]。［曹操曰：角，量也。］

[注释]

①策之而知得失之计：此句言我当仔细筹算，以了解判断敌人作战计划之优劣。策，策度、筹算。得失之计，即敌计之得失优劣。

②作之而知动静之理：挑动敌人，借以了解其活动的一般规律。作，兴起，此处指挑动。动静之理，指敌人的活动规律。

③形之而知死生之地：言以示形于敌的手段，来了解敌方的优劣环节。形之，以伪形示敌。死生之地，指敌之优势所在或薄弱环节、致命环节。地，同下文“处”，非实指战地。

④角之而知有余不足之处：此句言要通过与敌进行试探性较量，来掌

握敌人的虚实强弱情况。角，较量。有余，指实、强之处。不足，指虚、弱之处。

［译文］

所以，要通过认真的算计来分析敌人作战计划的优劣得失；通过挑动敌人来了解敌人的活动规律；通过示形诱敌来了解敌人的有利条件和致命弱点；通过战斗侦察来了解敌人兵力部署的虚实强弱。

［释例八］

（1）公元572年，南朝陈大将吴明彻进攻北齐，迫进寿阳。齐派遣王琳移守寿阳，吴明彻乘夜率兵往攻，破入外郭，王琳等退保内城。齐遣皮景和率众数十万救寿阳，距城三十里，顿兵不进。陈军闻报，都问明彻："坚城没攻下，大敌临近，元帅将何法对待？"明彻道："救兵如救火，彼结营不进，显然是不敢来战，怕他什么！我料这座寿阳城，定然旦夕可下了。"第二日早起，令士兵饱餐一顿，自己也亲擐甲胄，上马誓众，决破此城。当即出马督攻，四面攀援，鼓噪而上。守将王琳等巷战至暮，均力屈被擒。皮景和慌惧退走。

吴明彻攻北齐

（2）公元221年7月，刘备率领部队几十万人，发动了对东吴的大规模战争。孙权求和不成，只得准备应战。他为了增强吴军的防御力量，任命陆逊为大都督，统率五万人抗拒蜀军。公元222年正月，刘备率主力从秭归抵达猇亭，设立了大本营。吴国将领都主张立刻迎战。陆逊认为刘备居高守险，锐气正盛，应当避开蜀军锋芒，等待机会破敌。陆逊通过大胆的战略撤退，占据有利于己、不利于敌的夷道（今湖北宜都西）和猇亭一线后，停止撤退，转入防御，阻止蜀军前进。蜀深入吴境五六百里，从建平（今四川巫山）到彝陵设置了几十个军营。陆逊看到刘备处处设营，兵力分散，部队士气沮丧，反攻条件已经成熟，先派出一部分兵力进行试探性的进攻。通过这次试攻，找到了火攻蜀军的办法。陆逊命令士兵各持一把茅草，乘夜顺风放火，蜀军大乱。陆逊乘势发起反攻，迅速攻破四十多座蜀军营寨，蜀军土崩瓦解，大部战死或逃散，车船和军用物资也全部丧失。刘备乘夜逃走，靠驿站人员焚烧溃兵丢弃的装具堵塞山道才得以摆脱追兵，逃回白帝城（今重庆奉节东）。

陆逊定计破蜀

陆逊，字伯言（183-245年），本名陆议，吴郡吴人，少有才华。对孙权平定地方叛乱起到了很大作用，尤其是吴蜀两国争夺荆州时，陆逊大破蜀国，军事才能得以真正展现。

[原文]

故形兵之极，至于无形[1]。**无形，则深间不能窥，智者不能谋**[2]。**因形而错胜于众**[3]**，众不能知**。[曹操曰：因敌形而立胜。] **人皆知我所以胜之形**[4]**，而莫知吾所以制胜之形**[5]。[曹操曰：不以一形胜万形。或曰：不备知也。制胜者，人皆知吾所以胜，莫知吾因敌形而制胜也。] **故其战胜不复，而应形**[6]**于无穷**。[曹操曰：不重复动而应之也。]

[注释]

①故形兵之极，至于无形：此句言我示形于敌，使敌不得其真，以致形迹俱无。形兵，指军队部署过程中的伪装佯动。

②深间不能窥，智者不能谋：示形佯动达到最高境界，则敌之深间也无从推测底细，聪明的敌人也会束手无策。深间，指隐藏极深的间谍。窥，刺探、窥视。

③因形而错胜于众：此句言依据敌情而取胜，将胜利置于众人面前。因

形，根据敌情而灵活应变。因，由、依据。错，同“措”，放置、安置之意。

④人皆知我所以胜之形：人们只知道我克敌制胜的情况。形，形状、形态，这里指作战方式、方法。

⑤制胜之形：取胜的奥妙、规律。

⑥形：形状、形态，此处特指敌情。

［译文］

伪装示形诱敌运用到极点，就能达到不显露一点痕迹的最高境界。不露痕迹，即使深藏于我军内部的间谍也不能看到蛛丝马迹，即使很高明的敌军将领也不能想出应付的方法来。把根据具体情况而采取灵活的战术战胜敌人的事实摆在众人面前，众人也不能清楚其中的奥妙所在；人们都知道我军取胜的战术，却不能真正地知道我军所用战术必然克敌制胜的精要。因为每一次作战取胜所采用的战术都不是简单的重复，而是针对不同的敌情灵活运用、无限变化。

［释例九］

（1）公元 617 年，隋将王世充布阵于洛水之北。李密渡洛水布阵与王世充相对，东接月城，西至石窟。李密的军队多为骑兵长枪，王世充兵多持戈矛；当时地形利戈矛，不利骑兵。密军与战而不胜，遂与数千将士弃马登船，南渡洛水，其余兵马东退月城。王世充率师直驰至月城下。李密渡洛水后即策马西趋王世充本营黑石。世充营内见密兵逼近，连举六次烽火告急，王世充即舍月城之围，收兵西退。李密回师与其交战，大败王世充。月城之围不救而自解，西南之敌不战而成功，王世充不复轻出。

（2）约在公元 120 年，东汉朝廷知虞诩有将帅之才，提升他为武都太守。他率兵三千人赴任，途中被羌兵阻于陈仓（今陕西宝鸡）、崤谷一带。诩停军而诈称上书朝廷请发援兵，待援到而前进。羌遂松懈，分兵抄掠旁县。诩乘其兵散之机，日夜进发，兼行百余里。命令士兵各做两灶，以增灶而示援军接迎，羌遂不敢接近。有将问道：“孙膑灭灶而君增之。兵法上说日行不过三十里，以防不虞，而今日行二百里，这是为什么呢？”虞诩说：“虏众多，吾兵少。徐行则易为所及，速进则彼所不测。虏见吾灶日增，必谓群兵来迎，众多行速，必惮追我。孙膑见弱，吾今示强，形势有所不同。”

[释例十]

公元前353年，魏国联同赵国去攻打韩国。齐王派田忌为将，而以孙膑为军师，一同前往救韩。孙膑用灭灶诱敌，魏将庞涓抛下步兵辎重，只带轻装健儿昼夜兼程，拼命追赶齐军。孙膑计算他的行程，算定他在黄昏日暮时刻会赶到马陵。马陵路狭道窄，两旁又多险阻。孙膑命兵士砍些树以堵塞去路，并选一棵大树，将大树面向大路的树干削去树皮，上书“庞涓死于此树之下”八个大字。又令善于射箭的人夹道埋伏，约定晚间但见树底下有人点火，就万弩齐发。庞涓果然率兵赶到那棵大树底下，看见树身仿佛有字，令点火照看，字还没读完，箭如雨下，魏军大乱，彼此窜逃。庞涓自知难逃，遂拔剑自刎。这是孙膑料到在什么地方、什么时候同敌交战而获胜。

虞诩增灶断追

虞诩，字升卿，陈国武平（今河南柘城南）人，东汉名将。安帝时，始为朝歌（今河南汤阴西南）长，后任武都太守。顺帝时，官至尚书仆射。虞诩才干过人，少时便精通尚书，为时人称颂。

[释例十一]

公元817年10月，李愬奇袭蔡州成功，率领军队回到文城栅，将领们向他请教道：“开始公（指李愬）败于朗山而不忧虑，胜于吴房而不攻取，冒大风雪而不中止，孤军深入而不畏惧，但终于成功，这都是大家所不能理解的，请问这究竟是什么道理？”李愬说：“在朗山失利，贼军轻视我而不作防范。攻取吴房，则贼众逃进蔡州，全力固守，所以得把吴房留下，使贼军分散兵力。风雪阴晦，则烽火接不上，无从知道我军到达。孤军深入，则人人都拼死，战斗力自然就倍增。要看得远的人不会去看近处，考虑大处的人不会计较细微的末节。如果小胜就骄傲，小败就忧虑失措，把自己先扰乱了，怎谈得上立功呢？”大家都心服口服。

[原文]

夫兵形象水[①]，水之形，避高而趋下；兵之形，避

实而击虚。水因地而制流，兵因敌而制胜②。故兵无常势，水无常形③，能因敌变化而取胜者，谓之神。［曹操曰：势盛必衰，形露必败，故能因敌变化，取胜若神。］

［注释］

①兵形象水：用兵的规律如同水的运动规律一样。兵形，用兵打仗的方式方法，亦可理解为用兵的规律。

②水因地而制流，兵因敌而制胜：水之流向受地形高低的制约，作战中的取胜方法则依据敌情来决定。制，制约、决定。制胜，制服敌人以取胜。

③兵无常势，水无常形：言用兵打仗无固定刻板的态势，似流水一般无一成不变之形态。常势，固定永恒的态势。常形，一成不变的形态。

［译文］

用兵打仗的规律就像水的流动规律一样。水流的规律是脱离高处而流向低处，用兵打仗的规律是避开敌军有实力的地方，攻击其薄弱的地方。水根据地势的高低而决定其流向，用兵打仗则要根据敌人的虚实来选择不同的制胜方法。所以说，用兵打仗没有固定的形式，水流也没有固定不变的形态。能够根据敌情的变化而采取相应战术取得胜利，就可以说是“用兵如神”。

［释例十二］

（1）公元前353年，魏国攻打赵国，赵国情况危急，向齐国求援。齐威王要让孙膑担任主将，孙膑推辞道：“我是受过刑的人，不能担任主将。”于是就用田忌做主将，以孙膑为军师，让他在有篷帐的车子里，坐着为田忌出谋划策。

田忌打算率领军队到赵国去。孙膑说：“想要解开乱丝的人，可不能攥紧拳头使劲；劝解斗殴的人，可不能投入搏击。避实击虚，能使敌人造成困难形势，那么他自己就会解围了。如今魏国跟赵国打仗，魏国的精锐部队必定全都在外，老弱残兵留守在国内。您不如领兵直奔大梁，占据它的交通要道，冲击他们防务空虚的地方，他们必定放下赵国回军来救自己。这样我们一下子既给赵国解了围，又使得魏军疲惫不堪。”田忌听从了孙膑的意见。魏军果然离开邯郸，急忙赶回大梁相救，在桂陵（今河南长垣县西北）地方与齐军遭遇，疲惫不堪的魏军被齐军打得大败，赵国之围也就解除了。

（2）公元 782 年，田悦在魏博称王，反抗唐室。唐德宗诏马燧征讨他。田悦知马燧缺粮，故坚壁不战。马燧命令诸军持十日粮，进屯仓口，与田悦夹水列营。命军士就水造桥，建成三座，每日分兵过桥，前往挑战。悦只坚壁不出，设伏兵万人，将袭击燧军。燧军诸军沿洹水而指向魏州。田悦探得消息，率李纳等军四万多人，渡河攻营。马燧率军与悦军接战，李抱真等军拼命杀入，悦众相率败走。李抱真问马燧道："粮饷不多，遽行深入，究是何因？"燧答道："我无非为速战起见。试想魏博三镇，连兵不动，意欲坐老我师，可以不战屈人。我若分军击其左右，悦必往救，我反腹背受敌，战必不利。今特进军攻田悦，捣他中坚，这就是兵法上所说的攻其所必救，所以向魏州进军以破敌人。"抱真等称其言极是。

马燧披心示贼

马燧（726—795），字洵美，唐朝名将。784 年，朔方节度使李怀光叛乱，占领河中要塞长春宫，大将马燧一人来到朔方军营地，拉开衣襟，袒露胸膛，劝降朔方军，以真挚诚恳打动兵士。

［释例十三］

公元前 128 年，匈奴进了上郡，汉朝廷派李广去打匈奴。李广带了一百来个骑兵离开大营，瞧见在不是很远的地方有好几千匈奴骑兵。李广带着这一小队兵马又往前走了二里地，下命令说："大家下马，把马鞍子也拿下来，消消停停地休息一会儿。"那些兵士说："匈奴兵马这么多，又这么近，要是他们打过来，怎么办？"李广说："咱们一走，他们准前来，咱们还是安安静静地在草地上躺一会儿吧。"匈奴的大军果然不敢前来。快到半夜了，汉兵还在那儿待着。匈奴料定附近准有汉兵埋伏着，生怕半夜里汉军发动总攻击，于是匈奴大军便偷偷地退回去了。

[释例十四]

公元234年，蜀相诸葛亮领军出斜谷，魏将司马懿驻守渭南；几天之后，诸葛亮领大军西行，懿统下诸将都认为蜀军要进攻西围，唯独郭淮以为是见形于西，想使魏军分兵应战，其攻击之处必是阳遂。当夜蜀军果然进攻阳遂，因为魏军守城有备而未克。

诸葛亮三出祁山

《三国演义》叙述说，诸葛亮前后六次出祁山，企图消灭魏国，但却寸功未得。诸葛亮为先帝刘备统一大业忧心不已，积劳成疾，后终病逝。而蜀国，也被魏国消灭。

[释例十五]

（1）公元前632年4月，晋军在莘北摆开阵势，楚将子玉用若敖的一百八十乘兵车率领中军，说："今天就一定没有晋国了。"子玉率领左军，子上率领右军。两军决战开始，晋下军副将胥臣将马蒙上老虎皮，出其不意地率兵首先向薄弱的楚右军（陈、蔡两军）冲击。陈、蔡两军败逃，楚军的右翼部队溃散。晋上军主将狐毛派出前军两队击退楚军的溃兵。接着，狐毛在车上竖起两面指挥大旗，后退诱敌；下军主将栾枝命令部队在车后拖着树枝，扬起尘土，也伪装败退。子玉不知是计，命令子西率领左军追击。晋将先轸、郤溱见楚军被引诱过来，便率领中军拦腰袭击，狐毛、狐偃率领上军夹攻楚左军，楚左军退路被切断，陷入重围，大部被歼。子玉看到左、右两军都失败，急忙下令收兵，才保住了中军，退出战场。于是城濮之战以晋胜楚败而告结束。

（2）公元684年9月，徐敬业在徐州起兵。10月，武则天令李孝逸、魏元忠率兵征讨。当时徐敬业屯驻下阿溪，派弟徐敬猷进逼淮阴。魏元忠向李孝逸献计，宜率轻骑去进攻淮阴。诸将不同意，说："应先攻敬业。若先攻淮阴，徐敬业必定救援，我军两面受敌，如何自全？"元忠说："避实击虚，是兵家至计。敬业精锐，尽在下阿溪，利在速战，我若一败，大势已去。徐敬猷出自赌徒，不懂用兵战略，兵力薄弱，大军一到即能攻破。

徐敬业虽想引兵去援助，恐怕已经来不及。我军乘胜前进，虽有韩信、白起，恐怕也不能抵挡了。”李孝逸听从了，就进军攻淮阴，徐敬猷兵败脱身逃遁。于是魏元忠直接进攻徐敬业，敬业兵败逃入江都，后为其部将所杀。

[原文]

故五行无常胜①，四时无常位②，日有短长，月有死生③。[曹操曰：兵常无势，盈缩随敌。]

[注释]

①故五行无常胜：孙子此言谓其相生相克间变化无定数，如用兵之策略奇妙莫测。五行，木、火、土、金、水。古代认为这是事物组成的基本元素。战国“五行学说”认为这五种元素的彼此关系是相生又相胜（相克）的。

②四时无常位：此言春、夏、秋、冬四季推移变换永无止息。四时，指四季。常位，指一定的位置。

③日有短长，月有死生：白昼因季节变化有长有短，月亮循环因而有盈亏晦明。此处孙子言五行、四时及日月变化，均是“兵无常势”之意。日，指白昼。死生，指月盈亏晦明的月相变化。

[译文]

所以说五行（金、木、土、水、火）相生相克，没有哪一行占绝对优势；四时（春、夏、秋、冬）轮回更替，没有哪一季可以固定不动。一年之中，白天有时长、有时短；一月之内，月亮也是有盈有亏、有明有晦。

孔明兴兵征孟获

孔明攻打南部蛮人，每次都定计变化，打得孟获措手不及，被动疲乏。

[结语]

本篇突出地论述了“避实而击虚”“因敌而制胜”，主动灵活地打击敌人的作战指导思想。“一个主将，不以毁灭敌人兵力为战争目的，灵活作战本身不是目的，只是达到胜利目的的手段。”这指出了指挥的灵活性战争，是有明确目的的。

虚实：虚，空虚，兵力分散而薄弱；实，充实，兵力集中而强大。虚与实相互对立，相互转化。本篇主要论述通过对虚实关系的认识和把握，在战争中要立于主动地位，即“致人而不致于人”。意思是，在双方交战中，要会调动敌人，而不被敌人调动。用兵有固定的趋势，要避实而击虚。唐太宗说：“朕观诸兵书，无出孙武；孙武十三篇，无出虚实。夫用兵识虚实之势，则无不胜焉。”

军争篇第七

[原文]

孙子曰：凡用兵之法：将受命于君，合军聚众①，[曹操曰：聚国人，结行伍，选部曲，起营陈也。]**交和而舍②，**[曹操曰：军门为和门，左右门为旗门，以车为营曰辕门，以人为营曰人门，两军相对为交和。]**莫难于军争③。**[曹操曰：从始受命，至于交和，军争难也。]**军争之难者，以迂(yū)为直，以患为利④。**[曹操曰：示以远，迩(ěr)其道里，先敌至也。]**故迂其途而诱之以利，后人发，先人至，此知⑤迂直之计⑥者也。**[曹操曰：迂其途者，示之远也。后人发，先人至者，明于度数，先知远近之计也。]

[注释]

①合军聚众：征集民众，组织军队。合，聚集、集结。

②交和而舍：两军营垒对峙而处。交和，两军军门相交，即两军对峙。交，接触。和，和门，即军门。舍，驻扎。

③于：比。军争：两军争夺取胜的有利条件。

④以迂为直，以患为利：将迂回的道路变成直达的道路，把不利的变为有利的。迂，曲折、迂回。直，近便的直路。

⑤知：这里是掌握的意思。

⑥计：方法、手段。

[译文]

孙子说：用兵的一般规律，将帅领受国君的命令，从征集民众、组编军队，直至与敌军列阵对峙，其间没有比争取有利的先机更困难的了。争夺有利条件之所以困难，就在于要把迂回弯曲的道路变为直道捷径，把不利的因素变为有利的因素。所以，设法使敌军的进兵道路变得迂回弯曲，用小利引诱敌人上当进而改变行军路线，就能做到我军虽后于敌军出发，也能先于敌军到达战场，占据有利位置。这才是真正懂得以迂为直计谋的将帅。

[释例一]

公元前269年，秦国攻打韩国，军队驻扎在阏与，赵王派赵奢率兵救阏与。大军距离邯郸三十里，赵奢下令暂不进军，只修筑防御工事。又停留了二十八天，还没有往前推进，而是更积极地增筑防御工事。秦国的奸细潜入赵军营区，赵奢热诚地款待，饭后又送他离去。那奸细把所见报告给了秦国的将军，秦将大喜过望，说："离都城三十里就驻兵不前，反而忙于修筑防御工事，看情形，阏与不再归赵国所有啦！"赵奢一送走秦国奸细，就立刻命令部下士卒整束甲胄武器，穿着轻便的服装尾随着往阏与奔去。经过两日一夜的急行军，到达了目的地。他派了一批弓箭手在离阏与五十里的地方扎营。秦军得到了情报，也全副武装倾巢而出。赵奢派出一万人先行占领北山，秦兵随后也到了，两军争夺这必争的山头，秦军由于晚了一步而无法上山。赵奢指挥兵士展开猛烈的攻击，大破秦军，秦军溃散而去。

[原文]

故军争为利，军争为危①。[曹操曰：善者则以利，不善者则以危。]**举军而争利，则不及②**；[曹操曰：迟不及也。]**委军而争利，则辎（zī）重捐③**。[曹操曰：置辎重，则恐捐弃也。]**是故卷甲而趋④，日夜不处⑤**，[曹操曰：不得休息。]**倍道兼行⑥，百里而争利，则擒三军将⑦。劲者先，疲者后，其法十一而至**。[曹操曰：百里争利，非也；三将军皆以为擒。]**五十里而争利，则蹶（jué）⑧上将军⑨，其法半至**。[曹操曰：蹶，犹挫也。]**三十里而争利，则三分之二至**。[曹操曰：道近至者多，故无死败也。]**是故军无辎重则亡，无粮食则亡，无委积则亡⑩**。[曹操曰：无此三者，亡之道也。]

[注释]

①军争为利，军争为危：军争既有有利的一面，也有不利的一面。为，这里作"是""有"解。

②举军而争利，则不及：此句言率领全部携带装备辎重的军队前去争取先机之利则不能按时到达。举，全、皆。不及，不能按时到达预定地点。

③委军而争利，则辎重捐：如果扔下一部分军队去争利，则装备辎重将会受到损失。委，丢弃、舍弃。辎重，包括军用器械、营具、粮秣、服装等。捐，损失。

④卷甲而趋：卷甲束杖急速进军。卷，收、藏的意思。甲，铠甲。趋，快速前进。

⑤日夜不处：夜以继日，不得休息。处，犹言止、息。

⑥兼行：日夜不停。

⑦擒三军将：若奔赴百里，一意争利，则三军的将领会成为敌之俘虏。擒，俘虏、擒获。三军将，三军的将帅。

⑧蹶：失败、损折。

⑨上将军：指前军、先头部队的将帅。

⑩无委积则亡：军队没有物资储备作为补充，亦不能生存。委积，指物资储备。

［译文］

争夺有利条件，既有获得先机之利的可能，也有走向危险局面的可能。如果全军出动，携带所有装备辎重去争夺先机之利，往往会无法按时到达预定地域；如果丢下装备辎重去争夺，就会损失装备辎重。因此，让将士卷起盔甲轻装前进，昼夜不停，一天走两天的路程，急行百里去争先机之利，那么三军的将帅都有可能被敌军所俘虏。健壮的士卒先到，疲弱的士卒后到，结果是只能有十分之一的兵力到达预定的目的地。用这样的方法，急行五十里去争利，那么前军的将领就会遭受挫败，兵力也只有一半可以如期到达。同样，急行三十里去争利，也只会有三分之二的兵力能如期到位。要知道，军队没有装备辎重就会被歼灭，没有粮食供应就不能生存，没有军用物资的储备就必然失败。

［释例二］

公元 208 年，诸葛亮对孙权说：“曹操的人马远来疲敝，为了追我们，轻骑一天一夜跑三百多里，这就是所谓‘强弩之末，穿不透鲁国的白绢’。这是兵法的禁忌，说‘必然使前军将领被挫败’。现在您如果能命令猛将统兵数万，与我们协调作战，双方齐心合力，打败曹军是必然的。”孙权非常高兴，当即派周瑜等率水军三万人，随诸葛亮去与刘备会合，合力抵抗曹操。结果，曹操败于赤壁，带领军队回邺。

[释例三]

公元200年，袁绍率军进临官渡，曹操粮少，想退回许昌。恰好许攸来降，他说：“公孤军独守，外无救援而粮草已尽，这是危急时刻。现袁绍有辎重万辆，但在乌巢的驻守军队戒备不严，如出其不意，以轻兵袭击它，烧其积聚，不出三日，袁绍自败。”曹操即选精锐部队，夜里从小道出发，每人抱一捆柴，既至其前，用布围住然后放火。袁绍营中惊乱，其粮草装备尽焚。绍自军破后，发病而死。

[原文]

故不知诸侯之谋者，不能豫交①；[曹操曰：不知敌情者，不能结交也。]**不知山林、险阻、沮泽②之形者，不能行军；**[曹操曰：高而崇者为山，众树所聚者为林，坑堑者为险，一高一下者为阻，水草渐洳者为沮，众水所归而不流者为泽。不先知军之所据及山川之形者，则不能行师也。]**不用乡导③者，不能得地利。故兵以诈立④，以利动，以分合为变⑤者也。**[曹操曰：兵一分一合，以敌为变也。]**故其疾如风，**[曹操曰：击空虚也。]**其徐如林⑥，**[曹操曰：不见利也。]**侵掠如火⑦，**[曹操曰：疾也。]**不动如山，**[曹操曰：守也。]**难知如阴，动如雷震，掠乡分众⑧，**[曹操曰：因敌而制胜也。]**廓(kuò)地分利⑨，**[曹操曰：广地以分敌利也。]**悬权而动⑩。**[曹操曰：量敌而动也。]**先知迂直之计者胜，此军争之法也。**

[注释]

①不知诸侯之谋者，不能豫交：不知诸侯列国的谋划、意图，则不宜与其结交。谋，图谋、谋划。豫，通“与”，参与。

②沮泽：水草丛生之沼泽地带。

③乡导：向导，熟悉本地情况的带路人。

④兵以诈立：此言用兵打仗当以诡诈多变取胜。立，成立，此处指成

功、取胜。

⑤以分合为变：此句言用兵打仗当灵活地使兵力分散或集中。分，分散兵力。合，集中兵力。

⑥其徐如林：言军队行列整肃，舒缓如林木之森然。徐，舒缓。

⑦侵掠如火：攻击敌军似烈火之燎原，不可抵御。侵掠，此处意为攻击。侵，越境进犯。掠，掠夺物资。

⑧掠乡分众：此句说掠取敌乡粮食、资财并分其民众。乡，古代地方行政组织。

⑨廓地分利：此句言应开土拓境，扩大战地，分兵占领并扼守有利地形。廓，同“扩”，开拓、拓展之意。

⑩悬权而动：此句言权衡利弊得失而后采取行动。权，秤锤，用以称物轻重。这里借作衡量、权衡利害虚实之意。

曹操官渡战袁绍

袁绍，字本初，汝南汝阳（今河南周口西南）人，曾为汉灵帝司隶校尉。灵帝死后，董卓专权，袁绍于是占领冀州，后据黄河下游四州，成为当时最大势力。曹操此时挟持汉献帝，袁绍想与曹战，劫夺献帝。官渡之战中，袁绍大败，实力消亡。两年后袁绍病死，所占据地盘都归于曹操。

[译文]

所以说，不了解诸侯列国的战略意图，就不能与其结盟；不了解山林、险阻、沼泽等地形，就不能行军打仗；不利用当地人做向导，就不能得到地利。所以说，用兵打仗依靠诡诈多变来取胜，根据是否有利来采取自己的行动，按照分散或集中的方式来变换战术。军队的行动，迅速时像狂风一样急骤，缓慢时像森林一样轻摇不乱，进攻时像火一样猛烈，防御时像山一样纹丝不动，隐蔽时像浓云满天不可揣测，运动时像迅雷一样不及掩耳。掳掠敌国的乡邑，要分其民众；开拓疆土，要分兵扼守要害之地；权衡利弊关系，而后相机行动。只有事先懂得“以迂为直”战术的将帅，才会赢得胜利。这是争夺先机之利的基本原则。

[释例四]

公元 207 年，刘备到隆中三次，请诸葛亮出山相助。诸葛亮分析天下形势，对刘备说：“现今曹操已拥有百万军队，挟持天子以号令诸侯，您不可同他相对抗。孙权据有江东，已经历三代，地势险要，人民拥护，还有不少有德有才的人为他效力，对于这一方，您也只能结为同盟，互相援助，而不可图谋夺取。”

范蠡

范蠡，字少伯，春秋楚人。与文种同事越王勾践二十余年，苦身戮力，卒以灭吴，尊为上将军。范蠡在吴越之战中立下大功，功成后，范蠡深知勾践此人疑心甚重，只能共患难，难与同安乐，于是不辞而别，离开越国，泛游四方。

[释例五]

公元 32 年，汉光武帝率军西征隗嚣，到达漆县，诸将多认为以王师之重，不宜远入险阻之地。马援夜至，说隗嚣将帅有土崩瓦解之势，进兵必破；又在光武帝前堆积米类做山谷形，指画山林、险阻形势，开导众军所走的道路，分析进退曲折，十分清楚。光武帝说：“虏在吾目中矣。”第二日清晨，遂进军至第一城，隗嚣军溃散。

[释例六]

（1）约于公元 58 年，廉范升为云中（今内蒙古自治区托克托东北）太守。适逢匈奴大举入侵边关，每天都有警报传来。根据旧例，敌人入侵超过五千人，就要向相邻的州郡发文求援。属吏要发出檄文求救，廉范不许，亲自率领士卒抵御敌人。敌人兵势强威而廉范的部队抵敌不住。正当天色将晚的时候，廉范命令军士各人交叉缚住两根火炬，三头点火，营中好像群星罗列。敌人远远看到火炬很多，认为汉朝救兵到了，大吃一惊，等待天一亮就退兵。廉范就命令将士们饱餐一顿，清晨杀奔敌营，杀了几百个敌人。敌人自相践踏，死去的有一千多人。从此，匈奴再不敢进犯云中。

（2）公元 1360 年闰五月，陈友谅攻应天，朱元璋对指挥康茂才说：“你和陈友谅为旧友，现在他进攻我们，我希望他快来，除你别人办不到。你写封信，派人送给陈友谅，向陈友谅诈降，表示愿做内应，招他速来，并告诉我军情况，让他分兵三路，以减弱他的兵势。”康茂才派人乘小船将信送至陈友谅军。陈友谅得信后非常高兴，得知康茂才在江东桥，并约定在桥会合。陈友谅率舟师的东下，直接冲江东桥，在江东桥一带遭遇常遇春、徐达伏兵和张德胜、朱虎舟师内外合击，兵大溃败，被杀和淹死者无数，被俘七千余人，陈友谅逃往江州（今九江）。

[释例七]

（1）公元前478年3月，越王攻打吴国，吴王在笠泽抵御，沿着一条河摆开阵势。越王设立左右两翼，让他们夜里击鼓呐喊而前进，吴军分兵抵御。越王带领中军偷渡，对准吴国的大营击鼓进攻，吴军大乱。

（2）公元前408年，魏伐秦，筑洛阴、合阳，占河西地。魏文侯认为吴起善于用兵，为将廉直公平，又能尽得士卒的忠心，于是就任命他为西河战区的最高长官，让他负起抗拒秦国和韩国的任务。有一次，吴起率军与秦兵作战，两军尚未交战，吴军有一个十分勇敢的人，前去敌营斩获了两个人头回来。吴起下令将他斩首，军执法官谏止，说："这是勇士，不可斩首。"吴起说："勇士倒是勇士，但不是依命令而杀敌。"遂即斩首，以示军中将士。

（3）公元34年，光武帝刘秀入关，准备亲征高峻，先遣使令其投降。寇恂奉诏到第一城，高峻派军师皇甫文谒见，辞礼不屈。寇恂大怒，要斩皇甫文。诸将劝谏说："高峻拥有精兵一万多人，连年攻不下，现在要其投降而斩杀其使者，这恐怕不合适吧？"寇恂不答应，遂斩皇甫文，遣其副使回报高峻说："军师无礼，已经杀了。要降就快降，不想降就固守城池。"高峻非常恐惧，当天开门投降。诸将表示庆贺，同时问道："请问杀了对方的使者还能使对方献城投降，这是什么道理呢？"寇恂说："皇甫文是高峻的亲信，是为他出谋划策的人，来到这里，辞意不屈，必无降意。不杀他，高峻正得其计，杀他，高峻则闻风丧胆，因而投降。"诸将都说："我们是望尘莫及的。"

[原文]

《军政》[1]曰："言不相闻，故为金鼓[2]；视不相见，故为旌旗[3]。"夫金鼓旌旗者，所以一人之耳目也[4]；人既专一[5]，则勇者不得独进，怯者不得独退，此用众之

法也⑥。故夜战多火鼓，昼战多旌旗，所以变⑦人之耳目也。

［注释］

①《军政》：古兵书，已失传。

②为：设、置。金鼓：古代用来指挥军队进退的号令设施，擂鼓进兵，鸣金收兵。

③旌旗：代指旗帜。

④所以一人之耳目也：金鼓旌旗之类，是用来统一部卒的视听和行动的工具。人，指士卒、军队。一，统一。

⑤人既专一：此句谓士卒一致听从指挥。专一，同一、一致。

⑥此用众之法也：这是指挥大部队作战的方法。用众，动用、驱使众人，即指挥人数众多的军队。法，法则、方法。

⑦变：适应。

［译文］

《军政》中说："作战中，用语言指挥众人，众人是听不清的，所以要设置金鼓；用动作指挥众人，众人是看不见的，所以要设置旌旗。"金鼓旌旗的作用，是用来统一军队上下的行动的；全军上下众志成城，那么勇敢的士卒就不会单独冒进，怯懦的士卒也就不会独自后退。这是指挥大部队作战的方法。因此，凡夜间作战多用火光、锣鼓指挥，白天作战多用旌旗指挥，这都是根据士卒视听的需要而变换的。

［释例八］

公元621年，秦王李世民在洛阳城四周布下长围困住了王世充。这时窦建德带十多万兵马前来救援，已进抵酸枣。李世民留下李元吉，让他继续围困王世充，自己率领步骑三千五百人，急行军赶赴虎牢。窦建德听到消息，就在汜水东岸摆好阵势，王世充的部将率一部分兵马也在南边结阵以待。阵势连接起来有好几里长，鼓噪与喊杀声闹得惊天动地，唐军将领们不免紧张起来。李世民为了侦察敌情，带了几名亲信骑兵登上高丘，向远处瞭望一下，下来后对将领们说："敌人原来起自山东，从未经历过大战役，如今行军，当经过险要地区就大叫大闹，是不讲纪律；阵势敢摆到虎牢城下，是轻视我军。我们暂按兵不动，等敌人气衰，兵士饥饿疲劳，他

世民引兵征西河郡

唐太宗李世民随父李渊在太原起事，首战西河郡。西河郡是进兵长安途中的重镇，李世民兵力长驱直入。在后来的战争中，李氏越战越勇，实力大增，并于公元618年建立唐朝。

们就得自行撤退，我们乘势出兵追击，必定所向无敌。”窦建德的军阵从辰时摆到午时，兵士又饥又疲倦，都坐卧不安，又抢着喝水。窦建德这时迟疑了一会儿，准备收兵退出战场。李世民对部将说：“该打了！”就亲自率领轻骑出营，奋力追赶，大军跟在后面迅速行动。窦建德要回军重新摆阵迎战，还没来得及摆好行列，唐太宗一马当先，所向披靡，随即命令全军投入战斗。李世民率领勇将史大奈、程咬金、秦叔宝等竖起了旗幡，冲入敌阵，一直杀到阵后，把旗幡都张开。敌兵看到了军心大乱，彻底崩溃。窦建德在阵上被活捉。

［原文］

故三军可夺气①，［曹操曰：左氏言一鼓作气，再而衰，三而竭。］**将军可夺心②。是故朝气锐，昼气惰，暮气归③。故善用兵者，避其锐气，击其惰归④，此治气者也⑤。以治待乱⑥，以静待哗⑦，此治心者也。以近待远，以佚待劳，以饱待饥，此治力者也。无邀正正之旗⑧，勿击堂堂之陈（zhèn）⑨，此治变者也。**［曹操曰：正正，整齐也；堂堂，大也。］

［注释］

①故三军可夺气：可以挫伤三军旺盛勇锐之气，使之衰竭。夺，此处作“失”解。气，指旺盛勇锐之士气。

②将军可夺心：指将帅的意志和决心可以设法使之动摇。夺，这里是动摇之意。

③朝气锐，昼气惰，暮气归：此句言士气变化之一般规律，即开始作战时士气旺盛，锐不可当，经过一段时间后，士气逐渐懈怠，到了后期士

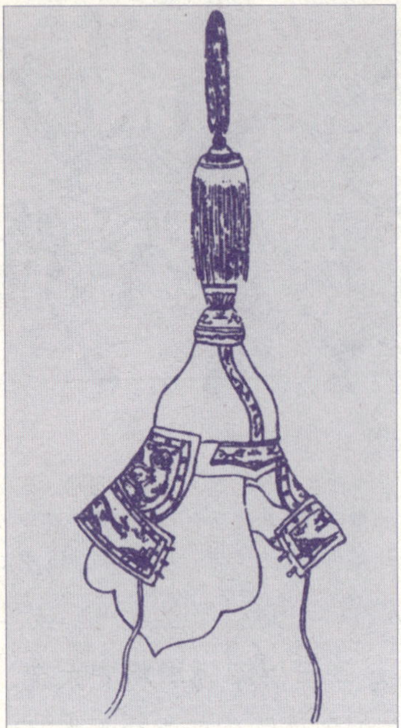

军官盔甲

古代战争多用刀枪剑戟弓箭等，近身搏斗时容易受伤，所以许多将官在战场上都穿上甲胄，以减少伤害。

气就衰竭了。朝，早晨。锐，锋锐。昼，白天。惰，懈怠。暮，傍晚。归，止息、衰竭。

④避其锐气，击其惰归：避开士气旺盛之敌，打击疲劳沮丧、士气衰竭之敌。

⑤此治气者也：这是掌握运用士气变化的通常规律。治，此处作“掌握”解。

⑥以治待乱：以严整有序之己对付混乱不整之敌。治，整治。待，对待。

⑦以静待哗：以自己的沉着镇静对付敌人的轻躁喧动。哗，鼓噪喧哗，指骚动不安。

⑧无邀正正之旗：勿迎击旗帜整齐、部署周密的敌人。邀，迎击、截击。正正，严整的样子。

⑨勿击堂堂之陈：不要去攻击阵容强大、实力雄厚的敌人。陈，同“阵”。堂堂，壮大。

[译文]

对于敌军，可以使其士气衰落；对于敌军将领，可以使其决心动摇。一般情况下，初投入战争时士气饱满旺盛，经过一段时间士气就会逐渐懈怠减弱，最后士气便完全衰竭、人人思归了。所以，善于用兵的人总是避开敌人士气旺盛的时候，等到敌人士气低落、衰竭的时候再发起攻击，这是掌握士气而用兵的方法。用自己的严整对付敌人的混乱，用自己的镇静对付敌人的轻躁，这是掌握敌军心理而用兵的方法。以就近占领阵地来迎战长途跋涉的敌军，以休整安逸来迎战奔走疲劳的敌军，以粮饷充足来迎战饥饿不堪的敌军，这是掌握军队战斗力而用兵的方法。不要去迎击部署周密、旗帜整齐的敌人，不要去进攻阵营雄壮、组织严整的敌人，这是掌握灵活机变而用兵的原则。

[释例九]

公元24年，赤眉军夜攻耿纯营寨，箭似雨般射入营内，营内士兵死伤很多。耿纯约束部队坚守不动。选拔二千人组成敢死队，均手持有力弓弩，各携三只箭，中口衔枚（类似筷子）而潜行，绕至赤眉队伍后方，齐声呼噪，强弩齐发。赤眉军惊逃。耿纯全军追击，遂大破敌人。这是耿纯治心以静而胜。

［释例十］

（1）公元 537 年，东魏高欢伐西魏宇文泰，从蒲津渡河。宇文泰也到渭南，欲进兵攻击高欢。诸将以寡不敌众，请求等到高欢向西前进，再观形势。宇文泰正色道："今乘他越山渡河远来，兜头迎击，彼衰我锐，何患不胜！"遂下令就渭水架浮桥，即日渡渭，直抵沙苑。又徙至渭曲，背水列营。高欢军至，望见西魏营内士兵寥寥无几，便麾兵直进，没有什么行列。俄闻西魏营内鼓声骤震，芦苇丛里伏兵齐起，欢军立即大乱。

（2）公元 1140 年，宋将刘锜打败金将乌禄于顺昌城下。金元帅兀术听到败信，即率兵十万来援。当时是盛夏，天气酷热，刘锜派人在颍水投毒，兀术人马多渴，饮水食草，人中毒就生病，马中毒就死。兀术还不知中计，列阵以待。刘锜以逸待劳，按兵不动。日已过午，天气稍稍凉快一点，刘锜遣数百人出西门，与敌接战。接着又有数千人从南门杀来，下令不得呼喊，但持巨斧乱砍，将金兵冲成数截。兀术纵出铁骑，分左右翼，号为"拐子马"，前来抵敌。刘锜用拒马木为障，阻住敌骑，且约定稍作休息，各进夜餐。刘锜命军士入城担饭，持至饭羹，分饷军士。刘锜也下马进餐，从容就像平时。兀术也命部众饱食干粮。两下食竟，刘锜军撤去拒马木进行接仗。刘锜见兀术身披白袍，便奋呼道："擒贼先擒王，何不往擒兀术？"军士都向兀术杀来。兀术一退，阵势顿时大乱，兀术亦即退走。

曹操决水淹冀州

曹操带领兵马进攻冀州城，冀州城墙坚固，墙头又高，无法攀援。曹军久攻不下，许攸于是献计，用漳河的水来淹冀州城。曹操用许攸的计策，围城二十里，决漳河之水淹冀州。过三日，等到水退下，曹军破城而入。

［释例十一］

公元 204 年，曹操围邺，袁尚率军来救。曹军诸将都认为“此归师，人自为战，不如避之”。曹操说：“袁尚若堂堂正正地从大道来，当避开他；若循西山来，那他就肯定被我擒获了。”袁尚果然循西山而来，扎营在滏水旁。夜派兵进攻曹军围堑，曹军击败他之后，遂围其营。袁尚乘夜逃走，其军大溃。

［释例十二］

公元 564 年，北周命令尉迟迥为先锋，进攻洛阳。北齐令段韶督促精兵从晋阳启行，济河南下，碰上连日阴雾，周军无从探悉齐军情况。段韶竟与诸将上登邙坂，窥察周军形势，进至太阳和谷，与周军相遇。韶与诸军会师，整甲以待。周军前队都是步卒，遂踊跃上山，来战齐兵。段韶且战且退，引至深谷。周军锐气已衰，齐军下马奋击。周军瓦解，或坠崖，或投河，伤亡众多。

［原文］

故用兵之法：高陵勿向①，背丘勿逆②，佯北勿从③，锐卒勿攻④，饵兵勿食，归师勿遏⑤，围师必阙（què）⑥，［曹操曰：《司马法》曰：围其三面，阙其一面，所以示生路也。］**穷寇勿迫。此用兵之法也。**

［注释］

①高陵勿向：对已经占领了高地的敌人，我军不要去仰攻。高陵，高山地带。向，仰攻。

②背丘勿逆：此句言敌人如果背倚丘陵险阻，我军就不要去正面进攻。背，倚托。逆，迎击。

③佯北勿从：此句言敌人如果伪装败退，我军就不要去追击。佯，假装。北，败北、败逃。从，跟随。

④锐卒勿攻：敌人的精锐部队，我军不要去攻击。锐卒，士气旺盛的敌军。

⑤归师勿遏：对于正在向本国退却的敌军，不要去正面阻击他。遏，阻击。

⑥围师必阙：在包围敌军作战时，当留有缺口，避免敌人做困兽之斗。阙，同“缺”。

［译文］

所以，用兵的基本原则是：敌人占领高地时不要去仰攻，敌人背靠高地时不要正面攻击，敌人佯装败退时不要跟踪追击，不要贸然攻打敌人的精锐部队，不要理睬敌人的诱兵，对撤退回国的敌人不要半途阻击，对敌人实行包围时要留有缺口，对陷入绝境的敌人不要过分逼迫。这些都是指挥作战最基本的原则。

夏侯惇拔矢啖睛

夏侯惇，三国时魏国猛将，甚得曹操欢心。他勇猛过人，胆量颇大。东汉末，沛城之战之时，夏侯惇被射中左眼，拔箭的时候把眼珠也一连拔出，他口中叫道：“父精母血，不可弃也！”便将自己的眼珠吃了。

［释例十三］

公元203年，刘表派遣刘备率军北侵，至叶城。曹操派李典随夏侯惇拒敌。相拒数日，刘备却忽然烧自己驻地而去。夏侯惇率诸军欲进行追击，李典说：“贼无故退军，疑必设伏兵。况且南道狭窄，草木已深，不可追击。”夏侯惇不听，令李典留守，自与于禁追击，果然陷入伏兵包围中，交战不利，幸赖李典前往救援，才得退归。

［释例十四］

公元620年，秦王李世民率军奔往河东，征讨刘武周。江夏王李道宗从军远征。李世民登玉壁城眺望，回顾道宗说：“贼恃其众，要我交战，你说怎么办？”道宗答道：“群贼锋不可当，易用计让他们屈服，难以和他们力争。于是命令深壁高垒，以挫其锋；敌人是乌合之徒，不能持久；粮运致竭，自当离散，可不战而擒。”李世民说：“汝意见暗与我合。”后来，刘武周因粮草用尽，遂乘夜遁走。李世民麾军追击，刘武周逃亡突厥。

［释例十五］

（1）公元211年，曹操率军西征，与马超等在潼关夹关驻军。操暗遣

贺连勃勃大败傉檀

徐晃、朱灵等夜渡蒲阪津，占据河西设营。操率军自潼关北渡河，未得去，马超率军突然赶到，急于登船交战；曹操校尉丁斐放出牛马以诱引超军，超军遂乱，兵士们抢夺牛马。曹操趁其混乱时机得以渡河，循河而南进。

（2）公元407年，自称大夏王的赫连勃勃，向南凉秃发傉檀求亲，傉檀不许，勃勃大怒，率骑二万，进攻南凉。勃勃气势正盛，南凉兵已战乏，傉檀大败，兵士伤亡万余人。勃勃驱掠二万七千口人、牛马羊数万而还。傉檀就率众急追，他的部将焦朗对他说："勃勃统御军队有方，不可轻敌。现在劫掠人口牲畜，率思归将士，遇敌必奋战，难与争锋。不如去万斛堆，阻水结营，制其咽喉之路，这是百战百胜之术。"傉檀不同意。勃勃于阳武下峡凿陵埋车，用以塞路，并率兵反击，大败傉檀，死伤以万计。

[释例十六]

（1）公元184年，汉灵帝派朱俊去攻打宛城的黄巾军。黄巾军战败，退保内城，派人乞降。朱俊不许，遂督促兵力攻内城。黄巾军料无生路，冒死抵抗，无懈可击。朱俊登上高山城头的特筑土山，默视城内，回顾待于身旁的张超说："我已想得破敌的方法了：敌因外围围困，内城逼急，请降不受，欲出不得，无奈跟我死战；试想万人一心，尚不可当，况多至数万呢！我意在暂时撤围，纵敌出城，敌得出城机会，必无心恋战，势散心离，就容易歼灭了！"当即传令撤围，退出城外。黄巾军首领韩忠不知是计，于是号召守城部众倾城而追。朱俊率兵且战且退，诱韩忠离城十多里后返身相杀，且分兵抄出敌后，截断敌兵归路。韩忠兵败投降。

（2）公元205年正月，曹操亲自率军西征叛将高干。高干退守壶关，曹仁跟随着曹操去围攻壶关。曹操命令说："攻下城后，把城中的人全都活埋！"可是一连几个月也没能攻下来。

曹仁对曹操说："围城必须告诉城中人逃生的门路以及通往这条生路的方法。如今您告诉他们的唯有一条死路，势必会使人人死守。况且壶关城墙坚固，粮草充足，硬攻的话会损伤我们的士兵，相持的话要拖延许多日子；现在我们在坚固的城下驻扎军队，去攻打决心拼死一战的敌人，这不是好办法啊！"曹操采纳了曹仁的意见，城中的守军果然投降了。于是曹操记下曹仁的前后功绩，封他为都亭侯。

[释例十七]

西汉时期，西北边疆一直动荡不安，夷狄少数民族屡屡进犯，羌族也是其中之一。羌族在汉朝时有先零、广汉等十多个部落，曾依附匈奴。张骞出使西域后，羌人逐渐内迁。宣帝时，先零羌要求渡过湟水游牧。宣帝恐羌人有诈，不曾应允，但是先零羌不肯罢休，联合本族各部落，强渡湟水，占据了汉朝边郡地区，郡县无力禁止。宣帝于是派赵充国征讨先零羌。羌人见汉朝大军压阵，心下胆骇，于是放弃辎重，想徒步度过湟水奔逃。赵充国手下见此情景，十分着急，请求出兵，赵充国不许。有的将领说："追敌宜速。要不然，等敌军渡过湟水，想追都来不及了。"赵充国却说："穷寇勿追。何况羌人连辎重都抛下，求生意志坚决。此时急追，羌人走投无路，一定会奋起反抗，对我们损失很大。倒不如等他们渡过湟水，立足未稳的时候进攻。这时才可以大获全胜。"

于是汉朝大军陈兵于后，羌人惊惶不已，无头苍蝇一般争先过河。在湟水淹死的就多达上万人。赵充国见羌人阵

曹操引兵取壶关

曹操攻取壶关之战中，曹仁立下大功。曹仁善用兵，多谋略。曾跟随曹操攻陶谦、吕布、张绣，并多次立功，是曹操手下能独当一面的大将军。官拜大将军、大司马，封陈侯。

脚大乱，人心惶惶，才下令进攻。羌人抵挡不及，被打得落花流水。

［结语］

军争的“争”，为战争之“争”，“称兵相攻战也”。军争是两军相对而争利，有争战略战术的利点，有争财货领土的利益。孙子认为战争的胜败取决于军队的机动，即要争得有利的态势与战机，以掌握战争的主动权，获取胜利。本篇所倡导的机动用兵，如“以迂为直”，便是一大原则。

在本篇中，孙子还提出了治气、治心、治力、治变的四治，作为作战指导思想和办法。“避其锐气，击其惰归”这一军事名言，也反映了战争指导思想具有一定的规律性。

九变[1] 篇第八

[原文]

孙子曰：凡用兵之法，将受命于君，合军聚众，圮(pǐ)地无舍[2]，［曹操曰：无所依也。水毁曰圮。］**衢(qú)地交合[3]，**［曹操曰：结诸侯也。衢地，四通之地。］**绝地无留[4]，**［曹操曰：无久止也。］**围地则谋[5]，**［曹操曰：发奇谋也。］**死地[6]则战。**［曹操曰：殊死战也。］**涂有所不由[7]，**［曹操曰：隘(ài)难之地，所不当从；不得已从之，故为变。］**军有所不击，**［曹操曰：军虽可击，以地险难久留之，失前利，若得之则利薄，困穷之兵，必死战也。］**城有所不攻，**［曹操曰：城小而固，粮饶，不可攻也。操所以置华费而深入徐州，得十四县也。］**地有所不争，**［曹操曰：小利之地，方争得而失之，则不争也。］**君命有所不受。**［曹操曰：苟便于事，不拘于君命也。］

[注释]

①九变：这里指在军事行动中针对外界的特殊情况，灵活运用一般原则，做到应变自如而不是墨守成规。九，数之极，多变之意。

②圮地无舍：在难以通行的山林、险阻、沼泽等地不可宿营。圮地，指难于通行之地。圮，为毁坏、倒塌之意。舍，止，此处指宿营。

③衢地交合：指在四通八达之地要与四邻结交。衢，四通八达。交合，指结交邻国以为后援。

④绝地无留：遇上绝地，不要停留。绝地，难以生存之地。

⑤围地则谋：在易于被围之地，要设奇计摆脱困难。围地，指进退困难、易被包围之地。谋，即设定奇妙之计谋。

⑥死地：进则无路，退又不能。

⑦涂有所不由：此句言有的道路不要通过。涂，通“途”，道路。由，从、通过。

［译文］

孙子说：用兵打仗的一般法则是：将帅领受国君的命令征集民众、组成军队。出征后遇到山林险阻、沼泽水网等难以通行的“圮地”，不可宿营；在几国交界、四通八达的“衢地”，要注意与邻国结交；在没有水草粮食、交通困难、难以生存的“绝地”，千万不可停留；遇到四面地势险要、道路狭窄、进出困难的“围地”，要巧设计谋，出奇制胜；陷入前无进路后有追兵、战则存不战则亡的“死地”，要坚决奋战，殊死搏击。有的道路不要去走，有的敌人不要去打，有的城池不要去攻，有的地方不要去争，即使是国君的命令，不适合当时情况也不能执行。

［释例一］

公元前205年，汉王派张耳和韩信带兵攻打赵王歇及守在代地的陈馀。因赵军已占据了形势便利的地形，韩信等人于是在距井陉口三十里的地方驻扎下来。韩信就派一万人做先头部队，开出营寨，面向着赵军，背着河水，排开了阵势。赵军看到韩信军队排成这样只有前进、没有退路的绝阵，大笑不已。等到天大亮，韩信登上战车，插上大将旗号，设上战鼓，边击着前进的鼓声，边领着军队开出井陉口隘道。赵军打开营门，来迎击汉军，两军交战了很久。韩信、张耳假意战败，抛下了主帅用来指挥的旗鼓，赶快退到排在水边的军阵之中，进入阵地，迅速回头迎战。军士们个个奋勇争先，拼命作战。韩信先派的两千名轻骑兵，见赵军全营出动，就冲入赵军营垒，拔掉赵旗，竖起了汉军的旗帜。赵军回头一看，大为惊恐，以为汉军虏获了赵王及他们的将领，于是阵势大乱，各自奔逃。背水阵

虎牢关三战吕布

吕布英勇过人，力大无穷，但是有勇无谋，缺乏带兵的本领，只逞一人之勇。所以在虎牢关被刘备等人打败，兵士离散。

上的士兵和两千名轻骑兵两面夹攻，大破赵军，在泜水边斩了成安君陈馀，活捉了赵王歇。

［释例二］

公元前154年，吴、楚七国反，汉景帝派遣太尉周亚夫率兵攻击叛军。周亚夫到灞上，赵涉拦住去路对周亚夫说："将军东诛吴楚，胜利后则国家安固，不胜则天下危急，不知能否听听我的建议？"周亚夫下车，施礼后请教。赵涉说："吴王素富，养一些为他拼死的人。听到将军向东征伐，必埋伏那些歹徒于崤山一带的险要之地，而且军事贵在神秘，将军为什么不从此向右去，走蓝田，出武关，到达洛阳，时间不过差一二日，直入武库，击鸣战鼓，诸侯知道了，以为将军自天而降呢！"周亚夫按其计行事，安抵洛阳。

［释例三］

公元前506年11月，吴、楚两军在柏举摆开阵势。吴王阖闾的弟弟夫概王早晨请求阖闾说："楚国的囊瓦不仁，他的臣下没有拼死的决心。我们抢先进攻，他们的士兵一定奔逃；然后大部队继续追击，必然得胜。"阖闾不答应。夫概王说："所谓'臣下合于道义就去做，不等待命令'，说的就是这个吧。今天我拼命作战，就可攻进楚国去了。"于是带着他的部下五千人抢先攻击子常的士兵。子常的士兵奔逃，楚军乱了阵脚，吴军大败楚军。吴军追击楚军，到达清发，打算发动攻击。夫概王说："被困的野兽还要争斗，何况人呢？如果明知不免于死而一起拼命，必然打败我们。如果让其一部分士兵先渡过河感到可以逃脱，后边的人羡慕他们，就没有

吴宫教战

吴王阖闾命孙武教自己的嫔妃操练兵法，嫔妃嬉笑打闹，孙武为正军纪，便杀掉了两名领头的妃子。自此，后妃震慑，孙武的军纪才得以令行禁止。

斗志了。因此，渡过一半才可以攻击。”听了他的话，吴军又一次打败楚军。

［原文］

故将通[①]于九变之地利者，知用兵矣。将不通于九变之利者，虽知地形，不能得地之利矣。治兵不知九变之术[②]，虽知五利[③]，不能得人之用矣。［曹操曰：谓下五事也。九变，一云五变。］

［注释］

①通：通晓、精通。

②九变之术：九变的具体手段和方法。

③五利：指前文“涂有所不由”至“君命有所不受”等五事之利。

曹操乌巢烧粮草

曹操与袁绍对阵，粮草不足，心内正虚怯。许攸向他建议烧掉袁绍的粮草，这样袁绍便可不战而败了。曹操于是带兵向乌巢进发，围住乌巢粮屯，放起大火，把一万车粮草烧得一干二净。

［译文］

所以，将帅如果谙晓在各种情况下机智应变的利弊，就真正懂得用兵了。如果不懂得在各种情况下机智应变的利弊，即使是熟悉地形，也不能得到地形之利。统帅指挥军队而不知道各种机变的方法，纵然了解五种地形（即圮、衢、绝、围、死之地）的利弊，也不能充分发挥全军将士的战斗力。

［释例四］

公元200年，曹操与袁绍接连打了几仗。曹操守在官渡（今河南中牟东北），袁绍围攻曹军。曹操粮用完，写信给荀彧，和他商议准备返回许都，并以此引诱袁绍。荀彧说：“现在军粮虽然缺乏，总还不像当年楚汉在荥阳、成皋相持时的那种程度啊。那时候刘邦、项羽没有谁肯先退的，先退的就处于劣势了。您拿以一当十的兵力，选定阵地固守，扼制着咽喉要地，使袁军不能前进，已经半年了，眼看袁绍的力量已经用尽，形势必将发生变化，这正是出奇制胜的时候，不要错失良机啊！”于是曹操打消了退回许都的打算，用奇兵袭击袁绍的贮粮之地，斩杀了他的大将淳于琼等，袁绍终于败退逃跑。

［释例五］

公元450年秋，魏永昌王库仁真率八万骑兵与宋将刘康祖相遇于尉武。刘康祖仅有八千人马，军副胡盛之欲附山依险，与敌相对峙。刘康祖大怒，说："吾受命清剿河、洛的敌人，现在敌人前来送死，不再远劳王师，敌人虽多，但我们兵精器练，离寿阳不过数十里，援军随时可至，有什么疑虑呢？"遂结车营而进。魏军从四面攻上来，大战一日一夜，杀伤其万余人。魏军分兵为三，且休且战。正值日暮风急，魏用马驮草烧车营，刘康祖颈中流矢而死，余众不能战，遂溃败。魏军掩杀过来，溃逃的宋军几乎罄尽。

［原文］

是故智者之虑，必杂于利害①。［曹操曰：在利思害，在害思利，当难行权也。］**杂于利，而务可信也②；**［曹操曰：计敌不能依五地为我害，所务可信也。］**杂于害，而患可解也③。**［曹操曰：既参于利，则亦计于害，虽有患可解也。］**是故屈诸侯者以害④，**［曹操曰：害其所恶也。］**役诸侯者以业⑤，**［曹操曰：业，事也，使其烦劳，若彼入我出，彼出我入也。］**趋诸侯者以利⑥。**［曹操曰：令自来也。］

［注释］

①必杂于利害：必然充分考虑和兼顾到有利与有害两个方面。杂，混合、掺杂，这里有兼顾之意。

②杂于利，而务可信也：如果在不利的情况下考虑到事物有利的一面，则可完成战斗任务。务，任务、事务。信，同“伸”，伸张、舒展，这里有完成之意。

③杂于害，而患可解也：在有利情况下考虑到不利的因素，祸患便可消除。解，化解、消除。

④屈诸侯者以害：指用敌国所厌恶的事情去迫使他屈服。屈，屈服、

屈从，这里作动词用。诸侯，此处指敌国。

⑤役诸侯者以业：指用危险的事情去烦劳敌国而使之疲于奔命，穷于应付。业，事也，此处特指危险的事情。

⑥趋诸侯者以利：此句意指用小利引诱调动敌人，使之奔走无暇。趋，奔赴、奔走，此处为使动用法。

[译文]

因此，聪明的将帅考虑问题时，必定兼顾到利、害两个方面。在不利的情况下充分考虑到有利的因素，战事就可以顺利进行；在有利的情况下充分考虑到不利的因素，各种可能发生的祸患便可以预先排除。

要使别的诸侯国臣服，就要用各种手段去伤害他；要使别的诸侯国任你驱使，就要用各种他不得不做的事去烦扰他；要使别的诸侯国听从你的调拨，就要用各种利益去引诱他。

[释例六]

公元 404 年，刘裕派遣刘毅率军追击桓玄，在峥嵘洲交战。刘毅军尚不满万人，见桓玄军容甚盛，各有惧色。刘道规麾众前进，刘毅等方鼓棹随行。桓玄畏惧，常添轻舸于船侧，以备战败时逃遁。桓玄的军队本无斗志，刘毅又乘风纵火，大火席卷而来，刘毅军奋勇争先，玄众散舟大溃。

[原文]

故用兵之法：无恃（shì）其不来，恃吾有以待也①；无恃其不攻，恃吾有所不可攻也。[曹操曰：安不忘危，常设备也。]**故将有五危：必死，可杀也②；**[曹操曰：勇而无虑，必欲死斗，不可曲挠，可以奇伏中之。]**必生，可虏也；**[曹操曰：见利畏怯不进也。]**忿速，可侮也③；**[曹操曰：疾急之人，可忿怒侮而致之也。]**廉洁，可辱也；**[曹操曰：廉洁之人，可污辱致之也。]**爱民，可烦也。**[曹操曰：出其所必趋，爱民者，必倍道兼行以救之，救之则烦劳也。]**凡此五者，将之过也，用兵之灾也。覆军杀将④，必以⑤五危⑥，不可不察也。**

［注释］

①无恃其不来，恃吾有以待也：不要寄希望于敌人不来，而要依靠自己所作的充分准备。恃，倚仗、依赖、寄希望。

②必死，可杀也：言坚持死拼，则有被杀的危险。必，坚持、固执之意。

③忿速，可侮也：此句言将帅如果急躁易怒，遇敌轻进，就有中敌人轻侮之计的危险。忿，愤怒、忿懑。速，快捷、迅速，这里指急躁、偏激。

④覆军杀将：使军队覆灭，将帅被杀。覆，覆灭、倾覆。覆、杀均为使动用法。

⑤以：由、因的意思。

⑥五危：指上述“必死”“必生”等五事。言“覆军杀将”都是由这五种危险引起的，不可不充分注意。

孔明智败司马懿

孔明即诸葛亮，与司马懿是老对头，双方斗智斗勇，往来征战。诸葛亮足智多谋，司马懿经常被气得火冒三丈。

［译文］

所以，用兵打仗的一般原则是：不寄希望于敌人不来进犯，而要依靠自己做好充分的准备，整装待发；不寄希望于敌人不会攻击，而要依靠自己防守坚固，使敌人不可攻破。

所以说，将帅有五种弱点是致命的：死拼硬打，就有可能被诱杀；贪生怕死，就有可能被俘虏；急躁易怒，就有可能被敌人的侮辱激怒而中计；廉洁好名，就有可能被流言中伤而落入圈套；溺爱民众，就有可能被烦扰而陷于被动。以上这五种情况，是将帅的过错，也是用兵的灾难。全军覆灭、将帅被杀，都是由这五种弱点导致的，对此不能不予以充分的考察。

［释例七］

公元357年，姚襄进驻黄落，前秦遣苻黄眉、苻坚及将军邓羌率步骑一万五千人，直抵黄落。姚襄深沟高垒，固守不战。邓羌向苻黄眉献策道："姚襄被桓温杀败，锐气已尽，今固垒不战，是为穷寇。姚襄性刚狠，可以刚克。若鼓噪扬旗，直压襄垒，使他怒不可遏，他必气愤而出兵，一战可擒了。"苻黄眉令羌率骑兵三千攻襄垒挑逗他，自己和苻坚埋伏在三原。姚襄果然大怒，倾其精锐部队出击。邓羌且战且退，退至三原，始回马力战。苻黄眉、苻坚伏兵左右杀到，把襄兵冲得七零八落。襄被前秦兵擒住斩首。

[释例八]

公元 234 年 2 月，诸葛亮调动十万大军由斜谷攻魏，驻兵在渭水的南面，后移驻在五丈原。司马懿同诸葛亮相持一百多天，诸葛亮多次挑战，司马懿总是不出兵。诸葛亮就拿妇女使用的头巾、花饰和衣服送给司马懿。司马懿恼怒，向魏帝上表请求出战。魏帝派遣卫尉辛毗为军师持着符节去制止司马懿。护军姜维对诸葛亮说："辛毗拿着符节来到，敌人不再出战了。"诸葛亮说："司马懿本来就不想作战，之所以请求出战是向士兵表示用武而已。将领在军中，可以不听君主的命令，如果他能打胜我军，难道需要远隔千里而请求作战吗？"可见司马懿虽被辱但未失去理智。

[结语]

本篇强调要善于根据情况，灵活变换战法，否则，即使熟知地形，也不能"得地之利"，虽知"五利"，也不能"得人之用"。而"智者之虑，必杂于利害"，也是孙子在本篇中所表达的一个重要思想，要求将帅必须从利与害两个方面来认识军情。

九变，"变"，改易、机变。"变者，不拘常法，临事适变，从宜而行之之谓也。"（张预注）九是数之极，九变不限于九种变化，而是多种变化之意，与千变万化之意相同。为将者遇利害应知变通，要趋利避害，变不利为有利。

孙子又概要地提出了有备无患的战略思想。"国之大务，莫先于戒备。"（诸葛亮）只有军力优越，准备充分，才能有备无患。

行军篇第九

［原文］

孙子曰：凡处军[①]**相敌**[②]**，绝山依谷**[③]**，**［曹操曰：近水草，便利也。］**视生处高**[④]**，**［曹操曰：生者，阳也。］**战隆无登**[⑤]**，**［曹操曰：无迎高也。］**此处山之军也。绝水必远水；**［曹操曰：引敌使渡。］**客**[⑥]**绝水而来，勿迎之于水内，令半济而击之**[⑦]**，利；**［曹操曰：半渡，势不可并，故可败。］**欲战者，无附于水而迎客**[⑧]**；**［曹操曰：附，近也。］**视生处高，**［曹操曰：水上当处其高也，前向水，后当依高而处之。］**无迎水流**[⑨]**，**［曹操曰：恐溉我也。］**此处水上之军也。绝斥泽**[⑩]**，惟亟去无留**[⑪]**；若交军于斥泽之中，必依水草而背众树**[⑫]**，**［曹操曰：不得已与敌会于斥泽之中。］**此处斥泽之军也。平陆处易而右背高**[⑬]**，**［曹操曰：车骑之利也。］**前死后生**[⑭]**，**［曹操曰：战便也。］**此处平陆之军也。凡此四军**[⑮]**之利，黄帝之所以胜四帝也**[⑯]**。**［曹操曰：黄帝始立，四方诸侯亦称帝，以此四地胜之也。］

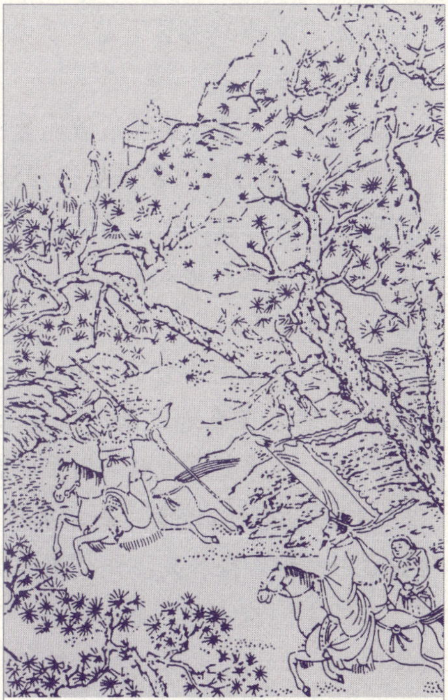

杨奉董承双救驾

李傕、郭汜在长安作乱，汉献帝备受牵连，仓皇出奔，走到灞陵，又遇劫难。杨奉、董承听闻，迅速赶来救驾，与敌军在山涧大战。

［注释］

①处军：行军、宿营、处置军队，即在各种不同地形条件下，军队行军、

作战、驻扎诸方面的处置对策。处，处置、安顿、部署的意思。

②相敌：为观察、判断敌情。相，觇视、观察。

③绝山依谷：指通过山地，要傍依山谷行进。绝，越度、穿越。

④视生处高：指面朝阳，居隆高之地。视，看、审察，这里是面向的意思。生，生处、生地，此处指向阳地带。处高，即居高之意。

⑤战隆无登：此言在隆高之地与敌作战时，不宜自下而上仰攻。隆，高地。登，攀登。

⑥客：指敌军，下同。

⑦勿迎之于水内，令半济而击之：此句谓不要在敌军刚到水边时迎击，而要在敌军渡到一半时发动攻击。此时敌军首尾不接，队列混乱，攻之容易取胜。迎，迎击。水内，水边。半济，指渡过一半。济，渡。

⑧无附于水而迎客：不要在挨近江河之处同敌人作战。无，勿。附，靠近。

⑨无迎水流：勿居下游。此指不要把军队驻扎在江河下游处，以防敌人决水、投毒。

⑩绝斥泽：通过盐碱沼泽地带。斥，盐碱地。泽，沼泽地。

⑪惟亟去无留：遇到盐碱沼泽地带，应当迅速离开，切莫停留驻军。惟，宜、应该。亟，急、迅速。去，离开。

⑫必依水草而背众树：指一定要依近水草而背靠树林。依，依近。背，背靠、依托之意。

⑬平陆处易而右背高：指遇开阔地带，也应选择平坦之处安营，而把军队侧翼部署在高地之前，以高地为依托。平陆，开阔的平原地带。易，平坦之地。右背高，指军队侧翼要后背高地以为依托。右，指军队侧翼。

⑭前死后生：前低后高。本句意为在平原地带作战，也要做到背靠山险而面向平地。生、死，此处指地势高低，以高为生，以低为死。

⑮四军：指上述山地、江河、盐碱沼泽地、平原四种地形条件下的带兵原则。

⑯黄帝之所以胜四帝也：这就是黄帝所以能战胜四方部族首领的缘由。黄帝是传说中的汉族祖先，部落联盟首领。传说他曾败炎帝于阪泉，诛蚩尤于涿鹿，北逐獯鬻，统一了黄河流域。四帝，四方之帝，即周边部族联盟的首领，一般代指炎帝、蚩尤等人。

[译文]

曹操败走

曹操军队曾多次攻打东吴，但都无功而返。先是曹操率大军陈兵江右，被周瑜火烧连环船，大败而归。后来曹仁出兵伐吴，又是兵败而还。

孙子说：军队在行军、扎营、作战和观察、判断敌情时，都必须时时注意。通过山地时，要沿着有水草的山谷行进；要在居高向阳、视野开阔的地方驻扎；不要去仰攻事先占领了高地的敌人。这是在山地部署军队的原则。横渡江河后，要在远离江河处驻扎；敌人渡河来战，不要在敌人刚入水时就去迎击，而是在敌军渡过一半时再去进攻最为有利；想要同敌人决战，就不能紧靠水流列阵布兵；驻军也应当居高向阳，不要处于敌人的下游。这是在江河地带部署军队的原则。通过盐碱沼泽地带时，要迅速离开，不可停留；如果与敌人相遇于盐碱沼泽地带，那就必须靠近水草，背靠树林。这是在盐碱沼泽地带部署军队的原则。在平原作战时，要占领开阔的地带，主要侧翼要依托高地，做到面向平易、背靠山险，前低后高。这是在平原地区部署军队的原则。以上这四种部署军队的原则的成功运用，正是黄帝之所以能战胜其他“四帝”（一说代指炎帝、蚩尤等四方之帝；一说指东方青帝、南方赤帝、西方白帝、北方黑帝）的原因。

[释例一]

公元 37 年，武都参狼羌与塞外诸种作乱，杀死当地长史。马援率四千兵进击，到氐道县。羌在山上，马援的部队据便地，夺其水草，不与交战。羌遂穷困，数十万户逃亡塞外，诸种一万多人投降。于是陇右平静。羌不知依谷地之利。

[释例二]

公元前 203 年，项王领兵攻彭越，令大司马曹咎守成皋。项王令曹咎道：“如果汉兵挑战，切莫出战。”汉军果然屡次向楚军挑战，楚军不肯出战。汉军派人侮辱楚军。连续五六天，曹咎怒不可遏，出兵渡汜水击汉。楚兵渡水一半时，汉兵突击楚军，虏获楚军所有的物资。

[释例三]

公元 222 年，蒋济和魏大司马曹仁征吴。曹仁欲攻濡须洲中，蒋济说："吴兵占据西岸，列船于江之上流，而我兵攻入洲中，是自陷地狱，难免危亡。"曹仁不听，果然兵败而还。这是曹仁面迎水流作战之故。

[释例四]

约公元前 26 世纪，炎帝要侵犯其他部落，各部落全部归顺黄帝。黄帝就加强教化，整顿军队，调理五行关系，种植五谷，爱护百姓，安抚四方，训练以熊、罴、貔、貅、豹、虎为图腾的各部落，和炎帝在坂泉郊外开战。经过三次大战，黄帝终于取得了胜利。蚩尤叛乱，不遵守黄帝的命令。于是黄帝就从各部落中征集军队，跟蚩尤在涿鹿原野上激战，终于擒获并诛杀了蚩尤。黄帝富有谋略和勇武，他先争取各部落归顺，同时做好战争部署，因此在坂泉大战中打败炎帝，统一中原，炎、黄两族开始融合。坂泉之战和涿鹿之战，都是在华夏族形成过程中具有重大意义的事件。黄帝的胜利，也就使炎黄两族以及部分九黎族结成一体，定居中原，共同开发黄河流域。

[原文]

凡军好高而恶下①，贵阳而贱阴②，养生而处实③，[曹操曰：恃(shì)满实也。养生，向水草，可放牧养畜乘。实，犹高也。][一曰：恃实满，向水草放牧也。]**军无百疾，是谓必胜。丘陵堤防，必处其阳，而右背之。此兵之利，地之助也。上雨，水沫至，欲涉者，待其定也④。**[曹操曰：恐半渡而水遽(jù)涨也。]**凡地，有绝涧⑤、天井⑥、天牢⑦、天罗⑧、天陷⑨、天隙⑩，必亟去之，勿近也。**[曹操曰：山深水大者为绝涧，四方高、中央下者为天井，深山所过若蒙笼者为天牢，可以罗绝人者为天罗，地形陷者为天陷，涧道迫狭、地形深数尺、长数丈者为天隙。]**吾远之，敌近之；吾迎之，敌背之。**[曹操曰：用兵常远六害，令敌近背之，则我利敌凶。]**军行有险阻、潢(huáng)井⑪、葭(jiā)苇⑫、山林、翳(yì)荟⑬者，必谨复索之⑭，此伏奸之所处也。**[曹操曰：险者，一高一下之地；阻者，多水也。潢者，池也；井者，下也。葭苇（蒹葭）者，众草所聚也；林木者，众木所居也。翳荟者，可屏蔽之处也。此以上论地形也，以下相敌情也。］

［注释］

①好高而恶下：喜欢高处而讨厌低处。好，喜欢。恶，讨厌。

②贵阳而贱阴：看重向阳之处而卑视阴湿地带。贵，重视。阳，向阳干燥的地方。贱，轻视。阴，背阴潮湿的地方。

③养生而处实：指军队要选择水草和粮食充足、物资供给方便的地域驻扎。养生，指水草丰盛、粮食充足，能使人马得以休养生息。处实，指军需物资供应便利。

④上雨，水沫至，欲涉者，待其定也：上游降雨，洪水突至，如果要涉水过河，应该等到水势平稳后再过。上，指上游。沫，“流”字误用。涉，原意为徒步淌水，这里代指渡水。定，指水势平稳。

⑤绝涧：指两岸峻峭、水流其间的险恶地形。

⑥天井：指四周高峻、中间低洼的地形。

⑦天牢：天牢是对山险环绕、易进难出地形的形象描述。牢，牢狱。

⑧天罗：指荆棘丛生、军队进入后如陷罗网无法摆脱的地形。罗，罗网。

⑨天陷：指地势低洼、泥泞易陷的地带。陷，陷阱。

⑩天隙：指两山之间狭窄难行的谷地。隙，狭隙。

⑪潢井：指积水低洼之地。潢，积水池。井，指内涝积水、洼陷之地。

⑫葭苇：芦苇，这里代指水草丛聚之地。

⑬山林、翳荟：指山林森然，草木繁茂。

⑭必谨复索之：一定要仔细、反复地进行搜索。谨，谨慎。索，搜索、寻找。

［译文］

在一般情况下驻军，总是喜欢选择干燥的高地，避开潮湿的洼地；重视向阳之处，厌恶阴暗之处；靠近水草丰茂、军需给养充足的地方，将士们则百病不染，这样就有了胜利的依仗。在丘陵堤防地带，必须占据它向阳的一面，而让侧翼兵力背靠着它。这些对于用兵有利的措施，都是以地形条件做辅助而完成的。上游降雨，洪水突至，若要涉水过河，应等水流平稳之后再过。凡是遇到绝涧、天井、天牢、天罗、天陷、天隙这样的地

梁武帝营中谋划

形，必须迅速远离，切不要靠近；要使自己远离这些地形，而让敌人靠近它；使自己面向这些地形，而让敌人背靠它。军队行军和驻扎在附近有险峻道路的湖泊沼泽、及草木茂盛的地形，必须谨慎地反复搜索，这些都是敌人可能设下埋伏和隐藏奸细的地方。

[释例五]

公元 753 年，唐将段秀实随封常清统帅征讨大勃律，到贺萨劳城与敌军交战，屡败敌军。常清下令追击逃敌，段秀实说：“敌人用羸弱兵马接仗，又屡败，这是诱我，请下令搜索左右山林。”常清下令搜索，果然搜到伏兵，遂大举进攻，大破敌军。

[原文]

敌近而静者，恃其险也；远而挑战者，欲人之进也。其所居易[1]者，利也。[曹操曰：所居利也。]**众树动者，来也；**[曹操曰：斩伐树木，除道进来，故动。]**众草多障者，疑[2]也；**[曹操曰：结草为障，欲使我疑也。]**鸟起者，伏[3]也；**[曹操曰：鸟起其上，下有伏兵。]**兽骇者，覆也[4]。**[曹操曰：敌广陈张翼，来覆我也。]**尘高而锐者，车来也[5]；卑而广者，徒来也[6]；散而条达者，樵(qiáo)采也[7]；少而往来者，营军也；辞卑而益备者，进也[8]；**[曹操曰：其使来辞卑，使间视之，敌人增备也。]**辞强而进驱者，退也；**[曹操曰：诡诈也。]**轻车先出居其侧者，陈(zhèn)也[9]；**[曹操曰：陈兵欲战也。]**无约而请和者，谋也[10]；奔走而陈兵车者，期也[11]；半进半退者，诱也；杖而立者，饥也[12]；汲(jí)而先饮者，渴也[13]；**[曹操曰：士卒疲劳也。]**见利而**

不进者，劳也。鸟集者，虚也；夜呼者，恐也；［曹操曰：军士夜呼，将不勇也。］军扰者，将不重也；旌旗动者，乱也；吏怒者，倦也；粟马肉食⑭，军无悬缻(fǒu)⑮，不返其舍⑯者，穷寇也；谆(zhūn)谆翕(xī)翕⑰，徐与人言者⑱，失众也；［曹操曰：谆谆，语貌；翕翕，失志貌。］数赏者，窘也；数罚者，困也；先暴而后畏其众者，不精之至也；［曹操曰：先轻敌，后闻其众，则心恶之也。］来委谢者⑲，欲休息也。兵怒而相迎，久而不合⑳，又不相去，必谨察之。［曹操曰：备奇伏也。］

刘玄德救孔融

刘备往徐州救孔融，路遇曹军。孔融等人依山扎寨，候刘备等人到来，靠地势与曹军对阵。

［注释］

①易：平易，指平地。

②疑：使动用法，使迷惑、使困惑之意。

③伏：埋伏、伏兵。

④兽骇者，覆也：野兽受惊奔跑，这是敌军大举袭来。骇，惊骇、受惊。覆，倾覆、覆没之意，引申为铺天盖地而来。

⑤尘高而锐者，车来也：尘土高扬笔直上升，这是敌人的兵车驰来。锐，锐直、笔直。车，兵车。

⑥卑而广者，徒来也：尘土低而宽广，这是敌人的步兵开来。卑，低下。广，宽广。徒，步兵。

⑦散而条达者，樵采也：尘土散漫而有致，时断时续，这是敌人在砍薪伐柴。条达，指飞扬的尘土分散而有致。

⑧辞卑而益备者，进也：敌人措辞谦卑恭顺，同时又加强战备，这表

明敌人准备进犯。卑，卑谦、恭敬。益，增加、更加之意。

⑨轻车先出居其侧者，陈也：战车先摆在侧翼，这是在布列阵势。轻车，战车。陈，同“阵”，即布阵。

⑩无约而请和者，谋也：敌人还没有陷入困境就主动前来请和，其中必有阴谋。约，困屈、受制之意。

⑪奔走而陈兵车者，期也：敌人急速奔走、摆开兵车阵势的，是期求与我进行作战。期，期求。

⑫杖而立者，饥也：言倚着兵器而站立，是饥饿的表现。杖，同“仗”，扶、倚仗的意思。

⑬汲而先饮者，渴也：取水的人自己先喝，这是干渴的表现。汲，汲水、打水。

⑭粟马肉食：拿粮食喂马，杀牲口食肉。粟，粮谷，这里作动词用，意为喂马。

⑮军无悬缻：此句言敌军已收拾起了炊具。缻，同“缶”，汲水用的罐子，代指炊具。

⑯舍：指军营。

⑰谆谆翕翕：恳切和顺的样子。

⑱徐与人言者：语调和缓地同士卒商谈。徐，徐缓温和的样子。人，此处指士卒。

⑲委谢者：委派人质来赔礼的。谢，道歉、谢罪。

⑳久而不合：久而不战之意。合，指交战。

[译文]

敌人逼近而保持安静的，它是倚仗自己占领着险要地形；敌人距离我们很远却前来挑战的，是想引诱我军前进；敌人有意驻扎在平坦地带，有利于同我军决战；许多树木摇曳摆动，这是敌人前来袭击；草丛中有许多遮障物，是敌人布下的疑阵；群鸟惊飞，肯定是下面有伏兵；野兽惊骇逃跑，是敌人大举进袭；尘土飞扬得又高又尖，是敌人的战车来了；尘土飞扬得低而宽广，是敌人的步兵来了；尘土稀散、缕缕上扬，是敌人正在砍柴；尘土较少且时起时落，是敌人正在安营扎寨。敌人的使者措辞谦卑而又在加紧战备的，是准备进攻；敌人的使者措辞强硬且军队做出进攻姿态的，是准备撤退；敌人的战车先出动部署在两翼的，是在布兵列阵；敌人尚未受挫而主动来讲和的，必定另有阴谋；敌军急速奔跑并排兵列阵，是期待与我军决战；敌军半进半退的，是企图引诱我军。敌兵倚靠兵器站立，是饥饿的表现；敌兵打水自己先喝，是干渴的表现；眼见有利但不进兵争夺的，是疲劳的表现；营寨上空集聚鸟雀的，是空营的表现；敌军有人夜间惊慌喊叫，是内心恐惧的征兆；敌营惊扰纷乱，是敌将没有威严的表现；敌阵旗帜摇动不整齐，是因为队伍已经混乱；敌军军官容易发怒，是全军疲劳的征兆；敌军杀马吃肉的，是军中没有粮食了，敌军收拾炊具，士卒不再返回营房的，是准备拼死突围。敌将忍气吞声同部下讲话，表明他已失去了人心；敌将不断犒赏士卒，表明敌军已穷途末路了；敌将不断惩罚部属的，是敌军处境困难的表现；原先对部下粗暴凶狠，后来又害怕部下的，是最不精明的将领；敌人派使者来送礼言好，是他们想休兵息战；对气势汹汹地来同我对阵，但长时间不与我交锋而又不撤退的敌人，必须谨慎地观察了解他的意图。

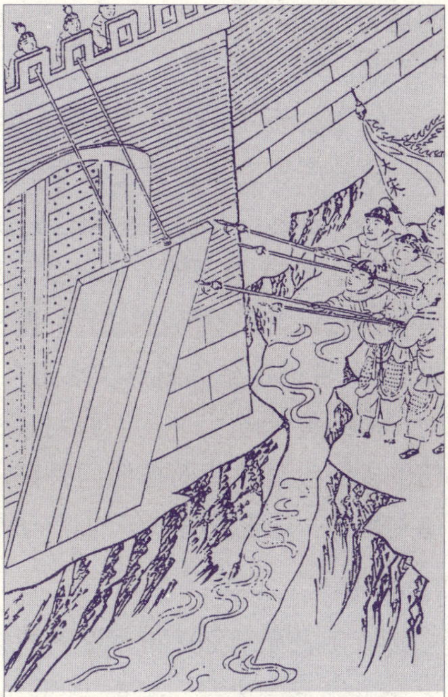

宋公明攻打蓟州城

宋江等人招安后，刚好辽国犯边疆，宋江等人奉命出征。蓟州是辽国军备供应所在，钱粮丰足，于是宋江等人不顾地形险要，强行攻下。

[释例六]

（1）公元 409 年，晋刘裕围南燕慕容超于广固。慕容超派张纲去秦国求援。秦王姚兴答应发兵。不久，来一秦使，传话刘裕道：“慕容氏与秦相邻，素来和好，今晋军无端进攻，秦已派铁骑十万，行次洛阳，若晋军不还，便当长驱直进了。”裕怒答道：“你回去告诉姚兴，我平燕后，便当来取关洛，若姚兴自愿送死，尽管速来。”秦使自去。参军刘穆之入白道：“公为甚挑动敌人发怒？现在广固还没攻克，再来羌寇，敢问公将如何抵御？”裕笑道：“这是兵机，非你所解。试想姚兴果肯救燕，必怕我知，怎能先遣使者告我，令我预防？这是姚兴见我伐燕，心怀恐惧，自强之辞，明明是虚声吓人，不足为虑。”秦王果然没发援兵，刘裕遂攻进广固，擒慕容超。

（2）公元前615年12月，秦伯攻打晋国，晋人发兵抵御。赵盾率领中军，郤缺率领上军，栾盾率领下军，在河曲（今山西永济薄州至芮城风陵渡一带）迎战秦军。上军辅佐臾骈说："秦军不能持久，请高筑军垒巩固军营等着他们。”赵盾听从了他的意见。双方刚一接触就彼此退兵。秦国的使者夜里告诉晋国军队说："我们两国国君的将士都没有打痛快，明天请再相见。”臾骈说："使者眼珠转动而声音失常，这是害怕我们，打算逃走了。把他们逼到黄河边上，一定可以打败他们。”胥甲、赵穿挡住营门大喊说："死伤的人还没有收拢而把他们丢弃，这是不仁慈。不等到约定的日期而把人逼到险地，这是没有威信的。”于是就停止出击。而秦军则趁夜逃走。

［释例七］

（1）公元前207年，汉王刘邦欲击秦军，用张良计谋，派郦食其和陆贾去游说秦将贾竖，用重宝引诱，秦将愿与汉王联合。汉王乘秦将懈怠，突袭武关，攻破武关。

（2）公元786年末，吐蕃尚结赞在得到盐州、夏州以后，率军至鸣沙县驻扎。转入公元787年春天以后，羊马多数死去，粮食运输供给不上，又听说李晟攻克摧沙堡，马燧、浑瑊等人各自起兵亲临鸣沙，尚结赞大为恐惧，屡次派遣使者请求和好，德宗没有答应他。于是尚结赞派遣使者以谦卑的辞令和丰厚的礼物向马燧求和，而且请求遵守清水会盟约定。马燧相信了尚结赞的说法，留在石州屯扎下来，不再渡过黄河，还替尚结赞向朝廷请求。趁唐军松懈之机，尚结赞急忙从鸣沙带领军队退回。

［释例八］

（1）公元前666年秋天，楚国令尹子元率领六百辆战车进攻郑国，进入桔柣之门。车队从纯门进去，到达大路上的市场。内城的闸门没有放下。楚国人用楚国方言说了一阵就退出去了。子元说："郑国有人才。”诸侯救援郑国，楚军就夜里溜走了。郑国人已经准备逃往桐丘，间谍报告说："楚国的帐篷上有乌鸦。”由此判断楚国军营已经空虚，于是就停止不逃。

（2）公元915年，梁将刘鄩因晋兵在魏州，晋阳必空虚无备，欲攻取它。刘鄩先在魏县用计，扰乱晋兵。他的兵马驰入魏县城中，数日不出，杳无声迹。晋王命侦骑往探，还报城中并无烟火，只有旗帜竖着，循堞往来，有的堞上集聚鸟雀。晋王道："我闻刘用兵，一步百计，这必是有诈。"再命侦探，始得确报，果是缚草为人，执旗乘驴，循城墙游动。问城中病弱老人，说梁军已离城二日了。

张辽大战逍遥津

孙权带十万兵攻合肥，久攻不下，只好撤退，谁料在逍遥津附近遭到张辽的伏击。张辽威猛异常，经此战役后声名大振，江东小儿夜里都不敢哭泣，恐张辽到来。

［释例九］

（1）公元206年，由于荆州当时还没有平定，曹操又派张辽率军驻扎在长社。正准备出发时，军中有人策划反叛，半夜里惊闹混乱又起了大火，扰乱了全军。张辽对身边的将士说："不要动。这并非整个军营都反叛，其中必定有制造叛乱的人，想用骚动来扰乱人心。"于是张辽向营中将士发布命令："不谋反的安心坐着！"张辽率领几十个亲兵，站在军营当中。一会儿就把局势安定下来，抓住谋反的首犯并杀了他。

（2）公元前684年春天，齐国的军队攻打鲁国，鲁庄公准备应战，曹刿请求觐见。曹刿入宫后，问庄公依靠什么来作战，庄公说："暖衣饱食，不敢独自享受，一定分给别人。"曹刿说："小恩小惠，百姓不会跟从的。"庄公说："祭祀用的牛羊玉帛，不敢擅自增加，祭祀的祷告一定反映实情。"曹刿说："一念之诚也不能代表一切，神灵不会降福的。"庄公说："大大小小的案件，虽然不能一一洞察，但必定按照情理处理。"曹刿说："这是为百姓尽力的一种心意，可以凭此打一仗。打起来，请让我跟随前去。"

庄公和他同乘一辆兵车，在长勺作战。庄公准备击鼓，曹刿说："还不行。"齐人三通鼓罢，曹刿说："可以了。"齐军大败，庄公准备追上去，曹刿说："还不行。"下车，细看齐军的车辙，然后登上车前横板远望，说："行了。"就追赶齐军。战胜以后，庄公问他什么缘故，他回答说："作战靠的是勇气，第一通鼓振作勇气，第二通就勇气衰退，第三通勇气就竭尽了。他们勇气竭尽而我们充盈，所以我们能战胜他们。大国难以捉摸，恐怕有埋伏。我细看他们的车辙已经杂乱，远望他们的旗子已经倒下，所以追赶他们。”

［原文］

兵非益多也①**，**［曹操曰：权力均。］［一云：兵非贵益多。］**惟无武进**②**，**［曹操曰：未见便也。］**足以并力、料敌、取人而已**③**；**［曹操曰：厮养足也。］**夫惟无虑而易敌**④**者，必擒于人。**

卒未亲附而罚之，则不服，不服则难用也；卒已亲附而罚不行，则不可用也。［曹操曰：恩信已洽，若无刑罚，则骄惰难用也。］**故令之以文，齐之以武**⑤**，**［曹操曰：文，仁也；武，法也。］**是谓必取。令素行以教其民**⑥**，则民服；令不素行以教其民，则民不服。令素行者，与众相得也**⑦**。**

［注释］

①兵非益多也：兵员并不是越多越好。益多，很多。益，更加。

②惟无武进：只是不要恃武冒进。惟，独、只是。武进，恃勇轻进。

③足以并力、料敌、取人而已：指能做到集中兵力、正确判断敌情、争取人心则足矣。并力，集中兵力。料敌，观察判断敌情。取人，争取人心，善于用人。

④无虑而易敌：没有深谋远虑而无端蔑视对手。易，轻视、蔑视。

⑤故令之以文，齐之以武：此句的意思是用政治、道义来教育士卒，用军纪军法来统一、整饬部队。令，教育。文，指政治道义。齐，整饬、规范。武，指军纪军法。

⑥令素行以教其民：平时管教士卒要严格执行命令。令，法令、规章。素，平常、平时。行，实行、执行。民，这里主要指士卒、军队。

⑦令素行者，与众相得也：军纪军令平素能够顺利执行的，是因为军队统帅同兵卒之间相处融洽。相得，指关系融洽。得，亲和。

［译文］

兵力并不是愈多愈好，只要不轻敌不武断冒进，并集中兵力，判明敌情，取得部下的信任和支持，也就足够了。那种没有深谋远虑又自负轻敌的人，一定会被敌人俘虏。

士卒还没有亲近归附就对他们施行惩罚，他们就会不服，士卒心不服就很难指挥使用；士卒已经亲近归附了仍不执行军法军纪，也无法指挥使用。所以，用怀柔宽仁的手段去教育士卒，用严格的军纪军法去管束士卒，这样必定会取得部下的拥戴和敬畏。平时管教士卒要严格执行命令，士卒就能养成服从命令的习惯；平素管教士卒不重视严格执行命令，士卒就无法养成服从的习惯。平时的命令能得到贯彻执行，这表明将帅与兵卒之间相处融洽，互相信任。

[释例十]

公元前6世纪，齐景公的时候，晋、燕两国同时入侵齐国，齐国的军队都打了败仗。齐相晏婴推荐田穰苴给景公，说道："穰苴的文德好，能使大众归心服从；武略高，可让敌人畏惧，希望君上能用他。"齐景公与穰苴共商军略大事，觉得很满意，立即任命他为将军，率兵去抵抗燕、晋两国的军队。穰苴对军士们的驻地营舍、水井火灶、三餐饮食以及疾病医药等事，都亲自去探视抚慰。把将军的用物粮食全部拿来和士兵分享，自己和士兵们吃同样的伙食。把疲困病弱的人统计好安置在一处，其余的三天之后重新整训，准备出战。结果，病弱的人都要求加入行列，大家都奋勇争取前去应战杀敌。晋军方面得知了这种情况，只好撤了回去；燕军也因此渡过黄河向北退散而去。于是齐兵趁势追击，终于收复了所有沦陷的领土。

诸葛亮祁山伐魏

诸葛亮一生六出祁山，虽然都未能攻下魏国，但是在交战过程中也损折魏国不少兵将。

[释例十一]

公元231年，诸葛亮统兵复出祁山，与魏将张郃交战。蜀汉的参佐建议因敌众我寡，应把遣归的士卒暂留一月，增长实力。诸葛亮说："吾统武行师，以大信为本。去者束装以待期，妻子鹤望而计日，虽临征难，义所不废。"都催促归去。于是应归的感激，愿留一战。临战之日，莫不拔刀争先，以一当十，大破魏军。并于退军途中射杀张郃。

[结语]

行军，“行”，行列、阵势。“军”，屯、驻扎。

本篇主要论述军队在不同的地理环境下行军作战、驻扎安营和观察敌情等方面的原则。

发端的“处军相敌”，为全篇的纲领，也是作战指挥的重要问题。“处军”必须善于利用地形，使自己的军队经常占据便于作战、便于生活的有利之处。“相敌”要求对敌情必须进行周密细致的观察，而且要善于对各种征候做出正确判断。孙子在论述“处军相敌”之后，提出了作战并非兵力愈多愈好，关键在于将帅能否准确地判明敌情、能否集中使用兵力。如果把“行军”解释为“用兵”，更为妥当。

地形篇第十

［原文］

孙子曰：地形有通者[①]，有挂者[②]，有支者[③]，有隘(ài)者[④]，有险者[⑤]，有远者[⑥]。［曹操曰：此六者，地之形也。］我可以往，彼可以来，曰通；通形者，先居高阳[⑦]，利粮道[⑧]，以战则利[⑨]。［曹操曰：宁致人，无致于人。］可以往，难以返，曰挂；挂形者，敌无备，出而胜之；敌若有备，出而不胜，难以返，不利。我出而不利，彼出而不利，曰支；支形者，敌虽利我[⑩]，我无出也；引而去之[⑪]，令敌半出而击之，利。隘形者，我先居之，必盈之以待敌；若敌先居之，盈而勿从，不盈而从之。［曹操曰：隘，两山之间通谷也，敌势不得挠我也。我先居之，必前齐隘口，陈而守之，以出奇也。敌若先居此地，齐口陈，勿从也。即半隘陈者从之，而与敌共此利也。］险形者，我先居之，必居高阳以待敌；若敌先居之，引而去之，勿从也。［曹操曰：地形险隘，尤不可致于人。］远形者[⑫]，势均难以挑战[⑬]，战而不利。［曹操曰：挑战者，延敌也。］凡此六者，地之道也[⑭]，将之至任[⑮]，不可不察也。

［注释］

①地形有通者：地形有通形。地形，地理形状、山川形势。通，通达，此指广阔平坦、四通八达的地区。

②挂者：此处指前平后险、易入难出的地区。挂，悬挂、牵阻。

③支者：指敌对双方皆可据险对峙，不易发动进攻的地区。支，支撑、支持。

④隘者：这里特指两山之间的狭谷地带。隘，狭窄、险要之地。

宋公明大战乌龙岭

宋公明即宋江，宋江招安以后，率大军经乌龙岭征讨石宝。

⑤险者：指行动不便的险峻地带。险，险恶、险要。

⑥远者：指距离遥远之地。

⑦先居高阳：抢先占据地势高且向阳之处，以争取主动。

⑧利粮道：指保持粮道畅通。利，此处作动词。

⑨以战则利：此句承“先居高阳，利粮道”而言，意为在平原地区，若能先敌抵达，占据高阳地带，并保持粮道畅通，如此进行战斗则大为有利。以，为。

⑩敌虽利我：敌虽以利诱我。利，利诱。

⑪引而去之：指率领部队佯装退去。引，带领。去，离开、离去。

⑫远形者：这里特指敌我营垒距离甚远。

⑬难以挑战：指因地远势均，不宜挑引敌人出战。

⑭地之道也：上述六者是将帅利用地形指挥作战的基本原则。道，原则、规律。

⑮将之至任：指将帅所应担负的重大责任。至，最、极的意思。

[译文]

孙子说：地形有通形、挂形、支形、隘形、险形、远形六种。我军可以去、敌军也可以去的地域，叫通形。在通形地域，先占领地势高而且向阳、便于补给、道路畅通的阵地，就会对作战有利。可以前往，但难以返回的地域，叫挂形。在挂形地域，如果敌军没有防备，我军就可以出击取胜；如果敌军有了防备，我军出击又不能保证取胜，就难以返回，那就对作战不利了。我军前出不利、敌军前出也不利的地域，叫支形。在支形地域，即便敌军以利引诱我，也不要出击；率军佯装撤退，引诱敌军前出一半时突然回军攻击，这样就会对我有利。在隘形地域（两山之间的狭窄山谷地带），我军应该抢先占领，并用重兵阻住隘口，以等待敌军的到来；如果敌军先占领了峡谷，并用重兵镇守隘口，就不可以进击；如果敌军没有用充足的兵力把守隘口，我军就可以进攻。在险形地域（地势险峻、行动不便的地带），我军应该抢先占领隘口，占据地势较高、向阳一面的制高点，等待敌军来犯；如果敌军已先期到达，占据了有利地形，我军就应该主动撤退，千万不要进攻。在远形地域（距离遥远之地），敌我双方实力相当时，不宜挑战，如果勉强出战，就会对我不利。以上这六点是利用地形的法则，也是将帅们重大责任之所在，不可以不认真考察研究。

［释例一］

公元前197年，赵相国陈豨反于代地。第二年9月，汉高祖亲自领兵，自东面击陈豨。兵到了邯郸，汉高祖非常高兴，说："陈豨不南据漳水，北守邯郸，朕可以看出陈豨是个没有作为的人。"果然击斩陈豨，平定代地。陈豨因没有占领隘口而失败。

［释例二］

公元前123年4月，汉朝派遣大将军卫青统帅六将军，率十几万人马，再度出定襄去攻打匈奴，斩获匈奴前后共一万九千多人，汉朝也损失了两位将军、三千多骑兵；右将军苏建和前将军赵信两军合并，成了三千骑，离开大军而行进，遇到匈奴单于统率的数万军队，激战一日，全军覆没。单于捕获了翕侯赵信，就封他为自次王，并把自己的姐姐嫁给他，和他合谋攻打汉朝。苏建逃脱，免掉一死。

卫青钳徒论相

卫青幼为家奴，后带兵出击匈奴。他严于律己，作战勇猛，与霍去病并封大司马，为一代名将。

［释例三］

公元996年，李继迁叛宋，宋太宗遣将白守荣等送军粮于灵州，又令田绍斌率兵应援。李继迁得知消息后，就到浦洛河去拦截。白守荣欲进攻敌人，田绍斌说："蕃戎轻佻，不要抛弃辎重而与敌作战，应结阵徐行。”白守荣说：“我不受你节制，不要干预我事。”田绍斌率所部去辎重四五里。李继迁初见田绍斌旗帜，不敢进击。白守荣欲自取战功，率兵与敌军交战，敌军伏兵突起，白守荣被打得大败。

[原文]

故兵①有走者，有弛者，有陷者，有崩者，有乱者，有北者。凡此六者，非天之灾，将之过也。夫势均，以一击十，曰走②。[曹操曰：不料力。]**卒强吏弱，曰弛③。**[曹操曰：吏不能统卒，故弛坏。]**吏强卒弱，曰陷④。**[曹操曰：吏强欲进，卒弱，辄(zhé)陷败也。]**大吏怒而不服⑤，遇敌怼(duì)而自战⑥，将不知其能，曰崩⑦。**[曹操曰：大吏，小将也。大将怒之，心不压服，忿而赴敌，不量轻重，则必崩坏。]**将弱不严，教道不明，吏卒无常⑧，陈兵纵横⑨，曰乱。**[曹操曰：为将若此，乱之道也。]**将不能料敌⑩，以少合⑪众，以弱击强，兵无选锋⑫，曰北。**[曹操曰：其势若此，必走之兵也。]**凡此六者，败之道也，将之至任，不可不察也。**

[注释]

①兵：这里指败军。

②走：跑、奔，这里指军队败逃。

③弛：涣散、松懈的意思。这里指将吏软弱无能，队伍涣散难制。

④吏强卒弱，曰陷：此言将吏虽勇强，但士卒没有战斗力，将吏不得不孤身奋战，力不能支，最终败没。陷，陷没。

⑤大吏怒而不服：偏将恚怒，不肯服从主将的命令。大吏，指小将。

⑥遇敌怼而自战：恚怒的“大吏”，遇敌心怀怨愤，擅自出阵作战。怼，怨恨、心怀不满。

⑦崩：土崩瓦解，比喻溃败。

⑧无常：指没有法纪、常规，军中上下关系处于失常状态。

⑨陈兵纵横：指布兵列阵杂乱无章。陈，古同“阵”。

⑩料敌：指分析研究敌情。

⑪合：指两军交战。

⑫选锋：由精选出的士兵组成的先锋部队。

[译文]

军队打败仗有走、弛、陷、崩、乱、北六种情形。这六种情况的发生，不是天时地利等自然条件造成的，而是由将帅用兵的错误造成的。凡是双方实力相当却要以一击十，必然导致失败而临阵败逃，这叫作走。士卒强悍而军官怯懦，必然指挥不灵，士气低沉，这叫作弛。军官强悍而士卒怯懦必然战斗力差，以致全军覆灭，这叫作陷。副将怨怒而不服从主帅命令，遇到敌军只凭一腔仇恨而自请出战，主帅又不了解他的能力而加以控制，必然导致溃败，这叫作崩。将帅怯懦无威严，训练教育士兵没有章法，致使官兵关系不正常，布阵杂乱无章，部队混乱不堪，这叫作乱。将帅不能正确判断敌情，用少数兵力去迎击敌人重兵，以弱对强，又没有精锐的前锋部队，必然导致失败，这叫作北。以上六种情况是造成失败的必然规律，也是将帅的重大责任之所在，不可以不给予认真的考察研究。

[释例四]

公元前519年，楚国与吴国在钟离会战。吴国的公子光说："楚国的元帅地位低而很受宠信，政令又不统一。元帅地位低而不能整齐号令，没有重大的威信，楚国是可以打败的。"结果吴军打得楚军拼命奔逃。

[释例五]

公元207年，曹操北征乌桓，出卢龙塞，涉鲜卑庭，在白狼山与敌交战。使张辽为先锋，虏众大溃，斩蹋顿，胡、汉降者二十余万口。这是曹操善于"选锋"而胜。

[原文]

夫地形者，兵之助也①。料敌制胜，计险厄(è)、远近②，上将③之道也。知此④而用战者必胜，不知此而用战者必败。

故战道必胜⑤，主曰无战，必战可也；战道不胜，

曹操谋杀董卓

东汉末年，董卓独掌大权，滥杀无辜，朝野惊恐。曹操于是谋划诛灭董卓，但是计划败露，反遭董卓的追杀。

主曰必战，无战可也。故进不求名，退不避罪，唯人是保⑥，而利合于主，国之宝也。

[注释]

①地形者，兵之助也：对地形的观察利用，是用兵作战的重要辅助条件。助，辅助、辅佐。

②计险厄、远近：指考察地形的险要，计算道路的远近。

③上将：贤能、高明之将。

④知此：懂得上述道理。

⑤战道必胜：指根据战争规律分析，具备了必胜的把握。战道，作战具备的各种条件，引申为战争的一般规律。

⑥唯人是保：此句谓进退处置只求保全民众。人，百姓、民众。保，保全。

[译文]

地形是用兵打仗的辅助条件。判断敌情，争取克敌制胜的主动权，考察地形的险易，计算路程的远近，这些都是高明的优秀将帅必须掌握的基本方法。懂得使用这些方法去指挥打仗，就必然能取得胜利；不懂得使用这些方法去指挥打仗，就一定招致失败。

所以，按战争规律分析必定会取得胜利的战役，即使国君说不要打也可以坚持去打；按战争规律分析必然失败的战役，即使国君说一定要打也可以不打。所以说，将帅进攻不为求得个人声名，退也不回避违命的罪责，惟一的追求是保全百姓，而且符合国君的利益。这样的将帅才是国家的宝贵财富。

[释例六]

（1）公元238年，魏遣司马懿讨公孙渊。司马懿谒见魏明帝曹睿，睿问道："你料公孙渊如何行动？"懿答道："公孙渊若弃城先走，那是上计；据守辽东，抗拒大军，那是中计；若坐守襄平，便是下计，必为臣所擒了。"

曹睿问渊能行上计吗，懿说："公孙渊不知兵谋，只能定出中、下计。"睿问："你出军往还，应需多少日？"懿说："去约百日，还百日，攻百日，又须休息六十日，大约一年就可了事。"睿便使令懿带兵启程。公孙渊闻懿带兵出讨，果派步骑数万，屯踞辽东，坚壁而守。司马懿笑着对诸将道："贼不与我交战，是要我劳师糜饷，粮尽退兵。贼众多在此处，巢穴必空虚，我应直攻襄平，一举破贼。"公孙渊出战失利，退守危城，懿军进围襄平。时值秋雨连绵，辽水暴涨，运粮船直达城下，平地水深数尺。城中见懿营阻水，便出外打柴、放牧。诸将请求出兵截击，司马懿不同意。司马陈硅问道："太尉前攻上庸，昼夜兼进，故能立拔坚城，擒斩孟达；今远道而来且缓进，又纵使敌军打柴、放牧，究竟是什么用意？"懿笑答道："孟达兵少粮多，我军兵多粮少，怎能不速战呢？现在敌兵多我兵少，敌饥我饱，何必速攻呢？倘若掠夺敌人的牛马，截取其樵粮，岂不是要驱敌人远走吗？"不久天气转晴，司马懿就分兵合围，四面筑土山，登高俯攻，昼夜不停；公孙渊守兵死伤极多，并且粮食将要用尽，只得遣使请和。懿怒斩来使。公孙渊突出南门，司马懿派兵追上斩首，辽东遂平。

（2）公元 328 年，前赵王刘曜围困洛阳，石勒决心调集兵员去解洛阳之围，心腹程遐劝阻，他气得拔出剑来，赶他出宫。石勒召来徐光，和他商量说："如今刘曜带兵十万，攻一城近百日，尚未得破，师劳卒疲，而我军养精蓄锐，出去一战就可以活捉刘曜。你以为如何？"徐光答道："刘曜大败石虎后，不趁势进攻襄国，而攻打洛阳，其无能已可知了。现在大王亲自出征，平定天下在此一举，时机切不可失！"

石勒立即下令内外戒严，如果还有来劝阻出兵的处死。他亲自率领四万步骑兵进军洛阳。石勒对徐光说："刘曜如

司马懿破公孙渊

公孙渊，依孙权，后结曹睿。继而对魏国不满，在辽东造反，自称燕王，改元绍汉。魏国派司马懿前往征讨，他率兵迎击，不敌，最终被司马懿生擒并杀害。

果集中军队于成皋，这是他的上策。其次是在洛水边上阻击。倘若他守在洛阳城边不动，就将束手就缚！”

刘曜在洛阳城的西面摆列阵势，有十多万人马。石勒命令石虎带领三万步兵，猛攻刘曜中军；石堪和石聪各带精骑八千人，扫荡刘曜前锋；石勒亲自带领主力一部，从洛阳西面北头的阊阖门出城，夹击刘曜的队伍，大决战的战场就在宣阳门前。嗜酒如命的刘曜到了宣阳门前指挥队伍，石堪看到刘曜的醉态，立即命令将士们拼死冲击。刘曜酒醉糊涂，只得随着撤退，终于被石堪活捉。前赵军队眼见统帅被擒，更是无心抵抗。后赵从会师成皋到打垮前赵军队，用了不过五天时间。

曹彰

曹彰，字子文，沛国谯县人，为曹操次子。曹彰膂力过人，武艺精熟，能徒手与猛兽搏斗，很得曹操的喜爱。后曹操逝世，曹丕继位，曹彰入京都朝觐，暴毙于府邸中。

[释例七]

公元218年，曹彰北征，进入涿郡时，叛乱的乌桓族几千骑兵突然到来。曹彰采用田豫计策，坚守要地，敌人陆续撤退。曹彰追击敌兵，亲自搏斗，用弓箭射乌桓的骑兵，应弦而倒的接二连三。战斗了大半天，曹彰的铠甲上中了几箭，他的斗志更加旺盛，乘胜追击败兵，到达了桑干，距离代郡二百多里。曹彰的长史部将认为刚刚经过长途跋涉，兵马疲劳困顿，又受魏王节制调度，不能超过代郡，不可深入，不能违令轻敌。曹彰说：“率领军队出征，只考虑如何取得胜利，此外还有什么节度呢？乌桓军队还没有跑远，追上去就必定能打垮它。服从事先规定的命令而放走了敌人，不是好的将领啊。”于是曹彰上了马，并向军中发布命令：“不踊跃向前的处死。”经过一日一夜追上了敌人，进行了交战，最终获得大胜。

[释例八]

公元前506年，吴国伐楚国，楚军大败，吴军攻陷楚国都城郢，震撼齐、晋等国。当时孙武为吴将，树立了稀世大功，但他把这功归于上级伍员，而不求名，所以《左传》上不载孙武之名。可知孙子说的“不求名”，他本身的确是做到了。

[原文]

视[①]卒如婴儿，故可与之赴深谿[②]；视卒如爱子，故可与之俱死。厚而不能使，爱而不能令[③]，乱而不能治[④]，譬若骄子，不可用也。[曹操曰：恩不可专用，罚不可独任；若骄子之喜怒对目，还害而不可用也。]

[注释]

①视：看待、对待的意思。

②深谿：极深的谿涧，这里喻危险地带。谿，山涧河沟。

③厚而不能使，爱而不能令：只知厚待而不能使用，只知溺爱而不重教育。厚，厚养、厚待。令，教育。

④乱而不能治：指士卒行为乖张不羁而不能加以约束惩治。治，治理，这里有惩处之意。

[译文]

将帅对待士卒就像对待婴儿那样百般呵护，士卒因此就可以与将帅共赴患难；将帅对待士卒就像对待儿子那样关怀疼爱，士卒因此就可以与将帅同生共死。如果将帅厚待士卒但不使用他们，爱护士卒但不用法令约束他们，士卒违法乱纪但不去惩治他们，那么士卒就会像被娇惯的孩子一样，是不能用来作战的。

[释例九]

战国时，吴起在魏国担任将领，他的饮食与衣着，全都跟士卒中最下级的一样。晚上睡觉的地方不加铺盖，行军的时候，不骑马、不乘车，食粮自己背，为士卒分劳担苦。士卒中有个生毒疮的，吴起就为他吮吸脓汁。病卒的母亲听到这个消息就哭了。旁人说："你的儿子只是一兵卒，而吴将军亲自为他吮吸出毒疮的脓汁，你应该感到光荣，为何哭呢？"那兵卒的母亲说："过去吴公也曾为孩子的父亲吮吸过疮脓，孩子的父亲感恩而格外卖力杀敌，最终战死在沙场上了。而今，吴公又为他的儿子吮吸疮脓，不知什么时候这孩子也会像他父亲那样战死沙场的。"后吴起镇守西河，秦国不敢东向出兵，韩、赵也都宾服听从。

[原文]

知吾卒之可以击，而不知敌之不可击，胜之半也；知敌之可击，而不知吾卒之不可以击，胜之半也；知敌之可击，知吾卒之可以击，而不知地形之不可以战，胜之半也。[曹操曰：胜之半者，未可知也。]**故知兵者**[1]**，动而不迷**[2]**，举而不穷**[3]。

故曰：知彼知己，胜乃不殆；知天知地，胜乃不穷[4]。

[注释]

①知兵者：通晓用兵打仗之道的人。

②迷：迷惑、困惑。

③举而不穷：采取的战术是变化无穷的。举，战略、战术。穷，缺乏、穷尽的意思。

④胜乃不穷：指胜利不会有穷尽。

[译文]

只知道自己的军队可以打仗，而不了解敌人不可以攻打，胜利的可能只有一半；只知道敌军可以攻打，而不了解自己的军队不能去攻打，胜利的可能也只有一半；知道敌人可以攻打，也知道自己的军队可以去攻打，但不了解地形条件不利于向敌军发起攻击，胜利的可能同样只有一半。因此，真正懂得用兵的将帅，行动起来不会盲动，战术变化不会穷尽。

所以说：知彼知己，取胜就不会有差错；知道天时，知道地利，克敌制胜就会永无穷尽。

[释例十]

（1）公元208年9月，曹操进入荆州，刘琮率部投降，曹操得到他的水军、战船。曹操在给孙权的信中说，要与孙权“会猎于吴”，孙权的将士听说后都很惊恐。周瑜说：“曹操虽托名汉相，其实是汉朝的奸贼。将军凭着您的神威雄才，兼仗父兄的遗业，割据江东，地方数千里，兵力精强，资财充足，英雄之士都乐于跟随您建功立业，因此您本来就应当横行天下，为汉朝驱除奸贼，扫清污秽，何况是曹操自己来送死，怎么可以投降他呢？

请允许我替您分析一下当前的形势和我们的对策。假定现在北方已经安定，曹操没有内忧，能够旷日持久地来争夺疆土，与我方在舟船之间较量胜负吗？何况现在北方还未平定，加上马超、韩遂还在关西，成为曹操的后患。而且曹操舍弃鞍马，使用舟船，来与江东争胜负，这本来就不是中原军队的擅长之处。另外，现在正是严寒的冬天，战马没有草料；驱迫中原的兵士来到遥远的江湖之间，不习水土，必生疾病。以上这几种情况，乃是用兵的忧患，而曹操却置之不顾，冒险行事。您捉拿曹操正应在此时，我请求给予精兵三万人，进往夏口，保证帮您打败他。”

周德威锤中野义

周德威（？—918），字镇远，后唐名将。周德威最初跟随李克用，骁勇而擅骑。李克用死后，李存勖继位晋王，周德威跟随李存勖转战南北，立下大功。

（2）公元910年，后梁朱温闻晋军援赵，命王景仁等领兵十万，直至柏乡。晋王与周德威合军，进营野河，与柏乡只隔五里。梁军坚壁不出。晋王欲战，德威道：“镇定兵只能守城，不能野战；我兵虽能驰骋，但惟旷野间方可冲突。今压贼寨门，无从开展骑兵之优势，况且彼众我寡，势不相敌，倘彼知我虚实，我便危险了！”

又转告晋王道：“不如退屯高邑，依城自固，一面诱贼离营，彼出我归，彼归我出，再派轻骑掠彼粮饷，不出月余，定可破敌。”晋王同意，回屯高邑。

［结语］

本篇主要论述作战与军事地理的关系，以及观察、利用地形的重要性。“地形者，兵之助也”，即此意。

先把战场分为六种，论其性质与战法，其次从军队的素质上分败兵为六种，进而唤起将帅的责任心。六种败军模式的关键在于将帅。“兵无强弱，强弱在将。”古人所讲的“治军”，根本在于训练，训练时，“与其失之宽，不如失之严，法立然后知恩，威立然后知感，以菩萨心肠，行霹雳手段”。

九地篇第十一

[原文]

孙子曰：用兵之法，有散地，有轻地，有争地，有交地，有衢（qú）地，有重地，有圮（pǐ）地，有围地，有死地。[曹操曰：此九地之名也。]**诸侯自战其地，为散地①；**[曹操曰：士卒恋土，道近易散。]**入人之地而不深者，为轻地②；**[曹操曰：士卒皆轻返也。]**我得亦利，彼得亦利者，为争地③；**[曹操曰：可以少胜众、弱击强。]**我可以往，彼可以来者，为交地④；**[曹操曰：道正相交错也。]**诸侯之地三属⑤，**[曹操曰：我与敌相当，而旁有他国也。]**先至而得天下众者，为衢地；**[曹操曰：先至得其国助也。]**入人之地深，背城邑多者，为重地；**[曹操曰：难返之地。]**行山林、险阻、沮（jù）泽，凡难行之道者，为圮地；**[曹操曰：少固也。]**所由入者隘（ài），所从归者迂（yū），彼寡可以击吾之众者，为围地⑥；疾战则存，不疾战则亡者，为死地。**[曹操曰：前有高山，后有大水；进则不得，退则有碍。]**是故散地则无战，轻地则无止⑦，争地则无攻，**[曹操曰：不当攻，当先至为利也。]**交地则无绝⑧，**[曹操曰：相及属也。]**衢地则合交⑨，**[曹操曰：结诸侯也。]**重地则掠⑩，**[曹操曰：蓄积粮食也。]**圮地则行⑪，**[曹操曰：无稽（jī）留也。]**围地则谋，**[曹操曰：发奇谋也。]**死地则战。**[曹操曰：殊死战也。]

[注释]

①诸侯自战其地，为散地：言诸侯在自己领土上同敌人作战，遇上危急就容易逃散，这种地域叫作散地。

②入人之地而不深者，为轻地：进入敌地不深，官兵易于轻返的地区

叫作轻地。

③争地：我军占领有利、敌军占领也有利的地区。

④交地：指道路纵横、地势平坦、交通便利的地区。交，纵横交错。

⑤诸侯之地三属：同时与几个国家接壤。三属，多方毗连，指几个诸侯国国土交界之处。三，代指众多。属，连接、毗邻。

⑥围地：道路狭隘，退路迂曲，敌人能以少击众的地区。

⑦无止：不宜停留。止，停留、逗留。

⑧交地则无绝：在交地要做到军队部署上能够互相策应，行军序列不可断绝。绝，隔绝、断绝。

⑨衢地则合交：在衢地上要加强外交活动，结交诸侯盟友，以为己援。合交，结交。

⑩重地则掠：在敌方之腹地，不可能往返本国运粮，要就地解决军队的补给问题，故“重地则掠”。掠，掠取、抢掠。

⑪行：迅速通过。

[译文]

孙子说：按照用兵的原则区分，战场的种类有散地、轻地、争地、交地、衢地、重地、圮地、围地、死地九种。在本国境内作战的地区，叫作散地；进入敌国境内不深入作战的地区，叫作轻地；我军占领对我军有利，敌军占领对敌军也有利的战场，叫作争地；我军可以前往，敌军也可以前来的战场，叫作交地；同时与几个国家接壤，谁先占有就可以与各国结交而得到援助的地区，叫作衢地；深入敌国腹地，背后有敌国许多城镇的地区，叫作重地；山岭、森林、险阻、沼泽、水网，以及一切难以通行的地区，叫作圮地；进路狭窄，退路迂曲，敌军用少数兵力就可以袭击我大部队的地区，叫作围地；奋起速战就可能生存，不奋起速战就可能全军覆灭的地区，叫作死地。因此，在散地不宜轻易进行战争；在轻地不宜停留；遇争地应事先占领，不可等敌人占领后再进攻；在交地要保证行军顺序不脱节不断绝；在衢地应主动结交邻国；深入重地就要掠取敌国粮食，就地补给粮秣；遇到圮地要迅速通过；陷入围地要设奇谋突围；到了死地只能奋勇作战，死里求生。

[释例一]

公元383年1月，前秦苻坚派吕光统兵十五万、骑五千征西域。公元

385年，苻坚败绩后，吕光率兵自西域还，军至宜禾。苻坚所任凉州刺史梁熙谋划拒其入境，高昌太守扬翰说："吕光新定西国，兵强气锐，难以抵挡。高梧谷口险要，宜先据守，夺其水源，彼既困竭，人自投戈。如以为远，不好守，伊吾之关也可据守。若舍此二要，不会有善良之策，这就是'地有所必争'。"梁熙不同意这条计策，最终被吕光所灭。

[释例二]

（1）公元前196年，英布造反，向东攻击荆。荆王刘贾逃走而死于富陵。英布尽收其部下，渡淮水攻击楚。楚发兵相战于徐县、僮县之间。楚分兵为三军，想以互相救援为奇策。有人游说楚将说："英布擅长用兵，人们一向怕他。再说，兵法上说自战于自己土地为散地，容易败散。现在把军队分成三军，英布只要打败其中一军，其余两军必然跟着鸟兽般逃散，怎能互相救援？"主事的人不听。英布果然先打败其中一军，其余两军都散败而逃。这是楚军战于散地而败。

（2）公元前269年，秦国攻打韩国，军队驻扎在阏与，赵王派赵奢率兵前去救援。一名叫许历的军士对赵奢说："秦军料不到我们的军队已经到了这里，所以他们的士气相当旺盛，将军一定要厚集兵力，严阵以待，不然的话，是要吃亏的。"赵奢说："你下去听候命令吧！"许历说："请依法杀我好了。"赵奢说："等回到邯郸再说。"许历又要求陈述战略，他说："能先占据北山的操胜算，后到的就要吃败仗了。"赵奢认为可行，立刻派了一万人先行占领北山，秦兵随后也拥到了。两军争夺山头，秦军由于晚了一步而无法上山。赵奢指挥兵士，展开猛烈的攻击，大破秦军，秦军溃散而去。这是秦军攻取争地而失败。

[释例三]

（1）公元559年，南朝陈将侯瑱等围攻湘州，并断绝其粮援。北周遂令贺若敦率领步骑六千渡江援救湘州。时值阴雨连绵，江水泛滥，周军过江后，江路遂断，粮援既绝，军中人心自危。贺若敦于是分兵抄掠，补给资用。但恐敌军侯瑱等知其粮少，于己不利，就在营内多聚土墩，表面盖上白米，并召集诸营兵士，每人手持一囊，正像发放军粮的情形。还召附近村民，佯作访问，使彼等站在营外遥遥望见营内放军粮情形，然后让他们离去。陈将侯瑱等听到北周军中藏粮的消息，信以为真。两军相持一年有余，侯瑱等竟无法取胜。

（2）公元前200年，汉高祖征伐匈奴，至平城，被匈奴围困在白登山，经过七天，没有食物可吃。陈平令画工画美人图，密遣人送给匈奴单于的正妻阏氏说："单于围汉甚急，汉将以美人献给单于。"阏氏怕单于接美人，她的宠位被夺，遂对单于说："汉天子亦有神灵，得其土地，也不能归我所有。"于是单于令大军解围北归。

马超紧守隘口

曹操堂弟曹洪带兵到下辨，攻打蜀国。马超紧守隘口，坚决不出战。曹洪畏惧马超的名声，又不熟悉地形，不敢贸然进攻。曹军另一统帅张郃不听曹洪劝阻，冒失出兵，被对方借助地利杀得狼狈逃回。

（3）公元399年，后凉天王吕光派其二子吕绍和吕篡征讨段业。段业求救于南凉秃发乌孤。秃发乌孤遣将率兵援助段业。吕绍认为段业等军势颇盛，想从三门关挟山向东列阵。吕篡说："挟山示弱，不如结阵向前冲去，敌必惧而不战。"吕绍即领军南进。段业要挥军进攻，沮渠蒙逊说："绍、篡之军在死地，必决战求生。不与交战则有大山之安，战则有累卵之危。"段业遂按兵不动，绍也无计可施，双方各领兵而退。

［原文］

所谓古之善用兵者，能使敌人前后不相及①，众寡不相恃(shì)②，贵贱不相救③，上下不相收④，卒离而不集⑤，兵合而不齐。合于利而动，不合于利而止⑥。［曹操曰：暴之使离，乱之使不齐，动兵而战。］**敢问："敌众整⑦而将来，待之若何？"**［曹操曰：或问也。］**曰："先夺其所爱，则听矣⑧。"**［曹操曰：夺其所恃之利。若先据利地，则我所欲必得也。］**兵之情主速⑨，乘人之不及，由不虞之道⑩，攻其所不戒也。**［曹操曰：孙子应难以覆陈兵情也。］

攻破皖城

东吴攻魏，吴将甘宁侦知魏将高宠不足五千人占据皖城，是魏线最弱的一环。于是甘宁率军直捣皖城，一举成功。

[注释]

①前后不相及：前军、后军不能相互策应配合。及，策应。

②众寡不相恃：此言军中主力部队与小分队不能相互依靠和协同。众，指大部队。寡，指小分队。恃，依靠。

③贵贱不相救：指军官和士卒之间不能相互救助。贵，军官。贱，士卒。

④上下不相收：言军队建制被打乱，上下之间失去联络，无法聚合。收，聚集、联击。

⑤卒离而不集：言士卒分散难于集中。离，分、散。集，集结。

⑥合于利而动，不合于利而止：对我方有利则战，不利则不战。合，符合。动，作战。止，不战。

⑦众整：人数众多且阵势严整。

⑧先夺其所爱，则听矣：要首先攻取敌人的要害之处，敌人就不得不听从我的摆布了。爱，珍爱，引申为要害、关键。听，听从、顺从。

⑨兵之情主速：此句言用兵的主旨重在迅速。情，情理。主，重在、要在。速，迅速、疾速。

⑩由不虞之道：要走敌人预料不到的路径。由，经过、通过。不虞，不曾料想、不曾意料到。

[译文]

古代善于指挥作战的人，能使敌军前队与后队无法互相策应，主力部队与小分队不能相互配合，长官与士卒不能互相救援，上级与下级失去联络不能协调，士卒溃散就再难走到一起，集合起来的部队阵形不能整齐。对自己的军队来说，则是有利于我就战，不利于我就不战。试问："假如敌人众多而且阵容齐整来向我进攻，该怎样对付它呢？”答案是：“抢先夺取敌人最关键最重视的地方和东西，敌人就不得不听从我的摆布了。”用兵的情理重在快速，要乘敌人措手不及的时候，走敌人料想不到的道路，攻击敌人没有戒备的地方。

［释例四］

公元1053年，宋仁宗令狄青往讨围困广州的侬智高。狄青自领前军，直指昆仑关。至宾州，适值上元节。狄青令官军各营张灯结彩，宴饮尽欢。首夜宴将佐，乐饮达旦。次夜宴一般军官，直至二鼓，兴味盎然。狄青称身体不适，暂起入内，传谕军官尽量饮酒，待翌晨下令进关。黎明，帐前传令官告诸将道：昨夜三鼓时，元帅已夺昆仑关了。

［释例五］

公元前224年，秦王派王翦率领六十万人进攻楚国，到达了平与。楚人听说王翦增添了兵马前来，就把国内的军队都调来抵御，而王翦坚守营垒不与楚人交战。楚人多次挑战，秦军始终不出。王翦每天休整士兵，让他们梳洗沐浴，还给好的伙食，加以慰抚，自己和士卒们一起用饭。过了一些时候，王翦派人问军中在玩什么，回答说：“正在投石块、跳跃。”王翦说：“可用了！”这时楚军找不到战机，就向东转移。王翦率军追赶，派壮士出击，大破楚军，到达蕲南，杀死了楚将军项燕，楚军就此溃败奔逃。王翦乘胜平定城邑。第二年，王翦、蒙武俘虏楚王，把楚国改置了楚郡。

［原文］

凡为客之道①，深入则专②。主人不克③，掠于饶野，三军足食；谨养而勿劳④，并气积力⑤；运兵计谋，为不可测⑥。［曹操曰：养士气、并兵力，为不可测度之计。］**投之无所往，死且不北⑦。死焉不得⑧，**［曹操曰：士死安不得也。］**士人尽力。**［曹操曰：在难地，心并也。］**兵士甚陷则不惧，无所往则固，深入则拘⑨，**［曹操曰：拘，专也。］**不得已则斗。**［曹操曰：人穷则死战也。］**是故其兵不修而戒⑩，不求而得，不约而亲⑪，不令而信⑫。**［曹操曰：不求索其意，而自得也。］**禁祥去疑⑬，至死无所之⑭。**［曹操曰：禁妖祥之言，去疑惑之计。一本作至死无所穷。]**吾士无余财，非恶货也；无余命，非恶寿也。**［曹操曰：皆烧焚财物，非恶货之多也；弃财致死者，不得已也。]**令发之日，士卒坐者涕沾襟⑮，偃(yǎn)卧者涕交颐(yí)⑯。**［曹操曰：皆持必死之计。]**投之无所往者，诸、刿(guì)之勇也⑰。**

［注释］

①为客之道：离开本国进入敌国作战的规律。客，客军，指离开本国进入敌国的军队。

②深入则专：此言军队深入敌境作战，就会齐心协力、意志专一。专，齐心、专心。

③主人不克：在本国作战的军队，无法战胜客军。主，在本地作战。克，战胜。

④谨养而勿劳：认真地搞好休整，不要使将士过于疲劳。谨，注意、注重。养，休整。

⑤并气积力：保持士气，积蓄战斗力。并，合，引申为集中、保持。积，积蓄。

⑥为不可测：使敌人无从判断。测，推测、判断。

⑦投之无所往，死且不北：将士兵置于无路可走的境地，虽死也不会败退。投，投放、投布。

⑧死焉不得：士卒死且不惧，那还有什么事不能做到呢。焉，疑问代词，何、什么的意思。

⑨深入则拘：军队进入敌境已深，则军心凝聚。拘，拘束、束缚，这里指凝聚。

⑩是故其兵不修而戒：指士卒不待整治督促，就知道加强戒备。修，修治、修明法令。戒，戒备、警戒。

⑪不约而亲：指不待约束就能做到内部的亲近团结。约，约束。亲，团结。

⑫不令而信：不待申令就能做到信任服从。信，服从、信从。

⑬禁祥去疑：禁止占卜之类的迷信，消除疑虑和谣言。祥，吉凶的预兆，这里指占卜之类的迷信活动。

⑭至死无所之：即使到死也不会逃避。之，往。

⑮士卒坐者涕沾襟：坐着的士卒热泪沾满衣襟。涕，眼泪。襟，衣襟。

⑯偃卧者涕交颐：躺着的士卒则泪流满面。偃，卧倒。颐，面颊。

⑰诸、刿之勇也：像专诸、曹刿那样英勇无畏。诸，专诸，春秋时吴国的勇士。公元前515年，专诸在吴公子光（即阖闾）招待吴王僚的宴席上，用藏于鱼腹的剑刺死吴王僚，自己也当场被杀。刿，曹刿，春秋时期鲁国的武士。在齐鲁柯地（今山东东阿）会盟上，他挟持齐桓公，迫使齐同鲁订立盟约，收回被齐所侵的鲁国土地。

[译文]

进入敌国境内作战的一般规律是：深入腹地作战，将士们就会意志专一，就人将不能战胜我们；在敌国丰饶的田野上掠取粮草，使全军人马有足够的食物；注意休整，使军队不过于疲劳，凝聚士气积蓄力量；部署兵力，巧用计谋，使敌人无法揣测我军的动向和意图。把部队投入无路可走的绝境，士兵就会宁死不退；士兵既然连死都不怕，还有什么事情办不到呢？那样，全军将士必然会竭尽全力与敌人殊死作战。士卒们深陷绝境，反而会无所畏惧；无路可走了，军心反而能稳固；越是深入敌境，部队的凝聚力就越强；在被逼无奈的情况下，将士们就会殊死战斗。正因如此，这样的军队不需要整饬就会自觉加强戒备，无须强求就能完成自己的任务，无须多加约束便能亲密团结，不需要三令五申，就能遵守纪律。禁止迷信，消除疑虑，部属就能战斗到底而不会逃跑。我军的将士没有多余的钱财，并不是他们不爱财物；他们将生死置之度外，并非是不想长命。出征命令颁布之日，士卒坐着的，眼泪流湿了衣襟；躺着的，眼泪流满了脸颊。使

荆轲刺秦王

秦国灭赵后，兵锋直指燕国南界。太子丹震惧，与田光密谋，决定派荆轲入秦行刺秦王。公元前227年，荆轲前往秦国刺杀秦王。临行前，许多人在易水边为荆轲送行，场面十分悲壮。

他们处在走投无路的绝境，他们就会像专诸、曹刿一样勇敢了。

[释例六]

公元前227年，秦国军队已经到达易水，要攻灭燕国了。燕太子丹便派荆轲进献督亢的地图给秦国，乘机刺杀秦王。太子丹和宾客们都着白衣白帽到了易水边上送行，饯行之后要上路入秦了。大家唱起歌来，荆轲上前唱道："风萧萧兮易水寒，壮士一去兮不复还。"唱出悲壮慷慨的"羽声"调子，连送行的人都热血喷涌，怒发冲冠。

[释例七]

（1）专诸，春秋时吴国的勇士，由伍子胥介绍给公子光。公元前515年，公子光要杀吴王僚而自立。一天，公子光一面预先埋伏甲兵在地下室里，一面备好酒筵，请吴王僚来赴宴。吴王僚派他的卫士排成队伍，从宫里直到公子光家中。所有门户阶沿左右各处，都是吴王僚自己的亲信，站在吴王僚两旁拥护着的侍卫，都举着长矛。酒喝到尽兴之后，公子光假说是头痛，走到地下室里，叫专诸在鱼炙的腹里放匕首，端了进去。走到吴王僚面前，专诸擘开鱼腹，就拿那把匕首去刺杀吴王僚，吴王僚立刻被刺死了。左右武士也杀了专诸。公子光出动他预先埋伏的甲兵，把吴王僚的人统统杀了。于是公子光自立为王，这就是吴王阖闾。

关云长单刀赴会

赤壁之战后，鲁肃奉孙权之命，千方百计要向蜀汉讨回荆州。为此，鲁肃于临江亭邀请镇守荆州的关羽赴宴，预设伏兵，想要挟关羽。关羽已知形势，仍只带周仓一人赴会。

（2）曹刿，又名曹沫，春秋时鲁国武士。鲁国派沫为大将和齐国交战，结果三次都打了败仗。齐桓公与鲁庄公在坛上订立盟约后，曹沫就拿着短剑要挟齐桓公，桓公左右的人都不敢抗拒。桓公问曹沫说："你要什么？"曹沫说："齐国强，鲁国弱，贵国侵略鲁国也太过分了。现在鲁国城池一再被侵，京城都要紧邻齐国国界了。国君你也应该想一想呀！”桓公于是答应全部归还侵占鲁国的地方。话说出后，曹沫便放下短剑，走下盟坛。齐国终于照约定归还在鲁所侵占的地方，也就是曹沫三次战败所失去的土地，完全还给鲁国。

孙子主张投军于无所往的死地，以加强兵士的牺牲精神，兵士必皆变为专诸和曹刿一样的勇者。

（3）公元13世纪初，崛起于兴安岭的成吉思汗，统率野蛮半开化的民族，东从太平洋，西至俄罗斯，南至印度，征服了广阔无垠的大陆，得力于客兵。那确是基于“无所往、不能逃”——远在几千甚至万里的异域所驱使客军的强点。原来他所统率的纯粹蒙古民族兵很少，大部分都是鞑靼以及数百被征服民族所征集的混合军，由于指挥的得法，在置于客军的情况下，恰如多年训练过的劲旅一样，一起决死奋斗；且加以成吉思汗的统御法——严刑峻法，丝毫不宽贷。临阵时，把其他种族军队置于最前线，后方配以亲近的鞑靼，更在最后方配以基本的蒙古军，实施二重三重的督战监视，若有退败者，不问是非，即行斩首。

成吉思汗指挥的客军进入别国作战，无法逃散，只好死战。“死焉不得”，即士卒死都不怕，还有什么不可得呢？

[原文]

故善用兵者，譬如率然[①]。率然者，常山[②]之蛇也。击其首则尾至，击其尾则首至，击其中则首尾俱至。敢问：“兵可使如率然乎？”曰：“可。”夫吴人与越人相恶也，当其同舟而济，遇风，其相救也如左右手。是故方马埋轮，未足恃也；[曹操曰：方马，缚马也。埋轮，示不动也。此言专难不如权巧。故曰：虽方马埋轮，不足恃也。]**齐勇若一，政之道也[③]；刚柔皆得，地之理也。**[曹操曰：强弱一势也。]**故善用兵者，携手若使一人，不得已也。**[曹操曰：齐一貌也。]

[注释]

①率然：古代传说中的一种蛇。

②常山：即恒山，五岳中的北岳，位于今山西浑源南。西汉时为避讳汉文帝刘恒的“恒”字，改称“常山”。

③齐勇若一，政之道也：使士卒齐心协力、英勇杀敌如同一人，这才是治理军队的方法。齐，齐心协力。政，治理、管理的意思。

［译文］

擅长统率军队的人，能使部队像率然一样。率然就是常山的灵蛇，打灵蛇的头，它的尾巴就会来救应；打它的尾巴，它的头就会来救应；打它的腰，它的头尾都会来救应。试问："可以让军队也像常山灵蛇一样吗？"回答是："可以。"吴国人和越国人本来相互仇恨，但当他们同坐一条船渡河，遇到风暴时，他们相互救助也会像一个人的左手和右手一样。因此，想用缚紧马匹、深埋车轮来向士卒表示死战的决心，是靠不住的。使全军上下同仇敌忾、英勇奋战如同一人，才是治理军队应遵循的原则。使刚强的和柔弱的都充分发挥作用，关键在于合理利用地形。所以，善于用兵的人总是能使全军上下团结协作得像一个人，这是由于客观形势迫使，不得不如此。

［释例八］

（1）公元前279年，燕王派骑劫接替乐毅，率军进攻齐国的即墨。齐国田单命令城中的居民，每餐吃饭之前，一定要先在庭院中祭祀祖先，鸟儿被吸引得在城的上空盘旋，后飞下来啄食祭品。城外的燕军看到了，不明所以，觉得很奇怪。田单又乘机宣扬说："神仙由天而降，来授给我天机。"并且告诉城中的百姓说："还会有一个神人来当我的军师。""我可以做军师吗？"有个小卒问，说完扬长而去。田单站起来，扶他回来，请他坐在朝东的上座，拜他为师。每次发布号令，必说是宣达神师的意旨，遂有"火牛阵"败燕的胜利。

（2）公元317年，刘聪派他的堂弟刘畅带了三万人马来到荥阳，在离李矩驻地七里的地方安营扎寨，派出使者招降李矩。李矩仓促之间来不及部署抵抗，便口头上答应投降，派老弱残兵送去几十车牛肉和美酒慰劳。刘畅信以为真，毫无顾虑地大吃大喝，将领们都醉得东倒西歪。李矩准备当夜偷袭，但士兵们害怕刘畅兵强马壮，面有惧色，动作迟缓。附近有一个古代郑国政治家子产的祠庙，李矩暗下叫巫者扬言说："子产显灵了，吩咐大家进攻，他马上派天兵天将来助战！"当时将士们都很迷信，一听此话，胆就大了，人人都争着去参加战斗。李矩挑选了勇士一千人，天色一黑，直冲刘畅大营。汉军醉得烂泥一般，脑袋都不知怎么掉的，被杀了几千人，刘畅单身逃回平阳。

［释例九］

（1）公元417年，东晋将领王镇恶带领水军通过黄河进入渭水，向长安进军。8月22日早晨，将士吃饱早餐，船队逐渐靠近长安的东渭桥。在一处河岸比较窄、水流特别湍急的地方，王镇恶突然下令，人人都戴盔披甲，拿着武器，迅速上岸，行动迟缓者斩。将士们包括行船的士兵，以为发生非常严重的紧急情况，急忙跃上河岸，顾不得用缆绳拴住兵船。当队列成行时，兵船全部随着汹涌的河水漂走，倏忽之间无影无踪。王镇恶大声对将士们说："这儿靠近长安的北门，兵船、被服、粮食都被急流冲走了。我们的家都在江后面，离此一万多里，现在只有向前猛进，奋勇杀敌，才可以获得胜利！倘若打败，尸骨也回不到家乡去！没有别的路了，大伙儿一齐努力吧！"说完，他一马当先，将士们万众一心，猛虎似地杀向东渭桥。前来拦击王镇恶的后秦军队士气低落，不战而溃。王镇恶率军从北门进入长安。

王镇恶蒙冲溯渭

王镇恶（373—418）字景略，东晋名将。为刘裕所赏识，后追随刘裕征战东西。他善于激励部下，作战时又身先士卒，军队战斗力极强。王镇恶带领部将渡过黄河，一举攻破长安，灭了后秦，为刘裕建宋奠定基础。

（2）公元817年，李愬计划袭取蔡州。9月，李愬对李佑说："蔡州精兵都在洄曲和四境拒守，守蔡州城的都是一些老弱残兵，可以乘虚直抵州城，等外边的贼将听到消息，吴元济已经就擒了。"10月，李愬派李佑、李忠义率领三千部队充任前锋，自己和监军率领三千人为中军，叫李进诚率领三千人为后卫。军队出发，不知道去哪里。李愬说："只管往东走！"走了六十里，天黑了，到达张柴村，把敌人戍卒等全都杀了，占据了栅寨。叫战士好好休息，吃点干粮，整理军备，留下义成军五百人镇守，以阻挡朗山那边的救兵。派丁士良率领五百人破坏通往洄曲和各条道路上的桥梁。再乘夜带领部队开出栅门。将领们请示去哪里，李愬说："进蔡州城擒捉吴元济。"将领们都大惊失色。这时刮大风下大雪，旌旗被风撕裂，沿路都能看到被冻死的战士和马匹，人人都以为必死无疑；但士兵惧怕李愬，无人敢反抗。到了半夜，雪下得越发大了，行军七十里到达蔡州城。自从吴少诚抗拒朝廷以来，官军不到蔡州城下已有三十多年，所以蔡州人也不加防范。四更天，李愬到达城下，城里没有一个人发觉。李佑、李忠义用铁锄在城墙上凿出许多可以容脚的小坑，抢先爬上去，壮士都跟上。吴元济被擒。

［原文］

将军之事①，静以幽②，正以治③。［曹操曰：谓清净幽深平正。］**能愚士卒之耳目，使之无知④。**［曹操曰：愚，误也。民可与乐成，不可与虑始。］**易其事，革其谋，使人无识⑤；易其居，迂其途，使人不得虑⑥。帅与之期，如登高而去其梯⑦；帅与之深入诸侯之地，而发其机⑧，焚舟破釜，若驱群羊，驱而往，驱而来，莫知所之。**［曹操曰：一其心也。］**聚三军之众，投之于险，此谓将军之事也。**［曹操曰：险，难也。］**九地之变，屈伸之利⑨，人情之理，不可不察。**［曹操曰：人情见利而进，遭害而退。］

［注释］

①将军之事：指挥军队打仗的事。将，用作动词，主持、指挥的意思。

②静以幽：沉着冷静而幽深莫测。静，沉着冷静。以，同“而”。

③正以治：谓严肃公正而治理得宜。正，严正、公正。治，治理、有条理。

④能愚士卒之耳目，使之无知：能够蒙蔽士卒，使他们不能知觉。愚，蒙蔽、蒙骗。

⑤易其事，革其谋，使人无识：变更正在做的事情，改变计谋，使他人无法识破。易，变更。革，改变、变置。

⑥易其居，迂其途，使人不得虑：更换驻防的地点，迂回行军，使敌人无法图谋。虑，图谋。

⑦帅与之期，如登高而去其梯：主帅赋予军队作战任务，要断其退路，

犹如登高而去梯，使之勇往直前。期，约定。

⑧帅与之深入诸侯之地，而发其机：统帅与军队深入敌国，就如击发弩机射出的箭一般。机，弩机。

⑨九地之变，屈伸之利：对不同地理条件的应变处置，使军队的进退得宜。屈伸，这里指部队的前进和后退。屈，弯曲。伸，伸展。

[译文]

主持军政大事，要做到沉着冷静而高深莫测，公正严明而有条不紊。要能蒙蔽士兵的耳目，使他们对军事行动一无所知；变动军队部署，改变原定计划，使别人无法识破机关；经常改换驻地，故意迂回行军路线，让别人无从推断自己的意图。将帅向部下授予作战任务，要像让他登上高处被抽掉梯子一样，断其后路。将帅率领士卒深入敌国领土作战，要像扣动弩机射出的箭一样，一往直前；烧毁船只，砸破炊具，表达必死决心。指挥士卒像驱赶羊群一样，赶它去就去，驱它来就来，而不让他们事先知道究竟要到哪里去。聚合三军将士，使他们处于险恶的境地，迫使全军拼死奋战，这是将帅统率军队的重要任务。对九种地形的变化处置、攻防进退的得失利害、将士们心理情感的变化规律，这些都是将帅们不能不认真研究考察的。

[释例十]

公元前196年，吕后用计诛杀淮阴侯韩信，英布因此心慌。同年夏天，又杀了梁王彭越，淮南王英布因为恐惧也谋反了。他率军向东进攻荆，荆王刘贾逃走而死于富陵。英布尽收其部下，渡淮水击楚。楚发兵相战于徐县、僮县之间。楚军分兵三处，想以互相救援当作奇策。就有人游说楚将说："英布擅长用兵，人民一向怕他。再说，兵法上很忌讳诸侯在自己本土作战，因为士兵都留意自己的土地，容易散败。现在把军队分成三军，英布只要打败其中一军，其余两军必然跟着作鸟兽散，怎能互相救援？"主事的人不听。英布果然先打败其中一军，其余两军都散败而逃。

[释例十一]

（1）公元532年，尔朱兆等领四路尔朱军陆续到邺，号称二十万。在洹水两岸，扎满营垒。高欢遇大敌，召令所有的部队，骑兵不过两千，步兵也不到三万人。尔朱兆等于韩陵山围高欢，高欢便在山下设圆阵，后面用牛驴连接，自塞归路，以示必死。尔朱兆出营布阵，高欢军擂鼓开战。欢自将中军，命令左军、右军奋力向前，拼死决斗。尔朱军腹背受攻，阵势分崩，大败而归。

（2）公元74年，班超作为汉朝使者去通西域。班超带着三十六个随从和礼物到了鄯善。一天，班超对他的随从们说："你们跟我到了西域，原是为了立功来的。没想到匈奴的使者到这儿没几天，鄯善王就对咱们不怎么客气了。如果他看咱们人数少，把咱们抓起来，送给匈奴，他向单于立了功，咱们的尸骨都不能还乡了。你们看该怎么办？"随从们说："我们逃也逃不了啦，是死是活，全听您的！"班超说："不入虎穴，焉得虎子，现在只有一个办法最好：趁着黑夜，到匈奴的帐篷周围，一面放火，一面进攻。他们不知道咱们有多少兵马，一定着慌。只要杀了匈奴的使者，鄯善王胆就大了，这样他才敢抵抗匈奴。大丈夫立大功，称英雄，在此一举了。"大家都说："好！就这么拼一拼吧！"半夜里，班超率领着三十六个壮士向匈奴的帐篷偷袭过去。那天晚上正赶上刮大风。班超吩咐十个壮士拿着鼓躲在匈奴的帐篷后面，二十个壮士埋伏在帐篷前面，自己跟其余的六个人顺着风向放火。火一烧起来，十个人同时擂鼓、呐喊，其余的人大喊大叫地杀进帐篷里去。匈奴人从梦里吓醒，急得走投无路。班超手起刀落，砍死了三个匈奴兵。其余的壮士杀了匈奴的使者和三十多个随从人员。他们割下使者的头，跑到外边，立刻把所有的帐篷都烧了。班超他们回到自己的营里，天刚刚发白。班超请鄯善王过来。他看见匈奴使者的人头，又是高兴又是害怕。班超对他说："从今以后，只要你一心一意地抵抗匈奴，匈奴就不敢来侵犯你们。"鄯善王说："愿意听从汉天子的命令。"为了表示真心的交好，就叫自己的儿子跟着班超到洛阳去作侍子。

［原文］

凡为客之道，深则专，浅则散。去国越境而师者，绝地也；四达者，衢(qú)地也；入深者，重地也；入浅者，轻地也；背固前隘(ài)者，围地也；无所往者，死地也。是故散地，吾将一其志；轻地，吾将使之属①；［曹操曰：使相及属。］**争地，吾将趋其后；**［曹操曰：利地在前，当速进其后也。］**交地，吾将谨其守；衢地，吾将固其结；重地，吾将继**

其食②；［曹操曰：掠彼也。］**圮(pǐ)地，吾将进其塗③**；［曹操曰：疾过去也。］**围地，吾将塞其阙(quē)④**；［曹操曰：以一士心也。］**死地，吾将示之以不活**。［曹操曰：励士心也。］**故兵之情：围则御⑤**，［曹操曰：相持御也。］**不得已则斗**，［曹操曰：势有不得已也。］**过则从⑥**。［曹操曰：陷之甚过，则从计也。］

［注释］

①使之属：使军队部署相连接。属，连接。

②继其食：补充军粮，保障供给。继，继续，引申为保障、保持。

③进其塗：要迅速通过。塗，通“途”，道路、此地。

④塞其阙：堵塞缺口。意在迫使士兵不得不拼死作战。

⑤围则御：被包围就会奋起抵御。

⑥过则从：指身陷绝境士兵就会听从指挥。过，甚、绝。

［译文］

在敌国境内作战的一般规律是：越是深入敌国腹地，全军的意志越是专心一致；进入敌国越浅，军心越容易涣散。离开本国进入敌境作战的地区，叫绝地；四通八达的地区，叫衢地；深入敌国的地区，叫重地；进入敌境较浅的地区，叫轻地；后有险固前为隘路的地区，叫围地；无路可通的地区，叫死地。因此，在散地，我们就要统一部队的意志；进入轻地，我们就要使阵营紧密相连；进入争地，要使后续部队迅速跟进；过交地，要谨慎严密防守；临衢地，要巩固与邻国的结盟；在重地，要重视确保粮草供应不断；经圮地，要加快速度通过；陷围地，就要堵塞缺口；到死地，就要表现出与敌死战到底的决心。因为将士的心理状态是：陷入了包围便会奋力抵抗；迫不得已的情况下便会拼死奋争；深陷绝境就会服从指挥。

［释例十二］

（1）公元 527 年，梁帝命令曹仲宗伐涡阳，魏遣元昭等率人马十五万来救援。梁将陈庆之与诸将据守涡阳城，与魏军相持。自春至冬，交战近百次，军势已衰。魏的援军还想在军后构筑壁垒，曹仲宗害怕腹背受敌，便和陈庆之商议退军之策。陈庆之说：“两军到此已一年之久，耗费粮饷器材极多，诸军无斗志，都想撤退，这哪里是欲立功名，简直是劫掠骚扰！

鸿门宴

项羽破釜沉舟，大破秦军，实力大增。后因为刘邦先入关中，项羽心下恼怒，于是用范增计，在鸿门宴请刘邦，希望除掉他，以绝后患。

我听说置兵于死地，方可求生，必须等待敌人合围，然后方可以与敌交战。”仲宗称赞他的计谋，遂从其议。魏军筑垒十三座，庆之领兵乘夜静而出，攻陷其四垒，其余九垒兵势仍盛，遂置所擒俘虏于前，鸣鼓前进，喊声大振，魏军大败，斩获无数。

（2）公元945年，杜威奉晋主命会同各军攻泰州，克遂城。杜威闻辽兵约八万人南下，不禁害怕，遂退保泰州，后退至阳城。过了二日，晋军至白团卫村，依险列阵，辽兵又把晋营围住，并用骑兵绕至营后断绝晋军粮道。当天晚上风大，拔木拆屋。晋营中掘井取水，方见泉源，泥辄倒入，人马解渴过甚。符彦卿道：“与其束手就擒，不如宁死报国！”遂与彦泽、元福等出战，皇甫遇等亦引兵出西门，锐不可当，辽兵倒退数百步。彦卿乃呼集诸军，拥万余骑，横击辽兵，呐喊声震动天地。辽兵大败而走，势如崩山。晋军追逐至二十余里。

（3）公元前207年，秦将王离领兵围钜鹿，楚怀王任命项羽为上将军，领兵前往援救。项羽领全部兵马渡过漳河。过河以后，便把船都敲破，沉入水中，把做饭的锅和蒸饭用的瓦甑，也都敲破；把房屋都烧掉；带了三天的粮食，以此向士兵表示，如不能战胜，就只有死，没有退路。士卒无一人有退回之心。大军一到，便围了王离。楚军勇猛作战，九战九胜，大破秦军，掳获了王离。

［原文］

是故不知诸侯之谋者，不能预交；不知山林、险阻、沮（jù）泽之形者，不能行军；不用乡导者，不能得地利。［曹操曰：上已陈此三事，而复云者，力恶不能用兵，故复言也。］

四五者，不知一，非霸王之兵也。[曹操曰：四五者，谓九地之利害。或曰：上四五事也。]**夫霸王之兵，伐大国，则其众不得聚**[1]**；威加于敌，则其交不得合。是故不争天下之交**[2]**，不养天下之权**[3]**，信（shēn）己之私**[4]**，威加于敌，**[曹操曰：交者，不结成天下诸侯之权也，绝天下之交，夺天下之权，故威得伸而自私。]**则其城可拔，其国可隳（huī）**[5]**。**

[注释]

①其众不得聚：指敌国军民来不及动员和集中。聚，聚集、集中。

②不争天下之交：指没有必要争着和其他国家结交。

③不养天下之权：没有必要在其他的国家培植自己的势力。养，培养、培植。

④信己之私：伸张自己的战略意图。信，通“伸”，伸、伸展。私，指私志，引申为意图。

⑤隳：毁坏、摧毁之意。

[译文]

因此，不了解各诸侯国的战略目的，就不能与他们结交；不了解山林、险阻、湖沼等地形，便不能行军打仗；不使用当地人做向导，便不能得到地形之利。这些方面，只要有一方面的情况不掌握，就不能成为争王称霸的强大军队。真正强大的军队，进攻大国，能使敌人的军民来不及动员集中；威力加在敌人头上，就能使它的盟国不敢与其配合策应。因此，不必争着与天下诸侯结交，也不用在别的诸侯国培植自己的势力。只要施展自己的战略计策，把兵威加在敌国之上，就可以攻占他们的城池，攻取他们的国家。

[释例十三]

公元前 484 年，吴王夫差征伐齐国，在艾陵打败了齐国。公元前 482 年，吴、晋会于黄池。黄池之会，吴晋争长，吴立盟后胜利归国，威加诸侯，诸侯不敢与之争。后越王勾践征伐吴国，吴王请齐、楚援助，齐、楚两国均不应；吴国疲惫不堪，精锐部队都在齐国、晋国战死了，所以越国将吴国打得大败。公元前473年，越灭吴，吴王夫差自杀。

［原文］

施无法之赏[1]**，悬无政之令**[2]**；**［曹操曰：军法令不豫施悬之，《司马法》曰：见敌作誓，瞻(zhān)功作赏。］**犯三军之众**[3]**，若使一人。**［曹操曰：犯，用也。言明赏罚，虽用众，若使一人也。］**犯之以事，勿告以言**[4]**；**［曹操曰：兵尚诈。］**犯之以利，勿告以害。**［曹操曰：勿使知害。］**投之亡地然后存，陷之死地然后生。**［曹操曰：必殊死战，或在死亡之地，亦有败者。孙膑曰：兵恐不投之死地也。］**夫众陷于害，然后能为胜败**[5]。

［注释］

①施无法之赏：施行超出惯例的奖赏。无法，超出惯例、破格。

②悬无政之令：颁布打破常规的命令。悬，悬挂，引申为颁发、颁布。无政，即无正，指不合常规。

③犯三军之众：指挥三军上下行动。犯，使用、指挥运用。

④犯之以事，勿告以言：向士卒布置作战任务，不要向他们讲明意图。犯，用。之，代词，指士卒。事，指作战。言，指意图、实情。

⑤夫众陷于害，然后能为胜败：只有把军队投置于险恶境地，才能取胜。害，害处，指恶劣环境。胜败，指取胜、胜利。

［译文］

施行破格的奖赏，颁布非常的号令，指挥全军就像指挥一个人一样。向部下布置作战任务，不要向他们讲明意图；只告诉他们有利的条件，无须指出不利因素。把士兵投到最危险的地区，才有可能转危为安；将士卒陷于死地，才能起死回生；将全军将士陷于危难之中，然后才能赢得胜利。

［释例十四］

（1）公元1789年开始的法兰西革命时代，拿破仑如巨星一般出现，使全国国民为之兴奋，踊跃地集合于他的军旗之下，而且驱使于战场，各自奋斗到底。其原因，就是很好地施行孙子的“无法之赏”，即今日在卒伍中执戈而战的士兵，若树立伟功，明日就可一跃升为一军之将，指挥大军，有谒见皇帝的光荣。拿破仑的善战善胜，一时巍然，君临全欧，固然由于他的军事天才，但他“施无法之赏”这种策略，也是不可忽视的。

（2）公元13世纪初，成吉思汗兴起于蒙古草原，其统率靠“悬无政之令”以保持秩序。发布了超乎常规的法令：“盗马或骆驼者处死刑，强奸者处死刑，受贿赂者处死刑，隐匿他国的奴隶、给予衣服饮食者处死刑，不经许可而擅往援他者处死刑。”这样的“悬无政之令”，比当时欧亚大陆任何国家的军队，其军纪都来得严明，而得以如指挥一人似的指挥几十万大军。

［释例十五］

（1）公元679年，突厥反唐。公元680年唐高宗特命令裴行俭为行军大总管，率军杀奔北方。到达单于府北，天晚下营，挖掘工事。行俭左右巡视，忙令将士把军队移至山冈。诸将皆言士卒已安，不宜再动，行俭道：“你等到了明日，自能晓得，快快移营为妙。”将士不敢违拗，这刚迁移，当天晚上风雨暴至，几乎像山崩地塌一般，黎明俯视，见前所营地，水深丈余。大家十分佩服，各入帐问明缘由。行俭笑道：“自今但从我之命令，不必问所由知。”诸将皆默然而退。

（2）公元前525年，吴国攻打楚国，在长岸作战。楚军大败吴军，得到了吴国的一条叫艅艎的船，环绕这条船挖深沟，用炭填满，摆开阵势听候命令。吴国的公子光向大家请求说：“丢掉先王的坐船，难道只是光的罪过？大家也有罪的。请求靠大家的力量夺回来以救一死。”大家答应了。派遣身高力壮的三个人偷偷地埋伏在船旁边，说：“我喊艅艎，你们就回答。军队在夜里跟上去。”喊了三次，埋伏的人都交替回答。楚国人以为

马超兴兵取潼关

吴军已攻入楚营，大乱。吴军杀到，楚军混乱，吴军大败楚军，夺取了艅艎。

（3）公元211年，曹操率大军西征，与马超等夹潼关而驻军。马超与曹军交战，战败后执意请求割地，并愿送人质而罢战。曹操假装允许，但暗中布置步骑精锐进攻。马超被击败，逃往凉州，关中一带平定了。部将中有人问曹操："为什么敌人无法取胜？"曹操说："我们一方面备战，另一方面表示我方兵力虚弱，以麻痹敌人。渡过渭水修筑坚固的营垒，敌人来攻，我不出战，以此使其产生骄慢的心理，故而敌人不筑营垒而要求割地。我好言答应了他，这是为了顺从他的心意，使他安下心而不作防备，而我乘机积蓄士卒的力量，一下子发动攻击，造成迅雷不及掩耳之势。用兵的变化，本来就没有一定之规啊！"

[释例十六]

（1）公元580年，北周相州总管尉迟迥起兵征讨杨坚，杨坚命令韦孝宽引军前往应战。至武陟，与尉迟迥军隔一沁水，两下相持不战。尉迟迥的儿子尉迟惇率众十万，列阵至二十余里，麾兵少退，拟等候军队渡到一半时，然后进攻。孝宽乘势渡桥，鸣鼓齐进。北周兵上前堵截，都被杀退。孝宽军随即将浮桥焚毁，自断归路，使将士上前死战。将士果然拼命杀去，尉迟惇兵败，奔回邺城。

（2）公元前204年，韩信在井陉口布背水阵，大破赵军。事后部下问以取胜之理，韩信说："兵法上不是已经说过吗？投之亡地而后存，陷之死地然后生。"

[原文]

故为兵之事，在于顺详敌之意①，[曹操曰：佯，愚也。或曰：彼欲进，设伏而退；彼欲去，开而击之。]**并敌一向，千里杀将**②，[曹操曰：先示之以闲空虚弱之处，敌则并向而利之，虽千里可擒其将也。][一曰：并兵向敌，虽千里能擒其将也。]**此谓巧能成事者也**。[曹操曰：是成事之巧也。一作是谓巧攻成事。]

[注释]

①在于顺详敌之意：用兵作战要审慎地考察敌人的意图。顺，假借为"慎"，谨慎的意思。详，详细考察。

②并敌一向，千里杀将：集中主要兵力，选定恰当的主攻方向。杀将，擒杀敌将。

［译文］

所以，指挥战争，在于细致地了解敌人的战略意图，然后集中兵力攻击一点要害，便可以千里奔袭擒敌捉将，这就是所谓的巧妙用兵能成就大事业。

［原文］

是故政举之日，夷关折符，无通其使①，［曹操曰：谋定，则闭关以绝其符信，勿通其使。］**厉于廊庙之上，以诛其事**。［曹操曰：诛，治也。］**敌人开阖（hé），必亟（jí）入之**②。［曹操曰：敌有间隙，当急入之也。］**先其所爱**，［曹操曰：据利便也。］**微与之期**③。［曹操曰：后人发，先人至。］**践墨随敌**④，**以决战事**。［曹操曰：行践规矩，无常也。］**是故始如处女，敌人开户；后如脱兔，敌不及拒**。［曹操曰：处女示弱，脱兔往疾也。］

［注释］

①政举之日，夷关折符，无通其使：决定战争行动之时，要封锁关口，废除通行凭证，不同敌国的使节相往来。政，指战争行动。举，实施、决定。夷，封锁。折，折断，这里可理解为废除。符，通行证。使，使节。

②敌人开阖，必亟入之：敌方出现疏隙，己方须不失时机地予以突击。阖，门窗，此处借喻敌方之虚隙。亟，急。

③微与之期：不要与敌人约期交战。微，不。期，约期。

④践墨随敌：遵守的作战原则是随敌情而变化的。践，是遵守、遵循的意思。墨，意为原则。

［译文］

因此，在决定对敌作战、举兵出征时，要封锁关口，废除通行凭证，不许敌国使者来往；召集群臣，在朝廷之上反复商讨征伐大计。一旦敌人出现间隙，一定要迅速地乘机而入。首先夺取敌人的战略要地，不应轻易与敌人约期决战。破除陈规，一切根据敌情变化，灵活机动地决定自己的作战计划和行动。所以，在战前要像少女那样娴静，不露声色，诱使敌人松懈警惕，门户大开；一旦战争开始以后，就要像脱逃的兔子一样，异常

田单破敌

迅速，使敌人措手不及，无法抵抗。

［释例十七］

公元前279年，齐国名将田单准备与燕国开战，先命令武装齐备的精锐部队都埋伏起来，只派那些老弱残兵和妇女站在城头上担任防守任务。部署既定，派遣使者到燕军的营区去接洽投降；而另一方面，商请民间百姓凑集二万多两金子，由即墨城中有名望的富绅为代表，去送给燕的将军，并请求燕军进城后不要掳掠他们族人的家当及妻妾，让他们如往常那样生活。燕国的将领接受了财物，极为高兴地满口答应了。燕国军队的戒备越发松懈了。田单收聚了城中的牛，共一千多头，给它们披上红绸子，上面画满五彩龙形花纹的外衣，牛角上端绑上利刃，又把灌满油脂的芦苇束在牛尾巴上，利用一个黑夜，在城墙上凿了几十个洞，点燃牛尾巴上的芦苇，从城里放出牛去，五千名精兵随牛后面出城。芦苇烧痛了牛尾，牛都迅速地往外跑，朝着四围的燕国军营狂奔而去，燕军在酣睡中吓醒了。牛尾上的烈火，把牛身上照得通明，那庞然大物驮着火龙如风而来，只要碰上，不死即伤。随“火牛”后面追来的五千名壮士进攻燕军，擂鼓呐喊，老弱敲铜器，交合成惊天动地的声浪。燕国的军队吓坏了，一个个惊惶得不战而逃。燕国的将军骑劫被齐人所杀，齐国沦陷的七十多座城市悉数收复。

［释例十八］

公元前611年秋，楚国爆发大面积饥荒，国力削弱。戎人骚扰楚国边境，占领了大林、阜山、阳丘等地。庸国也趁势打劫，联合周围各夷族部落反抗楚国。消息传出，原本就对楚国觊觎多时的麇国也兴奋起来，他们联合濮族各部落在楚国边境伺机而动。楚国上下，震恐万分，百姓惊慌不已。楚庄王忧心如焚，召来权臣商议，最后决定全力反击，并且集中力量，各个击破。首先攻打国力较强的庸国，庸国一灭，濮族各部落也就不攻自破了。

但是进军途中，楚国不敌庸军，大败一场。楚庄王索性采纳大夫师叔的建议，以退为进，在和庸国的交战中，节节败退。庸军以为楚国元气大伤，于是放松警惕。楚国便暗中与夷族各部落缔结和约，分化庸军的实力，同时对外借兵。诸事毕集后，楚军联合秦和巴军对庸国发动猛烈攻击，打了个措手不及。庸国无力抵御楚国的攻势，迅速败亡。庸国灭后，其他实力弱小的国家和部族震慑不已，纷纷溃散。楚国的危机也由此解决了。

[结语]

本篇主要论述战略地形。九地为九种不同的作战区域，是按战场位置和战略影响来划分的，并针对各种地形的不同特点，提出相应的作战策略与处置方法。

《地形篇》之“地”为单纯地形，与《九地篇》之“地”不同。九地是指士卒心态、诸侯态势、敌我形势等具有战略影响的因素。士卒有士气才能保证“百战不殆”。提升士气的关键在于将帅的激励。蒙哥马利说:“没有高涨的士气，无论战略战术以及其他一切工作如何完善，也不能取得胜利，旺盛的士气是无价之宝。”拿破仑指出:“狂热的信仰，爱国的情绪，民族的光荣……都能增强部队的战斗力。”曹刿论战时说，“夫战，勇气也。一鼓作气，再而衰，三而竭”，就明确指出了士气的重要性。

随敌应变观点是从敌变我变来阐述的。见机行事，灵活多变，变化莫测。要知变善变，才能出其不意，攻其不备，攻无不克，战无不胜。

火攻篇第十二

[原文]

孙子曰：凡火攻有五：一曰火人①，二曰火积②，三曰火辎(zī)③，四曰火库④，五曰火队⑤。行火必有因⑥，[曹操曰：因奸人。]**烟火必素具⑦。**[曹操曰：烧具也。]**发火有时，起火有日。时者，天之燥⑧也；**[曹操曰：燥者，旱也。]**日者，月在箕(jī)、壁、翼、轸(zhěn)⑨也。凡此四宿者，风起之日也⑩。**

[注释]

①火人：焚烧敌军人马。火，此处作动词，用火焚烧之意。

②火积：指用火焚烧敌军的粮秣。积，积蓄，指粮草。

③火辎：焚烧敌军的辎重。

④火库：焚烧敌军的物资仓库。

⑤火队：焚烧敌军的后勤补给线。队，通"隧"，道路的意思。

⑥因：依据、条件。

⑦烟火必素具：发火用的器材必须平时就准备好。烟火，指火攻的器具燃料等物。素，平素、经常的意思。具，准备妥当。

⑧燥：指气候干燥。

⑨箕、壁、翼、轸：中国古代星宿之名称，是二十八宿中的四个。

⑩凡此四宿者，风起之日也：四宿，指箕、壁、翼、轸四个星宿。古人认为月球行经这四个星宿之时，是起风的日子。

[译文]

孙子说：火攻的形式一般有五种。一是火烧敌军人马，二是火烧敌军储备的粮草，三是火烧敌军辎重，四是火烧敌军仓库，五是火烧敌军的通道与运输设施。实施火攻必须具备一定的条件，火攻的器材必须事先准备就绪。放火要看准天时，起火要选好有利时机。火攻的天时，是指气候干燥；火攻的时间，是月亮经行箕、壁、翼、轸四个星宿的时候。凡是月亮经过这四个星宿的时候，就是容易起风的时辰。

［释例一］

（1）公元前204年，汉王亲自领兵拒楚兵于巩，使楚兵不能西进。这时彭越杀了楚将军薛公，项王自己领兵击彭越。汉王止于河内，另派刘贾、卢绾率兵二万，骑数百，渡白马津，入楚地，助彭越，烧楚的积聚粮草。

（2）公元208年9月，曹操收编了荆州水军，乘胜东进，企图一举吞灭东吴。同年12月，孙权派遣周瑜以及程普等将同刘备联合起来迎击曹操，孙刘联军与曹军在赤壁相遇。这时曹操军队中疾病流行，刚一交战，曹军就被打败，退兵驻扎在长江北岸。

入关约法

刘邦取关中后，进驻灞上。为取得民心，接受张良的规劝，将关中父老都召集起来，和他们约法三章：杀人者处死，伤人者抵罪，盗窃者判罪。百姓听后，热烈拥护。

周瑜等驻扎在长江南岸。周瑜的部将黄盖说："目前敌众我寡，很难跟曹军长期相持。然而我们可以看到曹军的船舰都前后紧紧相连，正可以用火攻击退它。"于是调数十艘蒙冲斗舰，战舰中装满了柴草，把油灌注在里面，用帐篷围起来，船上竖起了军旗。黄盖事先写了封信给曹操，骗他说要向他投降。黄盖又准备了一些快艇，分别系在大船的后面，于是按照次序一起进发。曹操军队中的官兵都伸长脖子观望，指着说黄盖来投降了。

黄盖就散开这些船，同时点上火。这时风势很猛，大火蔓延，烧尽曹军的船只，延烧到岸上的营寨。不一会儿，烟火弥漫天空，曹操的人马被烧死淹死的很多。曹军于是败退，回兵保守南郡。刘备与周瑜等又一起率军追赶。曹操只好留下曹仁等将领守住江陵城，他自己直接回归北方了。这是孙刘联军用火攻大破曹军，也就是我国历史上著名的赤壁之战。

［释例二］

火攻的工具，在古代有火车、火牛、火燕、火筒、火箭等，古时火箭并非现在常说的“火箭”，而是带火的箭。这种箭的箭头带有火，常用来攻对方粮草，这种火箭宋朝才开始广泛应用。

［原文］

凡火攻，必因五火之变而应之①。火发于内，则早应之于外。［曹操曰：以兵应之也。］**火发兵静者，待而勿攻；极其火力②，可从③而从之，不可从而止。**［曹操曰：见可而进，知难而退。］**火可发于外，无待于内，以时发之。火发上风④，无攻下风⑤。**［曹操曰：不便也。］**昼风久，夜风止。**［曹操曰：数当然也。］**凡军必知有五火之变，以数守之⑥。**

［注释］

①必因五火之变而应之：根据五种火攻所引起的敌情变化，适时地运用军队进行策应。因，根据、利用。五火，即上述五种火攻的方法。应，策应、对策。

②极其火力：火势烧到最旺之时。极，尽。

③从：跟从，这里指用兵进攻。

④上风：风向的上方。

⑤下风：风向的下方。

⑥以数守之：等候火攻的条件。数，星宿运行度数，此指气象变化的时机，即前所述“发火有时，起火有日”等条件。

［译文］

凡是用火攻敌，都必须根据以上五种情况所引起的不同变化灵活运用兵力策应。如果从敌营内部放火，就应该及早派兵从外部攻击接应。如果敌营内已经起火，但敌军仍然保持镇静时，就应该耐心观察等待，而不可马上进攻；等到火势十分旺盛时，再根据情况作出决策，可以进攻就发起进攻，不可以进攻就停止进攻。也可以从敌营外部放火，这样就不必等待有人从内部接应，只要时机适合就可以放火攻击。火攻应从上风处发起，不能从下风向发起。白天风刮得很久，到夜晚风就会停止。凡是领兵打仗都必须懂得五种火攻形式的不同变化，并根据天时气候变化的规律，等待火攻的时机。

[释例三]

李陵碑杨业死节

李陵是汉朝著名将领，飞将军李广之孙。出兵匈奴，遭到伏击，不得已投降。武帝大怒，将其满门抄斩。李陵的遭遇一直让后世人唏嘘不已。宋朝杨业也是如此，杨业遭人陷害，兵败陈家谷，见李陵碑，悲愤交加，触碑而死。

（1）公元184年，汉灵帝派皇甫嵩、朱儁各统一军，赴颍川征讨黄巾军波才。波才进攻皇甫嵩，嵩暂退保长社，凭城固守。波才率众进围长社。皇甫嵩兵不过数千，波才却拥众数万。波才攻城数次，因城上矢石交下，不能得手。时当仲夏，天气溽暑，波才方多结草为营，罢战乘凉。嵩召军吏，说："兵有奇变，不在多寡，今敌人依草结营，正好用火破灭他。"军吏问是什么计策，嵩不慌不忙地说出一条火攻的计策，且嘱咐道："敌人借草自蔽，一遇火烧，必致四延，延烧以后，还有不慌乱的吗？我若乘势出兵，四面合击，田单之功可成了。"嵩令军士各束草炬，每人一扎，待至黄昏大风起，都持炬登城，将火炬向敌营抛去，草遇火烧，火随风炽，霎时间烟焰漫天，波众大惊。嵩又令锐士开门出城，待近波营，再纵火大呼，城上也举燎相应，慌得波众不知所措；嵩引兵从城中鼓噪而出，驰突波阵，波众溃败，觅路乱奔。

（2）公元前99年，汉武帝派李陵去侦察东浚稽山。李陵率领着五千步兵到了浚稽山，被匈奴三万骑兵围困在两座山的中间。汉军一面抵抗，一面往南退。汉军到了一个山谷，又杀了一阵。匈奴八万骑兵继续追赶，汉军退到了一个低洼地带，芦苇丛生。他们想躲在苇塘里打游击。不料匈奴在上风向处放起火来。李陵连忙叫士兵们自己这边先放火，烧断那边芦苇，腾出一块烧过的空地，使那边的火不能烧到这边来。

[释例四]

公元450年，宋将沈庆之讨诸山犬羊蛮，沿险峻地势修城。庆之连接兵营一直到山下，营内开门相通，又下令诸军各自在营中修池注水，早晚都无须从营外汲水，兼以防蛮纵火。不久，风势甚猛。蛮众趁夜下山，人各手持一火把，纵火烧营。火起即汲池水浇灭，沈庆之令诸军多出弓弩射蛮，蛮众散退。

[原文]

故以火佐攻者明①，[曹操曰：取胜明也。]**以水佐攻者强。水可以绝**②**，不可以夺**③。[曹操曰：水但能绝敌粮道、分敌军，不可夺敌蓄积。]

[注释]

①以火佐攻者明：此句指用火攻效果明显。佐，辅佐。明，明显。

②绝：隔绝、断绝的意思。

③夺：剥夺，这里有焚毁之意，指焚毁敌人的物资器械。

[译文]

用火攻辅助军队进攻，效果十分显著；用水攻辅助军队进攻，可以大大增强攻势。水攻可以隔断敌军的阵形、联系和运输，但不能像火攻那样可以毁灭敌军的兵马和军需。

[释例五]

公元前203年，韩信已经平定了临淄，项王派龙且为大将，带着人马，号称二十万，来救援齐国。龙且跟韩信，一个在潍水之东，一个在潍水之西，隔水摆下阵势。韩信就在黑夜里叫人做了一万多个袋子，盛满沙石，堵住上游的河水，然后带着一半军队渡河，去攻打龙且，假装打不过，向回撤退。龙且带兵渡河追击韩信。韩信叫人打开堵水的沙袋，水就一涌而下，龙且的军队渡过来的大半回不去了。韩信立即下令反击，杀死了龙且。龙且留在潍水东岸的军队都四散逃走。

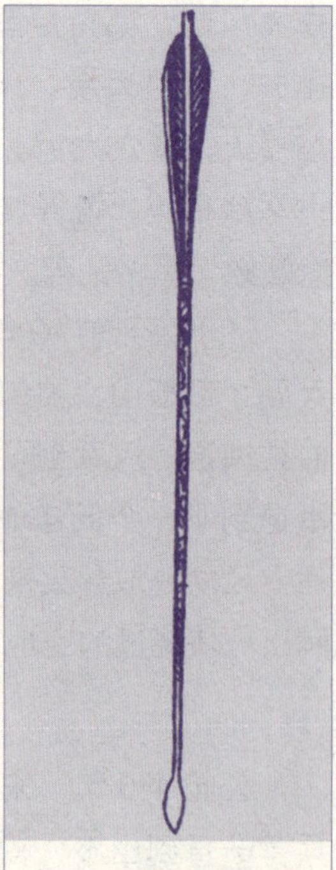
火燎竿箭

[原文]

夫战胜攻取，而不修其功者，凶，命曰费留①。[曹操曰：若水之留，不复还也。或曰：赏不以时，但留费也，赏善不逾日也。]**故曰：**

明主虑[②]之，良将修[③]之。非利不动，非得不用[④]，非危不战。［曹操曰：不得已而用兵。］**主不可以怒而兴师，将不可以愠（yùn）[⑤]而致战。合于利而动，不合于利而止。**［曹操曰：不得以己之喜怒用兵也。］**怒可以复喜，愠可以复悦，亡国不可以复存，死者不可以复生。故明君慎之，良将警之[⑥]，此安国全军之道也[⑦]。**

［注释］

①命曰费留：这就叫作“白费”（耗费时日、财力与物力）。命曰，名为。费留，即白白流走。指军队久留在外，白白耗费财力、物力等。

②虑：谋虑、思考。

③修：治、处理。

④非得不用：不能取胜就不要用兵。得，取胜。

⑤愠：恼怒、怨愤。

⑥故明君慎之，良将警之：所以明智的国君要慎重，贤良的将帅要警惕。慎，慎重。警，警惕、警戒。

⑦此安国全军之道也：这是安定国家保全军队的根本道理。安国，安邦定国。

［译文］

如果打了胜仗，占领了敌人的阵地，但不能巩固胜利果实，是很危险的，这就叫作费留（耗费国家人力财力，使军队久留在外）。所以说，明智的国君应该慎重考虑这一问题，贤良的将帅要认真处理这一问题。没有好处就不采取行动，没有必胜的把握就不用兵，不是到了危急关头就不开战。国君不能因为一时的气愤而发动战争，将帅不能因为一时的怨恨而出阵交战。符合国家的利益就可以出兵，不符合国家的利益便停止行动。因为愤怒之后还可以重新欢喜，怨恨之后也可以再有高兴，但是，国家灭亡了便不可能存续，人死了就不会重生。所以对于战争，明智的国君要慎重对待，优秀的将帅要小心警惕，这是安定国家、保全军队的重要原则。

［结语］

这篇虽名“火攻”，后半则述及火攻以外的事。火攻的残忍战术似乎太

厌细屑，就一转而述其得意的战争原理。正是“兵者不祥之器，非君子之器，不得已而用之。”(《老子》)

本篇是论述以火助攻、夺取胜利的作战方式，叙述了火攻的种类、条件、实施方法，以及发火后的应变等问题。

《火攻篇》中强调了用兵之道的惟利是争的原则。不过还是该争必争，该斗必斗。争是为趋利，斗是为避害。趋利避害是决策者必须把握的基本原则。

火攻附带论及水攻，因为倡导速战速决而不择手段，便有残酷的火攻和水攻。但最后则警告为元首、将帅者不可轻启战端，即“主不可以怒而兴师，将不可以愠而致战”，应切实掌握“合于利而动，不合于利而止”的“安国全军之道”。孙子这一慎战思想，与其“兵者国之大事”“不可不察”的重视战争的思想是一致的。

在整个《孙子兵法》中，除《形篇》外，篇篇讲利。不过惟利原则不是惟利是图，利令智昏最终要失败。见利就争，争抢到手的往往是诱饵，会变成害。

用间篇第十三

［原文］

孙子曰：凡兴师十万，出征千里，百姓之费，公家之奉[①]，日费千金；内外骚动[②]，怠(dài)于道路[③]，不得操事[④]者，七十万家[⑤]。［曹操曰：古者，八家为邻；一家从军，七家奉之，言十万之师举，不事耕稼者七十万家。］相守数年[⑥]，以争一日之胜，而爱爵禄百金[⑦]，不知敌之情者，不仁之至也，非人之将[⑧]也，非主之佐也，非胜之主[⑨]也。故明君贤将，所以动而胜人[⑩]，成功出于众者，先知也。先知[⑪]者，不可取于鬼神，［曹操曰：不可以祷祀而求。］不可象于事[⑫]，［曹操曰：不可以事类求也。］不可验于度[⑬]，［曹操曰：不可以事数度也。］必取于人，知敌之情者也。［曹操曰：因间人也。］

夫差宠西施

夫差自得西施以后，一门心思都扑在西施身上，不理朝政。伍子胥认为西施心向越国，不可留，夫差不听，反而嫌恶伍子胥。不料西施正是越国特意派来迷惑他的间谍。

［注释］

①奉：同“俸”，指军费开支。

②内外骚动：指举国上下混乱不安。内外，前方、后方的通称。

③怠于道路：此言百姓因辗转运输而疲于奔波。怠，疲惫、疲劳。

④操事：指操作农事。

⑤七十万家：指兵事对正常农事的影响之大。

⑥相守数年：相持多年。相守，

指相持、对峙。

⑦而爱爵禄百金：意指吝啬爵位、俸禄和金钱而不肯重用间谍。而，如果。爱，吝惜、吝啬。

⑧非人之将：不懂用间谍执行特殊任务的将领，不是领导部队的好将领。非人，不懂得用人（间谍）。

⑨非胜之主：不是能打胜仗的好国君。主，君主、国君。

⑩动而胜人：一出兵就能战胜敌人。动，行动、举动，这里指出兵。

⑪先知：指事先侦知敌情。

⑫不可象于事：不可用与其他事情类比的方法去求知敌情。象，类比、比拟。事，事情。

⑬不可验于度：指不能用验证日月星辰运行位置的办法去求知敌情。验，应验，验证。度，度数，指日月星辰运行的度数（位置）。

［译文］

孙子说：大凡兴兵十万，出征千里，平民百姓的物资耗费、国家公务的开支费用，每天都需要花费数目巨大的资财；全国上下因之而动乱不安，民夫兵卒奔波耽搁于路途而不能正常从事自己的生产的，就会有七十万家之众（古制：一家从军，需七家负担战争劳役）。敌我两军相持数年，为的是争得一日的胜利。所以，那些吝惜钱财官爵、不肯通过用间谍来了解敌情的将帅，实在是没有仁爱之心。这样的人不配做军队的统帅，不配做国君的辅弼，也不能成为战争胜败的主宰。英明的国君、优秀的将帅，他们之所以一出兵就能战胜敌人，取得的成功超过一般人，就在于用兵之前便掌握了解了敌情。要事先了解敌情，决不能依靠神鬼的启示，也不能用某些事件现象的类比推测，更不可用日月星辰运行的度数去验证，而只能从那些真正了解敌情的人那里获得。

［释例一］

（1）公元前204年，陈平对汉王说："项王正直的臣子像亚父、钟离眛这种人，不过数人而已。大王假如能拿出数万斤黄金，进行反间之计，来离间他们君臣，使他们彼此疑心，使他们自相残杀，然后汉军借机起兵进攻，必能消灭楚国。"汉王认为陈平讲得有道理，于是拿出黄金四万斤给陈平，随便他去运用处理，不过问黄金进出的情形。陈平用大量的黄金，在楚军中积极地实施反间之计，项羽果然猜疑而不信任钟离昧诸人。

（2）公元1240年，成吉思汗之孙拔都远征俄国，驻兵于伏尔加河畔一年有余，慢慢地养兵肥马。在这悠然之间，放出了无数间谍活动于四方，不仅探知当时俄国国内嫉视反目着的诸侯们的情形，而且侦知那些诸侯们的嫉视反目到了冬季必达到极点，因此，便选定在凛冽的寒冬进兵，势如疾风，席卷了那庞大无边的土地。

任用三杰

刘邦称帝后摆宴，历数张良、萧何、韩信之功。识人用人正是刘邦和项羽的差别。

［原文］

故用间有五：有因间①，有内间，有反间，有死间，有生间。五间俱起，莫知其道②，是谓神纪③，人君之宝④也。［曹操曰：同时任用五间也。］**乡间者，因其乡人而用之⑤；内间者，因其官人而用之⑥；反间者，因其敌间而用之；死间者，为诳(kuáng)事于外⑦，令吾间知之，而传于敌间也；生间者，反报也⑧。**

［注释］

①因间：间谍的一种，即本篇下文所说的“乡间”。即依赖与敌人的乡亲关系获取情报，或利用与敌军官兵的同乡关系，打入敌营从事间谍活动，获取情报。

②五间俱起，莫知其道：此言五种间谍同时使用起来，使敌人无法摸清我军的行动规律。道，规律、途径。

③神纪：神妙莫测之道。纪，道。

④人君之宝：“神纪”是国君制胜的法宝。宝，法宝。

⑤因其乡人而用之：指利用与敌国将领之同乡关系进行间谍活动。因，

韦孝宽射还赏格

东魏高欢攻玉壁城，守将韦孝宽严令据守。高久攻不下，便向城内射赏格（悬赏令），若有斩韦者，给予重赏。韦在赏格背面写“能斩高欢者也按此赏”射还城外。高欢无功而返。

根据，引申为利用。

⑥内间者，因其官人而用之：所谓内间，就是指收买敌国的官吏为间谍。官人，指敌方的官吏。

⑦为诳事于外：故意向外散布虚假情况，用以欺骗、迷惑敌人。诳，欺骗、瞒哄。

⑧生间者，反报也：那些到敌方了解情况后能够活着的间谍是回来报告敌情的人。反，同“返”。

[译文]

间谍的运用方式有乡间、内间、反间、死间、生间五种。五种间谍同时运用，使敌人无法摸清我军的行动规律，这就是所谓的神秘莫测之道，是国君克敌制胜的法宝。所谓“乡间”，是利用敌国居民中的一般人做间谍；“内间”，是收买敌方的官吏为间谍；“反间”，是利用敌人的间谍来为我们做间谍工作；“死间”，是潜入敌营，将假情报送给我方间谍然后传给敌方间谍的特殊间谍（因真情一旦败露，此类间谍难免被杀，故称死间）；“生间”，是指能活着回来报告敌情的间谍。

[释例二]

公元 572 年，周将韦孝宽用反间计使齐帝杀斛律光。孝宽善于抚御部众，深得人心。他暗中派往北齐的间谍，都为他舍生尽力。也有北齐人得孝宽之金银财物，向他传送情报的。所以齐的政治、军事情况，周都能事先得知。有一主将许盆，是韦孝宽的心腹，韦孝宽命令其据守一城，许盆竟以城降齐。韦孝宽大怒，遣一间谍去齐，和孝宽原先派往齐的间谍共斩许盆之首而还。

[原文]

故三军之事，莫亲于间，赏莫厚于间，事莫密于间。非圣智①不能用间，非仁义不能使间，非微妙不能

得间之实②。微哉！微哉！无所不用间也。间事未发③而先闻④者，间与所告者皆死。

［注释］

①圣智：才智过人的人。

②非微妙不能得间之实：不是精心设计、手段巧妙的将领，不能取得间谍的真实情报。微妙，精细奥妙。这里指用心精细、手段巧妙。实，指实情。

③间事未发：此句言用间之计尚未实施开展。发，举行、实施之意。

④先闻：事先知道，即暴露。

［译文］

所以对于统领三军、用兵打仗的国君和主帅来说，全军上下没有比间谍更为亲近的人，奖赏没有比间谍更丰厚的，交代处理的事务没有比间谍更机密的。不是睿智聪明的人不能使用间谍，不是仁慈慷慨的人不能指使间谍，不是用心精细的人，不能分辨间谍情报的真伪。微妙呀，微妙！没有什么地方不可以使用间谍。如果间谍工作尚未开展就泄露了消息，那么，间谍和告密者都应该处死。

［释例三］

（1）公元前575年，晋国攻打郑国，郑国向楚国求救。楚共王出兵救郑，和晋国的军队在鄢陵大战。晋国打败了楚国，晋兵射中了共王眼睛。楚国将军子反收拾残兵，安抚整顿，还想再打。共王召子反谋划，子反侍者阳毅是晋国所收买的间谍，他向子反献酒，子反大醉不能见，王怒责子反，子反自杀。楚王即引兵夜去。晋从此威服诸侯。

（2）公元前229年，秦用王翦为将，来攻赵国，赵国派李牧和司马尚御敌。秦国用大笔金钱收买赵王的宠臣郭开，让他做反间的工作，进谗言说李牧、司马尚图谋反叛。赵王信以为真，就派赵葱和齐将颜聚取代李牧。李牧抗旨，赵王用计暗中杀了李牧，废掉司马尚的官职。三个月以后，王翦乘势急攻赵国，大败赵军，杀了赵葱，活捉了赵王迁和将领颜聚，灭掉了赵国。

（3）公元572年，北周大将韦孝宽畏惧斛律光英勇无敌，于是就制造谣言，指使间谍将谣言在邺城散播，说："百升飞上天，明月照长安。"又

鸿门闯宴

项羽用范增计设下鸿门宴，意欲斩杀刘邦，谁知樊哙借舞剑之名，护住刘邦。后刘邦在樊哙的护送下，在宴会上不告而别。

说:“高山不推自崩，槲树不扶自坚。”祖珽乘机续编两句说:“盲老公背受大斧，饶舌老母不得语。”让孩子们在路上唱这些谣言。这谣言被陆令萱知道了，但是她不明白是指谁，就请祖珽来解释。祖珽说:“百升是一“斛”字，明月是斛律丞相表字，盲老公是指我祖珽，饶舌老母是尊颜。”于是就把谣言报告后主高纬，并向后主解释其意。祖珽忌恨斛律光，愿作为北周内间，他对后主说:“一本正经地召见他，恐怕他疑虑不敢入见。不妨派使者赐给他一匹骏马，告诉他说‘明天将要到东山游览，咸阳王可乘这匹马与皇上同行’，斛律光必然会来奉谢，乘机引他进来并逮捕他。”后主决定就照他说的去办。不久，斛律光到宫，被带进凉风堂，刘桃枝从背后一把拉住并将他杀了。

[释例四]

公元前204年，项王的使者到汉营来了，汉王就叫陈平好好地招待他。陈平领着使者到了宾馆，摆上了上等的酒筵，由陈平来陪他吃饭，并让坐在上座，问他:“近来范亚父贵体如何？有没有他的亲笔信？”使者说:“我是项王派来议和的。”陈平说:“怎么？你不是范亚父派来的？哦，原来如此。对不起，对不起。”一边说着，他就出去了。不一会儿有人把原来的上等酒席都端回去。又等了好半天，才见一两个人端着一些蔬菜、羹汤进来，请他用饭，连普通的鱼肉都没有。使者回去向项王一五一十地说了一遍。项王就怀疑范增私通汉王。当时责问范增，说:“你也三心二意了吗？”范增听了，摸不着头脑，可是他知道项王已经不信任他了，他就大声地说:“天下大事已经定了，愿大王好自为之。大王看我年老体衰，让我退休回乡吧。”项王就答应了，还派人护送他回本乡居巢去。范增还没到彭城，就被毒疮折磨死了。

[原文]

凡军之所欲击[1]，城之所欲攻，人之所欲杀，必先知其守将[2]、左右[3]、谒(yè)者[4]、门者[5]、舍人[6]之姓名，令吾间必索知之。

[注释]

①军之所欲击:"所欲击之军"，此句为宾语前置句式。下文"城之所欲攻""人之所欲杀"句式同此。

②守将：主将。

③左右：守将的亲信。

④谒者：指负责传达通报的官吏。

⑤门者：负责守门的官吏。

⑥舍人：门客，指谋士、幕僚。

[译文]

凡是我军想要攻击敌军，想要攻打敌军城堡，准备刺杀敌方官员，都应该事先了解敌方的守将及其左右亲信、掌管通讯联络和把守门户的官员，以及幕僚门客的姓名。这些情况我方的间谍一定要侦察清楚。

[释例五]

公元 1134 年，宋将韩世忠亲率骑兵驻大仪，抵挡金兵。且伐木为栅，自断归路。恰巧朝廷派魏良臣出使金国，途中与韩世忠相遇。韩世忠知他是主和派，故意撤去炊爨，且谎称已经奉诏移屯平江，魏良臣匆匆驰去。韩世忠等魏良臣出境，即上马下令军中道："视我手中鞭，鞭指何处，即向何处！"世忠随

韩世忠平定建州

南宋名将韩世忠，英勇善战，在抗金战争中立下大功。

芒砀山刘季斩蛇

刘季即刘邦，据说夜遇大蛇，拔剑劈为两半。传闻该蛇是白帝子化身，当被赤帝子所杀。刘邦以此宣扬自己是上天授予的真命天子。

地设伏，计自大仪以北，设伏二十余处。令各伏兵闻鼓声，一同出击。良臣入金营自述所见，聂儿孛堇知韩世忠退军，急引兵至江口，距大仪五里。别将挞不野率骑兵经过韩世忠五营东首，世忠令擂鼓，伏兵四起，突入金兵阵中。金兵中夹入宋军旗帜，金军大乱。韩世忠命令一队健卒，各持长柄大斧，上砍人胸，下砍马足。敌军觅路逃生，竟陷入泥淖中。宋军四面进攻，敌人马死伤甚众。

[释例六]

公元前200年，韩王信造反，并私通匈奴，想合力进攻汉军。刘邦便派使者到匈奴去探听虚实。匈奴尽把壮士和肥大的牛马藏匿起来，只看见一些年老瘦弱的人和羸弱的牲畜。使者探了十次，都说匈奴可击。刘邦又派刘敬再度前往匈奴，刘敬回来报告说：“两国相攻击，应该矜夸炫耀，尽量表现自己的长处让人看。这次我到匈奴去，却只看见一些瘦弱的牲畜和老弱的士兵，这必是故意显露他们的短处，而埋伏着奇兵来争利。我认为匈奴万万不可以去攻打。”此时，二十多万汉兵已经出发了。刘邦大怒，将刘敬囚禁在广武，自己率兵到了平城。匈奴果然出奇兵攻打汉军，围困刘邦在白登山。

[原文]

必索敌人之间来间我者①，因而利之②，导而舍之，故反间可得而用也。[曹操曰：舍，居止也。]**因是而知之，故乡间、内间可得而使也；因是而知之，故死间为诳事，可使告敌；因是而知之，故生间可使如期③。五间之事，主必知之，知之必在于反间，故反间不可不厚也④。**

[注释]

①必索敌人之间来间我者：必须查出前来我方进行间谍活动之敌谍。索，搜索。

②因而利之：趁机收买、利用敌间。因，由，这里有趁机、顺势之意。

③可使如期：可使如期返报。

④故反间不可不厚也：五间之中，以反间为关键，因此必须给予反间十分优厚的待遇。厚，厚待，有重视之意。

[译文]

必须查出侦察我方情况的敌方间谍，用优厚待遇和金钱收买他们，对他们进行引诱开导，然后交给他们任务放他们回去，这样就可以使他们成为反间，为我所用了。因为有了反间提供的情报，因此就可培植、利用乡间和内间了。同样，根据反间提供的情报，死间传播的假情报就可以通过反间而告知敌人。也是因为有了反间，我方的生间就可以按预定的时间回来汇报敌情。对于五种间谍的使用情况，君主必须清楚地知道，而更应该懂得其中关键又在于利用反间，所以对反间的赏赐待遇不能不是最优厚的。

[释例七]

公元前 207 年，刘邦想派两万人的军队去攻打秦峣关。张良说："峣关守将是屠夫的儿子，这种市侩之人，用点财帛，就可把他打动了。"刘邦派郦食其带着很多贵重的宝物去诱惑秦将。秦将果然接受了贿赂，背叛了秦，想要和刘邦联合向西偷袭咸阳。刘邦想听从这个建议，张良说："这次只不过是将领受了财宝背秦罢了，部下士卒们不一定也跟着叛秦。如果部下不听从就危险了。不如乘他懈怠，我们去攻打他。"于是刘邦领兵打败秦军，兵临秦都咸阳城下，秦王子婴出城投降。

[原文]

昔殷①之兴也，伊挚(zhì)②在夏③；[曹操曰：伊尹也。]**周④之兴也，吕牙⑤在殷。**[曹操曰：太公也。]**故惟明君贤将，能以上智⑥为间者，必成大功。此兵之要，三军之所恃(shì)而动也。**[曹操曰：谓导之以教令。]

[注释]

①殷：公元前17世纪，商汤灭夏，建都亳（今河南商丘北），史称商朝。后来，商王盘庚迁都到殷（今河南安阳小屯村），因此商朝又称为殷。

②伊挚：伊尹。原为夏桀之臣，后归附商汤，商汤任用他为相。在灭夏过程中，伊尹发挥了很大的作用。

③夏：夏朝，大禹之子夏启所建立的中国历史上第一个奴隶制王朝，共传十七世，至夏桀时为商汤所灭。

④周：周朝，公元前11世纪周武王灭商后所建立的王朝，建都于镐京（今陕西西安）。

⑤吕牙：姜尚、姜子牙，俗称姜太公。曾为殷纣王之臣。周武王伐纣时，任用吕牙为师，打败了纣王。

⑥上智：具有很高智谋的人。

[译文]

从前，殷商的兴起，得力于伊尹曾在夏朝做过官；西周的兴起，得力于姜尚曾在殷商为臣。所以，明智的君主、贤良的将帅，能使用智慧高超的人做间谍，这样一定能取得极大的成功。这是用兵作战的要诀，整个军队都要依靠他们提供的情报来决定军事行动。

[释例八]

（1）商朝大臣伊尹，当初想求见汤武王而苦无缘由，当有莘氏的女儿嫁给汤武王为妃子，伊尹跟着陪嫁过去，替他们烧饭。他由如何烹调而谈到如何治国，使汤武王推行王道。于是汤武王任命他为宰相，管理朝政。

伊尹离开商汤到夏去，结果他瞧不起夏，又回到商汤都城亳。这时候，夏桀行为苛虐，荒淫无道，汤于是起兵。伊尹跟随商汤，统领诸侯去攻打夏，夏军彻底溃败，遂攻灭夏桀。

（2）太公望吕尚，本来姓姜，字子牙。后来以封邑作为姓，所以名为吕尚。吕尚未发迹前，大概曾经很穷困，年纪很老了，借钓鱼求取周西伯的知遇。

西伯将要出去打猎，卜了一课，预兆说："得到的不是龙不是凤，不是虎不是罴；得到的是完成霸王之业的辅佐官。"于是西伯出去打猎，在渭水北岸遇见了吕尚，与他交谈，十分高兴。西伯对吕尚说："我的先君太公曾说：‘准会有圣人到周国来，周将因此兴盛发达了。’您可真就是圣人吗？我家太公盼望您已经很久了！”所以就称吕尚为“太公望”，让他乘车和自己一同回京城，拜他为国师。

[结语]

吕尚在商朝一直怀才不遇，但对商纣王统治下的国穷兵弱的情况了如指掌。周王拜他为国师后，他时时向文王提供富国强兵的良策，终于使周的政治、经济、军事胜过了殷商王朝，从而奠定了周灭商的基础。

前一篇伊尹辅佐汤武王攻灭夏桀的历史情况也与此篇类似，伊尹也像吕尚那样，对前一王朝的情况了如指掌。

商汤所以能够灭夏而统一天下，是赖于他的军师伊尹在夏做过官；周武王所以能够灭商而夺得政权，也是赖于他的国师尚父吕尚在商做过官。因他俩的这种经历，所以分别对夏、商的虚实十分明了。而孙子把他俩列入间谍群，当作高等间谍，实足以加强全篇的意义，打破一般人对间谍的轻视观念。其实间谍亦有革命与反革命之分。不过伊、吕于仕夏仕殷时，是否负着汤武王、周文王的使命，因无史实可考，尚难断定。间谍必须选择“上智”者充当，所以孙子故意把他俩冠以间谍之名而雄其说。

本篇主要论述在战争中使用间谍的重要性，以及间谍的种类、使用的方式。强调“先知”是战胜敌人的重要条件。欲先知敌情，必用间谍，以获取真实、可靠的情报。

军队要依靠间谍提供情报而采取行动，而在政治活动、经济活动等领域中，也必须要有“用间”意识。没有用间意识，非但“不能得间之实”，反而要丧失己方之利。

伊尹

孙子在这一篇大书用间论，提出了“五间俱起，莫知其道”的观点，强调使用各种间谍，以便广开情报来源，使敌人陷入茫然无从应付的境地。同时强调反间具有重大价值，并主张选择第一流智者（专家）充当反间。

他斥责那种舍不得“爵禄百金”而不重用间谍侦察敌情的“非人之将”“非主之佐”“非胜之主”。

《用间篇》作为兵法的最后一篇，与首篇《计篇》遥相呼应，首尾浑然一体，从而构成了一部完整的兵法体系。正是“孙子开卷言计，终篇言间，非间何以为计，非计何以为间？间计二事，可以终始十三篇矣”。

三十六计

总　说

［原文］

六六三十六，数中有术，术中有数。阴阳燮(xiè)理，机在其中。机不可设，设则不中。

［译文］

六乘六等于三十六，这些数目里包含着谋略，同时谋略中包含数目。这就是阴阳相互协调的道理，时机就在其中。时机不能过分完备，过分完备就会贻误战机。

第一计 瞒天过海

[原文]

备周则意怠，常见则不疑。阴在阳之内，不在阳之对。太阳，太阴。

[译文]

认为防备万分周到的，就容易产生轻敌麻痹思想；平时看惯了的，就往往不再怀疑了。秘计隐蔽在暴露的事物里，而不是和公开的形式相排斥。非常公开的（事情中）往往蕴藏着非常机密的（隐情）。

[计名由来]

本计计语及典故出自唐代。

太宗御驾亲征，统兵三十万，欲取高丽，及至海边，只见大水漫漫。远望高丽，隔海千里，三十万大军如何渡过这汪洋？此时，太宗后悔没有听从那些谋士的劝告，不该发动这场战争。他马上召集各路将领商议渡海之策。等问到张士贵，张回禀说，要想一想再答复，于是众臣散去。

回到寨中，张士贵派人请薛仁贵商议此事。薛仁贵思索片刻后说：“皇上不过是担心大海阻隔，难征高丽，我用一计，保管它千里海水，来日踪迹全无。让太宗和士兵安稳过海如履平地，您看如何？”张士贵闻听惊喜异常。

数日后，一老人求见皇上，欲为大军提供军粮，太宗大喜，传见。太宗随老人至海边，进入一间屋子。室内华丽典雅，帐幕锦绣。太宗心情极佳，与众官员共品美酒，忽闻屋外波声如雷，桌上杯盏摇晃，不由心生疑惑，令人

薛仁贵天山三箭

拉开帷帐，只见外面海浪滔滔，茫无际涯，太宗大惊。张士贵答："陛下与三十万大军正飘摇过海，前往高丽。"

这就是瞒天过海一计的来源。出自于《永乐大典·薛仁贵征辽事略》。

［古今战例］

秦穆公瞒天过海赎贤臣

公元前659年，秦穆公得到王位后，从政治、经济到文化都进行了整顿，使秦国很快成为春秋时期的霸主之一。同时，秦穆公用五张羊皮换回虞国亡臣百里奚，并任为相国，此举也成为千古美谈。

百里奚原为虞国大夫，晋国灭掉虞国之后，百里奚成了晋国的俘虏。此前，百里奚曾力谏虞君应看透晋国的亡虞阴谋。被俘后，当然不愿为晋国服务。对于这样一个人，晋献公无奈，只得把他作为自己女儿的陪嫁奴仆，送往秦国。在赴秦的路上，百里奚乘人不备，偷偷地逃往楚国宛县。结果，楚人把他当作别国诸侯派来的奸细抓了起来，后来看他上了岁数，又挺老实，便让他去放牛、牧马。

秦穆公娶来晋献公的女儿后，在翻看陪嫁奴仆的名单时，发现少了一个叫百里奚的人，于是便问了起来。经别人介绍，秦穆公才了解到百里奚是个很有才能的谋士，只可惜虞君昏庸，英雄无用武之地，才落到今天这个地步。秦穆公十分惋惜，立即派人四下打听百里奚的下落，当得知百里奚此刻正在楚国放牛牧马时，便想用重金去楚国把百里奚赎回来。

百里奚畜牧封侯

有人劝谏秦穆公说："楚人让百里奚放马，是因为不知道他是个有本事的人。要是您重金去赎，还不是告诉楚王百里奚是个能人吗？那他还会放百里奚回来吗？"秦穆公一听有理，便按照当时普通奴隶的身价，派人拿上五张公羊皮，去楚王那儿说："敝国有个奴隶叫百里奚，逃到了贵国，请让我们赎回他，治他的罪。”楚王痛痛快快地答应放百里奚回秦。

这时，百里奚已是七十多岁的老翁了。归秦后，秦穆公亲自为他解开绳索，请入宫中，待为上宾，并向他请教治国之道。百里奚百般推辞，说：“我是个亡国之臣，怎配与国君谈论国家大事！”秦穆公却诚恳地说：“虞君不重用你，所以亡国，这不是你的过错。”经秦穆公再三诚请，百里奚深为感动，倾其所知，和秦穆公谈了三天。秦穆公大喜，见其果然贤能，遂任命百里奚为相国，授之以大权。百里奚深受知遇之恩，见秦穆公如此看重贤才，便又热情地向穆公推荐了他的好友蹇叔。这蹇叔也是治国的贤才。此后，百里奚和蹇叔一起辅佐秦穆公，提出不少治国兴邦的谋略，为秦国的兴旺发展出了不少力，使秦国逐渐强大起来。

隋文帝灭陈朝

东晋灭亡之后，经过二百多年南北朝对峙的局面，中国又重新得到统一。这次统一就是从隋文帝消灭陈朝开始的。

北周的贵族杨坚，借口周静帝年幼，以“入宫辅政”为名，乘机掌握北周的军政大权。公元 581 年 2 月，杨坚逼迫静帝退位，自己当了皇帝，改北周为隋，这就是隋朝的第一个皇帝——隋文帝。

隋朝建立以后，在江南唯一能和它抗衡的只有陈朝。因此，要统一中国，必须扫除陈朝。隋文帝为了灭掉陈朝，着手在国内进行了一系列的经济和政治改革，采取了诸如减轻赋税、废除残酷刑罚、裁减官吏等积极措施。果然，几年之后，北方生产得到迅速发展，人民生活有了很大的提高，社会秩序逐渐得到安定。

隋文帝鉴于出兵进攻陈朝的时机逐渐成熟，就召集朝中的文武大臣，共同商量灭陈大计。

仆射高颎说：“要消灭陈国，必须先毁坏它的粮食储备。江南的房屋、粮仓，多是稻草盖的，只要一放火，就使它的房屋、粮仓化为灰烬。没有粮食，他们还怎么打仗呢？”隋文帝连声称赞：“好计！好计！”高颎又说：“他们割稻子的时候，我们派兵骚扰。等到他们把割稻子的士兵集中起来的时候，我们就立即收兵，像这样一而再，再而三，他们看到我们并不是真打，一定会放松戒备。那时我们就打它个迅雷不及掩耳，突破长江天险，那么，江南的半壁江山不就都归我们了吗？”

隋文帝听了高颎的计策，十分高兴，立即下令出兵骚扰江南。同时，

隋文帝杨坚

指派大臣杨素火速赶造渡江用的战船。

此时，陈后主还是照样骄奢淫逸，过着花天酒地、纸醉金迷的生活。他大兴土木，建造楼台亭阁，宫殿用黄金铺地面，白玉砌台阶，整天和最宠爱的张贵妃、孔贵嫔以及专会阿谀奉承的几个大臣一起寻欢作乐。他还越来越迷信，梦见穿黄衣服的人围城，认为是橘树兴妖作怪，便派人把城墙附近的橘树全部砍掉，看见狐狸，就叫嚷出了妖怪；还假装把自己卖给佛庙当杂役，认为这样可以免遭灾祸。

隋朝将领贺若弼按照原定的战略部署，规定凡守备江防的部队，每次调防时，都要在历阳（今安徽省和县一带地区）集中，并且遍插旌旗，广搭帐篷，用来迷惑敌人。果然，陈国以为隋军要来进犯，立即调集国内全部兵力严密防御，随时准备迎击。不料隋军始终没有进攻的举动，只不过是守备部队例行调防而已。渐渐地陈军对隋军的插旗、搭篷这一套做法习以为常，戒备也松懈下来。不久就把调来加强防御的重兵撤回。

公元 588 年 10 月，隋文帝见条件已经成熟，决定渡江灭陈。在发兵之前，还特地下诏揭露陈后主的罪恶，并抄写二十万份，派人暗地到江南各地散发，广造舆论，争取人心。随后，就派他的二儿子晋王杨广为兵马大元帅，率领五十万大军，从东海到永安（今重庆奉节），兵分八路，浩浩荡荡同时渡江。

陈朝守军的告急文书，像雪片一样飞到建康（今江苏省南京市）。这时，陈后主才慌忙地召集大臣商议对策。都官尚书孔范故作镇静，说：“长江古称天堑，隋军难道能长翅膀飞过来不成？这不过是守边的将领谎报敌情，想要骗取奖赏罢了。杀他几个，就没有敢说谎话的了！”昏庸的陈后主一听，又高兴起来，他竟然挺胸昂头地说：“这话有道理，建康自古是帝王之都，朕受天命当皇帝，怕什么？从前，北齐三次进犯，都失败了；北周两次入侵，也都碰了壁。今天，小小的杨坚还能成多大气候呢？”

公元 589 年正月初一的清晨，大雾茫茫，江面上伸手不见五指，当时陈朝君臣还在酣睡之中，而两支分别由大将贺若弼、韩擒虎率领的隋军，静悄悄地渡过了长江。然后汇合在一起，衔枚疾进，马不停蹄，迅速接近并且包围了建康城。

当时，建康城里还有十几万陈朝军队，地势又险要，如果能很好地组织兵力，积极防守，是难以被攻破的。但是，陈后主昏聩无能，他见隋军兵临城下，急得没有一点主意，只是日夜哭泣。大将萧摩诃建议趁隋军还没有站稳脚跟，立即出兵攻打，一决胜负。孔范也对陈后主说："臣以为应该出兵决战，如果战败，甚至战死了，还会青史留名！"陈后主听了他们的话，立即命令萧摩诃、任忠带兵出城决战。由于陈朝士兵长久没有训练，将士过惯了享乐生活，军心涣散、士气低落，毫无战斗力，两军一交手，陈军立即溃退，争相逃命。将官任忠投降了隋军，带着隋将韩擒虎冲进建康城的正门朱雀门，向守城的陈军大声喊道："连老夫都投降了，你们还打什么？"守城士兵听了，便一哄而散。贺若弼活捉了萧摩诃，从北门冲进了建康城。

这时候，陈朝文武百官都已纷纷逃命，昏君陈后主还坐在殿上，等候捷报传来。忽然听到一片杀声，他才知道隋军已经打进城，吓得跳下宝座，跑往后宫。他找到张贵妃、孔贵嫔，一手拉着一个，想逃出宫去。刚逃到景阳殿的井边，听到前边杀声震天，陈后主自知无路可逃，就拉着两个妃子，一起跳进井中，因是枯井，未死，都被隋军俘虏。

隋军将士看到这种情景，气愤地说："像这样荒唐的君主，怎么能不亡国呢？"

这口井原名景阳井，自从陈后主跳入这口井后，人们就改称胭脂井，借此来嘲笑陈后主的荒淫无道。陈朝的一些遗老，认为这是陈朝的耻辱，又把这口井名为辱井。

公元 589 年正月 22 日，隋晋王杨广进入建康城，陈朝宣告灭亡。

隋朝用了"瞒天过海"之计和以假乱真的

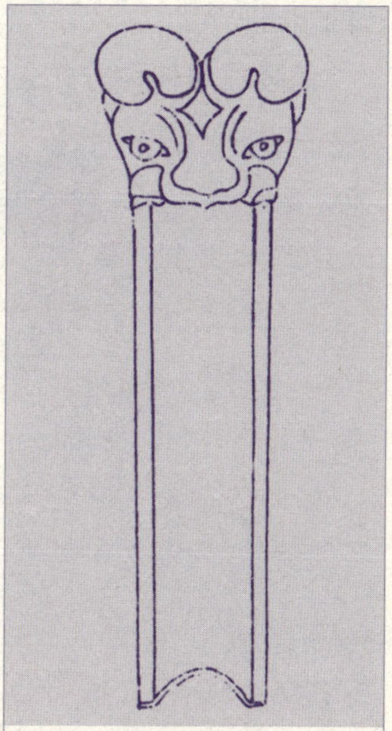

虎符

符是中国古代重要的凭证，由国家或地方授予，是朝廷任命官吏、征调军队和传达指示的重要信物。符主要分虎符和鱼符。

疑兵之法，前后只用了四个月的时间，就轻易地取得了军事上的胜利，彻底消灭了陈朝，完成了统一大业。

信陵君窃符救赵

公元前259年9月，秦昭王想包围赵国都城邯郸，一举灭亡赵国。秦王派王龁和郑安平为进攻邯郸的主将。

当邯郸被围时，赵国派人向魏国求救。

魏公子信陵君无忌，是魏安釐王同父异母的弟弟，他的胞姐是赵惠文王弟弟平原君的夫人。由于这种关系，公元前257年，魏王派将军晋鄙带了十万军队去相救。

秦王得知魏将出兵，派使者前来警告。魏王忌惮秦国的势力，马上派人阻止晋鄙进军，要他在魏、赵边境的邺驻扎下来，观望事态发展。

邯郸形势危急非常。平原君见魏救兵迟迟不到，不断派遣使者去催促，并且责难信陵君："即使你看不起我平原君赵胜，抛弃我，你难道不同情自己的姐姐吗？"

信陵君用种种方式去向魏王游说，但魏王害怕秦的报复，始终按兵不动。信陵君不能说服魏王，而眼看赵国要灭亡，信陵君决计不苟且偷生，便把自己门下食客、家臣等都召来，准备和这些人一道去和强秦决战。

铁锤操作

信陵君率领志愿军经过东门，见到了守门的老头侯生，把自己要去跟秦军决一死战的话告诉了他。分手的时候，侯生只冷冷地说："你努力去干吧，我老了，不能跟你一道去！"

因为信陵君素日待侯生非常亲厚，见侯生这种态度，非常讶异。走了一段路程，信陵君心里想："我平时没有得罪侯生的地方，现在我要去和人拼命，怎么没有半句劝阻我或鼓励我的话？这确实奇怪。"便叫大家停下来，独自跑回去。

这时侯生站在门外，一见信陵君回来，便笑着说："我早就料到你一定会回来找我的。"

"你怎么会知道的？"信陵君问。

"那还不简单？"侯生说，"你一向对我好，现在你要去送死，我反不给你送行，你心里一定不愉快，所以我料定你必然会回来问个明白！"

信陵君说："很好，你猜得不错，我怕我有什么对不起先生的地方，会使你对我这么冷淡，所以想问个明白！"

"我知道你一向器重人才，养了这么多门客，但现在遇到了为难的事情，却毫无办法可想，去跟秦军拼命，这正如把肥肉丢进虎口里，试问有什么益处呢？"

"我也知道没有什么益处，"信陵君答，"但平原君是我的姐夫，交情又深，眼下，他危在旦夕，我不能见死不救呀！虽然明知这样行动是无济于事的，实属万不得已。不知老先生有没有别的办法可想？"

"请进屋里坐吧，大家商量商量！"

侯生把旁人遣开，细声问信陵君："我听说现在魏王最宠幸的一个美人叫作如姬，是不是？"

"是的！"

"又听说如姬的父亲被人杀害，她怀恨了三年，从国王以下，都想为她报仇，却总是没有办法找到这个仇人。有一次她为这件事向你哭诉，你立刻派门客去侦查，很快就把仇人的头弄到了手，献给如姬，是否有这件事？"

"不错，真有此事。"

"那就好办了。"侯生的老眼一闪，继续说出了他的计划，"你能替如姬报了杀父之仇，她感激不已，就是为你牺牲生命，也决不会推辞的，你正好利用这个机会，从她身上打主意！"

"她是一介女流，有什么主意可打的？她又不能撒豆成兵！"信陵君表示失望。

"我再请问一句，"侯生说："魏王是不是已派晋鄙统率了十万大军去救赵国？"

"是呀！可是魏王叫他在半路上停下来，不准前进。"

"且不必过问部队不进军的理由，但你可知道用什么办法会叫晋鄙进

信陵君窃符救赵

军吗？”

“自然是魏王的命令啦！”

“那么魏王下的命令凭什么做证据呢？”

“兵符。”

侯生霍然起身，信心十足地对信陵君说：“只要能把兵符弄到手，晋鄙的军权就归了你，魏军就可以立即开到邯郸去，赵国的危机不就解决了吗？据我所知，魏王的兵符藏在卧室里，那地方只有如姬一个人才可以接近。你现在即刻去见她，只要你一开口，求她帮助，把兵符偷出来，她没有不答应的。这样你便可以把晋鄙的军权夺到手，就可以指挥大军，北面救了赵国，西面击败秦军。这可是了不起的功勋，是千载难逢的机会呀！”

信陵君果然采纳了侯生的意见，去请如姬想办法。如姬毫不推辞地说：“公子过去对我有大恩典，我正想找个机会报答你，何况这是公子的侠义行为，我无论如何都要完成这个任务。”

当晚，如姬特意设便宴把魏王灌醉，乘机盗窃了兵符，用一个花盒密封好，托近身的侍女连夜送到信陵君手里。

信陵君非常高兴，即刻去见侯生，并请教他还有什么高见。侯生说：“一个统帅在前线是绝对的权威，就是君主的命令也可以拒不接受。现在你拿了兵符前去，晋鄙仍然可以不把兵权交给你的，如果他说要再向大王请示一番，那事情就糟了。在这个危急关头，唯有断然处置才行。我有一个好友叫朱亥，是卖猪肉的，臂力过人，他可以帮这个忙。到时晋鄙能顺利地交出兵权来，那是最好不过的；要是拒绝的话，叫朱亥用铁锤当场将他打死便了。”

信陵君听了这番话，不由得心里一酸，当场哭了起来。

“怎么啦，你哭了？是怕死吗？”侯生惊讶地问。

“不，”信陵君说，“我并不怕死，是可怜晋鄙白白送了性命。”

“俗话说‘无毒不丈夫’，这是国家大事，不这样又怎能达到目的呢？

走吧！”

他们一同去找着了朱亥，把来意说了。朱亥便笑了起来，说：“我不过是一个卖肉的，承公子你这般看得起，几次亲自来照顾我，过去我一直没有答谢过你，是觉得这种小礼小节没有多大意义；现在公子有了急难，这才是我报答你的时候。”立即答应下来。

信陵君要出发了，来向侯生辞行。侯生告诉他：“照情理说，我也应该跟你一块儿去的，可惜年纪老了，去了也不中用。还是留在这儿，计算着你到晋鄙军中的那一天，我只有以自杀来报答你平生对我的知遇之恩了！”

信陵君率队到了邺城，假传魏王命令，要接替晋鄙的军权。晋鄙把兵符一验，的确不错，可是心里非常疑惑，两眼不停地打量信陵君，说：“我领兵十万驻守在国境上，责任是很重大的，现在你单身到来接替兵权，究竟是怎么一回事？我要请示一下魏王才能把兵权移交给你，好吗？”

朱亥在旁看到晋鄙明显不愿接受信陵君的命令，迅速拿出事先藏在衣袖里面的那个四十斤重的铁锤，冷不防朝晋鄙头上打去，晋鄙当场毙命。信陵君于是夺取了晋鄙的军权。

信陵君控制了部队以后，挑选精兵八万人，并下令向邯郸进军。

到进军的这一天，信陵君身先士卒，如出笼的猛虎，直闯秦国的军营。平原君也乘机倾城出击，杀得秦军措手不及，血流成河，仓皇逃回秦国去。

就这样，邯郸的围困解除了，赵国也转危为安。秦军再也不敢对赵国轻举妄动。

朱棣装病兴兵

明太祖朱元璋死后，因继承人皇太子朱标早已亡故，由长孙继位，是为惠帝，改年号建文，即建文皇帝。建文年纪虽小，却相当精明，他知道自己的环境，在十多个王叔的威胁之下，地位处于动摇未稳之势。为使皇权免于受控制，在黄子澄等人的策划下，他进行了大刀阔斧的削藩运动，把那班老叔父按其危险程度，流放的流放，杀的杀，逐步把这批对皇朝有威胁的势力肃清，只有宁王和燕王因环境特殊，还未敢遽然下手。

燕王朱棣眼见各位王兄王弟一个个倒了，兔死狐悲，料想迟早要轮到自己，与其等死，不如先发制人。他的军师道衍以军备未足，时机尚未成熟，劝他再等机会，因此暂时隐忍，秘密练兵，预备行事。

有一次，燕王照例派亲信葛诚入京奏事，见了建文帝。建文帝有意收买葛诚，便召他进入密室，对他说："如果你能把燕王的活动情况及时报告于我，将来升你为公卿。"葛诚说："食君之禄，担君之忧，臣愿效犬马之劳，此次回去，必密报燕王举动，为陛下做内应。"

葛诚回到燕京后，怂恿燕王入京（南京）见帝，以释嫌疑。此计无非想驱羊入虎口。燕王与道衍商议，道衍力主不去，燕王却说："此时我举兵，便当举兵，若不能举兵，不如暂往一回，料他也无奈我何。"因此便毅然进京，果然有人怂恿建文帝将他扣留，但建文帝犹豫，一时又找不到借口，于一个月后，便放燕王返回燕京。

燕王相当精明，他最清楚自己的处境，一回来就诈病，并且病得很厉害，此举无非使朝廷不疑他有变。

建文帝虽放走燕王，却也时刻防备，并不因他"病重"而松懈。他用了一个调虎离山计，以边境防卫为名，把燕王所属的劲旅调了一部分离开北京，派亲信工部侍郎张昺和谢贵把文武两权夺了过来。又制造借口把燕王的得力部属于谅、周铎杀掉。

燕王眼见这种情势，便诈癫扮傻，溜出王府，整天在街边游荡，口出狂言，见物就抢，十足一个疯子。

张昺和谢贵知道此事，便入宫去探病，想看个究竟。这时是暑天，只见燕王穿起皮袄，围炉而坐，还身子发抖，牙关打颤，不停地说天气太冷了。他们认定燕王是真病，防备稍为放松，但葛诚认为燕王是装病扮傻，用意难测，切勿让他瞒过。

张昺于是具报明廷，建文帝便立即采取行动，密令城防副司令张信下手。那张信过去乃燕王的亲信，接到密令，犹豫不决。

建文帝见还没有消息，又再下密旨催张信，张信火了，乃愤然去见燕王。守门的不准他进去，张信大声说："你们只管去传报，说我张某有要紧事求见！"

燕王召见张信，却仍卧在床上，不说半句话。左右说："殿下正患风疾。"张信知其装病，坚持不走。燕王屏退左右，起身与他密谋。张信拿出建文帝的手谕，催促燕王早日动手。

密议结果，由张信增兵王宫，说是严密监视，实际上是保护燕王的安全，进一步定计要除掉张昺和谢贵这两位朝廷命官。

外弛内张的情势，已到一触即发的地步。张信暗里要保护同党人的安全，当晚下令把燕王的部将全体逮捕，说是有造反嫌疑，要押赴朝廷处决。

这一招无非掩人耳目。他又暗中派出精壮士兵，埋伏在东殿两旁，宫门内外密布便衣警探。第二天，说燕王的病已好了，要召见张昺和谢贵，商议如何把这批阴谋造反的将领押解入朝。

张谢两人虽然不疑，但也有防备，带了很多卫兵前往，到了礼端门，燕王扶杖把他们迎进去，卫队却被拒于门外。宴会行酒间，一片欢乐气氛，左右献进几个西瓜，大家都吃起来，燕王忽有所感，停食站起来，气愤地说："想起我目前的处境，实在难以下咽，就是做老百姓，兄弟叔侄间也应该互相怜恤。我身为皇帝叔父，反而要惶恐度日。今皇帝待我这样，国家还有什么希望呢？"说完将手上的西瓜往地上一摔。

这原是个暗号，两旁埋伏的士兵一见，即拥了出来，不由分说就把张昺、谢贵等斩首，再揪出葛诚来，一同处斩示众。随即宣言，起义兵，清君侧，直向南京进军，不久便攻破皇城，建文帝不知所终。燕王抢了帝位，是为明成祖。

第二计 围魏救赵

［原文］

共敌不如分敌，敌阳不如敌阴。

［译文］

进攻兵力结集的部位，不如打击敌人兵散的部位；攻击敌军的阳刚部位，不如攻击敌人的阴弱部位。

［计名由来］

事见《史记·孙子吴起列传》，是讲战国时期齐国与魏国的桂陵之战。公元前354年，魏惠王欲释失中山的旧恨，便派大将庞涓前去攻打。这中山原本是东周时期魏国北邻的小国，被魏国收服，后来赵国乘魏国国丧之机将中山强占了。魏将庞涓认为中山不过弹丸之地，距离赵国又很近，不若直打赵国都城邯郸，既解旧恨又一举双得。魏王从之，欣欣然似霸业从此开始，即拨五百战车以庞涓为将，直奔赵国，围了赵国都城邯郸。赵王急难中只好求救于齐国，并许诺解围后以中山相赠。齐威王应允，令田忌为将，并起用从魏国救得的孙膑为军师，领兵出发。孙膑曾与庞涓同学，对用兵之法，谙熟精通。魏王用重金将他聘得，当时庞涓也正事奉魏国。庞涓自觉能力不及孙膑，恐其贤于己，遂以毒刑将孙膑致残，刖剔孙之膝骨并在他脸上刺字，企图使孙不能行走，又羞于见人。后来孙膑装疯，幸得齐使者救助，逃到齐国。这是一段关于庞涓与孙膑的旧事。且说田忌与孙膑率兵进入魏赵交界之地时，田忌想直逼赵国邯郸，孙膑制止说：解乱丝结绳，不可以握拳去打；排解争斗，不

孙膑晚下云梦山

能参与搏击。平息纠纷要抓住要害，乘虚取势，双方因受到制约才能自然分开。现在魏国精兵倾国而出，若我直攻魏国，那庞涓必回师解救，这样一来邯郸之围定会自解。我们再于中途伏击庞涓归路，其军必败。田忌依计而行。果然，魏军离开邯郸，归路中又陷伏击与齐战于桂陵，魏部卒长途疲惫，溃不成军，庞涓勉强收拾残部，退回大梁。齐师大胜，赵国之围遂解。这便是历史上有名的“围魏救赵”的典故。

[古今战例]

围魏救赵平诸吕

汉高祖刘邦的皇后吕氏，是女中豪杰，在刘邦去世后，牢牢地控制住了政权。在她当政的十余年间，她妒杀戚夫人、毒死赵王如意、削弱刘姓宗室势力、分封吕姓诸王。但刘姓宗室势力与开国功臣集团尚无法清除，因此她处心积虑与刘姓诸王及功臣势力抗衡，试图巩固自己的统治。

公元前 180 年 7 月，吕后病重，于是下令任命赵王吕禄为上将军，统率北军；吕王吕产统率南军。太后告诫吕产、吕禄说：“封立吕氏为王，大臣心中多不服。我一旦去世，皇帝年幼，恐怕大臣们乘机向吕氏发难。你们务必要统率禁军，严守宫廷，千万不要为送丧而轻离重地，以免被人所制！”30 日，太后去世，留下遗诏：大赦天下，命吕王吕产为相国，以吕禄之女为皇后。吕后丧事处理完毕，朝廷改任左丞相审食其为皇帝太傅。

诸吕本打算乘机发难，因惧怕大臣周勃、灌婴等人，不敢贸然行事。朱虚侯刘章娶吕禄之女为妻，所以得知吕氏的阴谋，就暗中派人告知其兄齐王刘襄，让齐王统兵西征，朱虚侯、东牟侯为他做内应，图谋诛除吕氏，立齐王为皇帝。齐王就与他舅父驷钧、郎中令祝午、中尉魏勃暗中密谋发兵。齐国丞相召平反对举兵。8 月 26 日，齐王准备派人杀丞相召平；召平得知，就发兵包围了王宫。魏勃欺骗召平说：“齐王没有汉朝廷的发兵虎符就要发兵，这是

周勃

违法之罪。您发兵包围了王宫本是好办法，我请求为您带兵入宫软禁齐王。”召平信以为真，让魏勃指挥军队。魏勃掌握兵权之后，就命令包围相府；召平自杀。于是，齐王命驷钧为相，魏勃为将军，祝午为内史，征发齐国的全部兵员。齐王派祝午到东面的琅琊国，欺骗琅琊王刘泽说：“吕氏在京中发动变乱，齐王发兵，准备西入关中诛除吕氏。齐王因为自己年轻，又不懂得军旅战阵之事，自愿把整个齐国听命于大王的指挥。大王您在高祖时就已统兵为将，富有军事经验；请大王光临齐都临淄，与齐王面商大事。”琅琊王信以为真，迅速赶往临淄见齐王。齐王乘机扣留了琅琊王，而指令祝午全部征发琅琊国的兵员，并由自己统率。琅琊王对齐王说：“大王是高皇帝的嫡长孙，应当立为皇帝；现在朝中大臣对立谁为帝犹豫不定，而我在刘氏宗室中年龄最大，大臣们本来就等着由我决定择立皇帝的大计。现在大王留我在此处，我无所作为，不如让我入关计议立帝之事。”齐王认为他说得有道理，就准备了许多车辆为琅琊王送行。琅琊王走后，齐王就出兵向西攻济南国；齐王还致书于各诸侯王，历数吕氏的罪状，表明自己起兵灭吕的决心。

相国吕产等人闻讯齐王举兵，就派颍阴侯灌婴统兵征伐。灌婴率军行至荥阳，与其部下计议说：“吕氏在关中手握重兵，图谋篡夺刘氏天下，自立为帝。如果我们现在打败齐军，回报朝廷，无异于助了吕氏一臂之力。”于是，灌婴就在荥阳屯兵据守，并派人告知齐王和诸侯，约定互通声气，静待吕氏发起变乱，即联合诛灭吕氏。齐王得知此意，就退兵到齐国的西部边界，待机而动。

吕禄、吕产想发起变乱，却又惧怕朝中绛侯周勃、朱虚侯刘章等人难以控制，畏惧关外有齐国和楚国等宗室诸王的重兵，更恐怕手握军权的灌婴背叛吕氏，打算等灌婴所率汉兵与齐军交战之后再动手，所以犹豫未决。

此时，济川王刘太、淮阳王刘武、常山王刘朝及鲁王张偃，都年幼，没有就职于封地，居住于长安；赵王刘禄、梁王吕产分别统率南军和北军，是吕氏一党。列侯群臣都无法掌握自己的命运。

太尉绛侯周勃手中没有军权。曲周侯郦商年老有病，其子郦寄与吕禄结为密友。绛侯就与丞相陈平商定一个计策，派人劫持了郦商，让他儿子郦寄去欺骗吕禄说：“高帝与吕后共同安定天下，立刘氏九人为诸侯王，立吕氏三人为诸侯王，都是经过朝廷大臣议定的，并已向天下诸侯公开宣布，

陈平分肉

陈平少时为社宰，为父老分肉甚均。陈平言以后若得天下，分天下也会如分肉一般平均。

上下都认为理应如此。现在太后去世，皇帝年幼，您身佩赵王大印，不立即返回封国镇守，却出任上将，在京师统率禁军，必然会受到大臣和诸侯王的猜忌。您为何不交出将印，把军权还给太尉？请梁王归还相国大印给朝廷，您二人与朝廷大臣盟誓结好，各归封国。这样，齐兵就会撤走，大臣也得以心安，您就可以高枕无忧地去做方圆千里的一国之王了。这是造福于子孙后代的事。”吕禄认为郦寄说的有道理，想把军队交给太尉统率；派人把这个打算告知吕产及吕氏长辈，有人同意，有人反对，一时难下决断。

吕禄信任郦寄，经常结伴外出游猎，途中曾前往拜见其姑母吕媭。吕媭大怒说：“你身为上将而轻易地离军游猎，吕氏难以保全了！”吕媭把家中珍藏的珠玉、宝器全拿出来，抛散到堂下，说：“也不必为别人珍藏这些东西了！”

9月10日清晨，行使御史大夫职权的平阳侯曹窋，前来与相国吕产议事。被派往齐国的使臣郎中令贾寿，自齐国返回。贾寿批评吕产说：“大王不早些去封国，现在即便是想去，还来得及吗？”贾寿把灌婴已与齐、楚两国联合欲诛灭吕氏的内幕告诉了吕产，并且督促吕产迅速入据皇宫，设法自保。平阳侯曹窋听到了贾寿的话，快马加鞭，赶来向丞相和太尉报告。

太尉想进入北军营垒，但被阻止不得入内。襄平侯纪通负责典掌皇帝符节，太尉命令他手持信节，伪称奉皇帝之命接纳太尉进入北军营垒。太尉又命令郦寄和典客刘揭先去劝说吕禄：“皇帝指派太尉代行北军指挥职务，要您前去封国。立即交出将印，离京赴国！否则，必然大祸临头！”吕禄认为郦寄是至交，不会欺骗自己，就解下将军印绶交给典客刘揭，而把北军交给太尉指挥。太尉进入北军时，吕禄已经离去。太尉进入军门，向军中下令说：“拥护吕氏的袒露右臂膀，拥护刘氏皇室的袒露左面臂膀！”军中将士全都袒露左部臂膀。太尉就这样取得了北军的指挥权。但是，还有南军未被控制。丞相陈平命令朱虚侯刘章辅佐太尉。太尉令朱虚侯严守军门，又令平阳侯曹窋转告统率宫门禁卫军的卫尉说："不许相国吕产进入殿门！"

吕产不知吕禄已离开北军，进入未央宫，准备发起军事政变。吕产来到殿门前，禁卫军士阻止他入内，急得他在殿门外徘徊往来。平阳侯恐怕难以制止吕产入宫，策马告知太尉。太尉还怕未必能战胜诸吕，没敢公开宣称诛除吕氏，就对朱虚侯说："立即入宫监护皇帝！"朱虚侯请求派兵同往，太尉拨给他一千多士兵。朱虚侯进入未央宫门，见到吕产正站立于庭中。时近傍晚，朱虚侯立即率兵向吕产冲击，吕产逃走。天空狂风大作，吕产所带党羽亲信慌乱，都不敢迎战搏斗；朱虚侯等人追杀吕产，在郎中府的厕所中将吕产杀死。朱虚侯已杀吕产，皇帝派谒者持皇帝之节前来慰劳朱虚侯。朱虚侯要夺皇帝之节，谒者拼死不放手，朱虚侯就与持节的谒者共乘一车，以皇帝之节为凭借，驱车进入长乐宫，斩长乐卫尉吕更始。事毕返回，驰入北军，报知太尉。太尉起立向朱虚侯表示祝贺说："最令人担忧的就是吕产。现在吕产被杀，天下已定！"于是，太尉派人分头逮捕所有吕氏男女，不论老小一律处斩。11日，捕斩吕禄，将吕媭乱棒打死，派人杀燕王吕通，废除鲁王张偃。18日，周勃、陈平等决定改封济川王刘太为梁王，派朱虚侯刘章去告知齐王，吕氏已被诛灭，令齐罢兵。

综观这次事变，陈平、周勃两次实施的都是避实就虚的策略。第一次是让吕禄交出兵权，避开吕禄握有能征善战的北军指挥权的实，就吕禄意欲保全利禄的虚，乘机夺得兵权，将不利化为有利。第二次是阻挡吕产进入未央宫，避开吕产指挥南军的权力之实，就吕产犹豫不决之虚，乘其不备而突施进攻，最终掌握胜券。这就是避开凶险，以己之长攻敌之短的成功事例。

桓温围魏救赵掌大权

东晋穆帝时，世家大族桓温得势，权倾朝野。公元345年8月，都亭肃侯庾翼去世，朝廷论议都认为庾氏家族世世代代驻守西部藩镇，为人心所向，应当同意庾翼的请求，让庾爰之接替职位。何充说："荆楚是国家的西方门户，有民众百万，北边连结强大的胡虏，西边邻近强大的汉国，地势险阻，周边有万里之遥。得到合适的人选那么中原可以平定，所用非人那么国家命运可堪忧虑，这就是陆抗所说的：‘存则吴存，亡则吴亡’。怎能让白脸少年人担当这样的职位呢！桓温英气、谋略过人，有文武两方面的才干，这个职位，没有比桓温更合适的人了。”论议者又说：“庾爰之肯让给桓温吗？如果他率军抗命，国家所受的耻辱和惊惧都不会小。”何充说：“桓温足以制服他，你们不必担忧。”

李势女

桓温平定蜀中后，以美女李势女为妾。

丹杨尹刘隗常为桓温的才干惊奇，但知道他有不甘为臣的志向，于是对会稽王司马昱说：“桓温不能让他占据地形便利的地方，对他的地位、封号也应当经常贬抑。”劝司马昱自己镇守长江上游，让自己任军司，司马昱不听。刘隗又请求自己前往，也不获准许。

不久后穆帝任命徐州刺史桓温为安西将军，都督荆州、司州、雍州、益州、梁州、宁州诸军事，领护南蛮校尉、荆州刺史，庾爰之果然不敢与他争位。又任命刘隗监察沔中诸军事，兼领义成太守，替代庾方之。把庾方之、庾爰之迁徙到豫章。

会稽王司马昱畏桓温势盛，荐举另一世家殷浩，殷浩被任命为建武将军、扬州刺史，都督扬、豫、徐、兖、青五州诸军事，与桓温抗衡。桓温不愿意有人与之相抗衡，便多次上书请求北伐，以期通过北伐攫取更大的政治军事权力。殷浩和穆帝深知桓温的用意，不批准桓温的上书。然而，桓温声言北伐，光复故土，名正言顺，如果没有一定的举动，其理必在桓温，何况桓温拥众四五万于武昌，北可进击中原，南可攻打建业（京城）。为了搪塞，穆帝派褚裒、殷浩两次北伐，结果都损兵折将，惨遭失败。这就给桓温以把柄，使桓温得以“因朝野之怨，乃奏废（殷）浩，自此内外大权一归温矣”。尔后，桓温三次北伐，有一些建树，权力日益膨胀，都督中外诸军事，总督内外大权。桓温“既负其才力，久怀异志，欲先立功河朔，还受九锡”，最终为攫取皇权，乃废掉晋帝司马奕为海西公，拥立简文帝司马昱，以便独揽大权。

司马昱原本与殷浩联合以抗桓温，殷浩被废，他已是孤掌难鸣。再加上桓温专权，翦除异己，左右都是桓温耳目，司马昱无可援之势力，又难受傀儡之辱，故常吟庚阐“志士痛朝危，忠臣哀主辱”诗以感叹。在位才两年，便忧愤而死。

桓温在这场政治斗争中，两次使用围魏救赵之计，第一次是借北伐之名，实欲除掉与之相抗衡的政敌首领殷浩。殷浩与庾氏都是世家大族，并且都握有重兵，朝野上下也多是其党羽。以此之故，桓温攻击殷浩，意在歼其首领，使其失去统帅，然后各个击破。果然，殷浩一去，群雄无首，桓温先后杀掉庾倩、殷涓等，一举占据优势，连身为吴中世家大族首领的谢安，见桓温也得“遥拜”。在基本掌握主动权之后，桓温的野心也日益增加，便实施第二次，就是借推司马昱为帝，将其驾空，困而辱之，这也是围魏救赵的重要手段。司马昱死后，桓温拥立司马曜，开始向皇权进取。然其命运不济，大事未成而身先病死。

吕蒙计胜关羽

公元219年，关羽令南郡太守糜芳守卫江陵，将军士仁守公安，他亲自率军向樊城的曹仁进攻。曹仁派左将军于禁、立义将军庞德等人驻守樊城北面。8月，天降大雨，汉水泛滥，平地水数丈深，于禁等七路兵马都被大水所淹。于禁和将领们登到高处避水，关羽则乘大船向曹军进攻，于禁等无处可逃，只好投降。庞德站在堤上，身穿铠甲，手挽弓箭，箭无虚发，自清晨拼力死战，至过午，关羽的进攻愈来愈急。庞德的箭射尽了，又与关羽等短兵相接，愈战愈怒，胆气愈壮，而水势愈来愈大。部下的官员和士兵都投降了，庞德欲图乘小船回到曹仁的军营，小船被大水冲翻，弓箭也掉在水里，只有他一人在水中抱住翻船。在被关羽俘虏后，不肯屈服下跪。关羽对他说：“你的兄长在汉中，我准备以你为我的将领，为什么不早早投降呢？”庞德大骂说：“小子，为什么投降你？魏王统率百万大军，威震天下；你家刘备不过是个庸才，岂能对抗魏王？我宁可做国家的鬼，也不做你们这些贼人的将领！”关羽杀掉了庞德。魏王曹操闻知此事，说：“我和于禁相知三十年，为什么在紧急关头，于禁反而不如庞德呢？”于是封庞德的两个儿子为列侯。

关羽向樊城发起猛攻，城中进水，城墙被水冲坏，城中士兵们惊恐不安。有人对曹仁说："现在的危险，靠我们的力量很难解除，应该趁关羽的包围尚未完成，乘轻便船只连夜退走。"汝南太守满宠说："山洪来得快，去得也快，我想不会滞留很久。据说关羽已经派别的部队至郏下，许都以南百姓混乱不安。关羽之所以不敢急于北进，是顾虑我们攻击他的后路。如果我军退走，黄河以南地区，就不再为国家所有了，您应该在这里坚守以待。"曹仁说："你说得对！"于是将白马沉入河中，与将士们盟誓，齐心合力，坚守樊城。城中将士只有数千人，未被水淹没的城墙也仅有几尺高。关羽乘船至城下，将樊城重重包围，使其内外断绝。关羽又派别的将领把将军吕常包围在襄阳。荆州刺史胡修、南乡太守傅方都投降了关羽。

庞德抬榇战关公

关羽水淹七军，威震华夏。曹操不敌，准备迁都以避敌锋。这时曹操的司马司马懿、西曹属蒋济献计曰："于禁等为水所没，非战攻之失，于国家大计未足有损。刘备、孙权，外亲内疏，关羽得志，权必不愿也。可遣人劝孙权蹑其后，许割江南以封权，则樊围自解。"此计便是分散政敌、削其势而驱之的谋略，自然被曹操所采纳。

面对曹操的谋略，孙权并非没有察觉，但为利益所诱，又兼关羽因孙权为子求婚其女不许，孙权袭破关羽、夺取荆州之心早有。于是借曹操派人来游说之时，作书与曹操，愿讨关羽以自效，并请求不要把消息泄漏出去，使关羽有所防范。谋士董昭却认为暴露这个消息为好，这样"可使两贼相对衔持，坐待其敝"。再者关羽为人好强，兵围樊城期望大功，必然犹豫不退，曹军知此却能提高士气。果然，被围将士得知消息后，士气倍增，关羽却对是否撤围，犹豫不决。

孙权暗地派征虏将军孙皎和吕蒙为左右两路军队的最高统帅，暗地袭击关羽。

吕蒙到达寻阳，把精锐士卒都埋伏在船中，招募一些平民百姓摇橹，令将士化装成商人，昼夜兼程。关羽设置在江边的守望官兵，都被捉了起来，所以关羽对吕蒙的行动一无所知。糜芳、士仁一直都不满意关羽轻视他们，关羽率兵在外，糜芳、士仁供给的军用物资不能全部送到，关羽说："回去后，一定治罪。"糜芳、士仁都感到恐惧。于是吕蒙命令原骑都尉虞翻写信游说士仁，为其指明得失。士仁得到虞翻信后，便投降了。虞翻对吕蒙说："这种隐秘的军事行动，应该带着士仁同行，留下将士守城。"于是带着士仁至南郡。糜芳守城，吕蒙要士仁出来与他相见，糜芳因而也开城投降了。

吕蒙到达江陵，把囚禁的于禁释放，得到关羽和将士们的家属，给以抚慰，对全军下令："不得骚扰百姓和向百姓索求财物。"吕蒙帐下有一亲兵，与吕蒙是同郡人，从百姓家中拿了一个斗笠遮盖官府的铠甲。铠甲虽然属于公物，吕蒙仍认为他违犯了军令，不能因为是同乡的缘故就破坏军法，便流着眼泪将这个亲兵处死了。全军都因此事震惊、恐惧，南郡从此道不拾遗。吕蒙还在早晨和晚间派亲近的人慰问和抚恤老人，询问他们生活有什么困难，给病人送去医药，给饥寒的人送去衣服和粮食。关羽官府中的财物、珍宝，全部封闭起来，等候孙权前来处理。

关羽得知南郡失守后，立即向南撤退。曹仁召集各位将领商议，都说："如今趁关羽身陷困境，内心恐惧，应派兵追击，将他擒获。"赵俨说："孙权乘关羽和我军鏖战之机，试图进攻关羽后路，又顾忌关羽率军回救，我军趁其双方疲劳，从中取利，所以才言辞和顺地愿意为我军效力，不过是乘机借助事变从中渔利罢了。如今关羽势孤奔走，我们更应让他继续存在，去危害孙权。如果对关羽穷追不舍，孙权将会由防备关羽，转而防范我们，这将对我们很不利，魏王也一定会有这种考虑。"于是，曹仁下令不要再穷追关羽。魏王曹操知道关羽退走，唯恐将领们追击他，果然迅速给曹仁下达命令，内容正如赵俨所说。

吕蒙

关羽多次派使者要求与吕蒙通消息，吕蒙每次都热情款待关羽的使者，允许他在城中各处游览。关羽部下将士的家属看见使者，都上前询问，还有人托他给自己的亲人带去书信。使者返回，关羽部属私下里询问家中情况，尽知家中平安，所受对待超过以前，因此关羽的将士都无心再战了。

正在此时，孙权到达江陵，荆州的文武官员都归附了，只有治中从事武陵人潘浚称病不见，孙权派人带着床把他从家中抬来，潘浚脸朝下趴在床上不起，涕泪纵横，哽咽不能自止。孙权称呼他的表字和他讲话，诚恳热切地慰问，让左右亲近的人用手巾为他擦脸。潘浚起身，下地拜谢，孙权当即任命他为治中，有关荆州的军事，全都听取他的意见。武陵部从事樊伷引诱少数部族，欲图使武陵依附汉中王刘备。有人上书请求派遣统帅率领一万人征讨樊伷，孙权不同意；特别召见潘浚询问，潘浚回答："派兵五千人，就可以擒获樊伷。"孙权说："你为什么如此轻敌？"潘浚回答说："樊伷是南阳的世家，只会摇唇鼓舌，实际上没有才智、胆略。我之所以了解他，是因为过去樊伷曾为州中的人设宴，直至中午，客人仍无饭菜可吃，十余个人只得起身离去，这如同观看侏儒演戏，看一节就可知道他有多少伎俩了。"孙权大笑，立即派潘浚率兵五千人前去征讨，果然将樊伷等人斩首，平定了叛乱。孙权任命吕蒙为南郡太守，封为孱陵侯，赏赐一亿钱，黄金五百斤；任命陆逊兼任宜都太守。

11 月，汉中王刘备设置的宜都太守樊友放弃宜都郡而走，各城的长官以及各少数部族的酋长都归降了陆逊。陆逊请求以金、银、铜制的官印授与刚刚归附的官吏，并进攻刘备的将领詹晏等人和世居秭归、拥兵自重的大家族，将其击溃，前后斩首、俘获以及招降数以万计。孙权任命陆逊为右护军、镇西将军，进封为娄侯，率兵驻扎夷陵，守卫峡口。

关羽自知孤立困穷，便向西退守麦城。孙权派人诱降，他伪装投降，把幡旗做成人像立在城墙上，借机逃遁。士兵都跑散了，跟随他的只有十余名骑兵。孙权已事先命令朱然、潘璋切断了关羽的去路。12月，潘璋手下的司马马忠在章乡擒获关羽及其儿子关平，予以斩首，于是，孙权占据荆州。

吕蒙借关羽进攻樊城、兵力空虚之机，袭击关羽后方，不仅曹操之围得解，而且吞并荆州，擒杀关羽，这正是围魏救赵之计的巧妙运用。

攻其必救

公元 214 年春季，马超请求张鲁分派给他一支军队，向北攻取凉州。张鲁派遣马超回军围攻祁山，祁山守将姜叙向夏侯渊告急。夏侯渊部下将

夏侯渊

领议论，认为必须上报魏公曹操，由他发令调度。夏侯渊说："魏公远在邺城，向他报告，往返行程四千里，等他的命令传到这里，姜叙等人必定早已被打败，这不能解救危机。"于是命令部队行动，由张郃率步、骑兵五千人为先头部队。马超败退而走。

韩遂驻军显亲，夏侯渊欲图袭击韩遂，夺取显亲，韩遂退走。夏侯渊追到洛阳，距离韩遂驻地三十余里。将领们准备向韩遂发动攻击，有人建议应当进攻兴国的氐族。夏侯渊认为："韩遂的军队精锐，兴国有坚固的城防，此时进攻很难迅速取胜，不如攻打长离的羌人部落。很多长离的羌人都在韩遂军中，他们必然会回去援救自己的家乡。韩遂若舍弃长离羌人拥兵自守，便会失去羌人的支持而势孤力单，如果援救长离，我们就可以与他的部队进行野战，一定能够生擒韩遂。"于是，夏侯渊留下督将守卫辎重，亲自率军轻装至长离，攻打羌人部落，韩遂果然来救长离。夏侯渊的部下将领见韩遂兵多，要扎下营盘、挖好堑壕再作战。夏侯渊说："我军千里转战，如果再扎营盘，掘堑壕，士兵便会疲惫不堪，无法再用他们去作战了。韩遂兵虽多，并不难对付。"夏侯渊下令击鼓进攻，一举击溃了韩遂的军队，并乘胜包围了兴国。氐王逃到马超那里，其余的官兵都投降了。夏侯渊又转而进攻高平、屠各两个部落，也都把他们击溃。

夏侯渊刚勇果断，因时制宜，发兵击走马超。知韩遂兵精，兴国城固，不硬拼硬打，而是攻其必救，以逸待劳，因而大破韩遂。

崔胤围魏救赵招祸害

唐朝末年，藩镇割据，宦官专权，朝臣分党，尤其是经过黄巢大起义之后，"王室日卑，号令不出国门"，唐王朝已经名存实亡。即便如此，朝廷内的政治斗争也没有因"王室日卑"而停息片刻。

公元 888 年，唐僖宗死后，宦官杨复恭拥立僖宗之弟李晔为帝，是为昭宗。昭宗"体貌明粹，有英气，喜文学，以僖宗威令不振，朝廷日卑，有恢复前烈之志，尊礼大臣，梦想贤豪，践作之始，中外忻忻焉。”不过，这时的宦官与朝官之间的斗争达到白热化，他们各自拉拢藩镇为援助，昭宗虽有大志，很难伸其意，反倒要为逃避藩镇争斗而避难他方。昭宗即位多年，非但没有夺回权力，反被宦官勾结藩镇，屠杀宗室 11 个王。昭宗痛恨宦官，乃与宰相崔胤相谋铲除宦官。崔胤外结宣武节度使朱全忠为援，内引左神策军指挥使孙德昭为助。宦官也不示弱，他们内控昭宗，外结强藩为援。双方旗鼓相当，各不相让，都很难除掉对方。昭宗感到渺茫，也就变得“多纵酒，喜怒无常”。宦官感觉到昭宗难以控制，乃阴相谋曰：“主上轻佻多变诈，难奉事；专听任南司（朝官），吾辈终罹其祸。不若奉太子立之，尊主上为太上皇，引岐（李茂贞）、华（韩建）兵为援，控制诸藩，谁能害我哉？”

公元 900 年 12 月，宦官的左军中尉刘季述、右军中尉王仲先、枢密使王彦范、薛齐喔（当时号为“四贵”）等发动宫廷政变，陈兵于殿廷，威胁百官联名署状，将昭宗幽禁少阳院，立太子李裕为帝。崔胤虽在兵锋之下联名署状，但内心不甘，暗地侦察四贵之短，于公元 901 年正月元旦发起攻击，诛除四贵，迎昭宗复位，平定这场宫廷政变。

唐王朝内部冲突不断之际，朱全忠已兼并河北，染指河中，控制河东，向关中地区发展了。就在诛除四贵之后，神策军指挥权又落在了得到凤翔节度使李茂贞支持的宦官韩全诲手中，而崔胤又因欲得军权而得罪李茂贞，只好全心投靠朱全忠。这样，“全忠欲迁都洛阳，茂贞欲迎驾凤翔，各有挟天子令诸侯之意。”崔胤欲诛除宦官，致书朱全忠，让他发兵迎昭宗赴洛阳。韩全诲闻朱全忠发兵，乃勒逼昭宗前往凤翔往依李茂贞。公元 903 年，朱全忠数败李茂贞，进军凤翔城下，以兵相逼。李茂贞无奈，只好杀宦官韩全诲等七十余人，交出昭宗，欲与朱全忠和解。

昭宗回到长安，实际上是出了狼窝又入虎穴，转为朱全忠所控制。崔胤自以为得计，认为诛除宦官时机已到，乃指责宦官“夺百司权，上下弥缝，共为不法，大则构煽藩镇，倾危国家；小则卖官鬻爵，蠹害朝政”。朱全忠以此为由，“以兵驱宦官第五可范等数百人于内侍省，尽杀之，冤号之声，彻于内外”。宦官集团在崔胤内引外联的压迫下，遭到毁灭性的打击。

崔胤依靠朱全忠的势力，诛灭宦官，排除异己，专权自恣，自鸣得意。孰知前门拒狼，后门引虎。朱全忠自攻破李茂贞，兼并关中，威镇朝野，篡夺之意已经昭彰于内外。在这种情况下，崔胤开始害怕，乃奏请昭宗，重建天子六军，每军步兵六百人，骑兵百人，共六千六百人，以分番侍卫。这一举动引起朱全忠的猜疑，便派朱友谅将崔胤杀死，解散六军，迁昭宗于洛阳，篡夺之势完成。

唐昭宗时的统治集团内部冲突，无论是宦官还是朝臣，都以外引藩镇为援，内控君主以为令，固然都是内引外联的手法，但此时利于相安，保持平衡，谁也不易有大动作，这正是“不可涉大川”的内涵；再加上他们谋夺对方目标明确，不注意、也不会掩饰，这就失去使用这种手法的成功之本，即使在表面上获得一些成功，也肯定是难以持久，乃至招来灭顶之灾。

第三计 借刀杀人

[原文]

敌已明，友未定，引友杀敌，不自出力，以《损》推演。

[译文]

敌人已经明确，而盟军的态度还不稳定，要诱导盟军去消灭敌人，避免消耗自己的力量。这是从《损卦》的逻辑推演出来的。

[计名由来]

本计内容在春秋战国的史书中多次可见，而“借刀杀人”一语，则见于明代戏剧《三祝记》“这所谓借刀杀人，又显得恩相以德报怨，此计如何”一语中。这出戏是写范仲淹的政敌企图让他担任军队统帅——陕西路经略招讨使，去平息西夏人李元昊，妄图借西夏人的刀杀害范仲淹的故事。

[古今战例]

蔡侯借刀害息侯

春秋时期，息侯与蔡侯分别娶陈侯的两个女儿为妻。息侯的夫人妫氏长得十分艳丽，令姐夫蔡侯垂涎三尺。有一次，息夫人途经蔡国回娘家陈国，蔡侯大献殷勤，对小姨子动手动脚，吓得息夫人赶快离开了蔡国。

息夫人回到息国后，把蔡侯调戏自己的事情如实告诉给了息侯，息侯大怒，决心惩治蔡侯一番。

息国和蔡国虽然是连襟之国，但息侯臣服于南方的大国楚国，而蔡国与东方的大国齐国友好。息侯派了一个使者对楚王说：“蔡侯自恃与齐国密切，不把大王看在眼里，还挑拨息国与大王的关系，大王何不惩罚蔡国一下？”楚王很生气，但担心齐国会出兵。使者献计道：“我们息侯与蔡侯是连襟，大王假意向我国用兵，蔡侯一定会来援救，到那时，我们联合一起，还怕蔡侯能飞上天去吗？”

楚王照着息国使者的计策用兵，果然将蔡侯活捉。蔡侯成为楚国的战

息夫人

俘，在楚营中，他发现息侯正在犒赏楚军，方才知道是中了息侯的诡计，被出卖了。

楚王本想把蔡侯带回楚国，杀掉蔡侯，但大臣鬻拳力陈利害关系，劝说楚王放蔡侯回国。楚王醒悟过来，设宴给蔡侯压惊。酒宴上，楚王为炫耀自己，故意指着一位美丽绝伦的女子对蔡侯说："这样漂亮的女子，天下能有几人！"蔡侯想起息侯陷害之仇，便说："太微不足道了。大王如果见到息侯的夫人息妫，就再也不会想别的女人了。"

楚王放掉蔡侯，想起蔡侯的话，一刻也不得安宁。他想了个计策，借打猎为名，到了息国。息侯见楚王来临，赶紧把楚王请进城中，设宴款待楚王。楚王道："我为你兴师动众，擒住蔡侯，今日远道而来，请尊夫人为我斟杯贺酒如何？"

息侯大惊失色，但又不敢违抗，只好唤夫人出来给楚王斟酒。楚王见息夫人果然是国色天香，怦然心动。第二天假意请息侯饮酒，在酒桌上把息侯擒住，然后，率领亲随，进入宫中，寻找息妫。息妫慌忙逃入后园，企图投井而死，一名楚将奔上前，劝道："夫人一死不难，难道就不想保全息侯的生命吗？"息妫一听，泪下如雨，瘫倒在地。

楚王得到息妫，饶了息侯一死。

息侯引狼入室，自受其害。

晏平仲借桃杀三士

齐景公即位后，齐国的国力已极大地削弱了。外部，齐景公面对赵、燕等国的"蚕食"，束手无策；内部一些权臣不把国君放在眼中，特别是公孙捷、田开强、古冶子三人，他们都身壮如牛、力大无比，自恃有功，横行无忌。齐景公重用贤臣晏婴，力图使齐国得以振兴。

晏婴上任后，决心除掉公孙捷、田开强、古冶子三个"害群之马"，严肃国纪国法。公孙捷三人有一身奇勇，派人去抓，不成；派刺客行刺，也不成。晏婴想来想去，觉得唯一的办法还是用"计"。

一天，齐景公设盛宴款待文武大臣。酒过三巡之后，文臣武将们都带了几分醉意，晏婴命令一名漂亮的侍女用大盘子端着两个硕大的桃子走到众人面前，传下话说："谁能说明自己是天下最有名的勇士，谁就可以吃掉一枚桃子。"

公孙捷觉得这是表现自己的好时机，立刻站了起来，说："我能接连和两只猛兽搏斗，把它们打死，像我这样的勇力，天下没有第二个，我是天下最有名的勇士，我可以吃掉一枚桃子！"说完，向四周看看，见无人反对，伸手拿走一枚桃子。

古冶子离开酒桌，站了起来，说："我曾经冒着生命危险，在黄河的惊涛骇浪中浮沉九里，斩妖龟之头，保护国君平安地渡过了黄河。当时，见到我的人都说我是河神，像我这样的勇力，难道称不上是天下最有名的勇士吗？"古冶子说完，也向四周看看，见无人反对，伸手拿走了剩下的一枚桃子。

田开强急了，他走到众人面前，愤慨地说："我在跟敌人的战争中，曾多次冲入敌阵，砍杀敌将，夺取战车和大纛。攻打徐国时，我俘虏 500 多人，逼迫徐国纳款投降，威震邻国，为国家立下汗马功劳。难道这么大的功劳还不能分到一枚桃子吗？"

晏婴急忙走出来，对齐景公说："田将军的功劳和勇气天下皆知，可惜桃子已没有了，可否请大王赐一杯美酒，待桃子再熟时，补赐给田将军如何？"

齐景公也对田开强说："田将军，算起来，你该是天下最有名的勇士，可惜你说得太迟。"

田开强怒火攻心，道："打虎杀龟，固然有勇有功，但我为国家立下如此赫赫战功，反而遭到冷落，为人耻笑，以后还有何面目见人？"说完，不容分说，拔剑自刎。

公孙捷见状，面红耳赤，道："我功劳不如田将军，反拿了桃子，致使田将军自刎，我还怎样活在世上？"说完，也拔剑自杀。

古冶子跳了起来，激动万分地说：

晏子

"我们三人是结拜兄弟，誓同生死，如今我也不能活了！"说完，也自刎而死。

齐景公见齐国一下子失去了三位勇士，心中有些惋惜，下令用士大夫之礼厚葬了这三个人。三人既已除，晏婴就可以放开手脚，大胆地治理国家了。

刘备借刀除吕布

在三国时，吕布骁勇过人，但为人反复无常。吕布原为荆州刺史丁原的义子，后丁原与董卓交恶，董卓用一匹赤兔马将吕布收买，吕布杀了丁原，拜董卓为义父。

董卓入京之后，势力扩大，自称太师。后来王允等人巧用连环计，使董卓死在吕布之手。但是吕布后来又被刘备用借刀杀人之计给除去。

曹操得徐州后，心中大喜，召群臣商议，起兵攻下邳。谋臣程昱为其分析形势：吕布已至穷途，若逼之太急可能会将他推到袁术一方。袁术与吕布联合，势力大增，对曹军造成极大威胁，何况此时臧霸、孙观之徒正在山东一带虎视眈眈。如此一来，对曹军是大大不利。曹操于是听从程昱的建议，自己守山东各方，让刘备带兵驻扎淮南。

吕布此人有勇无谋，自认为粮草充足，且有泗水之险，所以在下邳安然享乐，不图他事。陈宫劝说吕布乘曹军立足未稳，主动出击，可大获全胜。但吕布认为自己刚刚战败，不宜妄动，想等曹军来攻打自己的时候才与之抗衡。过了一段时间，曹军已经在下寨驻扎停当。曹操带领众将士叫阵，陈宫在吕布身边，一箭射中曹操的麾盖。曹操大怒，率大军猛攻下邳城。

吕布

吕布这方见曹军来势汹汹，不敢硬拼，陈宫建议吕布带兵攻曹军后背，自己则率余众守城。但吕布担心城中有变，不舍娇妻美妾，决断不下，坚守不出。陈宫见此情形，郁闷非常，知道曹军肯定会围攻下邳，出了吕府后，陈宫喟然长叹："吾等死无葬身之地矣！"

吕布坚守城中，秘派亲信许汜、王楷

向袁术求援，袁术怪吕布前番不讲信用，但仍同意与吕布联合。许汜、王楷和郝萌返回时，郝萌被张飞截获，曹军方才知道袁术吕布联合之事。吕布这方突围不成，袁术兵力又救援不得，困守城中，终日借酒消愁。吕布脾气暴躁，众将士都对他心怀不满，惮于威力，未敢发作而已。吕布手下侯成受不了他的责罚，决定投靠曹操，里应外合，攻破下邳城。

次日吕布还在梦中，其手下魏续、宋宪便拿绳子将他紧紧捆住，动弹不得。然后魏续冲城外大叫："已生擒吕布矣！"放下城门，曹兵一拥而入。曹操入城后，与刘备同坐白门楼上。吕布曾救过刘备的性命，方才被押上来时，吕布就请求刘备放他一马，刘备点点头。等到曹操上来时，吕布大叫说，曹公您所忧虑的，不过是我吕布罢了，现今我已经降服了。您为大将，吕布做您的副手，天下很快就能安定了。曹操心有所动，回头问刘备的意见。刘备提醒曹操要注意董卓的事情，不要留有后患。曹操猛然一震。吕布听见这话，直愣愣地瞪着刘备，骂他是不讲信用的家伙。曹操于是命刀斧手将吕布押至台上，用布绞死，然后枭首示众。

可以说，是刘备的一席话将吕布送上了绝路。但是刘备为什么要借助曹操的力量除去吕布呢？原来刘备这时还只是栖身在曹营，心中仍想自立，与曹操面和心不合。所以刘备尤其担心曹操与吕布联合，这样将会给刘备未来的发展带来重大的阻力。吕布英勇过人，武功盖世。先前，虎牢关一战，吕布一人独战刘备、关羽、张飞，且进退自如。如果他与曹操联合，天下哪有敌手呢？

周瑜借刀杀二将

公元 208 年，曹操出动水陆大军二十万南征刘表。刘表去世，刘表之子刘琮以荆州投降曹操。曹操统水陆大军顺江陵东下，征伐东吴的孙权。曹操给孙权下了战书，说率领八十万大军来与东吴对阵。

得知这一消息，东吴官员面面相觑，大惊失色。唯有都督周瑜神色如常，为孙权分析曹军的实力，说曹军水陆军队不过十五六万人，而且经过长期的征战，早已疲乏不堪。新接收的刘表的军队还未完全信服，仍是三心二意。所以曹军虽然人数众多，但是军心涣散，不足为惧。

孙权很是欣慰，命周瑜派兵部署，以便抵挡曹军的进攻。于是，孙权任命周瑜、程普为左、右都督，率兵与刘备合力迎战曹操，又任命鲁肃为赞军校尉，协助筹划战略。刘备军队此时也与孙权联合，共同抵抗曹操。

孙刘联军驻扎在赤壁，与曹操隔江对峙。

周瑜趁夜观看曹军水寨，看见曹军进退得宜，操练得法，心中忧惧。得知曹军水军都督是蔡瑁、张允，十分惊讶，因这两人久居江东，熟习水战，若不除去这二人，绝对是心头大患。

且说曹操这头也十分忧虑，想尽办法去破孙权大营。帐下谋士蒋干便毛遂自荐，说自己与周瑜曾是同窗，愿意前去招降。翌日，周瑜正在营中议事，手下来报，故人蒋干来访。周瑜心中通透，知道蒋干是来作说客的，于是如此这般安排一番。

蒋干入得帐来，周瑜亲热地迎上去，刚开始就用话将蒋干的游说之语堵了回去。蒋干在周瑜帐中几日，一直找不到机会提起劝降的事情。周瑜为蒋干接风以后，又带他到营中各处查看粮草，向他展示东吴的精兵良马。

深夜，周瑜与蒋干同宿，周瑜佯装大醉，和衣卧倒，呕吐不止，狼藉一片。蒋干事情未成，心中郁闷难耐，起床查看，桌上堆着一卷文书，是周瑜的往来书信，内中居然有一封"蔡瑁张允谨封"字样的书信。信中所写是两人暗伏曹营，等待时机取曹操首级的事情。蒋干大惊失色，偷偷将书信藏在自己身上。第二日早晨，蒋干便偷偷溜出周瑜的营帐，飞奔回去见曹操。将盗得的书信交与曹操细看，曹操大怒，即便唤蔡瑁、张允到帐下。操说："我欲使汝二人进兵。"蔡瑁答道："军队还未操练熟习，不可轻进。"操勃然作色："军若练熟，我的首级就要被献给周瑜了！"蔡、张二人不知其意，惊慌不能回答。操喝武士推出斩之。一会儿工夫，两人的首级被献到帐下，操方省悟到："我中计了！"

众将见杀了张、蔡二人，入问其故。操虽心知中计，却不肯认错，乃谓众将曰："二人怠慢军法，吾故斩之。"众皆嗟讶不已。操于众将内选毛玠、于禁为水军都督，以代蔡、张二人之职。

细作探知，报过江东。周瑜大喜曰："吾所患者，此二人耳！今既剿除，吾无忧矣！"肃曰："都督用兵如此，何愁曹贼不破乎？"瑜曰："吾料诸将不知此计，独有诸葛亮识见胜我，想此谋亦不能瞒也。子敬试以言挑之，看他知也不知，便当回报。"

周瑜巧用借刀杀人之计，除去了自己的心腹大患蔡瑁、张允，令曹操后悔莫及。

第四计 以逸待劳

[原文]

困敌之势，不以战。损钢益柔。

[译文]

使敌人处于困难的局面，不一定采取直接进攻的手段，可以根据刚柔相互转化的原理，实行积极防御，逐渐地消耗、疲惫敌人，使它由强变弱，我方就自然会变被动为主动。

[计名由来]

以逸待劳，语出《孙子·军争篇》："故三军可夺气，将军可夺心。是故朝气锐，昼气惰，暮气归。故善用兵者，避其锐气，击其惰归，此治气者也。以治待乱，以静待哗，此治心者也。以近待远，以佚（同"逸"）待劳，以饱待饥，此治力者也。"又，《孙子·虚实篇》："凡先处战地而待敌者佚（同"逸"），后处战地而趋战者劳。故善战者，致人而不致于人。"原意是说，凡是先到战场而等待敌人的，就从容、主动，后到达战场的只能仓促应战，一定会疲劳、被动。所以，善于指挥作战的人，总是调动敌人，而决不会被敌人调动。

[古今战例]

晋军殽山败强秦

春秋时期，秦穆公不顾上大夫蹇叔和老臣百里奚的再三劝告，不远千里去进攻晋国东面的郑国。这一次东征，秦穆公派百里奚的儿子孟明视、蹇叔的儿子西乞术和白乙丙三人为将。出发前，蹇叔哭着告诫儿子："我看着你们出发，再也看不到你们回来了。这次远征，晋国人一定在殽山截杀你们。殽山有两座山，那南边的山是夏帝皋的坟墓；那北边的山，是周文王避风雨的地方。你一定死在这中间，我到那里收你的尸骨吧。"

孟明视率秦军进入滑国地界向郑国疾进，忽然有人拦住去路，说他是郑国派来的使者，要见秦军主将。孟明视大惊失色，连忙接见"使者"。"使

弦高

者”说:“我叫弦高，我们的国君听说三位将军要到郑国来，特派我送上四张熟牛皮和十二头肥牛来犒赏贵军将士。”说罢献上熟牛皮和肥牛。

孟明视原来打算去偷袭郑国，现在一听郑国已知道了他们来袭击的消息，只好收下牛皮和肥牛，敷衍了弦高几句，灭掉滑国，班师回国。

其实，弦高不过是个牛贩子，他在滑国遇到孟明视，发现秦军的企图纯属偶然。弦高用计骗得孟明视相信后，连夜派人回郑国报告消息去了。

晋国得知秦军远袭郑国的消息，十分愤怒。如今见秦军无功而返，不愿意错过消灭秦军生力军的机会，在东殽山、西殽山之间和殽陵关裂谷两侧的高地设下埋伏，专等秦军进入“口袋”。

公元627年4月13日，疲惫不堪的秦军从滑国返归本国，抵达殽山。殽山地形险恶，山路崎岖狭窄，特别是东、西殽山之间，人走都很吃力，车马行进更是难上加难。西乞术望着险峻的山岭，不安地对孟明视说:“临出发时，父亲再三警告我，过殽山要小心，说晋人肯定会在这里设下埋伏，消灭我们。我们的队伍拉得太长，再不收拢一些，就很危险了！”孟明视叹道:“我何尝不想这样做？只是道路太窄，做不到啊！”

孟明视率领部队小心地进入山谷，突然，金鼓齐鸣，一支强悍的异族部队率先杀出。原来，这是晋国南部羌戎的兵马，羌戎是晋国的附庸，一直听从晋国的调遣。随后，在晋襄公的亲自指挥下，晋军大将先轸率晋军一拥而出，以排山倒海之势将秦军分割、包围、消灭，孟明视、白乙丙、西乞术三人都成了晋军的俘虏。

晋楚城濮之战

公元前632年的晋楚城濮之战，是春秋时期晋、楚两个诸侯国争霸中原的一次战争。在这场战争之初，楚国的实力强于晋国，而且楚国有许多盟国，声势浩大。城濮之战以楚国出兵攻宋，宋成公派人来晋求救为引子展开。但晋国并不靠近宋国，远道救宋，必须经过楚国的盟国曹、卫，形势于晋不利。可是，晋军制定了正确的战略战术，运用谋略争取了齐、秦两个大国的援助，取得了“伐交”“伐谋”方面的优势，最终击败了楚军，争得了中原霸主的地位。城濮之战中晋军的胜利，不胜在实力，而胜在谋略。

晋赵衰妻

晋文公为公子的时候，与赵衰一同出奔狄。回国后晋文公便将自己的女儿嫁与赵衰。

春秋时期，地处江汉之间的楚国日益强盛，它控制了西南和东面的许多小国和部落。齐桓公死后，齐国内乱，霸业衰落，这时楚国乘势向黄河流域扩展，控制了鲁、宋、郑、陈、蔡、许、曹、卫等小国。公元前638年，楚军在泓水之战中打败了宋襄公，开始向中原发展，期望成就霸业。

正当楚国图谋中原称霸之时，在今天的山西西南的晋国也逐渐强盛起来。公元前636年，流亡在外十九年的晋公子重耳在秦国的帮助下回国即位，称晋文公。晋文公即位后，实施一些改革措施和外交活动，逐步具备了争夺中原霸权的强大实力。

早在晋文公即位的那年，周襄王遭到他兄弟叔带勾结狄人的攻击，王位被夺。文公及时抓住了这个尊王的好机会，平定了周室的内乱，护送周襄王回到洛邑。襄王以文公勤王有功，便赐以阳樊、温（今河南温县西）、原（今河南济源西北）等地。晋文公遂命赵衰为原大夫，狐溱为温大夫，经营这一对争霸中原有战略意义的地区。由于晋文公抓住了“尊王”这块招牌，在诸侯中的地位大为提高。晋国势力的迅速发展，引起了楚国的不安。楚国急于想阻止晋国的进一步向南发展，而晋国要想夺取中原霸权，就非同楚国较量不可。因此，晋、楚之间的矛盾日益尖锐起来。

公元前634年，鲁国因和莒、卫两国结盟，几次遭到齐国的进攻，便向楚国请求援助。而宋国因在泓水之战中被楚国击败，襄公受伤而死，不甘心对楚国屈服，看到晋文公即位后晋国实力日增，也就转而投靠晋国。楚国为了保持其中原的优势地位，便出兵攻打齐、宋，并借以制止晋国的向南扩展。晋国也正好利用这一机会，以救宋为名，出兵中原。这样，晋楚两国的军事交锋便不可避免地发生了。

公元前633年冬，楚成王率领楚、郑、陈、蔡等多国军队进攻宋国，围困宋都商丘；宋国的司马公孙固到晋国告急求援。于是文公和群臣商量是否出兵及如何救宋。大夫先轸力劝晋文公出兵救宋，他认为，救宋既能够"取威定霸"，又报答了以前晋文公流亡到宋国时，宋君赠送车马的恩惠。但是宋国不靠近晋国，劳师远征救宋，必须经过楚国的盟国曹、卫；而且楚军实力强大，正面交锋也恐怕难以取胜。晋国的狐偃针对这一情况，建议晋文公先攻曹、卫两国，那时楚国必定移兵相救，那样宋之围便可解除。晋文公采纳了这一建议。尽管如此，晋国感到真正的敌人是楚国，要对付如此强大的敌人，必须进行较充分的准备。晋国按照大国的标准，扩充了军队，任命了一批比较优秀的贵族官吏出任军队的将领。

经过一段时间的准备，晋文公于公元前632年1月，将军队集中在晋国和卫国的边境上，借口当年曹共公侮辱过他，要求假道卫国进攻曹国，遭到卫国拒绝。晋文公迅速把军队调回，绕道从现河南汲县南黄河渡口渡河，出其不意地直捣卫境，先后攻占了五鹿及卫都楚丘，占领了整个卫地。晋军接着又向曹国发起了攻击，三月间，攻克了曹国都城陶丘（今山东定陶），俘虏了曹国国君曹共公。

晋军攻占了曹、卫两国，但楚军却依然用全力围攻宋都商丘，宋国又派门尹般向晋告急求救。晋文公开始感到左右为难了。不出兵救宋吧，宋国国力不支，一定会降楚绝晋；出兵吧，自己兵力单薄，没有必胜的把握，何况直接与楚发生冲突，会背忘恩负义之名。（文公当初流亡路过楚国时，楚成王招待他非常周到，不仅留他住了几个月，最后还派人护送他到秦国。）这时，先轸分析了楚与秦、齐两国的矛盾，建议让宋国表面上同晋国疏远，然后由宋国出面，送一份厚礼给齐、秦两国，由他们去请求楚国撤兵，晋国则把曹共公扣押起来，把曹、卫的土地赠送给宋国一部分。楚国同曹、卫本是结盟的，看到曹、卫的土地为宋所占，必定会拒绝齐、秦的劝解。这样楚国就将触怒齐、秦，他们就会站在晋国一边，出兵与楚作战。晋文公对此计十分赞赏，且马上施行。楚国果然上当中计，拒绝了秦、齐的调停。而齐、秦见楚国不听劝解，大为恼怒，便出兵助晋。齐、秦的加盟，使晋、楚双方的力量对比发生了根本性的变化。

楚成王看到齐、秦与晋联合，形势不利，就令楚军从前线撤退到楚地申，以防秦军出武关袭击它的后方。同时命令戍守谷邑的大夫申叔迅速撤离齐国，命令尹子玉将楚军主力撤出宋国。子玉对楚成王回避晋军很不满意，他对成王说："你过去对晋侯那么好，他明明知道曹、卫是楚的盟国，与楚的关系密切，而故意去攻打它，这是看不起你。"楚成王说："晋侯在外流亡了十九年，遇到很多困难，而最后终于能够回国取得君位，他尝尽艰难，充分了解民情，这是上帝给他的机会，我们是打不赢他的。"但是子玉却骄傲自负，听不进楚成王的劝告，仍要求楚王允许他与晋军决战，并请求增加兵力。楚成王勉强同意了他的请求，但不肯给他多增加兵力，只派了少量兵力去增援他。于是，子玉以元帅身份向陈、蔡、许、郑四路诸侯发出命令，相约共同起兵。他的儿子也带了六百家兵相随。子玉自率中军，以陈、蔡二路兵将为右军，许、郑二路兵将为左军，风驰雨骤，直向晋军扑去。

楚成王

子玉逼近晋军后，为了寻求决战的借口，派使者宛春故意向晋军提出了一个"休战"的条件：晋军必须撤出曹、卫，让曹、卫复国，楚军则解除对宋都的围困，从宋国撤军。中军元帅先轸提出一个将计就计的对策：以曹、卫与楚国绝交为前提，私下答应让曹、卫复国；同时，扣押楚国的使者，以激怒子玉来战。晋文公采纳了他的计策。子玉得知曹、卫叛己，使者又被扣，便恼羞成怒，倚仗着楚国的优势兵力，贸然带兵扑向晋军，打算决战。

晋文公见楚军来势凶猛，就命令晋军后撤，以避开它的锋芒。有些将领不理解文公的意图，问文公："没有交手，为什么就后退呢？"文公说："我以前在楚的时候曾对楚王说过，如果晋楚万一发生了战争，我一定退避三舍。我是遵守诺言的。"实际上，晋军的"避退三舍"，是晋文公图谋战胜楚军的重要方略。晋军“避退三舍”（九十里）后，退到了卫国的城濮，这里距离晋国比较近，后勤补给、供应方便，又便于齐、秦、宋各国军队会合；在客观上，“避退三舍”也能起到麻痹楚军、争取舆论同情、诱敌深入、激发晋军士气等多重作用，将晋军的不利因素变为了有利因素，为夺取决战胜利奠定了基础。

晋军退到城濮停了下来。这时，齐、秦、宋各国的军队也陆续到达城濮和晋军会师。晋文公检阅了军队，认为可以与楚军决战。这时，楚军追了九十里也到达城濮，选择了有利的地形扎下营。随后就派使者向晋文公挑战。晋文公很有礼貌地派了晋使回复子玉说：“晋侯只因不敢忘记楚王的恩惠，所以退避到这里。既然这样仍得不到大夫（指子玉）的谅解，那也只好决战一场了。”于是双方约定了开战的时间。

公元前632年4月4日，晋楚两军决战开始。晋军针对楚军中军强大、左右翼军薄弱的部署特点，和楚军统帅子玉骄傲轻敌、不谙虚实的弱点，发起了有针对性的攻击。晋下军佐将胥臣把驾车的马蒙上虎皮，出其不意地首先向楚军中战斗力最差的右军——陈、蔡军进攻，陈、蔡军遭到这一突然而奇异的进攻，惊慌失措，弃阵逃跑，楚右翼就这样迅速崩溃了。

晋军同时也把进攻的矛头指向楚左军。晋上军主将狐毛在指挥车上故意竖起两面镶有彩带的大旗，非常醒目，远远就可望见。狐毛和许、郑联军一接触，就故意败下阵来。在逃跑时，在车的后面拖了很多树枝，树枝刮起的尘土，遮天蔽日，给在高处观阵的子玉造成了错觉，以为晋军溃不成军了，于是急令左翼部队奋勇追杀。晋中军元帅先轸等见楚军已被诱至，便指挥中军横击楚军，晋上军主将狐毛回军夹击楚左军。楚左军退路被切断，陷入重围，基本就歼。子玉见左右两翼军都已失败，急忙下令收兵，才保住中军，退出战场。城濮之战最终以晋胜楚败而告终。

第五计 趁火打劫

[原文]

敌之害大，就势取利，刚决柔也。

[译文]

敌方出现严重危机，就要乘机出兵夺取胜利，这就是强者趁势取利，一举打败处于危境之敌的策略。

[计名由来]

本计出自《孙子兵法》“乱而取之”的思想，计语最早见于明代吴承恩的小说《西游记》中。唐玄奘法师离开大唐国，往西天取经。一天晚上，他和大弟子孙悟空来到一座庙中投宿。这座庙有上下房间共七十多间，僧客二百多人。庙中老方丈命人敬茶。闲谈间，问唐僧有何宝物，可以让他开开眼。于是，悟空把带来的袈裟拿出来炫耀。方丈一见，顿生歹念，假托老眼昏花，看不清楚，要求当夜借袈裟到后房仔细观看。方丈就这样骗得了袈裟。晚上，方丈和手下僧人商议，将禅堂放火烧毁，把睡在里面的师徒两人一起烧死，以便将袈裟据为己有。可晚上悟空并未睡着，方丈的阴谋被他听到了，便变成一只小蜜蜂飞出禅堂，一个跟头翻进南天门，向广目天王借到“避火罩”，回去罩住了唐僧和白马。到了半夜，和尚们果然放火烧禅堂，火愈烧愈旺，把观音院烧得通红，惟有唐僧所在禅堂安然无恙。这时，观音院正南面一座山，有一个黑风洞，洞中妖怪被火光惊醒，他与观音院长老素有交情，便纵起云头去帮众僧救火。火光中，见前后大殿被烧成断垣残壁，惟有方丈案上有一青色包袱，里面透

悟空大闹金岘洞

出一道道霞光彩气，打开一看，是一件袈裟，乃佛门宝贝。妖怪一见此宝，救火之意顿失，拿着袈裟，趁火打劫，驾着黑云，径直回到了黑风洞。

本计的基本思想早在《孙子兵法》一书中就作了如下叙述：乱而取之。

唐代文学家、诗人、军事理论家杜牧，也曾对此语作注释："敌有昏敌，可以乘而取之。"

[古今战例]

勾践卧薪尝胆趁火打劫灭吴国

公元前494年，吴王夫差兴倾国之兵，取水道伐越。吴、越两军在夫椒（今太湖椒山）会战，吴国一举打败越国军队。勾践带领五千余残兵败将逃于会稽山上，遂被夫差以重兵围困。在万般无奈之际，勾践只好接受文仲"卑辞厚礼"向吴求和的建议，演出了一场韬略的戏剧。

为了取信于吴王，勾践先派文仲携带美女宝器，贿赂了夫差的宠臣伯，让伯在夫差面前进言，允许越国求和；随后带上妻子和范蠡等人，作为人质，来到吴国首都会稽，在夫差先父阖闾大墓旁的石屋里，为夫差当马夫。勾践精心侍奉夫差，夫差每次外出，都由勾践牵马；夫差病了，勾践不但送茶送饭，端屎端尿，而且口尝夫差拉下的粪便，以确诊其病情的阴阳寒热。勾践的行动，终于赢得了夫差的信任，于公元前491年将他释放回越国。

勾践夫妇戮力事吴

勾践当着夫差的面，忠心耿耿，忍屈受辱，但骨子里却雄心未泯，时刻不忘复仇大业。他返回国后没有回到王宫，而是到农民中间询问疾苦，与有才之士共商大计。为了鞭策自己，他卧薪尝胆，过着普通百姓的生活，励精图治，为富国强民煞费心机。同时他年年向吴国进贡，还命大臣挑选、训练了西施等绝色佳人送给夫差，以麻痹吴国对越国的戒备。就这样，勾践双管齐下，使吴国放松警惕，也使本国日渐振兴。

后来，吴国名将伍子胥被杀害，国内又遭严重旱灾，连螃蟹、水稻都干死了，国内一片混乱的景象，百姓怨声四起。恰在这时，吴王夫差又北上，和中原各国诸侯在黄池盟会，国内空虚。越王勾践趁火打劫，亲自率兵数万，彻底打败了吴国。吴王夫差被困在阳山，最后掩面自杀。

越王勾践从失败中吸取教训，忍辱负重二十年，又能在夫差得意忘形之际，适时抓住机会趁火打劫，一举消灭了吴国。此举堪称多计并用，也是趁火打劫之计的妙用，毕竟这场“火”让勾践等了二十年。

曹操趁乱定河北

公元 202 年，袁绍自从官渡大败之后，羞愧愤恨，发病吐血不止。5 月，袁绍去世。袁绍有三子：袁谭、袁熙、袁尚。因为袁绍更喜欢三子袁尚，所以一直未决定由谁作继承人。袁绍死后，三子各守一方，袁绍手下假传遗命，奉袁尚做继承人。袁谭自青州赶来奔丧，未能夺位，就自称车骑将军，驻军黎阳。袁尚拨给袁谭少许兵士，还派逢纪随军前去监视袁谭。袁谭大怒，杀死逢纪。9 月，曹操渡守黄河，进攻袁谭。袁谭向袁尚求救，袁尚留审配守邺城，亲自率军去救袁谭，与曹军对抗。两军交战数次，袁谭、袁尚连续失败，只好退守营寨。

公元 203 年，曹操进攻黎阳，与袁谭、袁尚在黎阳城下展开大战，袁军败走，退回邺城。4 月，曹操大军追到邺城，收割了邺城周围田地里的小麦。曹军将领都提出要乘胜攻打邺城，郭嘉建议先南下取荆州，等待袁氏兄弟内讧，再行进攻。曹操于是回到许都，留部将贾信驻守黎阳。

果不其然，不久后，袁谭与袁尚便因为利益问题内讧起来。袁谭率军进攻袁尚，在邺城门外大战起来，袁谭战败，率军退回南皮。刘表写信分别劝解两人，希望他们以大局为重，但是两人根本不听劝。袁谭无法，只好向曹操求救。曹操本来是想去攻打荆州刘表的，现在看到这种情势，决断不下。曹操部下官员多认为刘表势大，应当先消灭刘表，袁谭、袁尚自相残杀，不足忧虑。但辛毗说现在整个形势变化可以看出袁氏兄弟已经势穷力竭，目前正是消灭他们的最好时机。而荆州地区百姓安居，官府富强，去攻打荆州，得不了什么好处。所以目前还是解决眼前问题，赶紧将袁氏灭了，巩固自己在黄河以北的势力。曹操于是答应出兵援助袁谭。

10月，曹操进军到黎阳。袁尚听到曹军渡过黄河的消息，解除对平原的包围，撤回邺城。袁尚部将吕旷、高翔背叛袁尚，投降曹操。袁谭又暗

袁谭袁尚争冀州

中刻好将军的印信，送给吕旷、高翔。曹操知道袁谭并非真心归降，便为儿子娶袁谭的女儿为妻，以安袁谭之心，然后，曹操班师回朝。

公元 204 年，曹操围攻邺城，8 月城破，审配被杀。

曹操围攻邺城时，原已归降曹操的袁谭又背叛曹操，攻取甘陵、安平、勃海、河间等地。袁谭又进攻据守中山的袁尚，袁尚抵挡不住，败走故安，投奔幽州刺史袁熙。袁谭将袁尚的残部全部收编，回军驻扎龙凑。曹操写信给袁谭，责备他违背誓约，与他断绝婚姻关系，把已嫁入曹家的袁谭女儿送回后，出军讨伐袁谭。12 月，曹军到达其门，袁谭自平原撤出，退守南皮，在清河沿岸布防。曹操进入平原，派军占领周围诸县。

公元 205 年春季，正月，曹操进攻南皮，袁谭率军出战，曹军伤亡惨重。曹操准备稍微减缓攻势，议郎曹纯说："如今，咱们孤军深入，难以持久，如果进不能攻克敌城，一后退就会大损军威。"曹操于是亲自擂动战鼓，命令部下猛攻，遂攻陷南皮。袁谭出逃，被曹军追上，杀死。

袁熙受到他自己部将焦触、张南的攻击，与袁尚一起投奔辽西郡的乌桓部落。

公元 207 年，曹操出兵征讨乌桓，曹操出奇兵，乌桓大败。

辽东单于速仆丸与袁尚、袁熙投奔辽东郡太守公孙康，跟随他们的还有数千名骑兵。有人劝曹操乘势追击，曹操说："我将使公孙康送来袁尚、袁熙的人头，不必再劳师动众。"9 月，曹操率大军从柳城班师。公孙康想要杀死袁尚、袁熙，作为对朝廷立下的功劳，于是先埋伏精兵在马厩中，然后请袁尚、袁熙进来，他们还没来得及入座，公孙康召出伏兵，把他们捉住。于是斩杀袁尚、袁熙，连同速仆丸的人头一起送给曹操。将领中有人问曹操："您已退军而公孙康杀死袁尚、袁熙，这是为什么？"曹操说："公孙康一向畏惧袁尚、袁熙，我如果率军急攻，他们就会合力抵抗；稍一缓和时就会自相残杀，是形势使他们这样做的。”曹操把袁尚的头颅悬挂起来示众，号令三军：“有敢哭丧的，处斩！”牵招却独自祭奠，放声悲哭，曹操认为他是忠于故主的义士，推荐他为茂才。曹操从此平定了北方。

袁氏兄弟在袁绍死后，不齐心协力一致对外，反而自相残杀，曹操因此得以乘虚而入，趁火打劫，消灭了袁氏。

李自成乘机而入破洛阳

明朝末年，老百姓生活在水深火热之中，纷纷揭竿而起。公元 1640 年 7 月，张献忠率领农民起义军攻入四川，明朝主力大军全部入四川围剿，河南一带的防务变得十分脆弱。农民起义军领袖李自成趁此机会迅速壮大了自己的力量，并且连续取得攻克宜阳、偃师、新安等城池的胜利。

宜阳、偃师和新安属豫西重镇洛阳的外围。明朝福王朱常洵就住在洛阳。朱常洵的母亲是神宗朱翊钧的爱姬，朱翊钧爱屋及乌，对朱常洵也格外宠爱，把大量金银财物赏赐给朱常洵。朱常洵金银无数，却异常吝啬，不但洛阳城的百姓怨恨他，就是他府中的兵丁对他也时有不满。官府的军队大多抽调入四川去平定张献忠，洛阳城中已无多少将士，因此，洛阳城在这个特殊的时刻，变成了一座“兵弱而城富”的重镇。

李自成当然不会轻易放过攻取洛阳城的大好机会。公元 1641 年正月，李自成率起义军兵临洛阳城下，拉开了攻城的序幕。

生死关头，福王朱常洵竟只顾自己，调集亲兵保护府库，对于城头上的战事不闻不问。守城将领一再要求朱常洵发放银两，犒赏守城士卒，朱常洵狠心才拨出了三千两白银，可是，区区三千两白银还被总兵王绍禹等人吞没了。朱常洵忍痛又拨出一千两。士兵们因分配不均而争斗不止，最后竟发展成兵变。士兵们将兵备道王允昌捆绑起来，将城楼烧毁，又大开北门，迎接起义军入城。总兵王绍禹见大势已去，仓皇跳城逃命，福王也企图缒城逃跑，但没跑多远，就被起义军抓获。起义军打开福王粮仓赈济城内老百姓，举城一片欢腾。

李自成只用极小的代价就轻易地夺取了洛阳城。

第六计 声东击西

[原文]

敌志乱萃，不虞，坤下兑上之象。利其不自主而取之。

[译文]

敌方指挥不当，已经陷入不能继续作战的厄境，犹如水位暴涨，随时有溃决之险，败局已定。要利用敌方失去控制力的时机将其消灭。

[计名由来]

“声东击西”一词是逐步形成的，其思想可见于许多古籍。

“欲其西，袭其东。”（吕尚《六韬·文韬·兵道》）

“今荆人起兵将攻齐，臣恐其攻齐为声，而以袭秦为实也。不如备之，戍东边。荆人辍行。”（《韩非子·说林上》）

“声言击东，其实击西。”（杜佑《通典·兵典》）

“凡战，所谓声者，张虚声也。声东而击西，声彼而击此，使敌人不知其所备。则我所攻者，乃敌人所不守也。”（刘基《百战奇略·声战》）

[古今战例]

刘邦声东击西制韩信

韩信为人有智谋，又善于带兵，为刘邦夺取天下立下了赫赫战功。他明修栈道、暗度陈仓，平定三秦之地；井陉口背水列阵，擒赵王歇；声东击西袭安邑，擒魏王豹；不战而屈人之兵降燕地；灭齐国，擒杀齐王田广；垓下十面埋伏，大败项羽。

刘邦定天下以后，对身边这些劳苦功高的将领起了疑心，一旦他们起兵造反，自己辛苦得来的江山即将不保。于是刘邦便找借口将这些功臣陆续杀害。刘邦曾三次将韩信的兵权夺回，使之失去权力而在刘邦的严格控制之下。三擒韩信，乃至最后杀掉韩信，刘邦和吕后用的都是声东击西之计，以必攻示不攻阴而取之的手法。一而再，再而三，刘邦屡屡使用，韩信屡屡中计。

第一次，驰营夺兵权。

刘邦拜韩信为大将，与项羽争天下。项羽英勇善战，刘邦屡战屡败。这时派韩信去攻魏，又派韩信和张耳北举燕、赵，东击齐，南绝楚粮道。韩信先破代国，转攻赵国，又背水一战，大破赵军。韩信镇抚赵地，以所长逼燕、齐，使他们望风而服。韩信请示刘邦，立张耳为赵王，镇抚赵国。刘邦同意，并以韩信为赵丞相，共镇赵地。刘邦自己此时损失惨重，急需补充兵力，韩信这方刚好兵强马壮。而韩信虽归刘邦节制，但现在也是独占一方的强者，强行征发他的军队，很可能促使他反叛。所以刘邦趁韩信、张耳不备，直到他们住处，夺得他们的军符印信，调遣起军队来。等韩信、张耳起床，军权已失，不得不前来请安。刘邦借机将他们打发回赵国，让张耳留守赵国，韩信带赵的余兵去攻打齐国。

刘邦身在成皋，离韩信军营尚远，此为声东；清晨至营，诈称汉使，守门军士不会因此等事情叫醒主帅，此亦声东；入门即夺兵符印信，迅速调兵遣将，掌握主动权，乃是击西。声东示之不攻，击西乃是必攻，此即是刘邦高于韩信之处。

第二次，奔袭再夺军。

韩信受命率赵余军去攻打齐国，项羽派大将龙且来援齐，韩信乘其半渡而破之，杀龙且，收楚卒，兵势大盛，乘势平定齐国。

项羽

韩信自以为功高，乃向刘邦请示，立他为假齐王。当时刘邦正被楚军困于荥阳，见到韩信的书信，不由大怒。张良和陈平劝刘邦以大局为重，假意安抚韩信。刘邦于是派张良带印信立韩信为齐王，并征发其兵击楚。

此时韩信拥有重兵，独占山东之地，连项羽也派武涉前来游说。然韩信以刘邦待他优厚，不肯背叛。韩信虽不忍背叛刘邦，但对刘邦还是有所防备，不肯轻易率军出齐地。公元前202年，刘邦追击项羽至固陵（今河南太康县），韩信的齐军，彭越的魏军，观望不前，项羽反击，大破汉军，刘邦只有坚壁自守。二人不来，难以胜楚，刘邦很是忧虑。这时，张良献计，以破楚所得之地和王号诱二人前来会师，大败楚军，将项羽困在垓下。项羽兵败，自刎乌江，楚地悉定。战胜项羽，全军都沉浸在欢乐之中，韩信也被加封。孰料，刘邦借回师之际，驰入韩信军中，将其军权夺下。失去指挥权的韩信，只好随刘邦前去，刘邦以其有功，也不便处置，便将他改封楚王。

第三次，吕后斩韩信。

公元前 197 年，代相陈豨反叛，刘邦亲自率军往征，韩信正在病中，不能随征，留在长安。据史载，韩信准备与陈豨里应外合，“谋与家臣夜诈诏赦诸官徒奴，欲发以袭吕后、太子；部署已定，待豨报。其舍人得罪于信，信囚，欲杀之。舍人弟上变，告信欲反状于吕后”。此事真假，颇值得怀疑，但韩信怨望，应是存在的。吕后知韩信欲反，急与丞相萧何谋议。

萧何闻变，即令人诈从刘邦处来，传言陈豨已被刘邦擒获而斩杀。这样大的捷报，朝廷文武及诸侯应该到皇宫祝贺。此时韩信正在病中，原本可以请病不来。这时，萧何便对韩信说：“虽疾，强入贺。”萧何是韩信的恩人，他的话当然使韩信不疑。于是，韩信也来宫中祝贺，吕后派武士将韩信抓获，秘而不宣地斩在宫中。利刃加颈，韩信想起当初在齐国为王之时，不听蒯通所言，三分天下，鼎足而居，时至不行，反受其殃等劝说，长叹道：“吾悔不用蒯通之计，乃为儿女子所诈，岂非天哉！”

此次吕后杀韩信，用的也是声东击西之计。萧何诈称陈豨被擒杀，是按韩信与陈豨内外勾结而设的谋略。陈豨被杀，先断韩信的外援，又取得祝贺之名，是为声东；再借自己与韩信的知遇关系，请其必来，是为声东之助。既断其援又释其疑，韩信入宫，立即擒杀，击西目的完成。秘而不宣，趁势夷韩信三族，除其党羽，使无后患。环环相扣，可谓老谋深算，获胜而无咎也是必然的。

李隆基声东击西成帝业

武则天被推翻以后，太子李重俊谋诛韦后未遂，韦后杀死中宗，玄宗杀了韦后而拥立睿宗，睿宗以圣庶抗嫡的名义换玄宗为太子，谯王李重福洛阳谋乱未遂，睿宗禅位玄宗，玄宗诛杀太平公主而移睿宗于百福殿，在短短的八年半时间内，先后发生了七次宫廷事变。在这七次宫廷事变中，有四次与玄宗有关，他在宫廷政变中很好地发挥了声东击西的作用。

李隆基

先是韦后想谋害中宗，仿效武则天改朝换代，但恐李姓诸王生变，将在外的诸王大多召回京师，李隆基也在此行列。他不甘任人宰割，“阴聚才勇之士”，准备待机行动。韦后与太平公主失和，李隆基早已侦知，他与太平公主之子薛崇简等相谋，想取得太平公主及其死党的支持。就在此时，韦后等谋害李隆基的父亲李旦的谋划已定，兵部侍郎崔日用派人告密。为了不至于被政敌消灭，也为了使政敌措手不及，李隆基决定马上发动政变。这样大的事情，按常理应该通知其父李旦和太平公主。李隆基以“事成福归于王（其父），不成以身死之，不以累王”为名，率所联络的羽林军所辖的“万骑”，攻入长安宫的玄武门，杀韦后、安乐公主、上官婉儿等，灭其党羽，废李重茂，拥立其父李旦为帝，是为睿宗。这次太平公主与李隆基共诛韦后，拥立睿宗，可谓功高权大。

睿宗即位，议立太子，犹豫不决。长子李成器在权衡利弊之后，自知李隆基握有实权，又有文武大臣阿附，难以与之抗衡，便以“时平则先嫡长，国难则归有功”为名，“涕泣固让”。隆基终于得到太子的位置。

睿宗优柔寡断，军政大权实际上握在太平公主和李隆基手中。太平公主以为李隆基年轻，容易控制，但后来发现他非常有主见，于是十分后悔，想要除去李隆基，另扶傀儡。

李隆基在权衡利弊之后，便悄悄地行动起来。他先让术者向睿宗说：“五日中当有急兵入宫。”以使怕事的睿宗难以处置。然后让张说、姚崇对睿宗说：“此必谗人欲离间东宫。愿陛下使太子监国，则流言自息矣。”连吓带哄，使睿宗命太子监国。李隆基借此得到更多的权力，以期得到与太平公主抗衡的实力。当太平公主得知姚崇、宋璟参与此谋，责备李隆基时，李隆基因实力尚不如之，便顺从太平公主之意，奏他们“离间姑、兄，请从极法”，将二人贬官在外，进而安抚了太平公主，使她放松警惕，而暗中发展势力。这是李隆基第一次成功地使用声东击西之计，以不然为必然争而胜之的手法。

太平公主见李隆基忍让，便大肆援引心腹充当宰相，力争在多名宰相中占有多数，以便掌握政事。而李隆基却不动声色地将羽林军控制在手，掌握应变的基本力量。

公元712年秋7月，正好彗星临近地球，这本是自然现象，可在当时却是与国家政事有关的灾变。借此机会，太平公主使术士言："彗所以除旧布新，又帝座及心前星皆有变，皇太子当为天子。"欲使睿宗怀疑太子抢班夺权，借机鼓动睿宗废掉李隆基。不想睿宗却说："传德避灾，吾志决矣。"这是太平公主忽略睿宗久受磨难，胆小怕事的弱点，以天变为辞，正是逼睿宗传位与李隆基。事情发展至此，太平公主及其党力谏也不能挽回。太平公主只好求其次，"劝上虽传位，犹宜自总大政"。所以睿宗下诏："三品以上除授及大刑政决于上皇，余皆决于皇帝。"

当时有七名宰相，五名出于太平公主之门，太平公主仍掌握重权，睿宗虽为太上皇，但大权不下放，李隆基仍受到掣肘。以现在形势来看，太平公主所把持大权的后台是睿宗，李隆基想办法收回太上皇的权力应该是必然的，因为只有如此，才能夺回主动权；太平公主的党羽遍布内外，除之不易，应是不可妄动之事。然而，太平公主身在不安的地位，肯定会采取夺权行动，这将威胁李隆基的地位。故决定李隆基命运的关键是太平公主及其党羽。

太平公主及其死党谋废立的事实已见端倪，李隆基尚为大权不在手而犹豫不决。这时，荆州长史崔日用前来奏事，顺便进言："太平谋逆有日，陛下住在东宫，犹为臣子，若欲讨之，须用谋力。今既光临大宝，但下一制书，谁敢不从？"促使李隆基下定决心。

公元713年秋7月，李隆基开始采取行动。他先发羽林"万骑"兵，肃清禁军的异己分子，然后再杀太平公主门下诸宰相，赐令太平公主自杀，将太上皇迁往百福殿，收回所有权力。自此以后，李隆基才成为名副其实的皇帝，先后任命姚崇、宋璟、张嘉贞、张九龄等为宰相，针对当时的弊政，进行一些改革，大唐王朝开始走向盛世。

第七计 无中生有

[原文]

诓也，非诓也，实其所诓也。少阴、太阴、太阳。

[译文]

用假情况蒙骗敌人，但不是弄假到底，而是要巧妙地由虚变实，以各种假象掩盖真象，迷惑敌人，给以出奇不意的攻击。

[计名由来]

本计语出自中国古代哲学家老子《道德经》第40章："天下万物生于有，有生于无。"老子揭示了万物的有与无相互依存、相互变化的规律。我国古代军事家尉缭子把老子的辩证法思想运用到军事上，进一步分析虚无与实有的关系。《尉缭子·战权》中说："战权在乎道之所极，有者无之，安所信之？"主张以无的假象迷惑敌人，乘敌人对"无"习以为常之际，化无为有，化虚为实，出其不意，打击敌人。

[古今战例]

武则天生事陷害王皇后

武则天本是太宗的才人，与时为太子的高宗交好。太宗死后，她又被高宗接纳，宠信不已。武则天自知地位卑微，对皇后恭敬有加。起初王皇后为挟制萧淑妃，与她交好。不料武则天将高宗迷倒，很快被封为昭仪，此后，其他嫔妃逐渐失宠。王皇后心中懊恼，便与萧淑妃联手，共斗武昭仪。武昭仪对皇后的做法十分担心，决定先下手为强。

公元654年10月，武昭仪生了个女孩，王皇后很喜欢，到昭仪宫中看玩。武昭仪盘算定当，等王皇后一走，残忍无情地扼死了亲生女儿，然后再给死婴盖上被子。高宗来了，武昭仪承欢言笑了一会儿，就揭开被子，装作突然发现死婴，假意啼哭起来，并问左右有谁来过。左右都说："皇后刚刚来过。"高宗听了，勃然大怒，说："皇后杀了我的女儿！"武昭仪乘机大进谗言，于是高宗决意废王皇后。

武则天像

当时废后是一件大事，高宗的做法招致群臣反对。武则天心中郁闷，只得找其他机会除去王皇后。武则天命心腹宫女准备了一个木偶，上写高宗姓名与年庚八字，悄悄埋在王皇后宫中，然后便去报告高宗。高宗挖得木偶，不由大骂王皇后。他不听王皇后分辩，也不顾大臣反对，准备一意孤行，要废王皇后。公元655年6月，高宗在武昭仪蛊惑下，废去王皇后，武昭仪又引许敬宗、御史大夫崔义玄、中丞袁公瑜、中书侍郎李义府为腹心，在朝臣中为她活动。

10月，高宗下诏说：王皇后、萧淑妃谋行鸩毒，废为庶人。她们的母亲及其兄弟都除名，流放岭南。第七天诏立武昭仪为皇后。11月初一，举行册立仪式，武后从此走上了中国的历史舞台。

张巡无中生有奇智应机

唐玄宗天宝年间，安禄山、史思明反叛朝廷，酿成涂炭万民的“安史之乱”，真源（今河南鹿邑）县令张巡率兵勤王，召集各地兵马，抗击安禄山，阻止叛军西进。

雍丘（今河南杞县）县令令狐潮叛降安禄山，被张巡等人攻破雍丘，张巡率不足三千人马占据雍丘。不久，令狐潮又纠合四万人马，反围雍丘。张巡几次出兵，虽将令狐潮的人马击败，但他手中的箭矢却消耗将尽。为此，张巡十分焦急。当年诸葛亮“草船借箭”的故事启发了他，于是，他立即下令搜集城中稻草，扎成一千多个草人，穿上黑衣。到了晚上，张巡命士兵用绳子将草人拴住吊下城去。令狐潮发现后，以为张巡率兵出城夜袭，但又不敢贸然进攻，慌忙下令射箭，同时调遣部队准备迎敌。叛军得令，争相发箭，一时间箭如雨下。后来，令狐潮见张巡的部队爬上吊下十分忙碌，心生疑虑，仔细观察，方才觉得上了大当，急令停止射箭，而这时张巡那里却已经收得了几十万支箭了。

第二天晚上，张巡又命士卒继续吊下草人，城外叛军见了哈哈大笑，并不戒备。于是张巡挑选出五百壮士，仍旧穿上黑衣吊下城来，叛军以为张巡故技重演，毫不理会。哪想五百壮士下得城来，直袭令狐潮大营，立时杀声震天。张巡见状大开城门，挥兵冲出，只杀得令狐潮全军溃逃，唐军一直追杀了十余里方才凯旋而归。

张巡

此后，安庆绪派尹子琦为汴州刺史、河南节度使，率十三万精锐叛军进兵睢阳（今河南商丘南）。睢阳守将许远急忙求救于张巡，张巡立即引兵进入睢阳，与许远合兵一处，同守睢阳。尹子琦督军猛攻睢阳城，张巡率兵固守，靠他的应机而变的智谋多次挫败叛军的攻势。

尹子琦命部下建造云梯，形状就像半个彩虹，上边可装载二百名精猛悍勇之卒，准备一举破城。张巡早就探得了叛军的情况，命人在城墙上暗中凿了三个大洞，待到叛军云梯推到时，从洞中伸出一根装有铁钩的大木头，将云梯钩住，使它不能后退；再从另一洞中伸出一根大木头顶住云梯，使之不能前行；再从最后一个洞中伸出一根前端装有铁笼的大木头，铁笼里点着火，一下将云梯点燃。上边的叛兵不是跳下摔死，便是被火烧死。

尹子琦一计不成，又生一计，命部下运送土袋、木柴堆积在城墙下，企图垒成台阶，用以登城。张巡命手下悄悄往叛军堆积的土袋、木柴旁扔下松明、干蒿等易燃之物，等到叛军的登城台阶忙活了十几天，将要完成时，命人顺风将其点燃，一时间火光冲天，不大一会儿工夫便将它烧毁了。睢阳城终不可破。

朱元璋无中生事逼杀傅友德

太祖朱元璋大宴朝臣，太子太师、颍国公傅友德也在邀请之列。他的两个儿子驸马都尉傅忠、金吾卫镇抚傅让在御前值日。宴会尚未开始，朱元璋出殿巡视，瞥见傅让忘了佩带箭囊，立即高声斥责傅让行为傲慢，不守礼仪。坐在御座旁的傅友德连忙躬腰站起，打算代子赔罪。赔罪之话尚未出口，耳边又响起朱元璋对自己的斥责，说他对皇家大不敬。太祖话完不久，便要傅友德把傅忠、傅让召来，傅友德情知不好，赶紧往殿外走去，将至大殿门口，禁兵传旨：携二子首级来见。友德听旨，宛如五雷轰顶，挣扎着走向殿外，一会儿，双手提着两个爱子首级直奔大殿，来到朱元璋面前，盯着太祖一言不发。朱元璋见傅友德上殿，故作吃惊状，又大声叫道："你怎么如此残忍啊！莫不是想以此怨恨朕吧。"傅友德被逼亲杀两子，已失常态，又听朱元璋如此诬陷，再也控制不住自己的感情，随之高声回太祖："你不是早想要我们父子的人头，现在不是正合了你的意愿吗！"话完，抽出佩剑，引颈自刎。朱元璋随之下令，削友德爵封，妻儿发配辽东等地。

朱元璋欲杀傅友德，又要找到一个合适的借口，借口不好找，只能无事生事。于是以其子箭囊未备为由，让傅友德亲自召两子上殿见君。傅友德欲站起来为子赔罪，朱元璋又不给其说话的机会，连带傅友德责骂，可见别有用心。等到傅友德出殿召子，半路上朱元璋让士兵传旨，携其两子首级前来相见。箭囊未备，是罪不至死的，既定死罪，何故又要杀已备箭囊的傅忠呢？傅友德真的杀了两子，待其上殿，朱元璋又作吃惊状，甚至斥责友德杀子是残忍，是以此怨恨君主。世上人情，亲莫如父子，谁家的父亲愿意斩杀自己的孩子呢？傅友德被元璋威逼手杀两子，还要被加上一个"残忍""怨君"的帽子，真是欲加之罪，何患无辞。朱元璋身为君主，在封建时代，君叫臣死，臣不得不死。但傅友德是开国功勋，到了洪武二十七年光景，又是朝中仅剩无几的元勋重臣，要顺理成章地杀傅友德，并不怎么容易。朱元璋在此施行了无中生有之法，只不过身为君主地位，其法实施中，与一般的阴陷栽赃有所不同，一切都是在光天化日之下进行。从傅让因箭囊事被怒斥到傅友德亲杀儿子，朱元璋无风起浪，以欺诈手法有意构事。从傅友德携两子首级上殿，到引剑自刎，朱元璋是大耍诬赃陷害。明明是自己传旨杀人，却当面不承认，还给傅友德加上一个残忍、怨君的罪名，这里，朱元璋耍了两个诡计：一是传旨傅友德时，不在大殿上公开宣布，而是半路上让士兵传旨，让其他人难辨事实真相；二是故作假相，以势压人。傅友德刚刚手杀爱子，其怒难抑，有怨难诉，待其怒火中烧，心情激动，面见朱元璋时，朱元璋故

傅友德

意装作一副出乎意料的吃惊假相，接着挟天子之势，大发龙威，栽赃傅友德。好像傅忠兄弟死，最伤心、最受害的是自己，而最残忍的人就是傅友德了。傅友德性情刚烈，焉能受其奇辱，只好自刎，以省却朱元璋动手了。临死之前，傅友德揭破了朱元璋的用心：你不是早就要我们父子的人头，这样做不遂了你的心愿吗？难得傅友德如此善断，只是马后之炮，言亦无用。

魏忠贤无中生有陷害六君子

公元1625年，左副都御史杨涟、左佥都御史左光斗、给事中魏大中、御史袁化中、太仆寺少卿周朝瑞、陕西副史顾大章等“六君子”出受贿大案。7月，六人先后被捕下狱，相继身亡。时人尊称死去的杨、左诸人为“六君子”，这一惨案则被称为“六君子事件”。

六君子事件实际上是以魏忠贤为首的阉党势力大兴冤狱，施无中生有之计，栽赃陷害再辅之以酷刑虐待，排除异己的作为。

魏忠贤本是个市井无赖，进宫做了太监，后利用与其“对食”的客氏（客氏为皇太子朱由校的乳娘），在后宫内大肆杀伐。不久，魏忠贤就变成了宫中说一不二的大太监，但他并不甘心做个阉人首领，为了达到专权朝政的目的，他一方面极力满足东林党人抬出的昏庸无能喜女色好游猎的熹宗，操纵熹宗，另一方面，在朝廷内外，广结私党。宫内利用客氏，朝中则广纳吃了东林党败仗而前来投靠的三党人物。

公元1624年6月，东林党人杨涟首先上疏，指斥阉党首领魏忠贤自行拟旨，擅权专政；斥逐直臣，重用私党；违反祖制，滥袭恩荫；毁人房屋，起建牌坊；利用厂卫，陷害忠良等二十四项“大奸恶”的罪行。杨的奏章中还说：“当前宫廷和都城之内，人人只知魏忠贤，而不知有陛下，掌生杀予夺之权，而皇上怎么能不自主决定，而受制于魏氏小丑呢？”杨涟的奏章直陈魏忠贤专权篡国的野心，使魏忠贤非常害怕，于是串通阉党王体乾等人，大事化小，让客氏在熹宗前哭闹疏解。结果，魏忠贤不仅自己毫无损伤，杨涟反而遭诏书痛斥，虽然后来魏大中、左光斗等一百多人，皆上呈奏章，纷纷参劾魏忠贤，都因熹宗的袒护和魏氏的暗中做下手脚，东林党人攻击阉党的努力最终失败。而魏忠贤则因杨涟、左光斗等人的参劾，顿生杀意，经过与三党人物密谋，首先拿与杨涟、左光斗关系密切的前内阁中书、东林干将汪文言开刀。

公元1624年12月，魏忠贤命腹将将汪文言逮捕，交其党羽锦衣卫北镇抚司许显纯审理。意在通过汪文言，牵连出杨涟、左光斗、魏大中等东林党人，罗织罪名，一网打尽。三党人物徐大化为魏忠贤献计，认为如果仅仅定汪文言一个“移宫案”中交通他人的罪名，难以株连广大，也不易诛杀。如果定个受贿罪名，诬他个收受边疆大吏熊廷弼的贿赂，就可以行斩杀之名了。许显纯是个心狠手辣的酷吏，汪文言下狱两月，备受刑逼。一天，许显纯在酷打汪文言后，要汪招承杨涟、左光斗等人接受辽东败将杨镐、熊廷弼的贿赂。汪文言大叫“世间哪有贪赃的杨大洪（杨涟别名）啊！”斥责许显纯制造冤狱：“要我作贪污受贿的伪证，去诬陷正直清廉的君子，宁死不招。”汪文言铮铮铁骨，使许显纯无法向魏忠贤复命。于是心生毒计，活活打死汪文言，又以汪文言的名义写自供状，伪称杨涟、左光斗接受熊廷弼等二万金，魏大中等人收赃三千不等。状后按上汪文言指纹，呈送魏忠贤。

魏忠贤接呈，很快命人前去各处捕拿，杨涟、左光斗、魏大中等六人被押交锦衣卫北镇司拷审、追赃。杨涟为最先弹劾魏忠贤二十四大罪之人，为魏氏阉党恨之入骨。左光斗参与杨对魏的弹劾，而且自己草拟有魏忠贤、魏广微三十二该斩罪奏本。左光斗参魏忠贤奏本中，暗斥三党人物魏广微身为东阁大学士却自作下贱，甘为魏忠贤的门生，使广微气恼万分，有意把左光斗牵扯汪文言案中。周朝瑞、顾大章因为是魏忠贤心腹徐大化眼中的钉子，徐大化乘其机会窜其名于汪文言案中。他们都因得罪和触犯魏忠贤阉党和三党人物，被捕入狱。

杨、左六君子下狱后，许显纯屡次动用全套酷刑，迫六人招认收贿事。六人经几次施刑后已不成人形。左光斗膝下筋骨剥落，面目焦糊，眼睛肿烂不能睁。其他人均血肉翻出。在此情况下，书生气十足的杨涟劝告五人：“他们欲处死我们无非两个办法，或乘我们坚不承招，严刑打死，或谎称我们‘患病’，暗中害死。同是一死，我们不如暂且屈招，等此案移交到法司定罪时，我们再翻供，讲出前后原因，或许不至于死。”杨涟的意见，得到了五人的赞同，于是六人在下次审讯时全部屈招。魏忠贤见六人松口，马上令镇抚司严行追赃，限五日之内每家交足，否则动刑。并把此案仍置锦衣卫镇抚司审理。杨涟等人被迫之下屈打成招，家中哪有资产可以抵“赃”？而许显纯追赃火急，杨涟家人把家产变卖干净，两个儿子沿街乞讨供母亲、祖母饮食。左光斗家破人亡。魏大中之子学伊为借款抵“赃”，死于奔走之中。结果六人因款不齐，每五日被许显纯严刑拷打。六人旧疮未愈，新痂又来，直至不能站立，躺着受刑。此时六君子拼死搏命，凡一苏醒，骂不绝口。杨涟以血书于地上，“魏阉奸党，天必诛之”。

杨涟六君子下狱不长，终于难挨许显纯酷刑，皆惨死狱中。

杨、左六君子冤死，充分反映了无中生有之计在政治斗争中的残酷、卑劣的特征。权阉魏忠贤以及欲置东林党人于死地的三党人物，为了铲除政敌，首先凭空杜撰了一个受贿案。汪立言铮铮铁骨、视死如归，差点使魏忠贤牵连东林党人的计划落空。党羽许显纯，可谓造假到家，先写好假招供，按上已死的汪文言手印，终于制成了赃证，就此捕拿下狱杨涟等东林六君子，以无中生有，凭空捏造而又达栽赃陷害的目的。当杨涟等人入狱后，许显纯又秉魏忠贤之意，以酷刑拷问，直至杨、左等人求死而不得，产生出屈招求生的愿望，终于拿到了生赃的证据。杨涟等人的屈招，目的是想为日后翻供保存体力，但是狡猾的魏忠贤并不把案子按明律规定交给法司，而是继续置于自己控制的锦衣卫之下。目的就是以诬证为借口，夺财杀人，一举两得。可惜六君子，自己遭戮，又连带了家庭，致使倾家荡产、家破人亡，真是个千古奇冤。

第八计 暗度陈仓

[原文]

示之以动，利其静而有主，益动而巽(xùn)。

[译文]

故意采取佯攻行动，利用敌人已决定固守的时机，暗地里迂回到敌后进行偷袭，乘虚而入，出奇制胜。

[计名由来]

暗度陈仓，意思是采取正面佯攻，当敌军被我牵制而集结固守时，我军悄悄派出一支部队迂回到敌后，乘虚而入，进行决定性的突袭。

此计与声东击西计有相似之处，都有迷惑敌人、隐蔽进攻的作用。二者的不同处是：声东击西，隐蔽的是攻击点；暗度陈仓，隐蔽的是攻击路线。

此计是汉大将军韩信创造。“明修栈道，暗度陈仓”是古代战争史上的著名成功战例。

遣樊哙明修栈道

秦朝末年，政治腐败，群雄并起，纷纷反秦。刘邦的部队首先进入关中，攻进咸阳。势力强大的项羽进入关中后，逼迫刘邦退出关中。鸿门宴上，刘邦险些丧命。刘邦此次脱险后，只得率部退驻汉中。为了麻痹项羽，刘邦退走时，将汉中通往关中的栈道全部烧毁，表示不再返回关中。其实刘邦一天也没有忘记一定要击败项羽，争夺天下。公元前 206 年，已逐步强大起来的刘邦，派大将军韩信出兵东征。出征之前，韩信派了许多士兵去修复已被烧毁的栈道，摆出要从原路杀回的架势。关中守军闻讯，密切注视修复栈道的进展情况，并派主力部队在这条路线各个关口要塞加紧防范，阻拦汉军进攻。

韩信“明修栈道”的行动，果然奏效，由于他吸引了敌军的注意力，敌军的主力调至栈道一线，于是韩信立即派大军绕道到陈仓（今陕西宝鸡市东）发动突然袭击，一举打败章邯，平定三秦，为刘邦统一中原迈出了决定性的一步。

［古今战例］

陈平用计擒樊哙

陈平是西汉高祖刘邦的重要谋臣，公元前205年投奔刘邦以后，屡以奇计辅佐刘邦，如以反间计，离散项羽、范增君臣，使项羽失去了第一谋臣范增；公元前204年5月，设计乔装诱敌，使刘邦金蝉脱壳得以逃脱久遭楚王围困的荥阳。公元前203年，他及时暗示刘邦，封韩信为齐王，为后来联齐攻楚，最后在垓下击溃项羽势力创造了机会；刘邦欲除楚王韩信，消灭异姓王，又是他帮刘邦定计作云梦泽伪游，一举擒获韩信；公元前200年，刘邦因出征韩王信，在白登被匈奴冒顿单于以几十万大军包围，在粮尽援绝的紧要关头，又是陈平出计，以美人图活动单于之妻，大军得以解围而出，陈平由此功封曲逆侯，成为刘邦左右功臣中备受宠信者。陈平以奇计谋略获得刘邦的尊重和信任，尤其到了刘邦晚年，张良功成身退，陈平成为他赖以依靠的重要帮手，直至临死前，还向吕后嘱咐陈平可用。

公元前195年，燕王卢绾起兵反汉，同年2月，刘邦命樊哙率兵平叛。樊哙出征不久，有人在刘邦前进言，说樊哙勾结吕后，就等高祖死后乘机夺权。刘邦听到此言，心中恼怒，说：“樊哙见我病重，是要盼我速死。”打算临阵换将，以周勃替代。因担心樊哙领兵在外，手下有精兵强将，谋取不易，于是问计于陈平。陈平认为，不能到军中强行执缚樊哙，只有巧取才为妥当，绛侯周勃不宜公开出面，最好先隐蔽起来，由陈平出面先稳住樊哙，然后，周勃突然闯入军中，乘樊哙没有戒备时，宣旨斩杀，夺印代将。刘邦以为计策高明，令陈平、周勃速去。

陈平、周勃领命出发，一路上两人商讨擒获樊哙的具体行动。在商谈时，陈平对周勃说：“樊哙是皇上的故交，立下有如鸿门宴上救皇上等许多战功，又是现今朝中拥有强大势力的吕后妹夫，既是功勋又是皇亲，皇上因一时生气，要我们杀他，如果事后气消，思之后悔，会归罪于我们。何况吕后及樊哙的妻子吕媭再在中间插手，我们罪名更重，所以，不如暂时拿住樊哙，送往朝廷，听由皇上惩处。”周勃同意陈平的意见。

陈平、周勃将到樊哙军营时，周勃藏身大车之中，陈平让人在樊哙军营之外从速建筑一土台，作为诏宣皇帝圣旨所用，又派人去面见樊哙，通知他陈平代皇帝前来宣诏。樊哙本为一武将，见只有文官陈平带一些随从前来，真的以为陈平是来军中宣布皇上的一般诏书，丝毫不怀疑其中有诈，立即随陈平的手下赶到土台前接诏。正在陈平宣读诏旨时，突然背后闪出绛侯周勃，只听一声令下，左右两边隐匿的一些兵士一起拥上，把樊哙缚住，关入狱车中。周勃则快马驰到樊哙大营，进入中军大帐，召文武属官集会，宣布樊哙罪行，自己遵旨代将。陈平则押解樊哙前往长安。

陈平不愧是汉初睿智的谋略家，耍起阴谋来也是不动声色，得心应手。“明毁栈道”之计，本是西汉第一谋臣张良在西汉建立时西就封国时，出谋要刘邦烧毁凌空高架的栈道，示意自己无东归之心，为麻痹项羽所用。张良的“明毁栈道”，导致了四个月后韩信的“明修栈道”，陈仓暗度，定灭三秦，此类故事，对陈平来说都是身历其中，当然如数家珍，非常清楚的。那“暗度陈仓”的好手韩信后来又是败在他们的计策之下，所以说陈平运用“暗度陈仓”之计，是有其得天独厚的优势之处，不过是把此计由军事战场上搬到政治权力场上。刘邦晚年，随着异姓诸侯王的相继被杀，和刘姓子孙诸王的封藩，在中央政权内部，渐渐崛起一股外戚吕氏势力。吕后是刘邦的结发妻子，吕氏宗族亦是刘邦起兵的最早参加者，吕氏利用刘邦年老有病，自己有机会干预朝政的机会，逐渐地把吕家一班人安排进朝廷的各个部门。大将樊哙与吕氏结成姻亲，领兵在外，廷内有颇有心术的辟阳侯审食其为吕后出谋划策，吕氏家族欲改刘家天下的苗头已经出现。在此情况下，陈平受命刘邦除杀与吕氏势力关系亲密的樊哙，这就不仅是一个简单遵旨杀人的事，更关系到陈平自身在未来的中央政权中能否存身的一件大事。故此，陈平巧施“暗度陈仓”之计，以一介文官身份，单独约见樊哙，迷惑樊哙使其上当，而以大将周勃隐藏偷袭，一举擒住樊哙。明里建台宣旨，暗里突袭擒敌，这样既避免了与樊哙军将面对面的冲突，又能对刘邦交差，把杀樊哙的责任推卸给刘邦，使将要得势的吕氏家族不至于怪罪自己。果然，陈平在押解樊哙至长安途中，刘邦在京病逝，吕家班子把持了朝政正要磨刀霍霍，向帮助刘邦开国的元勋功臣动手。陈平幸亏未斩樊哙，有了一个安抚吕氏的资本，于是赶紧疾驰京都，以哭丧为名，表面哭刘邦，实是示心意，泣告自己没有轻易处斩樊哙，不过押解来京。吕后及其妹吕媭得知樊哙未死，放下心来，转而安慰悲伤的陈平，且收回让其出外就职的成命。吕后执政后，还让他做了丞相。

赵匡胤明里抗辽暗谋帝位

公元960年，正当朝廷群臣在开封欢度新春佳节的时候，突然边塞传来警报，北汉、辽军会师攻后周，于是禁军最高将领、殿前都点检赵匡胤受命倾后周大军出征，北上抗辽。大军行至离开封东北二十公里远的陈桥驿，一幕“黄袍加身”的戏剧开演了：赵匡胤的弟弟赵匡义、亲信谋臣赵普，指使亲信高怀德，在将士中散布谣言：“皇上幼弱，我们纵然拼死力打仗杀敌，也无人晓得，不如先立殿前都点检为天子，然后再行北征。”集聚一起的出征将士，很快被传言煽动起来，赵匡义、赵普乘势诱导：“改朝换代，异姓兴王，虽说是天命，人心向背才是关系成败的关键大事。诸位将领如能严饬军士，勿使掳掠扰民，使都城人心安稳，则四方自然安稳。大功告成，诸位亦能共得富贵。”第二天凌晨，鼓噪一夜的众将领披甲执兵，叩门叫醒昨夜醉酒卧睡的赵匡胤，由赵匡义、赵普带领相继而入，共同要求：“诸将无主，愿策立点检为天子。”赵匡胤故作惊愕状，起身下床，众人一拥而上，把准备好的黄袍披在赵匡胤身上，接着排列跪拜，高呼万岁。赵匡胤随之乘马领兵南返，要求众将士，“如要保富贵，须听从号令。回城后不得惊扰宫阙，凌辱朝贵，劫掠府库。听从者厚赏，违命者戮及妻孥”。

大军衔命，旋返归开封，城中早有赵匡胤亲信重将石守信、王审琦布置内应，后周满城文武，尚未从惊诧中回过味来，七岁的北周恭帝柴宗训，就被迫在公元966年正月初四禅让帝位。次日，赵匡胤正式登基，改元建隆，称国号为宋，成了大宋王朝的开国始皇帝宋太祖。

陈桥兵变，黄袍加身，赵匡胤逼恭帝禅让登皇位一事，并非《宋史》所称的赵

赵匡胤

匡胤为大军所迫顺从而行的一次偶然事件，实际上是赵匡胤施行明修栈道、暗度陈仓之计，发动了一场一切皆在密谋策划之中的政变，而其谋主，就是赵匡胤。

世宗病逝，新王不谙人事，太后不习国政，孤儿寡母高居台上，面对复杂的内政外侮，只能求助于辅政重臣。恭帝上台后，诏命李重进兼淮南节度使；韩通兼太平节度使；向训为西京洛阳的留守；赵匡胤封开国侯，兼归德节度使。四方布兵，拱卫京师。既掌禁兵大权，又节制地方藩镇的赵匡胤，见到后周朝廷内虚严重，正是谋夺帝位的大好时机，于是召集谋臣赵普、弟弟赵匡义一起密商，最后明察善断、处事周密的赵普出谋，设计了一个明修栈道、暗度陈仓的计谋。

赵普等人计谋的第一步是利用幼主刚刚上台，畏惧边患、急于稳固政权的心理，先令人伪造假情报，谎报边患紧急。这样朝廷必然会求助掌握军事大权的赵匡胤，赵匡胤因此可以名正言顺地率领朝中大部禁兵出征，离开京都。这样既可以使赵匡胤避开朝中与自己地位资望相近的朝臣将帅，以及北周宗室王公、宰辅们的耳目，又可以转移朝廷视线，削弱朝廷军事力量，造成后周政权内部虚弱，攻之无力还手的状态。而赵匡胤以禁军首领率大军出征，亦是国家遇边患时采取的通常做法，丝毫不使人怀疑。果然，当公元960年正月初一，突然从定、镇二州传来北汉、辽朝合兵南侵的消息后，宰相范质正沉浸在欢度春节的气氛中，军情火急。仓猝间，他也不思辽朝刚刚一个多月前战败而归，人马困乏未解，哪能马上再度南犯？于是召赵匡胤紧急商磋，赵当然顺水推舟，尽带朝中禁兵精华、心腹亲将，离京出征。至此，赵匡胤以假情报迷惑对方，佯动掩护，造成对方暴露薄弱之处的目标达到，也为下一步回师突袭创造了条件。

赵匡胤义结十兄弟

赵匡胤为人侠义，善于结交朋友，所以兵变时能够有许多人支持。

赵匡胤北御辽寇本来就是假，大军的先锋、殿前副点检兼镇宁军节度使慕容延钊是赵的莫逆之交，所以到了陈桥驿，就借故停了下来。心腹高怀德受赵匡义、赵普指使，先在军中煽动，鼓动军心。又有赵普、赵匡义从中以富贵功名相许，兵士当然兴致高昂。等到将领兵士们被鼓动起来，赵匡胤又故意装作醉酒，示以被迫顺从军心的样子。实际上，如果前方真的军情严重，敌人进犯，作为大军统帅，怎能第一天出征就逗留不前，沉湎于酒仙之中呢？何况禁军在军中喧闹一夜，声音嘈杂，他如果是一个赤心为国、一心御敌的将帅，又怎能容忍这种严重犯纪情况存在呢？故此，当众将领一致推之为首，黄袍披其身上之后，他就以皇上口吻下令，要求众将领唯命是从，归城后不得违纪扰民、侵掠朝廷的府库财物，听命者重赏，违令者诛及子孙。起事的将领士兵已上圈套，当然会绝对服从。赵匡胤安顿了禁兵，第二天突然回师开封。京师本来兵力空虚，留下的石守信等人亦是赵匡胤的亲信。恭帝柴宗训、宰相范质正翘首以盼赵帅的报功消息，意料不到赵匡胤回马京师，群臣毫无还手之力，只能束手就范。回师当天，恭帝被迫诏令，要效法古代尧舜禅让故事，让位给有上圣之姿、神武之略、功德具备的前殿前都点检赵匡胤。赵假惺惺地到崇光殿受命接禅让书，几天之内把后周皇帝的宝座移到了自己的身下。

李嗣源暗度陈仓救幽州

五代时期，契丹首领耶律阿保机率三十万大军包围了晋国的北方军事重镇幽州（今北京市西南）。晋王李存勖派大将李嗣源统率七万人马增援幽州，解幽州之围。

李嗣源与诸将商议进军之计，说：“敌人多是骑兵，人数众多，又已先处战地，外出游骑没有辎重之忧，而我军多是步兵，人数又少，还必须有粮草随军而行。如果在平原上与敌人相遇，敌军只需把我军粮草截走，我军就会不战自溃，更不用说用骑兵来冲击我们了！”

针对这种不利情况，李嗣源从易州出发，不是走东北直奔幽州，而是先向正北，越过大房岭（今北京房山西北），然后沿着山涧向东走。

李嗣源率大军餐风饮露，日夜兼程，一直行进到距幽州只剩下六十里的地方，突然与一支契丹骑兵遭遇，契丹人才发现晋军派来了救兵。契丹兵大吃一惊，慌忙向后撤退，李嗣源与养子李从珂率领三千骑兵紧随契丹人的身后，晋军大部队则紧紧跟随在李嗣源的骑兵后面。不同的是，契丹骑兵行走在山上，晋军行走在山涧中。

行至山口，契丹万余骑兵挡住了去路。李嗣源知道成败在此一举，摘掉头盔，用契丹语向敌人喊道："你们无故侵犯我国，晋王命我率百万之众，直捣西楼（契丹首府），将你们全部消灭！"说完，一马当先，冲入敌阵，斩杀契丹酋长一名。众将士见主帅身先士卒，群情激奋，斗志倍增，纷纷杀入敌阵。契丹骑兵被迫向后退却，晋军的大部队乘机走出山口。

出山之后即是一马平川的大平原。由于失去山地的保护，极易遭受骑兵攻击，李嗣源命令步兵砍伐树枝作为鹿砦，人手一枝，每当部队停下来或遭到契丹骑兵攻击时，即用树枝筑成寨子，契丹骑兵只能环寨而行，而晋军乘机放箭，契丹人马死伤惨重。逼近幽州时，晋军拖后的步兵拖着草把、树枝行进，一时间，烟尘滚滚，契丹兵不知虚实，以为晋军援兵甚多，未战先怯。等到决战来临，李嗣源率骑兵在前，步兵随后，有组织地掩杀过来。契丹兵斗志皆无，丢弃了大量的车帐、牲畜，狼狈逃去。

至此，幽州重镇得以保全。

王曾睿智巧除权臣丁谓

丁谓是北宋真宗时的名臣，封晋国公，多才多艺，被宰相寇准推荐为知，做自己的副手。但丁谓又是一个奸诈小人，权臣王钦若得势时，他专投王钦若所好，唯王是从。王钦若失势后，他又骗取了寇准的信任。丁谓迎合君意，对当时朝臣皆不多言的建宫之议，极力怂恿。宋真宗随即命他总管建宫之事，结果丁谓大肆铺张，不惜扰民害命，所建的玉清昭应宫精美绝伦，工程中间稍有不合意处即推倒重造，有关理财部门丝毫不敢阻拦。为了建宫，他又令在南方大肆伐木，百姓服役者死亡无数，许多死亡者被诬指为畏罪逃亡，家中妻儿也被网织入狱。当时的朝官张咏为此上疏朝廷，要求杀丁谓以谢天下。张咏以死相谏，反对劳民伤财修建宫观，却由于真宗的意愿，加之宰相寇准为其所骗，丁谓得以安然无恙。

公元1015年冬，丁谓与曹利用同为枢密使，掌军机大权。曹利用与寇准有宿怨，早仇恨在心。丁谓由于不久前寇准公开嘲讽他的奴颜之相而衔恨在心，于是与曹利用联手，共同对付寇准。

公元1020年，宋真宗患病，皇后刘氏干预朝政。刘皇后因为亲戚曾被寇准法办，所以此时想乘机报复。寇准见此情势，私下建议真宗以社稷为重，传位给众望所归的皇太子，并选择真正干练的大臣辅佐朝政，并说：

“丁谓、钱惟演乃奸邪小人，万万不可辅佐少主。”真宗当时病重，心有传位太子之意，对寇准的建议颔首同意，并要他布置准备。可惜因寇准豪饮酒宴，醉后走漏风声，事被丁谓得知，反而串通刘皇后，至真宗前诬告，说寇准是挟太子夺权，欲架空皇上。

真宗祀鲁

真宗被惑昏愦，忘了自己对寇准的嘱托，随即免寇准职。同年7月，丁谓升为宰相，排挤寇准，月内三黜，把他远贬道州司马。

丁谓执宰相权柄后，宫内恃靠刘皇后，一时间势夺朝廷内外。朝中另一宰相李迪，与寇准相契，丁谓就勾结刘皇后无中生有，栽诬李迪结党营私，把他贬到衡州。当时有人对丁谓说:“李迪如果死在衡州贬地，丁公如何受得了世人的舆论？”丁谓却大言不惭地笑道:“不过他日好事书生记载此事时，写上一句‘天下惜之’罢了。”果然，丁谓在传达皇后的懿旨时，有意让传令的太监在马前外悬带穗宝剑，示上意行将诛戮之意，诱使李迪自裁，李迪幸亏儿子及左右相劝，才免枉死。寇准在李迪被贬的同时，又被贬至雷州，做一个司户参军。太监受丁谓指使，传令时同样装扮成杀气腾腾的样子，寇准坚持要看圣旨，揭穿了传令太监的画皮，被迫告以实情，使丁谓伪饰杀人的阴谋未能得逞。

寇准、李迪等清正大臣相继被丁谓排挤后，丁谓成了北宋朝廷一手遮天的人物，他恃势恣横，为所欲为，一时朝臣为之侧目。当时京城流传民谣:“欲得天下宁，当拔眼中钉;欲得天下好，莫如召寇老”。讽刺丁谓当道弄权，向往正直之臣寇准返都执政。

公元1022年2月，真宗病逝，仁宗赵祯即位。此时王曾拜为宰相，他对丁谓的揽政专权极为不满，一直想方设法除去丁谓。但丁谓为事机敏，清楚自己坏事做尽，朝臣心中不服，所以极力限制朝臣与皇帝接近，担心有人乘机参劾自己。当时朝中不少直臣，也想谋除丁谓，苦于丁谓不准朝官单独留在皇上身侧奏事的限制，难以有所动作。王曾见状，心生一计，凡朝中政事，只要丁谓所说，一切顺从，从来不予顶撞反对。这样一来，

不喜珠饰

仁宗崇尚俭朴，不喜珠宝古玩，以正社会风气。

丁谓逐渐放松对王曾的警惕。一天，王曾对丁谓说:“我自己没有生子，想把兄弟的儿子过继来作为继承人，此事想请皇上恩准，可是担心大人误会，又不敢单独留下奏明此事。”丁谓见王曾所说并非什么大事，而王曾一向顺从自己，便对王曾说:“你尽管留下无妨。”说完自己先动身离朝。王曾于是独见仁宗，呈上一份奏疏，尽列丁谓多年以来的奸事。有丁谓伙同内侍雷见恭擅自改动先帝陵墓计划等。仁宗见疏，甚为吃惊，几天后，下诏宣布丁谓获罪，免去所居宰相之职。丁谓那天让王曾单独留下，自己出走没有多远，就十分后悔。免职诏旨一下，心中甚恼自己大意失荆州。不久，他又被查出勾结女道士刘德妙欺君罔上，语涉妖邪。结果数罪并罚，被仁宗贬到崖州，也作了一个司户参军。王于贬所途中经过雷州寇准贬地，寇准把欲杀丁谓的家仆关在府内，不准外出，又派人特意送蒸羊一只，借此暗示自己坦白胸襟。丁谓见状，赶紧离道逃到崖州，直到英宗明道年间，才离开贬地。

丁谓靠迎奉起家，攻倒寇准，成为真宗末期、仁宗初年的权臣，势力强大。王曾用心良苦，施以暗度陈仓之计。作为同任宰相之职的大臣，从长计议，甚至做出忠直之士不齿的行动，先是事事顺从丁谓，以公开的假象迷惑住他。当下定决心参劾丁谓时，又明白告诉他是为自己过继儿子一事须奏明皇帝，害怕丁大人误会，特此提出请求，用温顺的语言，终于一时欺骗了本来谋事机敏的丁谓，为参劾丁谓明铺下“栈道”，借此掩护，终于能单独面奏仁宗，把丁谓的丑行如实汇报于上。这时的丁谓，已是俎上之肉，要后悔已是来不及了。仁宗当然难容威胁自己统治地位的权臣当道，数罪并罚，丁谓也只好做一个小小崖州司户参军了。

康熙暗度陈仓杀鳌拜

康熙杀辅政大臣鳌拜是历史上轰动一时的事件，双方实力悬殊，少年天子康熙却能一击成功。

鳌拜是当时名震天下的功臣，掌握大权。顺治去世时遗诏命大臣索尼、苏克萨哈、遏必隆、鳌拜为辅政大臣。

四位辅政大臣中，索尼已经年老，虽列首位，但不能制约他人；遏必隆怯弱，追随依附鳌拜；苏克萨哈资望浅，虽有心与鳌拜争权，但难以限制鳌拜。于是鳌拜专横跋扈，上欺幼帝康熙，下压朝中文武大臣，军国大事由他独断专行，广植私党，残害异己。康熙此时刚 8 岁，但是对朝中大事了如指掌，他知道，鳌拜遍植党羽，控制了朝中大权，如果自己表现出很高的理政能力，就可能有生命危险。除掉鳌拜的确不易，只有故作软弱，麻痹鳌拜，使他放松警惕，而自己暗中积蓄力量，等待时机，铲除鳌拜。

公元 1667 年，康熙亲政。他对鳌拜父子采取欲擒故纵的计策。他曾给鳌拜父子分别加过“一等公”“二等公”的封号，以后又分别加了“太师”“少师”的封号，使鳌拜父子到了位极人臣的地步。在很多事上，康熙还特意显示自己无能。

其中一件事是“圈地事件”。

清朝在入关前，实行圈地制度。圈地虽下令圈无主荒田，但实际上是任意圈占。这种圈地制度，满足了满洲贵族贪得无厌的需求，保障八旗子弟腐化的生活，但不利于经济的发展及社会的稳定。公元 1647 年，清政府下令永远禁止圈地运动。

多尔衮摄政时，曾把镶黄旗应分得的土地给了正白旗，而把贫瘠的土地分给了镶黄旗。现在鳌拜掌权，要求将两旗土地重新更换过来。朝中各大臣都觉得鳌拜此种举动实在过分，就是鳌拜所在的镶黄旗的旗民也认为此举没有必要。

负责圈换土地的户部尚书苏纳海和朱昌祚、王登联因反对换地，被鳌拜矫旨斩首。康熙帝知苏、朱、王三人是忠臣，但此时鳌拜势力大，不敢与他反目，只能强忍，使忠臣含冤。

不久索尼去世，遏必隆追随鳌拜，四大辅臣中只有苏克萨哈与鳌拜政见不合。

鳌拜决心整倒苏克萨哈。康熙与左右大臣无法，只得眼睁睁看着他为所欲为。鳌拜看康熙帝吓得惊恐失色，全身战栗，如此软弱无能，觉得这个少年太容易控制了，于是放松了警惕。不久，康熙帝又加封鳌拜为一等公，鳌拜更加放心了。

康熙的计谋取得了成功，上上下下都认为康熙太软弱，难以与鳌拜抗衡。

康熙于是从侍卫中选取身强力壮者，以练习布库（即摔跤）的名义组织了一支能为皇帝拼死效忠的少年武士亲信卫队，每日滚打练习。在鳌拜入朝奏事也不回避，鳌拜认为康熙贪玩，没什么大志，心里更加放松，不加戒备。

公元 1669 年的一天，康熙以下棋为名，召索尼的儿子吏部侍郎索额图入宫，谋划擒拿鳌拜之计。这时，练习布库的侍卫武艺日渐进步，已有足够的力量擒拿鳌拜。

康熙帝单独召鳌拜入见，事先已将善于布库的侍卫埋伏在两侧。

由于鳌拜毫无戒备，欣然前往，到了内廷，被一班会武功的少年侍卫擒获，然后押入大狱。

皇帝命康亲王杰书等勘问，列出鳌拜主要罪行三十款。朝廷大臣议决应将鳌拜革职，立斩。其亲子兄弟亦应斩。妻并孙为奴，家产籍没。其族人有官职及在护军者，均应改退，各鞭一百。

康熙帝年轻而有主张，他考虑到，鳌拜是顾命辅臣，且有战功又效力多年，不忍加诛。最后定为革职没籍，与其子纳穆福俱予终身禁锢。后来鳌拜死于狱中，纳穆福获释放。鳌拜死党一律处死刑。鳌拜集团被彻底铲除。

康熙帝以布库戏少年陪伴娱乐为掩饰，训练自己的小型卫队，对鳌拜明示抚慰和非攻之意，使强臣鳌拜不以为然，放松警惕，然后乘其不备，单身进宫之时，就用这班令鳌拜不以为怪的游戏少年，一举擒获鳌拜，铲除了他在朝廷中的势力。前者即是“明修”，后者即是“暗度”，两者相辅相成，计谋终以得逞。

第九计 隔岸观火

[原文]

阳乖序乱，阴以待逆。暴戾恣睢，其势自毙，顺以动《豫》，豫以顺动。

[译文]

当敌方内部矛盾趋于激化，秩序混乱，我方便静待它发生暴乱，敌方反目成仇，势必自取灭亡。顺应时势而行动，就能像《豫卦》所说的那样，要达到令人喜悦的目的，必须顺应时势行动，不宜操之过急。

[计名由来]

三国时曹操对公孙康、袁氏兄弟就是采取这种策略，但那时尚未形成词组。（见《三国志·魏书·武帝纪》）唐乾康《投谒齐已》："隔岸红尘忙似火，当轩青嶂冷如冰。"（见《全唐诗·第十二函·第五册》）梁启超《饮冰室文集·五·呵旁观者文》："旁观者，如立于东岸，观西岸之火灾，而望其红光以为乐；如立于此船，观彼船之沉溺，而睹其凫浴以为观。"

[古今战例]

曹操隔岸观火平河北

曹操与袁绍官渡一战之后，袁绍大败，公元 201 年，袁绍又败于仓亭津，从此一蹶不振。袁绍率军遭失败，心中十分恼怒，不久，口吐鲜血而死。袁绍死后，留有三子，即袁谭、袁熙、袁尚。三位兄弟都想夺取地盘，貌合神离，互相不满，但是面对曹操的大兵压境，仍然联合一处共抗曹军。公元 203 年春三月，曹操以重兵围攻黎阳外城，袁氏兄弟被迫出城迎击，被曹操打得大败，连夜溃逃冀州，曹军直追到冀州治所邺县。

曹操诸将领都建议曹操乘胜攻取，曹的谋士郭嘉却对曹操说："袁绍死后，其妻刘氏废嫡立庶，谭、尚之间，矛盾重重，且各立党羽，迟早必有所争斗。现我军压境，彼等自然团结对外，一旦我军撤退，他们为自身利

郭嘉

益所系，必将互相攻伐。我等不如暂时放弃冀州，先南下征伐荆州刘表，以等其变，如谭、尚发生火拼，或一伤一亡，或一弱一走，那时我再回师，冀州即可一举而定。”曹操认为郭嘉之言有理，于是撤军南下，直指荆州，征伐刘表。

曹操退兵之后，袁谭与袁尚果然干戈顿起，相互杀戮。结果，袁谭不敌，大败，退居平原。

隔了一段时间，袁谭气愤不过，急于报仇，再次领兵进攻冀州打袁尚。经过一番激战，袁谭又败，再退向平原。此时审配劝袁尚说，不要给袁谭喘息的时间，可一鼓作气穷追猛打，不使他再有卷土重来的机会。于是袁尚乘势追杀，袁谭抵挡不住，退入平原后坚守不出。

袁尚将平原包围起来，昼夜攻打。平原危在旦夕，袁谭命亦难保。

在这种情况下，郭图对袁谭说：“现在城中粮少，而袁尚的军队锐气不减，我们恐怕抵挡不住。我意可派人到曹操那儿，说我们向他投降，请他带兵攻打袁尚的老窝冀州，袁尚必然回救，我们即与曹操前后对其夹击，擒获袁尚。击败袁尚之后，我们再加上袁尚的军队足可以抗拒曹操，而曹操的军队远道而来，粮草不继，不能支持长久，时间一长，不击自退，我可以得到冀州。”

袁谭采纳了郭图的建议，派谋士辛评的弟弟辛毗星夜往见曹操。

曹操看了袁谭投降并要求其攻打冀州的信后召集谋士商量。荀攸说：“袁氏据四州之地，有数十万人马，假若他们兄弟二人团结和睦，对我们是极大的威胁。因此，我们可乘他们兄弟之间互相争斗的机会，先出兵灭了袁尚，尔后再灭袁谭，一定天下。”

曹操大喜，于是引兵渡河攻打冀州。袁谭听说曹操真的回师北上，攻打冀州，以为曹操中计，心中大喜。当曹操回军进入冀州地界，袁尚闻报，撤离平原，回救冀州。袁尚将领吕旷、吕翔兄弟投降了曹操，袁谭知道后，却暗送两颗将军印给吕氏兄弟，令其以后攻曹时做内应。他哪知曹操早在辛毗乞降求援时，已知其诈；这时为安定袁谭之心，合力攻取冀州，才假意将女儿许配给袁谭。

在曹操围攻冀州治所邺县时，袁谭并没有出兵协助曹操攻打邺县，却从平原直取冀州之甘陵、安平、勃海、河间等地。袁尚哪里抵得过曹操及袁谭的两路兵马，惨败逃入中山，投向袁熙。袁谭遂收袁尚之众，欲与曹对抗。曹操闻之大怒，便回军攻打平原，袁谭终不能敌，败守南皮，在混战中为曹军所杀。于是曹操平定了青、冀两州。公元206年春又平定并州。

袁尚、袁熙知曹操已杀袁谭，占据青、冀、并三州，又领兵向幽州进逼，自知难以抵抗，遂投奔乌桓。曹操欲乘此一举平定东北方，彻底解除今后进兵南方的后顾之忧，遂又向乌桓进兵。当曹操大军进抵白狼山时，正遇袁尚、袁熙、蹋顿等带领乌桓人马数万，前来复仇。白狼山下一仗，蹋顿战死，人马全散，袁尚、袁熙又率少数亲随投奔辽东太守公孙康。

曹操平定乌桓后，诸将都主张一鼓作气，征伐辽东，擒拿袁尚、袁熙。但曹操却下令回师许昌。他的一些文臣武将对曹操这一决定非常不解：因为辽东从地理、气候条件来说，都便于行军作战，且辽东公孙康自恃远离许昌，没有臣服，现正好乘尚、熙逃奔辽东，一举平之，既能诛袁氏兄弟，又收辽东一郡，怎么不出军向东，反而班师回许昌？可曹操却抚须而笑，说道：“毋庸再劳诸将征战，我不日即可得二袁之头。”大家疑惑，但只得依令拔营起程。行不数日，忽报辽东太守公孙康遣人送来二袁首级。曹操接见来使，使者捧出两个木盒，打开一看，果然是二袁之头。来使还呈上公孙康表示臣服的书信一封。

耿纪韦晃讨曹操

这时曹操才对诸将说：“公孙康久畏袁氏吞并，今二袁往投，会疑心重重，当时我若以兵出之，必同心合力迎战，反而欲速则不达；若缓之，公孙康和袁氏兄弟必自相图，到时，不用出兵，辽东即可平定。今公孙康送尚、熙首级，果不出我所料。”

大家听到曹操一番言论，无不称赞曹操料事之明。原来辽东太守公孙康见曹兵势众，兵多将广、文谋武略，料自己定不是曹操的对手。观袁尚、袁熙投奔自己，知其目的不过是鸠占鹊巢，所以权衡利弊之后，感到不如杀了袁氏，献之曹操，以保全自己。

曹操与其谋士郭嘉对此早已揣测在胸，因此，他们审时度势，认为应不战而坐等袁兵的溃败，于是处处采用“无为而无不为”的作法，隔岸观火，坐山观虎斗，最终不费一兵一卒，轻松地取得了对袁氏割据政权的胜利，并收服了辽东郡，彻底解除了东北之忧，从而专心与吴、蜀抗争。

苏代献计退秦兵

战国后期，秦将武安君白起在长平一战，全歼赵军四十万，赵国国内一片恐慌。白起乘胜连下赵国十七城，直逼赵国国都邯郸，赵国指日可破。

赵国情势危急，平原君的门客苏代向赵王献计，愿意冒险赴秦，以救燃眉。赵王与群臣商议，决定依计而行。

苏代带着厚礼到咸阳拜见应侯范雎，对范雎说：“武安君这次长平一战，威风凛凛，现在又直逼邯郸，他可是秦国统一天下的头号功臣。我可为您担心呀！您现在的地位在他之上，恐怕将来您不得不位居其下了。这个人不好相处啊。”苏代巧舌如簧，说得应侯沉默不语。过了好一会儿，才问苏代有何对策。苏代说：“赵国已很衰弱，不在话下，何不劝秦王暂时同意议和？这样可以剥夺武安君的兵权，您的地位就稳如泰山了。”

范雎立即面奏秦王：“秦兵劳苦日久，需要修整，不如暂时宣谕息兵，允许赵国割地求和。”秦王果然同意。结果，赵国献出六城，两国罢兵。

败长平白起坑赵卒

白起突然被召班师，心中不快，后来知道是应侯范雎的建议，也无可奈何。

两年后，秦王又发兵攻赵，白起正在生病，改派王陵率十万大军前往。这时赵国已起用老将廉颇，设防甚严，秦军久攻不下。秦王大怒，决定让白起挂帅出征。白起说：“赵国统帅廉颇，精通战略，不是当年的赵括可比；再说，两国已经议和，现在进攻，会失信于诸侯。所以，这次出兵，恐难取胜。”秦王又派范雎去动员白起，由于两人矛盾很深，白起便装病不答应。秦王说：“除了白起，难道秦国无将了吗？”于是又派王龁攻邯郸，五月不下。秦王又令白起挂帅，白起伪称病重，拒不受命。秦王怒不可遏，削去白起官职，赶出咸阳。这时范雎对秦王说：“白起心怀怨恨，如果让他跑到别的国家去，肯定是秦国的祸害。”秦王一听，急派人赐剑白起，命其自刎。可怜，为秦国立下汗马功劳的白起，落到这个下场。

当白起围邯郸时，秦国国内本无“火”，可是苏代点燃范雎的妒忌之火，制造秦国内乱，文武失和。赵国隔岸观火，使自己免遭损失。

秦惠王受计大获全胜

《史记》载：战国时期，韩国和魏国打了一年的仗也没有决出胜负。秦国的大臣们有的说参战好，有的说参战不好，弄得秦惠王左右为难。

于是，秦惠王就此事请教楚国谋士陈轸。

陈轸讲了卞庄子刺虎的故事：“卞庄子看见两只老虎吃牛，立即想去把虎刺死，一个小孩子劝阻他说：‘两虎刚刚开始吃牛，等它尝到香甜滋味的时候必然相争，相争就一定要厮斗，厮斗就会使强壮的受伤，弱小的死亡。这时你再去刺杀受伤的，虽然只是杀死一只老虎，而实际上却能得到两只老虎。’卞庄子认为这个主意不错，于是站在一旁观看。一会儿，两只老虎果然争斗起来了，强壮的老虎受了伤，弱小的老虎被咬死。卞庄子上去把受伤的老虎刺死，一举得了两只老虎。现在韩魏争战，难解难分，结果一定是强国受损，弱国灭亡。这时再去攻打已经受损的国家，一举两得。这同卞庄子刺虎的道理是一样的。”

秦惠王采纳了陈轸的建议没有参战，结果大国受损小国灭亡，秦王然后发兵取得了胜利。这可以说是“隔岸观火”一个很好的范例。

第十计 笑里藏刀

[原文]

信而安之，阴以图之；备而后动，勿使有变。刚中柔外也。

[译文]

既要取信于敌，而又让其毫无戒备我则暗中策划，积极准备，因敌制胜。还要切勿使其察觉和发生变化。这是外表温和而暗藏杀机的策略。

[计名由来]

此计语出唐白居易诗《天可度》“笑中有刀潜杀人”，是白居易对唐高宗宠臣李义府的评价。《旧唐书·卷八二·李义府列传》载：“义府貌状温恭，与人语必嬉怡微笑，而褊忌阴贼，既处权要，欲人附己，微忤意者，辄加倾陷。故时人言义府笑中有刀。”

[古今战例]

李斯逼死韩非

韩非是韩国公子，才学渊博，胸有大志，曾拜在荀子门下，与李斯一同学习治国之法。当时韩国势弱，可是韩王重用佞臣，排斥主张变法图强的韩非。韩非郁郁不得志，埋头于著述，撰成《孤愤》《五蠹》《内外储说》《说林》《说难》等书。在书中，他全面总结了商鞅、申不害等人的法家思想精华，提出了较完整的法家理论，他认为法是国家的规矩准绳，要编著成书籍，设立于官府，布之于百姓。统治者应该以法为本，法、术、势三者合一，缺一不可。韩非的思想很符合秦王嬴政的心理，当韩国的郑国被派到秦国，帮助兴修大型水利工程时，就把韩非的《孤愤》《五蠹》二书进献给秦王。嬴政看后，惊叹不已，对丞相李斯说：“寡人如果与此人相见同游，死也无憾。”李斯见嬴政如此推崇韩非，心中惊惧，担心韩非如若来秦，自己的地位必将受影响。

公元前 234 年，秦国遣使召韩非入秦见秦王，李斯告诫秦王政，要警惕韩非其人。韩非到达时，丞相李斯先以老同学名义，予以韩非热情欢迎，他在府中设宴款待韩非，并安顿韩非住在秦都上好的客舍中。

韩非刚到秦国，即上书秦王，进献自己兼并六国之策。上书中写道："秦国应该先灭韩、赵、魏，以远交近攻之策，打破六国合纵盟约，然后再分别攻取，即会一统天下。"秦王看了韩非的上书，心中很高兴，但丞相李斯早先提醒过自己，要提防韩非，所以并没有马上重用韩非。而韩非不知李斯私下从中阻拦，以为秦王会召见自己，就在客舍中耐心等待。秦王嬴政在朝日理万机，自己已遣使专程召韩非入秦，本该韩非来京后主动求见，却迟迟不见动静，于是就询问丞相李斯韩非来秦后的近况。李斯答道："韩非这个人恃才傲慢，他不愿见陛下。"秦王不明就里，不由得恼怒万分，下令把韩非下囚入狱，同时要狱卒不得慢待，希望他回心转意。

秦王嬴政是战国七雄中一位有为的君主，他善于选拔和使用人才，为了实现自己统一中国的雄心大业，他不避远疏，网罗了不少六国的有才之士为己服务，如吕不韦、李斯等不少客卿。对此情况，身为丞相的李斯非常清楚，韩非才华出众，秦王如召见识用，极有可能被重用。秦王虽然暂时听信自己所说，把韩非下狱，但是秦王的优待态度，说明了秦王对韩非是心存尊重的，一旦被秦王发现自己从中阻拦的秘密，自己也不得善终。于是一不做，二不休，他串通好朝中与韩非有宿怨的姚贾，一齐到秦王面前进谗言。嬴政听后，怒火中烧，李斯则乘机进言："韩非是韩国的诸公子之一，现今大王要兼并诸侯灭六国，韩非毕竟是韩国人，最终会帮助自己的韩国，而不会为秦国设想，这也是人之常情。现今大王没有任用他，如果让他回韩国，将会给秦国贻留后患，不如借口法律杀死他。"秦王接受了李斯的建议，下令有司以违反秦国法律名义治罪韩非。

韩非无端被下狱治罪，入狱之后才明白自己中了李斯笑里藏刀之计，被李斯阴谋算计。他想为自己辩白，但监狱已为李斯控制，无法与秦王取得联系。不久，李斯派人送毒药给韩非，并附亲笔信一封，信中写道："秦国已决定将客卿全部放逐，当然不会放他们回去，自己服药吧！"

韩非痛心自己千虑一失，被小人李斯算计，于是饮毒身亡。

本来李斯心胸狭窄，作为韩非自应有所提防，却被李斯展露的和蔼外表和热情款待所欺骗，不知在强秦灭韩的关头，身为秦相的李斯如此示和的行动，正是杀机外露的表现。难怪司马迁在写《史记》时，哀叹韩非能

石守信

决断事情，明辨是非，虽明智却思想严酷苛刻，写了一篇完美的尽述劝谏游说的《说难》，自己却难逃被逼饮毒的悲惨命运。

赵匡胤杯酒释兵权

起初，赵匡胤佯装后周忠臣，迫于无奈，才黄袍加身，被众将强拉做皇帝，而实际上，在谈笑声中夺得后周江山，建立宋王朝。

赵匡胤建立宋朝后，唯恐江山被自己的功臣夺走，于是请故将石守信等人饮酒，酒过三巡，宋太祖说："没有你们的力量，我不可能有今天，我将永远铭记你们的恩德。但是作天子也不容易，别人也想得到这个位子，我现在是夜不安枕啊。"群臣大惊，说："如今天命已定，谁还会有异心？"宋太祖接着说："你们当然不会有这个异心，但假如有一天你们手下的人弄件黄袍披在你们身上，你们不当皇帝也没有生路啊。"石守信等人大惊失色，慌忙请求太祖指条生路。太祖说："你们何不放弃兵权，去过荣华富贵的日子，我们君臣之间，也可免去一些猜忌。"石守信等人听了这番恩威并施的话，第二天便主动提出辞职，请求太祖解除他们的兵权。这样，赵匡胤就在饮酒谈笑之间，巧妙地解除了功臣们的兵权，免去心头之患。这件事通称"杯酒释兵权"。

赵匡胤称帝之初，节度使势力强大，骄横跋扈，难以管制，时称"十兄弟"。赵把他们十人召来，每人授佩剑一把，强弓一副，良马一匹。然后只身上马，不带卫士，和十兄弟到皇宫外林子中去饮酒。几杯酒后，赵说："这里僻静无人，你们谁想当皇帝，杀了我，便可以去登基。"十兄弟被镇住了，一个个不寒而栗，拜伏在地，连声说："不敢不敢。"赵再三催问，他们不敢言语。从此，节度使们对赵顺从有加。

第十一计 李代桃僵

［原文］

势必有损，损阴以益阳。

［译文］

当局势发展到必然有所损失时，应舍得局部的弱小兵力，以保全大局的优势。

［计名由来］

李代桃僵中的僵，是枯死的意思。此计语出《乐府诗集·鸡鸣篇》："桃生露井上，李树生桃旁，虫来啮桃根，李树代桃僵，树木身相代，兄弟还相忘？"本意是指兄弟要像桃李共患难一样相互帮助，相互友爱。此计用在军事上，指在敌我双方势均力敌，或者敌优我劣的情况下，用小的代价，换取大的胜利的谋略。很像在象棋比赛中"舍车保帅"的战术。

［古今战例］

朱棣计安土司

"李代桃僵"作为一种计谋素来为历史上的统治者运用，明成祖朱棣就曾巧妙地运用此计。明朝永乐年间，明政府派到贵州去驻守的都督马烨利用职权残暴对待少数民族，激起少数民族的强烈反抗。彝族女土司奢香率人到京城告状。明成祖听其泣诉，以同情的口吻说："马烨身为朝廷命官，为乱扰民，罪该万死。但我为你除了马烨，你们以什么报答我呢？"奢香见成祖答应斩杀仇人，立即上前再三叩头致谢，并说："蒙皇上明察，小民衔恩心怀，由此以后，彝人保证世世代代再不犯上作乱。"成祖笑道："百姓安心守业，谨守君臣之道，尊奉朝廷，这是你们的本分。怎能以此作为报答呢？"奢香见成祖如此强傲，不敢推脱诿事，只好说："贵州东北有一通向巴蜀小道，皇上为我们报仇雪恨，我们愿开通此路，方便官府驿使驰往，以报答圣上慈恩。"

奢香辞谢成祖，即日回程，组织彝汉边民重新修通由云贵至四川的山路。马烨不久被成祖召回京都，借口扰民勒索，致乱国家，被公开斩首示众。马烨被杀之后，明成祖对左右说："马烨都督贵州，为朝廷尽忠守边，卓有功勋，但如果不斩，贵州一方无以为安。"

我们从以上事实可以明白，明成祖为安定贵州土著，以国家边关的安宁为大局，明知都督马烨忠心朝廷，但在土司奢香上京诉告，当地土著衔恨马烨将近起兵的情况下，不惜以牺牲手下，换来土司奢香答应安民息乱，出力打通通蜀小道的允诺。这样既平息了边乱，又加强了中央政府对边关的控制，双重目的皆得以实现。其实，这正是表现了李代桃僵之计的精华，即以小部、局部之失，换得大局全胜。

岳钟琪兵不血刃平叛军

岳钟琪是将门之子。他父亲岳升龙曾任四川提督。他自幼习读兵书，武艺过人。

岳钟琪随康熙皇帝十四子允禵征讨西藏叛乱。岳钟琪率领四千人马先到察木多。岳钟琪通过密探得知，此地各部落都已经叛乱，准噶尔叛军已派重兵驻扎三巴桥。

三巴桥是进藏的第一个要隘，叛军一旦毁了桥，清军入关就比登天还难。

大将军允禵所率领的清军大队人马尚在千里之外，岳钟琪只有几千人马在此，死拼硬打是不行，于是他提出了"李代桃僵"之计。

岳钟琪亲自在军营中挑选了30名精兵，练习藏语，身穿藏服，扮成藏兵。一切准备停当，他亲自率兵，快马加鞭地向准噶尔使者的驻地洛隆疾驰而去。由于装扮逼真，这支奇兵顺利通过了叛军的哨卡，潜入了使者的住处，一举将准噶尔叛军使者擒获。

岳钟琪历数准噶尔首领的叛国罪行，下令将使者斩首，并派人把叛将使者的人头送到叛将那里，以儆效尤。叛将头目一个个吓得目瞪口呆，以为神兵自天而降，纷纷表示愿意归顺。

岳钟琪成功地运用了"李代桃僵"的奇谋，不仅保住了进军西藏的咽喉要道三巴桥，而且兵不血刃地降服了叛军，可谓出奇制胜。

第十二计 顺手牵羊

[原文]

微隙在所必乘，微利在所必得。少阴，少阳。

[译文]

出现微小的漏洞，也必须及时利用；发现微小的利益，也要力争获得。变敌方小的疏忽为我军小的利。

[计名由来]

“快心真笙腊，覆手已牵羊。”（刘挚《忠肃集·梁宣明二帝陵》）

《礼记·曲礼上》有“效马效羊者右牵之”，东汉末年的郑玄注：“用右手便。”清朝的顾张思在《土风录·一二·顺手牵羊》中说：“伺便窃取曰顺手牵羊。按《曲礼》‘效羊者右牵之’。俗呼右手曰顺手，取顺便之意。”

[古今战例]

伯颜顺手除政敌

公元 1333 年，元顺帝即位，伯颜任中书右丞相，一时权倾朝野。唐其势被封为御史大夫，他的姐姐答那失里为顺帝皇后。但朝中实权掌握在伯颜手中，因此唐其势与伯颜之间矛盾重重。

伯颜

唐其势对伯颜家族在朝中势力凌驾自己家族之上，极为愤愤不平。他公开对别人说：“天下，本是我家的天下，我和父亲、叔叔为皇帝立了多少汗马功劳，功勋卓著，伯颜是什么东西，竟然位于我之上。”

伯颜对唐其势的狂妄和不满早已悉知，因畏惧燕帖木儿家族在朝中的强大势力，只好隐而不发。甚至专折上疏顺帝，请让自己的右丞相之位与唐其势，只是皇帝以为不妥，才打消了让位之举。为提防唐其势的不意进攻，他私下里早早做好应敌准备。

唐其势既然不甘居伯颜之下，同样是暗地里加紧夺权准备。他先是联络被封为句容郡王的叔叔塔里，对他说："只有我家里的人才能配享执掌朝政大权之位，现在皇帝以伯颜居重职，是亏待了我家。"答里早蓄有叛反意图，一直想立与自己关系亲密、诸王之一的晃火帖木儿为帝，且双方已有多次秘密联络。所以唐其势的话甚得塔里的心思，他对唐其势说，"我也在考虑这个问题，皇帝凭什么放重权于伯颜，而轻视我们家呢？"唐其势于是乘机鼓动道："咱家手中不是掌有一部分权力吗？何况我逝去的父亲手下亲信在朝中也有不少，（不如）干脆乘机把伯颜权力彻底夺过来。"塔里对唐其势的话深以为然，当即决定先与晃火帖木儿暗中约定好，然后以突袭方式率兵攻打皇宫，成功后以晃火帖木儿为帝。不久晃火贴木儿来信，约请由唐其势叔侄里应外合，乘机夺权。

唐其势等人的谋叛行动事不严密，郯王彻彻秃对左丞相异于平常的行动产生了怀疑，且立即报告给元顺帝。顺帝听到郯王的报告非常惊诧，又担心郯王的报告与事实不符，于是想了一招计谋，召请塔里来京觐见，如叛乱之事属实，塔里必不敢入朝。果然，诏书下达后很长时间，京城未见塔里身影。于是，顺帝召右丞相伯颜入宫筹谋，委托伯颜做好防范准备。

伯颜接到元顺帝的命令，真是天降喜讯，老天终于送来了清除政敌的大好机会，他很快布置亲信将兵，加强皇宫守卫，同时派人监视唐其势的行动，只等唐其势自投罗网。

唐其势与塔里和晃火帖木儿谋定之后，即令弟弟塔喇海设伏兵于宫城东郊截杀皇帝与逃亡的大臣，自己则率手下精兵，向宫阙进攻。不料刚刚攻入禁城，就遭伯颜辖领所属众多兵士迎面痛击，只见伯颜站在城楼上，指挥禁军和其他兵士，由四面向中央紧紧合围，本来唐其势指望以少数精兵出其不意的突袭，一举就能拿下皇宫，哪知自己早已在对手伯颜算计之中，伯颜不过是等待鱼儿主动上钩罢了。唐其势心中一急，赶快令手下亲兵向前杀开一条血路。正在厮杀酣战中，传来伯颜大声布告："凡生擒唐其势者赏万金！"禁兵、武士重赏之下，人人持械向前，混战之下，唐其势体力不支，被禁兵从马上一矛击中，倒在地下，兵士一拥而上，紧紧缚住。

唐其势的弟弟率兵埋伏东郊，久不见宫阙方面消息，正在疑惑之中，

伯颜回军斩将

却见伯颜率大军迎面而来，赶紧令兵士跃起进攻，只是双方兵力悬殊太大，手下勇士很快被斩杀干净，自己也落得被生擒的下场。

伯颜见唐其势势力已散，两凶已被擒住，旋即进宫，请求皇帝登殿审讯。元顺帝亲见唐其势进攻皇宫，哪能轻饶，立即谕令："两人罪行已经昭明，不必审讯，按律例处置就可。"伯颜见皇帝有旨，立命禁兵把两人揪出门外斩首。唐其势砍头在即，慌忙高叫："陛下曾明诏答应我父免子孙死罪，今日为何自己食言？"企图以父亲燕帖木儿之功，救得活命，不料话音未落，伯颜早令禁兵砍下了他的头颅。

唐其势的弟弟塔喇海见事机敏，一入宫室即逃到元顺帝皇后的座位之下，皇后见弟弟一副可怜之相，想极力袒护，就用自己的外衣罩住塔喇海。伯颜见状，不容皇后开口，令禁兵走过去搜查，果然塔喇海正在皇后座位下抖索不停，士兵强行把塔喇海拽出，伯颜立即拔剑出手，一剑刺向塔喇海，顿见鲜血四溅，皇后的衣服亦被染成红色。伯颜明白，自己手杀皇后两弟，政敌虽除，但皇后对自己终究是个隐患，一旦哪天皇帝信其言，自己遭诛的日子就不会太远。于是，一不做，二不休，立奏元顺帝："皇后兄弟大逆不轨，皇后罪在不赦；况且又公开加以庇护，显然为同党，请陛下割私情，依法处置，以戒后人。"说完也不等皇帝表态，就令士兵把皇后绑起来。左右士兵不见皇帝亲口下令，不敢上前。伯颜毫不手软，伸手把皇后从座位上拉下。皇后见状，赶紧向元顺帝求救，要求皇帝看在多年侍侯在侧的情分，放她一条生路。元顺帝见此情景，虽然不无怜惜之心，但想起燕帖木儿过去对自己的示威和欺压，她的兄弟居然又谋叛夺位，于是咬紧牙关，恨恨地说："你兄弟谋大逆不轨，岂能相救。"于是伯颜让士兵把皇后拉出宫外，先安排在开平民舍居住，不久又派人送去毒酒，毒杀了皇后。

唐其势兄弟刚刚被杀，元顺帝就在伯颜的鼓动下，以重兵乘胜而击，塔里很快被俘送京斩杀，那图谋皇位的晃火帖木儿，自感罪行严重，朝廷不会轻饶，坚持反抗也是以卵击石，思前虑后，别无逃生之路，只好挥剑自杀。伯颜奏请顺帝，凡燕帖木儿和唐其势亲信势力，以及所荐举的一切官员，均罢免去职，朝廷将唐其势家产入宫。自此之后，伯颜做起了威震环宇的权臣，直到自己最后被侄儿脱脱算计，病死在贬职途中。

伯颜的确是一位出色的谋略家，他利用元顺帝对唐家的不满，巧妙地运用顺手牵羊之计除去了自己的政敌，可谓一举两得。

制敌的战机一旦捕捉在手，就要保证万无一失；胜利的果实得之不易，丝毫没有丧失的道理，所以微利在所必得。打了“老虎”，不能丢失“小羊”，理想的办法是“虎”“羊”两者皆获。

第十三计 打草惊蛇

[原文]

疑以叩实，察而后动。复者，阴之谋也。

[译文]

情况可疑要察实，精确辨别敌情之后，再投入行动；反复探索敌情，是发现敌人圈套的主要手段。

[计名由来]

打草惊蛇，语出段成式《酉阳杂俎》：唐代王鲁任当涂县县令，搜刮民财，贪污受贿。有一次，县民控告他的部下主簿贪赃。他见到状子，十分惊骇，情不自禁地在状子上批了八个字："汝虽打草，吾已惊蛇。"

[古今战例]

孔明打草惊蛇败司马

三国时期，诸葛亮率蜀军五出祁山时，与强敌魏军相遇时将计就计，将魏军统帅司马懿派出的一支部队在伏击圈里消灭，魏军损兵折将。诸葛亮在将魏军的前锋消灭的同时，又惊扰了后续的主帅与大军之"蛇"，使其再也不敢冒然尾追主动后撤的蜀军，便是应用此计成功的事例之一。

孔明智败司马懿

诸葛亮五出祁山时，率八万蜀军，司马懿带兵相迎。蜀军除在陇西用计抢割麦子以充军粮外，又在卤城里应外合，打败魏军。但因魏吴联合攻蜀，西川吃紧，诸葛亮决定撤军。为摆脱魏军的尾追，他便决定设下埋伏，打草惊蛇，命杨仪、马忠率一万弓弩手在剑阁、木门道设下埋伏，待魏军追到，只听号令将其歼灭。结果，司马懿命张郃领五千魏兵向前追击，自己带二万余魏军随其后。张郃中计被蜀军射杀，百余部将及魏军全部被歼。待魏军后援赶到时，山路已被阻塞。众军正要后撤，却听山头有人大叫："诸葛丞相在此！"只见诸葛亮立于火光之中，指着魏军说："我今天围猎，原想得一'马'（指司马懿），却误中一'獐'（指张郃）。你们回去告诉司马懿，我早晚要擒住他。"由此可见，蜀军的胜利与魏军的损兵折将、一败再败，正是诸葛亮在充分利用魏军统帅和将领的判断失误，以及发挥自身优势（心理优势、地形优势、战术优势、人才优势）的基础上，得心应手运用此计而取得的硕果。

李世民智取薛仁杲

唐朝开国初期，薛仁杲割换两秦。薛仁杲在当太子时，和将领中的大多数人有矛盾；他当皇帝后，众人心里既猜疑又害怕。薛举去世时，郝瑗伤心过度得了病，不治而死，国力也从此逐渐衰弱。秦王李世民到高墌，薛仁杲派宗罗睺带军抵抗，宗罗睺几次挑战，李世民坚守不出。将领们都去请战，世民说："我军刚打了败仗，士气沮丧，对方仗着得胜而很骄傲，轻视我们，我们应当关闭营垒，耐心等待。他们骄傲我们奋勇，可一仗打败他们。"于是命令全军："有敢请战的，斩首！"双方相持六十多天，薛仁杲军队的粮食吃完了，薛仁杲的将领梁胡郎等人率各自的部下来投降。李世民了解到薛仁杲手下的将领士卒有离他而去之心，便命令行军总管梁实在浅水原扎营引诱薛仁杲部下。宗罗睺知道后非常高兴，出动全部精锐进攻梁实，梁实据险坚守不出战。薛军营地中没有水源，人马已经好几天没有水喝。宗罗睺猛烈攻击；李世民估计对方已经疲劳，对各位将领说："可以打了！"快到天亮，李世民让右武侯大将军庞玉在浅水原列阵。宗罗睺合兵攻击，庞玉反击，几乎不能坚持了。李世民带领大军出其不意从浅水原北面出现，宗罗睺带军迎战。李世民率领几十名精锐骑兵率先冲入敌阵，唐军里应外合，奋力作战，呼声惊天动地，宗罗睺的部队被打得大败，被唐军斩首几千人。世民率领二千多骑兵追击宗罗睺，窦轨扣住马缰绳苦苦地劝道："薛仁杲还有坚固的城池，我们虽然打败了宗罗睺，但不能轻易冒进，我请求暂时按兵不动，观察一下。"李世民说："我考虑这个问题很久了，现在我军势如破竹，不能失去机会，舅舅不要再说了！"于是进军。薛仁杲在城下列阵，李世民依泾河面对薛仁杲营地布阵，薛仁杲手下的骁将浑干等人到唐军阵前投降。薛仁杲害怕了，带兵进城坚守。天快黑时，唐大军相继而到，于是包围了城池。半夜，守城的人纷纷下城投降。薛仁杲无计可施，初八，出城投降。唐得薛仁杲的精兵一万多名，百姓五万。

众将领都来祝贺，顺便问："大王一仗就取得了胜利，骤然舍弃步兵，又没有攻城工具，轻骑直到城下，众人都认为不能攻下城，却很快就取胜，为什么呢？"李世民说："宗罗睺的部下都是陇西的人，将士勇猛剽悍，我有意出其不意打败他，杀死与俘获的都不多。如果不马上追击，他们都返回城内，薛仁杲加以抚慰再派他们作战，就不容易战胜了；而迅速追击，就跑回到陇山之外，折墌城虚弱，薛仁杲吓破了胆，没有时间谋划，这是我取胜的原因。"

国本惠民

太宗勤于政事，注重民生，将大唐江山治理得井井有条，百姓称颂。

宋太祖"打草惊蛇"

据《续资治通鉴》记述，宋太祖乾德元年（公元963年）时，翰林学士、中书舍人王著，平日不拘小节，为官行为不端，曾经乘着酒兴在娼妓家过夜，被巡逻的官吏抓获，但知道身份后又释放了他，秘密将此事奏报，宋太祖置而不问。随后，王著在宫中住宿值班，夜里，他敲滋德殿大门请求召见；太祖让宫中使者带领登上大殿，手持蜡烛审视王著。王著酩酊大醉，披头散发，太祖大怒，触发前日之事，就贬黜了他的官职。同年二月初一日，将王著责罚后授予员外郎。与此同时，宋太祖又通过此例，考察百官是否尽职，结果，御史中丞洛阳人刘温叟等人，都因为未曾弹劾王著失职，而被削夺了两个月的俸禄。这是宋太祖由佯忽醉臣之失而后责罚失礼失职之臣（打草），以儆百官群臣（惊蛇），肃整吏治，制服失臣对手，建立和巩固皇权君威、统治秩序的成功事例。宋太祖的精明过人之处就是能着眼全局，又能从小处入手，"打草惊蛇"，在百官朝臣面前，处于赏罚分明、树威立望的主动位置上。

第十四计 借尸还魂

[原文]

有用者，不可借；不能用者，求借。借不能用者而用之，匪我求童蒙，童蒙求我。

[译文]

凡是有所作为的，难以驾驭和控制，不能加以利用；凡没有作为的，往往要依附别人以强立，这就会求助于我。利用没有作为的并顺势控制它，这其中的道理，正与幼稚蒙昧之人需要求助于足智多谋的人，而不是足智多谋的人需要求助于幼稚蒙昧的人一样。

[计名由来]

此计出自道教仙话中的传奇人物“铁拐李”的故事。

据传，铁拐李原姓李，名玄，遇太上老君而得道，成为八仙之一。一次神游时，因其肉身误被弟子焚烧，使游魂无处依附，于是附在一位饿死的人的尸身之上，得以还魂。还魂后蓬头垢面，袒腹跛脚，又用水喷向倚身的竹杖，变成铁杖，因此被称为“铁拐李”。

吕洞宾三醉岳阳楼

吕洞宾是八仙之一，生性放诞不羁。

元代岳伯川杂剧《吕洞宾度铁拐李》曾写其事，其情节有所不同。剧中直接用了“借尸还魂”一词。其原文是：

（吕洞宾云）：“岳寿，谁想你浑家将你尸骸烧化了。我如今着你借尸还魂，尸骸是小李屠，魂灵是岳寿，休迷了本来面目！”（臧晋叔编《元曲选》）

[古今战例]

王莽篡汉

西汉末年，梓潼县人哀章在长安求学，

一向品行不端，好说大话。他看到王莽居位摄政，就做了一只铜箱子，制作了两道封书题签，一道写作“天帝行玺金匮图”，另一道写作“赤帝行玺某传予黄帝金策书”。所谓某，就是高皇帝的名字。文书说王莽应作真天子，皇太后应遵从天命。图和书都写明王莽的八名大臣，又起了吉利的名字叫王兴和王盛。哀章还把自己的姓名也塞在里面，共有十一人，都写明了官职和爵位，作为辅佐。哀章听到齐郡新井和巴郡石牛事件了，当天黄昏，穿着黄衣，拿着铜箱子到高帝祠庙，把它交给了仆射，仆射向王莽奏报。十一月二十五日，王莽到高帝祠庙接受天神命令转让统治权的铜箱子。他戴着王冠，晋见太皇太后，回来便坐在未央宫的前殿，下文告说：“我自身无德，幸赖是皇初祖黄帝的后代，是皇始初虞帝的子孙，又是太皇太后的亲属。皇天上帝大加显扬和保佑，既定的天命，宣告皇统的开端，上天降下的符命、图文，神明晓喻，把普天下人的命运托付我。赤帝汉朝高皇帝的神灵，秉承上命，传给我转让政权的金策书，诚惶诚恐，不敢不敬谨接受！二十五日为一吉日，我戴着王冠，登上天子的座位，建立‘新王朝’。决定改变历法，改变服饰的颜色，改变祭祀用品，改变旌旗，改变用器制度。把今年十二月初一定为始建国元年正月的初一，把鸡鸣之时作为一天的开始。车马、服饰的颜色配合土德崇尚黄色，祭祀适应正月建丑使用白色，使者符节的旄头都采用纯黄，其上写上‘新使五威节’，表明我们是秉承皇天上帝的威严命令。”

王莽将要当真皇帝之前，先让人捧着各种符瑞给太皇太后看，太皇太后大吃一惊。这时，因孺子刘婴还没有即位，所以皇帝御玺仍放在太后的长乐宫。等到王莽即位，向太后请予御玺，太后不肯给。王莽让安阳侯王舜规劝。王舜一向谨慎周到，太后平素喜欢他、信任他。王舜晋见，太后知道他是来为王莽索求御玺，愤怒地骂道：“你们父子兄弟、家庭宗族，靠着汉王朝的力量，几代享尽荣华富贵，不但不去回报，反而利用别人托孤寄子的机会，夺取政权，不再顾念恩德情义。这种人，连猪都不吃他剩余的东西，天下怎么会有你们兄弟！而且你们自己用金匮符命当新皇帝，改变历法，改变车马，服饰颜色，改变制度，就应该另刻一枚御玺，传之万代，为什么要使用这个亡国的不祥之玺，而想得到它？我是汉王朝的一个老寡妇，早晚都要死，打算跟御玺一同埋葬。我不给他，他最终也得不到。”太后边说边哭。左右侍从都跟着哭泣。王舜也悲痛不已。停了很久，王舜才抬头问太后：“我等已无话可说，只是王莽一定要得到传国御玺。太后，你难道能够永远不给他？”太后听王舜说得恳切，担心王莽威胁她，便拿出御玺，扔到地上，对王舜说：“待我老死后，你们全族兄弟将被屠灭！”王舜得到传国御玺呈献给王莽。王莽非常高兴，特地在未央宫渐台宴请太后，让众人尽情欢乐。

王莽托古改制而篡汉，这是汉代历史上的大事，也是借汉朝之“旧尸”，而拣还新朝“新魂”的典型事例。

刘备借荆州

三国时期，想雄踞一方的刘备，占据荆州的打算由来已久。早在诸葛亮的《隆中对策》中，便率先提出了要以荆州为根据地，方能称雄蜀地。所以刘备与孙吴联兵，在赤壁大败曹操之后，就抢先占据了荆州，欲图立足，以求发展。然而，荆州实乃刘表之地，刘备初来乍到，对当时的混乱局势，一时无法控制。正在一筹莫展之时，名士马良对刘备献策说：“主公如果举荐刘表的儿子刘琦作荆州刺史，那么荆州人就一定会归顺的。因为刘表是荆州的故主，刘琦又是刘表的长子，子承父业，名正言顺。荆州百姓自然会心悦诚服。另外，刘琦继承父业，理所当然，孙吴也就没有索要荆州的借口了。”刘备听了此话，觉得很有道理，于是便举荐刘琦作了荆州刺史。而刘琦做了荆州刺史以后，荆州的形势和局面果然迅速安定了下来。后来，刘琦病死，刘备出任荆州牧，便长期趁机“借”踞了荆州，以作入川的基地和依托。

刘备在施展“借尸还魂”之计借占荆州时，主要手法有三个特点：一是乘虚，利用荆州军事力量上的暂时空虚，拥兵去荆州，填补此一“空白”。二是趁乱，为安定荆州之混乱局面，首先借刘表之名（旧尸）；其次是用刘琦作刺史，子承父位，顺应民心，系念旧情，方能使民悦而安顺。三是“还魂”巧据。刘琦病死，刘备出任荆州牧，既顺理成章，又使百姓不惊，更使孙吴无讨还之借口。为此，刘备所要达到的政治目标（还魂），即以荆州为根据地，便名正言顺地实现了。

满军“借尸还魂”入关

明朝末年，李自成率众起义，打得明军节节败退，起义军很快攻进了北京城，明朝崇祯皇帝缢死煤山。李自成自以为明朝灭亡，天下太平了，便在北京称帝，忽视了北部势力清帝国。此时，清军看到中原大乱，人心惶惶，明朝已被推翻，而李闯王又刚刚称帝，政权不稳，想乘机侵犯中原。但是，要找到一种讨伐的借口。

当时，有人对多尔衮说：李闯王在明朝京城称帝，明朝臣民莫不切齿痛恨。如果我国乘此机会出师，打着吊民伐罪的旗号，布告中原臣民，必望风归附，共同攻击李自成。这样，驱除流寇、平定中原的愿望便可实现了。

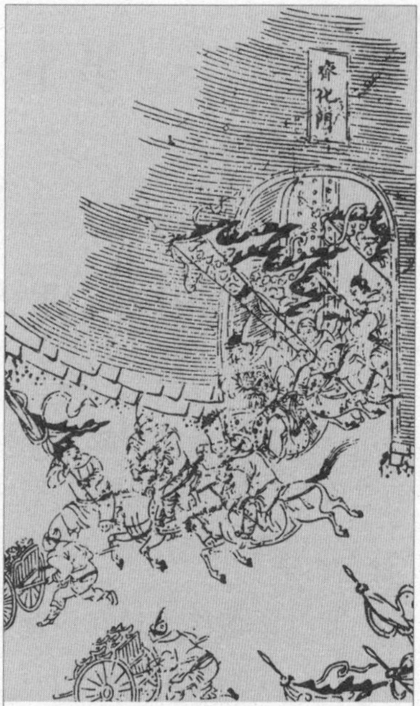

闯王大败走关西

吴三桂引清军入关，李自成兵败，清军占据了中原河山，建立起清王朝。

可见，清军想借中原力量以平定中原，以明朝旧臣民来反对李自成政权，以此推翻李自成，取而代之，这是第一步。为达到这一步，便打着吊民伐罪的旗帜，为恢复明室作战，从而拉拢明朝的臣民为我所用。当此目的达到后，便可将矛头指向明朝臣民，使其听从清指挥，向清称臣，以达到平定中原、统一中国之目的。就当时的现实情况来看，李自成夺取了政权，但天下战争仍在进行，残余的明朝将士还在各地活动，同时还有别的武装力量也在蠢蠢欲动，反对并影响李自成政权。同时，李自成虽已推翻明朝政权但人心尚未归附。因此清军打着吊民伐罪的旗号，受到明朝旧臣一部分人的欢迎，具有一定的社会基础。再者，清军兵力也不算弱，而李自成的部队却是连年征战，十分疲惫，同时又处在胜利陶醉的状态，战斗力下降。这是清军入关的实力基础。

正是从诸多方面考虑，清军决定进兵关内。当多尔衮将此想法禀呈太后时，太后很是同意，并提出了一些具体的措施与方案。接着，多尔衮便采取措施，去掉了自己的政敌豪格，使内部安定团结，接着便率师进军，借助明将吴三桂的力量，很快攻入山海关。李自成虽有抵抗，但最终还是败于多尔衮。时间不长，清军攻入北京，李自成节节败退，最终失败。北京一破，天下大震，清军乘势大举进入，四面出击，扫荡明室，采取各种办法，分化瓦解打击起义军，其中重要的一条便是以汉人治汉人，最后统一了中国，建立了中国历史上最后一个封建王朝—清朝。

第十五计 调虎离山

[原文]

待天以困之，用人以诱之，往蹇(jiǎn)来返。

[译文]

等待自然条件对敌方不利时再去围困它，用人为的假象去诱骗它。向前进攻有危险，那就想办法让敌人过来攻我。

[计名由来]

此计语最早出现在明朝吴承恩写的《西游记·五十三回》中："（孙悟空）……我使个调虎离山计，哄你出来争战，却着我师弟取水去了。"

在明朝冯惟敏（《海浮山堂词稿·二上·玉芙蓉·嘲赠》）中有"使不了调虎离山计，当不得将军八面威"。

[古今战例]

鲁仲连取聊城

战国后期，燕将乐毅攻下齐国七十多座城后，由于中了齐国田单的反间计，乐毅被换，燕军反被齐国打败。当时，田单打败燕军，收复了齐国丢失的七十多座城，只有一座聊城没有收回。田单无计可施，就请鲁仲连出谋划策。

鲁仲连

鲁仲连了解到死守聊城的燕将是因为燕王要杀头才坚守聊城的。于是鲁仲连写了封信用箭射入聊城，守城的士兵就把信交给燕将。信中大意道："聪明人应见机行事。如今您只顾一时，不失为燕国臣子，而死守聊城，这对于齐国并没有好名声，而您也不可能守住城，子孙后代也不会称赞您，如此看来您是不聪明的。当今生死荣辱之事您可要慎重选择啊！我听说齐国报仇正不惜代价地攻打聊城，而燕国正在大乱，燕君正受到天下人的耻笑。聊城内，已无军需，而将士们却无叛变之心。这样的军队是好样的，能无敌于天下的。我为您着想，您不如收兵，离开聊城，回国见燕王。燕王见到您保全的军队与战车，一定十分高兴。百姓会感念您，朋友们会尊敬您。您这样做，可以上辅君王，下抚百姓。有名又有利，何必死守聊城呢？”

燕将看完信后，权衡利弊，觉得鲁仲连讲得有理，连夜撤兵离开了聊城。

鲁仲连以“调虎离山”之计，一封信使燕将撤兵，不费一兵一卒取下聊城，这是“调虎离山”计的最好体现。

刘邦擒韩信

公元前201年10月，有人上书告楚王韩信要谋反。刘邦便征求将领们的意见，大家都说：“趁早发兵，把这小子活埋算了！”高帝默然不语。接着又询问陈平，陈平说：“有人上书告韩信谋反，这事韩信知道吗？”高帝说：“不知道。”陈平说：“陛下的精锐部队与楚王的部队相比谁更厉害呢？”高帝道：“超不过他的。”陈平说：“陛下的将领们中，用兵之才有能比过韩信的吗？”高帝道：“没有赶得上他的。”陈平说：“现在军队不如楚国的精锐，将领又比不上韩信，却要举兵攻打他，这是逼他起兵反抗呀。内心真为陛下捏了一把汗！”高帝说：“那该怎么办呢？”陈平说：“古时候，天子有时巡视诸侯辖地并会见诸侯。陛下出来视察，假装巡游云梦泽，在陈县会见诸侯。而陈县在楚国的西部边界，韩信听说天子心怀好意出游会见诸侯，必定是全国平安无事，一定会到郊外迎接陛下。拜见时陛下就趁机捉住他，这不过是一个力士就能办到的事罢了。”高帝认为说得对，便派出使者去通告诸侯到陈县聚会，说：“我将南游云梦泽。”随即起程南行。楚王韩信听到这个消息后，心中忧惧，不知怎么办才好。这时有人劝韩信说：“杀了钟离眛去谒见皇上，皇上必定欢喜，这样就不会有什么祸患了。”韩信听从了这个建议。12月，高帝在陈县会见诸侯，韩信提着钟离眛的头颅拜见高帝。高帝即命武士将韩信绑起来，装到随皇帝车驾出行的副车上。韩信说：“果然如同人们所说‘狡猾的兔子死了，奔跑的猎狗必遭煮杀；高飞的鸟儿死了，精良的弓箭定被收藏；敌对的国家攻破了，谋臣就要被杀害。’如今天下已经平定，我本来就应当被煮杀！”高帝说：“有人告发你谋反。”随即用镣铐锁住韩信而归，接着大赦天下。

田肯前来向高帝祝贺说："陛下擒住了韩信，又在关中建都。秦地是形势险要能够制胜的地方，以河为襟带，以山为屏障，地势便利，从此以后对诸侯用兵，就好像在高屋脊上倾倒瓶中的水那样居高临下而势不可当了。若说齐地，东有琅邪、即墨的富饶物产，南有泰山的峭峻坚固，西有浊河的险阻制约，北有渤海的渔盐利益，土地方圆两千里，拥有雄兵百万，可以算作是东方的秦国了，因而不是陛下嫡亲的子弟，没有人可以去统治齐地的。"高帝说："对啊！"随即便赏给田肯五百斤黄金。

高帝归还，到了洛阳后就赦免了韩信，封他为淮阴侯。

由此可见，不管韩信是否有谋反之心，只要刘邦能够控制住韩信，他就可以稳坐江山，从而避免更大的战争发生。故而他必须使这条"调虎离山"之计。

陈平智解荥阳围

公元前204年，刘邦对陈平说："天下纷扰混乱，到什么时候才能安定呀？"陈平说："项王身边刚正不阿的臣子，也就只有亚父范增、钟离昧、龙且、周殷几个人罢了。大王您如果能拿出几万斤黄金，施用反间计，离间楚国的君臣关系，使他们内心互相猜疑，而项羽的为人原本就猜忌多疑，易听信谗言，这样一来，他们内部必定会自相残杀，我们就可乘机发兵去攻打他们，楚军就一定会被打败。"汉王说："此话有理！"便取出黄金四万斤交给陈平，任凭他任意活动，不过问他黄金的使用情况。陈平于是用重金雇请间谍到楚军中进行离间活动，放出消息说："各位将领如钟离昧等人为项王领兵打仗，功劳卓著，但是却终究不能分得一块土地而称王，因此他们便想与汉军联合起来，借此灭掉项氏，瓜分楚国的土地，各自为王。"项羽果然有所猜忌，不再信任钟离昧等人。

夏季，4月，楚军在荥阳围攻汉王，形势紧急。汉王向项羽请求议和，把荥阳以西的地区划归汉国。但范增却劝项羽火速攻打荥阳，汉王为此忧心忡忡。这时项羽派使者前往汉王处，陈平备置了丰盛的宴席，款待楚国的使者。一见到楚使，就假装惊诧地说："我还以为是亚父的使者呢，原来竟是项王的使者啊！"随即将酒菜又端了出去，改换粗劣的饭菜送给楚使食用。楚使回国后，就把这些情况原原本本汇报给了项羽，项羽果然又对范增大加猜疑。范增想要加紧攻下荥阳城，项羽既不信任他，又不肯听从他的意见。范增听说项羽对他有怀疑，便怒气冲冲地说："天下事大体上已有定局了，您自己去干吧，只是希望能准许我辞职回家！”于是范增踏上了归途，还没有到达彭城，就因背上毒疮发作而死去。陈平一条小计，断送了范增的性命，不费吹灰之力，砍掉了项羽这只猛虎的一条臂膀，达到了削弱孤立项羽联盟的目的。从此以后，项羽的霸业，如同江河日下，日暮途穷，再无起色，汉军平定天下指日可待。

范增死后，项羽痛定思痛，深刻反省，醒悟中了刘邦的反间计与调虎离山之计，但悔之晚矣。他决心踏平荥阳，将刘邦碎尸万段，以报亚父之仇。于是召集大将钟离眛等人，好言相慰，并嘱他们着力攻城，立功侯赏。诸将果然身先士卒，奋力攻城，一时荥阳再次告急。韩信援兵迟迟不到，荥阳朝不保夕。张良、陈平决定：先救刘邦出城，入关收集散兵，留御史大夫周苛、魏豹、枞公死守荥阳，再会同韩信所部围攻项羽。于是陈平诸人又巧用项羽急擒刘邦的心理，智诳楚军，调虎离山。

面对楚军日益猛烈的攻势，陈平等人一方面将形势之危急向诸将和盘托出，激励诸将誓与孤城共存，抵御楚兵，另一方面与张良密谋后，对汉王说：“请大王速写一封投降信给霸王，约霸王在东门相见。霸王定会把他的大军布置在东门，我再想办法把西、北、南各门卫士引到东门口来，大王就可以从西门冲出去了。”

这时汉王帐下的将军纪信，认为与其死守孤城，不若突围求生。要想突围，唯一的办法是找一个人假作汉王，只说出城投降，好叫敌人无备，让汉王乘乱冲出包围。纪信悄悄来到汉王帐下，言愿假代汉王，去诳骗楚军，请汉王组织人马突围。陈平等人认为此计可行，但必须周密策划，要有其他伪装作掩护，三计并施，才能蒙蔽项羽，乘乱突围。于是翌日，天还未亮，汉军便开了东门，陈平差遣两千妇女，一批又一批地从东门出去。楚军闻讯围攻上来，见全是些手无寸铁的女人，谁也不好意思刁难，只好闪开一条道来。南、西、北门的楚兵听说东门全是美人儿，争先恐后地涌向东门。直到旭日东升，才见城中有兵士出来，打着旌旗，拿着武器，簇拥着一部兵车，缓缓而来。“汉王”走近楚营，霸王才发现坐车出来的不是汉王，气得火冒三丈，暴跳如雷，吩咐将这个假汉王连车一同烧了。这时，汉王乘着东门混乱，冲出西门，带着陈平、张良、樊哙杀开一条血路，逃之夭夭。

孙策智夺庐江郡

调虎离山，此计用在军事上，是一种调动敌人的谋略。它的核心在一

孙策

“调”字。虎，指敌方，山，指敌方占据的有利地势。如果敌方占据了有利地势，并且兵力众多，防范严密，此时，我方不可硬攻。正确的方法是设计相诱，把敌人引出坚固的据点，或者，把敌人诱入对我军有利的地区，这样做才可以取胜。

东汉末年，军阀并起，各霸一方。孙坚之子孙策，年仅十七岁，英俊有为，继承父志，势力逐渐强大。公元199年，孙策欲向北推进，准备夺取江北庐江郡。庐江郡南有长江之险，北有淮水阻隔，易守难攻。占据庐江的军阀刘勋势力强大，野心勃勃。孙策知道，如果硬攻，取胜的机会很小。他和众将商议，定出了一条调虎离山的妙计。针对军阀刘勋极其贪财的弱点，孙策派人给刘勋送去一份厚礼，并在信中把刘勋大肆吹捧一番。信中说刘勋功名远播，令人仰慕，并表示要与刘勋交好。孙策还以弱者的身份向刘勋求救。他说，上缭经常派兵侵扰我们，我们力弱，不能远征，请求将军发兵降服上缭，我们感激不尽。刘勋见孙策极力讨好他，万分得意。上缭一带，十分富庶，刘勋早想夺取，今见孙策软弱无能，免去了后顾之忧，决定发兵上缭。部将刘晔极力劝阻，刘勋哪里听得进去？他已经被孙策的厚礼与甜言迷惑住了。孙策时刻监视刘勋的行动，见刘勋亲自率领几万兵马去攻上缭，城内空虚，心中大喜，说：“老虎已被我调出山了，我们赶快去占据它的老窝吧！”于是立即率领人马，水陆并进，袭击庐江，几乎没遇到顽强的抵抗，就十分顺利地控制了庐江。刘勋猛攻上缭，一直不能取胜。突然得报，孙策已取庐江，情知中计，后悔已经来不及了，只得灰溜溜地投奔曹操。

诸葛调虎离山败司马

公元234年，诸葛亮领兵三十四万伐魏，分五路进军，六出祁山。魏明帝曹睿闻报，命司马懿为大都督，领兵四十万至渭水之滨迎战。诸葛亮与司马懿是沙场老对手，双方都知道对方兵法娴熟，足智多谋，不好对付。所以战前各自都做了周密部署，严阵以待。诸葛亮在祁山选择有利地形，分设左、右、前、后、中五个大营，并从斜谷到剑阁一线接连扎下十四个大营，分屯军马，前后接应，以防不测。司马懿则屯大军于渭水之北，同时在渭水上架起九座浮桥，命先锋夏侯霸、夏侯威领兵五万渡河至渭水南岸扎营，又在大营后方的东原，筑城驻军，进可攻，退可守，稳扎稳打，务使魏军立于不败之地。司马懿受命离开魏都时，曾受曹睿手诏："卿到渭滨，宜坚壁固守，勿与交战。蜀兵不得志，必诈退诱敌，卿慎勿追。待彼粮尽，必将自走，然后乘虚攻之，则取胜不难，亦免军马疲劳之苦。"所以在经过两次规模不大的交锋、双方互有胜负之后，魏军便深沟高垒，坚守不出。由于蜀军劳师远来，粮草供应颇为困难，因而利于速战；而魏军以逸待劳，利于坚守。因而诸葛亮的主要策略目标，就是要诱敌出战，调虎离山，速战速决。然而司马懿老谋深算，素以沉着、谨慎、稳重著称，加上有魏明帝临行手诏，也不必担心那些急于求功的部将鼓噪攻讦。在这种情况下，要调动司马懿这只"老虎"离山，谈何容易！然而再狡猾的狐狸，也斗不过好猎手。司马懿这只擅长谋略、经验丰富的"深山之虎"，终竟被诸葛亮调出来了，还险些丢了性命。那么，诸葛亮究竟使了什么样的奇招，使司马懿这只老狐狸也难免上当呢？

诸葛亮深知，己方最根本的弱点是远离后方，粮草供应困难；他同时也深知司马懿正是看准了自己这一弱点，并利用这点做文章，期待并设法使蜀军断粮，从而将蜀军困死或逼蜀军撤退，然后乘机取胜。于是诸葛亮便将计就计，也在粮草供给问题上作文章、设诱饵，以此引司马懿这只"虎"离山。措施之一是分兵屯田，与当地老百姓结合就地生产粮食，以供军需，摆出一副作持久战的架势。这就等于宣示司马懿：你不急，我也不急；若是我不急，看你还急不急。果然司马懿的长子司马师沉不住气了，对其父司马懿说："现在蜀兵以屯田作持久战的打算，如此下去，如何是了？何不约孔明大战一场，以决雌雄！"司马懿口头上虽说"我奉旨坚守，不可轻动"，心里其实也很着急。

司马懿父子秉政

诸葛亮的另一个措施，是自绘图样，令工匠造木牛流马，长途运粮，据传这东西很好使，“宛如活者一般，上山下岭，各尽其便”。蜀营粮草由木牛流马源源不断从剑阁运抵祁山大寨。司马懿闻报大惊说道：“吾所以坚守不出者，为彼粮草不能接济，欲待其自毙耳。今用此法，必为久远之计，不思退矣。如之奈何？”诸葛亮看出了司马懿急于破坏蜀军屯田、运粮、屯粮计划的心情，于是进一步利用这一点引他上钩。办法是：一方面在大营外造木栅，营内掘深坑，堆干柴，而在营外周围的山上虚搭窝铺草营，造成蜀兵分散结营，而大营空虚的假象，引诱魏军前来劫营；另一方面在上方谷内两边的山坡上虚置许多屯粮草屋，内设伏兵，同时让军士驱动木牛流马，伪装往来谷口运粮。而诸葛亮自己则离开大营，引一支军马在上方谷附近安营，以引诱司马懿亲领精兵来上方谷烧粮。而司马懿呢？他虽烧粮心切，却又极为谨慎小心，深恐中了诸葛亮调虎离山的诡计。于是便也使了个声东击西、调虎离山计来应战。他亲领魏兵去劫蜀兵祁山大营，但却一反过去每战必让主攻部队走在前面的惯例，让手下的部将冲锋在前，直扑蜀营，自己反而在后引援军接应。他这样做，一则是担心蜀营有准备，怕自己中了埋伏；二是他指挥魏军劫蜀军大营本属佯攻，目的是调动蜀军各营主力，甚至诸葛亮本人领军前来营救，而他却自领精兵奇袭上方谷，烧掉蜀方的粮草。然而，司马懿的这个调虎离山计，却未能跳出如来佛的手掌心。诸葛亮早料到司马懿这一招，因而当魏军直扑蜀军大营时，诸葛亮只是事先安排蜀军四处奔走呐喊，虚张声势，装作各路兵马都齐来援救的态势，而诸葛亮却趁司马懿这只“虎”已离山之机，另派一支精兵去夺了渭水南岸的魏营，而自己却在上方谷等待司马懿来“烧粮”，以便“瓮中捉鳖”。司马懿果然中计。他见四处蜀军都急急忙忙奔向大营救援，便趁机急领司马师、司马昭及一支亲兵杀奔上方谷来。接着又被蜀将魏延依诸葛亮的安排，用诈败的方法诱进谷中，截断谷口。一时山谷两旁火箭齐发，地雷突起，草房内干柴全都着火，烈焰冲天。司马氏父子眼看就将葬身火海。亏得突来一场倾盆大雨，才救了司马氏父子三人及少数亲兵的性命。司马懿这只“虎”原本拿定了深沟高垒、坚守不出、决不离山的主意，结果却仍被诸葛亮调下了山；他原想用“调虎离山”计烧掉蜀军的粮草，却想不到反而中了诸葛亮的“调虎离山”计。真个是计外有计，天外有天，军机难测。

第十六计 欲擒故纵

［原文］

逼则反兵，走则减势。紧随勿迫。累其气力，消其斗志，散而后擒，兵不血刃。需，有孚，光。

［译文］

逼得敌人走投无路，他就会拼个鱼死网破，让他逃跑则使敌人失去决一死战的决心，而抱一线生路，不战而求生的思想就会减削敌人的气势而造成更有利于我的战机。追击敌人时不要过于逼迫他，以消耗他的体力，瓦解他的斗志，使敌人溃不成军，再捕捉他就可以避免流血。使敌人心理上完全失败而信服我，就能够赢得光明的战争结局。

［计名由来］

欲擒故纵这一计谋，起源于《老子》和《鬼谷子》。

原文一："将欲歙（收缩，收敛）之，必固（同"姑"，暂且）张之；将欲弱之，必固强之；将欲废之，必固兴之；将欲夺之，必固与之。"（《老子·三十六章》）

原文二："去之者纵之，纵之者乘之。"（《鬼谷子·卷中·谋篇》）

"欲擒故纵"一词一般认为出自《太平天国·文书》。

原文："欲擒先纵，欲急姑缓，待而其懈而击之，无不胜者。"

［古今战例］

韩信水淹齐军

公元前 203 年，韩信平定了临淄以后，马上向东追赶齐王田广。项羽派龙且为统帅，号称二十万大军，前来援救齐国，在高密与齐王的军队会师。宾客中有人劝龙且说："汉军远离本土，决一死战，它的锋芒锐不可当。而齐、楚两军在自己的家门口作战，士兵容易逃散。最好的办法是修筑深沟高垒固守，让齐王派他的心腹大臣们去招抚已经丢失的城邑。已丧汉军之手的城邑听说自己的君王还健在，楚军已经前来救援的消息，必定都会

曹参

反叛汉军。汉军客居在远离本土两千里的齐地，如果齐国的城邑全起来反叛他，汉军势必无处得到粮草，这样就可以不用战斗就能使他们投降了。”龙且说：“我十分了解韩信的为人，容易对付得很！他曾依赖漂洗丝绵的老太太分给他饭吃，甚至无法养活自己；他还曾蒙受从人胯下爬过去的耻辱，根本就没有盖过他人的勇力。这样的人实在不值得害怕。况且现在援救齐国，如果不打一仗便由汉军主动投降，我还有什么功劳啊！我要与他交战并打败他，半个齐国就可以归我了。”十一月，齐、楚两国军队隔潍水排开成阵。韩信命人连夜赶做了一万多个袋子，装满沙土，投堵在潍水的上游，然后率领一半部队渡河去进攻龙且，交战不久就假装战败，往回奔逃。龙且果然高兴地说：“我本来就知道韩信胆小如鼠嘛！”于是渡潍水追击韩信。韩信迅速派人搬开堵塞在潍水上游的沙袋，大水奔泻而下，龙且的军队大部分没能渡过河去。韩信迅速组织反击，杀了龙且，被阻留在潍水东岸的楚军开始四散奔逃，齐王田广也逃走了。韩信随即追逐败兵到了城阳，俘获了田广。汉军将领灌婴这时也捉住了齐国守相田光，进军到博阳。田横听说齐王田广已死，就自立为齐王，回头抗击灌婴的队伍，灌婴在嬴城下打败了田横的军队。田横逃往梁地，投降了彭越。灌婴接着又进军到千乘攻打齐将田吸，曹参则在胶东进攻田既，田吸、田既都被杀掉了，齐地全部被平定了。

晏子的“欲擒故纵”术

春秋时齐景公派晏子去治理东阿。三年后，有人向景公说晏子的坏话，景公十分不悦，于是召晏子入朝，欲罢其官。晏子恳切地说：“臣已知错，请让臣再治理东阿三年，到那时若无人说我的好话再罢我的官也不迟。”

景公答应了晏子的请求，又派他去治理东阿。三年又过去了，人们果然说了晏子不少好话。这下景公很高兴，又召晏子入朝，要重重赏他，但被晏子拒绝了。景公问其故，晏子回答说：“前三年我到东阿，让人修筑道路，出钱出力者责怪我。我力主节俭勤劳，惩治作奸犯科的人，懒汉刁民怨恨我。权贵横行乡里，仗势欺人，我不宽恕，他们就忌恨我。周围的人求我办事，我不答应，他们就反对我。于是您就听到了别人说我的坏话。后三年我改变了做法。我不让人修路，有钱有力气的人开心了。我轻视节俭勤劳，姑息犯罪的人，懒汉刁民高兴了。权贵为所欲为，我装作不知，他们对我十分满意。周围的人求我办事，我有求必应，甚至不惜假公济私，他们对我赞不绝口。于是，关于我的好话就传到了您的耳中。现在您要封赏我，我认为应该惩罚我。这就是我不能接受您的封赏的原因。”

景公尊让

景公善于纳谏，礼贤下士，对孔子十分尊敬。

景公至此才恍然大悟，知道晏子是一个贤臣，就把治理国家的重任交给他。只用了三年时间，齐国便实力大增，跻身于强国之列。

晏子为了达到劝服景公的目的，宁肯做违反自己原则的事，用后三年的不贤反衬前三年的贤良，这种欲擒故纵的策略终于使晏子赢得了景公的信任。

“众口铄金”，一人之力，自然难敌百人之口。莫如顺众人之意，然后指出其害，明君自然会更容易接受真相。

以晏子之才，即使舌战百官也未必逊色，然而那样效果并不比姑息养奸然后指出其害明显。一路披荆斩棘固然是英豪，但能因势利导以迂为直亦是上智。

曹操虚路放生

一次，曹操率军进攻壶关（今山西境内），因为该地地险城坚，易守难攻，又加上城中早有准备，所以尽管曹操用尽心机，仍然久攻不下。这时曹操内心焦躁，用鞭直指城头，愤愤地说：“等我打下这座城的时候，要把里面的人都活活埋掉。”曹操的话传到城里，城里的人想：城破之后必死无疑，拼命坚守或许有条生路。所以为了不被活埋，大家便齐心协力，死战守城，斗志反而更加旺盛。弄得曹操愈加不能攻下。

这时身边的曹仁献计说："城不能围得太紧，不然他们就会拼死反抗，再加上城内的粮食又多，如果久攻不下，反会消耗我们自己，不如放条生路，诱使他们投降。"曹操听了觉得很有道理，便下令放开一个缺口，让城里人出来，并传话说："降者免死。"城里的人早已精疲力竭，当他们看到有了生路的时候，精神上的防线立即崩溃，纷纷出来投降。曹操很快攻下壶关。

曹操开始采用"逼"得很紧的办法，带来的却是"反兵"的结果。后来采用"围师必阙"的策略，放松了攻势，很快瓦解了城里人的斗志，使其军心涣散，便很快取得了胜利。可见暂时的放松，有时可收到更显著的效果。

第十七计 抛砖引玉

[原文]

类以诱之，击蒙也。

[译文]

用极相类似的东西去诱惑敌人，使愚蒙的敌人上当。

[计名由来]

抛砖引玉，出自《传灯录》。相传唐代诗人常建，听说赵嘏要去游览苏州的灵岩寺，为了请赵嘏作诗，常建先在庙壁上题写了两句，赵嘏见到后，立刻提笔续写了两句，而且比前两句写得好。后来文人称常建的这种做法为“抛砖引玉”。

[古今战例]

秦国抛“金”而引蜀

战国时期，蜀国是一个既小又弱的国家，地处僻远之壤。由于入蜀之道艰险而漫长，故诸多大国虽对它的富庶垂涎欲滴，却终因兵无所至、鞭长莫及而束手无策，只得拭目而忍其存。蜀国虽小而能长期自存。

蜀国北部边界相连的是强秦，到秦惠文王时（公元前 337- 前 311 年），便利用蜀侯的贪婪与蠢行愚智，设计、运用了一条抛砖引玉的妙策。当时，秦王探侦得悉，蜀国有五个大力士，俱有神力功夫，举国上下皆颇为钦敬。于是，便命人用生铁铸造成五个大铁牛，放在秦蜀两国交界的地方，且派人四处扬言，此铁牛乃是天降神牛，每天能遗出五斗的金矢（屎），且天天不断，具有神功妙力，价值连城。有此神牛之后，秦国更富，民人皆惊且喜，等等。借以引起蜀侯的贪欲与夺获以肥己之心。

与此同时，秦王还估算时间，借在秦蜀交界的边境一带打猎之机，故意装作与蜀侯偶遇，便向蜀侯谈及石牛（即铁牛）之事，且立即送赠给蜀侯许多金子。蜀侯问及来处，秦王则告之此为神牛所遗。而蜀侯为报秦王的馈赠之礼，便送了一把蜀国的国土给秦王，以相答谢。同时，秦王得到

石牛

蜀侯的国土回赠后，却又佯作十分慷慨大方的样子，答应贪得无厌的蜀侯的一再要求，表示愿将天降于秦国的五个能遗金矢（屎）的石牛送给蜀侯。蜀侯一听，喜出望外，一再感谢秦王的厚赠。但是，秦王却要求蜀侯自己派人来到边界搬取石牛。蜀侯连连答应说：“好！好！如此照办。”蜀侯回国之后，急欲取得这每日能遗金矢（屎）之石牛，便派这五个大力士开通通往秦国边界的道路，然后取回这五只石牛。

结果，这五个蜀国的大力士，历尽艰险，终于带兵将蜀国首都通往秦国边界的道路开通了。他们也真的将石牛搬运到了蜀国，发现石牛的肚子里确实藏有很多金子。但是，诡计多端的秦王却派军队沿着搬运石牛的这条路进军，很快便打到了蜀国，夺占了蜀国的首都，活捉了蜀侯，不但将这些石牛与金子全部收了回去，而且灭蜀后将蜀地划为了自己的属部。

一招抛砖引玉，赵国自献五城

战国时期，七雄争霸，局势混乱。秦国想去攻打魏国，联合赵国出兵夹攻，答应胜利后以魏国邺城（今河北临漳县等地）酬谢。

魏王受到两面攻击，非常恐慌，急召群臣计议，均束手彷徨，无计可施。最后问及芒卯将军。他劝魏王不必忧虑，说：“秦国和赵国本是不和的，今日联军，无非利之所在，想瓜分我国，扩充自己地盘，虽然声势浩大，却都打着自己的算盘，最容易分化。这场战争，秦国为主谋，赵国不外一个帮凶罢了。只要给他一点好处，挑拨一下，自然使他们互相猜疑，从而解散这个联盟了。”魏王连忙问：“要怎样去进行呢？时间越来越急迫了。”

芒卯说：“臣介绍张倚去，保管会成功！”

张倚到了赵国，见了赵王，传达来意之后，便说：“邺城这个地方，照目前的形势来看，是绝不可以继续保留下去的了，迟早都要陷落，现在大王既然联合秦国来进攻我国，目的也不外是要土地，为了避免战火，魏王有意把邺城献给大王，大王意下如何呢？”

赵王听了，心里非常高兴，却问："两军未经交锋，便自动献送城池，究竟魏王有什么打算？"

"事情很简单，"张倚不亢不卑地对赵王说："两军虽然未曾交锋，但兵凶战危，死伤必多，且会蹂躏地方上的一切生灵，所谓师之所处，荆棘生焉，大军过后，必有凶年。魏王以仁慈治国，甚不愿老百姓遭遇浩劫，土地上千孔百疮，所以希望和平解决！"

"那魏王对我存有什么希望吗？"

"那是必然的。"张倚说，"这是和平解决，绝不是无条件投降，魏王在无可奈何的时候，当然亦会选择利害。魏与赵，过去曾合作结盟过，有着共患难的情谊；魏与秦是世仇，何况秦乃虎狼之国，秦兵实凶悍如禽兽，与其国土沦为夷狄，不如托管于朋友，这是很明显的趋势。照魏王本意大王如愿和魏王做朋友，就与秦国断绝邦交，以邺城作为朋友间的交换条件；不然的话，魏国人民唯有焦土抗战到底，与国土共存亡，请大王慎重考虑一下！"

赵王沉思一番，然后说："待我考虑考虑，明天再给你答复。"

赵王召见相国，把张倚的话告诉他，相国说："联合秦国去打魏国，所得到的不外一个邺城，现在不用兵就能达到目的，何乐而不为呢？况且一旦魏国落入秦国手里，秦与赵的强弱形势更加悬殊，秦国随时可以掉转枪头对付赵国，这就是蚕食政策，不如现在趁机得点好处，保全魏国，牵制秦国，以巩固自己边防，这就是长久之计。"于是，赵王答应魏国的条件，立即宣布与秦国断绝来往，下令关闭关卡，不准秦国人通过。

秦王惊闻意外消息，大发雷霆，认为赵王有意玩弄他，便下令军队返回防地，取消进攻魏国的计划，反而仇视赵国，展开一场冷战。这一场战争尚未打起来时，赵王为实践密约，派军队去魏国接收邺城。

邺城的守将芒卯严阵以待，拒之于边境之外，问赵军为何而来，赵将说乃奉赵王之命，为实践密约来接收邺城的。

"狗屁！"芒卯厉声说，"本将坐镇此城，守土有责，岂是留守办移交的？"

"这是外交上的一项秘密协定，魏王已答应了的！"

"什么秘密协定？是魏王亲口答应的吗？是亲笔签了字的吗？拿出证据来！"

"难道魏王的特使张倚说的话不算数？"

"特使？张倚说的？你问他要好了！魏王没有命令我，我没有权利放弃这个邺城，你想要，可问问我的部将答不答应！我特别警告你，限你即刻离开此地，否则，教你来时有路退时无门！"

赵将垂头丧气地回去了，报告赵王，赵王大惊，才知上了魏国的大当。再者听说秦国正在动员魏国，秦魏要缔结军事同盟，进攻赵国。赵国更加惶恐万分，于是召开紧急内阁会议，结果，自动割让五个城池给魏国，赵魏联合抗秦。

吕布脱险

公元 192 年，吕布与司徒王允诛除了董卓之后，由于王允执意不赦跟董卓入京的凉州人，因此，引起了董卓的一些旧将的不满。以李傕、郭汜为首的凉州旧部起兵攻下了长安，纵兵抢掠，居民死伤无数。吕布仅带领数百骑逃出武关，企图到淮南投靠袁术。可是，袁术认为吕布先杀丁原，而后又诛董卓，反复无常，因此，拒不接纳他。没有办法，吕布只好去投奔袁绍。因为袁绍与董卓有宿怨，吕布又自以为有除董卓的功劳，袁绍一定会对他感恩戴德。所以吕布投靠袁绍之后，自恃自己骁勇，对于袁绍的部下十分轻慢，这引起了袁绍的不安。当时，正逢袁绍与张燕的黑山军战于常山。张燕本来是黄巾起义的余部，拥有精兵万余，骁骑数千，而吕布则率领成廉、魏越等将冲锋陷阵，正像当时人们所说的那样："人中有吕布，马中有赤兔。"不久，就击溃了张燕的军队。战场上的胜利，使吕布更加忘乎所以，乘势纵兵大掠，这就更进一步引起了袁绍的不满。当吕布发觉了袁绍对自己的不满之后，为了避免杀身之祸，向袁请求准许他离开河北，回到洛阳。袁绍立即答应了他的请求，并且委任他为司隶校尉。实际上，司隶校尉仅仅是一个空头官职，因为当时长安和洛阳都不在袁绍的控制之下，吕布根本没有办法去赴任，前途只能是自己到外面去谋求生路。

吕布月夜夺徐州

但是，对袁绍来说，放吕布离开河北，等于放虎归山。袁绍在心里害怕一旦吕布异日东山再起，反而危害自己。于是，在吕布启程的那天早晨，袁绍派了三十个精壮的勇士跟随吕布，名义上是护送吕布，实则想让这些勇士寻找机会除掉吕布。当天晚上，吕布等一行人走到了一个所在，便决定在这里过夜。吕布命令袁绍派来的三十名随从人员住在他帐篷的附近，当天色渐渐黑下来的时候，吕布让自己的一个亲信在帐中鼓瑟，而本人却偷偷地溜了出去。那三十名侍从在附近的帐篷中听到吕布这边瑟声不断，都以为吕布仍然住在帐中。夜深了，刺客们听到吕布帐中的瑟声已经停了许久，估计吕布这时已经睡着了，便从外面一拥而入，冲到吕布的床前，借着月光，看到吕布卧在床上，便胡乱砍了起来，然后，回到袁绍那里报功去了。第二天早晨，袁绍又派人到吕布的住地去核实，发现吕布已经带着成廉等部下开拔了。原来，那些刺客所砍的只是一床经过伪装的被子。袁绍听到吕布没死，害怕吕布回兵报仇，马上下令关闭城门。吕布则乘无人追赶的机会，到河内投奔张扬。

李世民夺天下

李渊之所以能夺取天下，全出于秦王李世民的功劳，因而人心多归向李世民。李建成虽是太子，却也忌惮李世民的势力。

一天夜里，李建成召李世民饮酒，酒里放上毒药。李世民饮酒之后，心里突然暴痛，接连吐了许多血。后来李元吉又秘密请求杀死李世民，秦王手下的人惊恐异常。李建成、李元吉又想引诱秦王府的骁将为己所用。于是暗地赠给尉迟敬德一车金银，敬德坚辞不受，并将此事告知李世民。元吉因此而怀恨敬德，在李渊面前说他的坏话。李渊要杀敬德，李世民极力请求，才免了敬德一死。

当时房玄龄、长孙无忌等人都劝李世民及早决定大计，李世民一时犹豫不决。正好赶上突厥入侵边塞，李建成就推荐李元吉率兵去迎击，密谋邀请李世民在昆明池为李元吉饯行，让壮士杀死他，之后立李元吉为太弟。李世民得知他们的密谋，找长孙无忌商议，长孙无忌劝李世民先下手为强。李世民叹道："骨肉互相残杀，是古往今来最为人深恶痛绝的事。我很清楚，灾祸就在旦夕之间，我想等待着它的发生，然后讨伐他们的不义之举，不是很好吗？"众人仍旧苦苦劝告李世民，叫他卜一卦以测吉凶。幕僚张公谨从外地来见李世民，见此情形，拿过龟板扔在地下说："卜卦是为了解决

张公谨

疑难，没有疑难占卜什么呢？占卜而得不到吉卦，难道束手待毙吗？”

李世民随即向李渊揭露李建成、李元吉如何淫乱后宫的丑闻，并且说：“长兄和弟弟都想杀我，为王世充和窦建德报仇。我如今要永远离开君亲而去，但也实在耻于在地下看到那些乱臣贼子。”李渊听李世民说出这些话来，非常惊讶，说道：“明天我要审讯他们，你要早些来参见。”

第二天，李世民率领他手下的人埋伏在玄武门内。李建成和李元吉来到，李世民立即射杀李建成，敬德杀了李元吉。这是历史上有名的“玄武门之变”。

玄武门之变发生后，高祖说道：“事情已经发生，应当怎么办呢？”陈叔达说道：“李建成、李元吉，本来没有参与此事的预谋，反而嫉妒秦王的功劳，二人共设奸计害人。秦王既然已经将他们杀了，现在陛下就把他当作国家栋梁之臣，委以重任，这样就没有事了。”高祖听了，说道：“这也是我的夙愿呵！”随即立李世民为皇太子，军政大事，全都交给他去处置。

作为一个政治家，李世民在击败政敌集团的过程中，应该说确实是煞费苦心。为引得对手上钩受骗，不断地抛出种种诱敌之砖，再引出歼敌之玉。“玄武门之变”实际上就是由李世民亲自导演、参与的争夺帝位的政治表演。

萧翼抛砖，太宗大悦

能够抛砖引玉，已是十分不易，而有的人更厉害，可以空口套得“玉”，可以说已经将“抛砖引玉”的计策用到出神入化的地步了。

陈玄奘（即唐三藏）西天取经已回国，唐太宗特建造一座慈恩寺雁塔，为追荐文德皇后冥福，命太子李治作记，自制序文，想用王羲之字体，剪集成序，刻在雁塔之上，便命各地州郡收集二王（羲之、献之）法帖，集中御览。已收得一千三百余帖，只缺少一卷王羲之的《兰亭集序》始终不知下落。

有一位御史萧翼，说此《兰亭集序》真本，为王家的传家宝，现传至辩才和尚，藏于湖南永欣寺的方丈梁上，从来不肯示人，若圣上需要，臣会想办法取来。

唐太宗大喜道："卿能如此，朕不惜万金之赏，但千万不要强抢豪夺。"

萧翼索取太宗手敕及两三本"二王"杂帖，用为对辩才和尚的引见之贽，复改扮为一个落拓的书生，雇小船直抵湘潭，寄住在船里，每天必到永欣寺观赏壁画，走过辩才方丈的门边时必在门口小坐，很礼貌地向老和尚鞠一躬。日子久了，辩才也对他发生好感，由打招呼而请入寺闲谈。萧翼多才多艺，琴棋诗画，无一不精，辩才又是略精六艺之人，于是一见如故，顿成莫逆，天天伴在一起，饮酒论文，萧翼一一投其所好。

一天，两人饮醉食饱，扯谈了一轮诗文，及说到书法，萧翼提起："先世家传有几件"二王"法帖，不知是真是假，要请上人法鉴。"

说完就把所带来的"二王"法帖拿出来，辩才看了好一会儿，便说："确是真的，但不是"二王"的得意之作，贫僧倒有一件真迹。"

萧翼问："什么帖？"

辩才说："《兰亭帖》。"

萧翼笑道："哪里还存在？离乱了一百多年了，怕不是真迹！"

辩才说："实不相瞒，这是我的家传真宝，已传七代了，先师智永临终时亲授给我，哪能有假？你如不信，明天再来，我给你看看。"

翌日，萧翼来了，辩才从梁上把铁匣拿下来，取出《兰亭帖》展放台上，萧翼仔细观赏一会，摇了摇头，指出很多瑕疵，肯定地说："这本《兰亭帖》不是真的！"

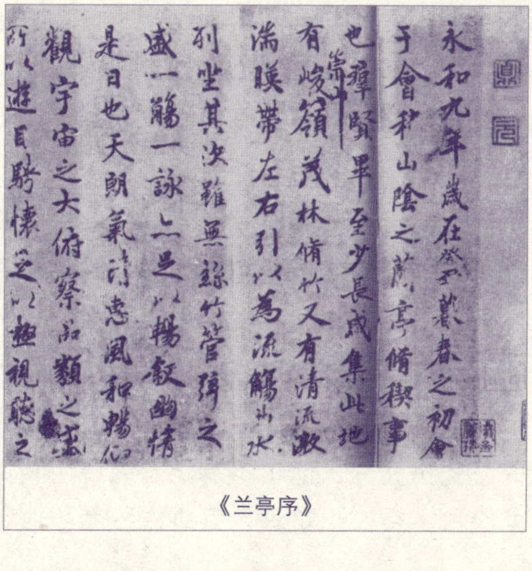

《兰亭序》

辩才愕然，已被萧翼一番辩证言论动摇了信念，反请萧翼把带来的"二王"帖留下，自己仔细对证。

辩才为对证《兰亭帖》真伪，就没把《兰亭帖》放回梁上。

一天，老和尚出去了，萧翼匆匆入寺，对守房弟子说："老当家忘了带净巾，叫我来取。”弟子以熟人熟事，不虞其诈，乃让他进去。萧翼快手快脚把《兰亭帖》及留下的“二王”帖带回长安。

辩才回寺，见《兰亭帖》被人盗去，顿时晕倒，良久始苏。萧翼回京缴旨，唐太宗龙颜大悦，马上升其为员外郎，并赏赐辩才财帛，加建三级宝塔。辩才经此次打击，忧郁成病，年余便死了。

《兰亭帖》直到唐太宗死时，做了陪葬品，长埋地下，从此，《兰亭帖》真迹永不存人间。

徐阶巧计除严嵩

明嘉靖年间，严嵩与其子严世蕃专权，大学士徐阶知道严嵩父子将对国家不利，欲图谋除掉他们，但深感力量不足，就委曲服事严嵩，日渐受到信用。后来明世宗渐渐对严嵩产生了怀疑，而知徐阶不是严嵩的党羽，秘密下诏推举能辅佐大政的人。这时严嵩的党羽吴鹏等被罢免，虽然袁炜等颇有引进，但是力量仍然敌不过严嵩集团。

有个都御史叫邹应龙的，上书弹劾严世蕃，历数其贪财受贿、行为不法的罪状，请求申明于理。因此言及严嵩结党营私、排斥贤能、溺爱恶子，并说:“如果我所说的不是事实，请割下我的脑袋，高悬在竹竿上，来向严嵩父子谢罪。”

皇上看了奏疏，甚觉动心，令严嵩辞官回家。当应龙上疏时，徐阶前往严嵩处拜谒，百般慰藉。严嵩大喜，顿首拜谢。回家以后徐阶的儿子说:“大人受尽侮辱，这正是雪耻之良机。”徐阶变色道:“我若不是严氏之党，不至于落到这个地步。违背心愿去干事是最难的，人们将不把我当人看。”正巧，这时严嵩派亲信前来探听，所说的和以前一样。大概徐阶也知道皇上对严嵩还留恋不舍，不忍马上恩断义绝。严嵩既已离去，还写信问讯不绝。

起初，严世蕃最恨徐阶，一日，借着酒意大声说道:“当取应龙、徐老之头以解我心头之恨。”既见他如此奉承，遂将以前的事一概忘却，反而说:“徐老不会害我。”于是纠集工匠大修馆舍，办事愈加阴险毒辣。

时值袁州推官郭谏臣，因公事路过严嵩的住处，严嵩的奴仆正监督千余工匠修建园亭。谏臣来到，严世蕃箕踞不起，很是傲慢无礼。役人向郭谏臣乱扔瓦片，他也不制止。郭谏臣将此事上告御史林润，林润便说罗文龙经占卜在深山筑城，乘轩车，着蟒衣，有负险不臣之志，推举严世蕃为主了。皇上大怒，下诏将严世蕃收在狱中，交给法司进行审讯。

至此，徐阶方才上疏，极言世蕃不法之事已经核实：他外通倭寇，阴谋作乱，罪行昭著，请速正典刑，以泄神人之愤。皇上批准了奏折，命将严世蕃、罗文龙斩首示众。二人得知，相抱痛哭。家人让二人留下遗书向家父谢罪，竟不能写成一个字。京都之人听了无不拍手称快，各各相约拿着酒来到西市，观看如何行刑。

事后，抄没严嵩的家，得白银二百万五千余两，奇珍异宝无数，超过皇家仓库。严世蕃死后，严嵩到了无以为食的地步，只好长期寄居在故旧之家，后死去。

在这一场政治争斗中，徐阶抛出痹敌之砖，而引出了严嵩父子谋反作乱、勾结倭寇事发和嘉靖帝动怒以惩的美玉。

第十八计 擒贼擒王

[原文]

摧其坚，夺其魁，以解其体。龙战于野，其道穷也。

[译文]

摧毁敌军的主力，把他的首领抓获，就能把其整体力量瓦解。就如同龙离开大海，到陆地作战而面临绝境一样。

[计名由来]

擒贼擒王，语出唐代诗人杜甫《前出塞》：“挽弓当挽强，用箭当用长。射人先射马，擒贼先擒王。”民间有“打蛇要打七寸”的说法，也是这个意思。蛇无头不行，打了蛇头，这条蛇也就完了。此计用于军事，是指打垮敌军主力，擒拿敌军首领，使敌军彻底瓦解的谋略。擒贼擒王，就是捕杀敌军首领或者摧毁敌人的首脑机关，使敌方陷于混乱，便于彻底击溃之。指挥员不能满足于小的胜利，要通观全局，扩大战果，以得全胜。如果错过时机，放走了敌军主力和敌方首领，就好比放虎归山，后患无穷。

南霁云射蒿辨贼

唐朝安史之乱时，安禄山气焰嚣张，连连大捷。安禄山之子安庆绪派勇将尹子琦率十万劲旅进攻睢阳。御史中丞张巡驻守睢阳，见敌军来势汹汹，决定据城固守。敌兵二十余次攻城，均被击退。尹子琦见士兵已经疲惫，只得鸣金收兵。晚上，敌兵刚刚准备休息，忽听城头战鼓隆隆，喊声震天。尹子琦急令部队准备与冲出城来的唐军激战。而张巡“只打雷不下雨”，不时擂鼓，像要杀出城来，可是一直紧闭城门，没有出战。尹子琦的部队被折腾了整夜，没有得到休息，将士们疲乏已极，眼睛都睁不开，一躺在地上就呼呼大睡。这时，城中一声炮响，突然之间，张巡率领守兵冲杀出来。敌兵从梦中惊醒，惊慌失措，乱作一团。张巡连续斩杀五十余名敌将，敌军大乱。张巡令兵士擒拿敌军首领尹子琦，但在乱军之中无法找寻尹的踪迹。张巡心生一计，他让士兵用秸秆削尖作箭，射向敌军。敌军中不少人中箭，他们以为这下完了，没有命了。但是发现自己中的是秸秆箭，心中大喜，以为张巡军中已没有箭了。他们争先恐后向尹子琦报告这个好消息。张巡见状，立刻辨认出了敌军首领尹子琦，急令神箭手南霁云向尹子琦放箭。正中尹子琦左眼，这回可是真箭，只见尹子琦鲜血淋漓，抱头鼠窜，仓皇逃命。敌军一片混乱，大败而逃。

[古今战例]

行计设谋斩巫师，班超逼擒于阗王

公元 74 年，五月，班超在完成出使鄯善国的使命后，窦固又让班超出使西域的另一重要大国——于阗国。出发前，窦固想为他增加随行兵马的数量，但班超只愿带领原来跟从的三十六人。他说："于阗是个大国，道路遥远，如率领几百人前往，无益于显示强大。而如有不测之事发生，人多反而成为累赘。"当时，于阗王广德称雄西域南道，但该国仍受匈奴使者的监护。班超到达于阗后，广德待他礼仪态度十分疏淡。于阗又有信巫之俗，而巫师声称："神已发怒，问我们为何要倾向汉朝？汉朝的使者有一匹黑唇黄马，快去找来给我作祭品！"于是，广德派宰相私来比向班超索求赠马。班超暗中获知底细，便答应此事，但要巫师亲自前来取马。不久，巫师来了，班超便立刻将他斩首，并逮捕了私来比，痛打数百皮鞭。班超将巫师的首级送给广德，为此借机对他进行谴责。广德早已听说过班超在鄯善斩杀北匈奴使者的事迹，大为惊恐，便随即杀死匈奴使者投降。班超重赏于阗王及其大臣，就此镇服安抚于阗。于是西域各国全都派出王子到汉朝做人质。西域与汉朝的关系曾中断了六十五年，至此才恢复交往。班超终于出色而圆满地完成了这次出使的政治任务。

东汉王朝是雄踞中原的巍巍大国，而于阗则是称雄西域南道的大国，二者相较，政治军事实力大相悬殊，强弱对比十分明显。然而，由于道路漫长、距离遥远，故前者对后者亦是鞭长莫及，采用军事手段绝非易事。对此，完成出使政治任务的政治家、外交家、军事家班超，深信不疑。他认为要归服受匈奴使者监控的于阗国，只有采用逼擒贼“王”的政治谋略手段才能实现。为此，他在逼与擒上狠下功夫，先后实施：一是智逼，将笃信巫术的于阗国的巫师，用计骗来汉使营房；二是斩逼，班超将巫师骗来后，立即斩首；三是惩逼，与此同时，班超又将巫师的同伙、宰相私来比，严惩数百皮鞭，以示惩罚；四是警逼，完成上述几步后，班超则将巫师首级送给于阗国王，并对他进行谴责，以示警告威逼。有鉴于此，广德国王又早听闻班超出使鄯善擒杀北匈奴使者的威名，于是，便立即将匈奴使者杀死而投降汉朝。班超运用此计使于阗国归服，从而打通了中断六十五年之久的汉朝与西域各国政治交往之路。他的逼擒之计，所擒“贼王”则有二：一是匈奴使者这一敌首“贼王”，终于被于阗国王斩杀；二是于阗国王心中降服匈奴、受命使者的“贼王”，使原来附依于匈奴“贼王”的“众贼”亦被擒拿而降服。完成此的依托则是示其强、显其威、施其计、行其谋的逼取。以逼而摧其坚，以逼而穷其道，以逼而解其体，再一举逼而擒其“贼王”，夺其魁，进而以兵不刃血的代价，获取了重大的政治胜利。

刘秀昆阳显雄威

公元 23 年，为扑灭汉末农民起义之火，王莽派四十二万大军，以泰山压顶之势，围攻被绿林军占据的昆阳，当时，城中守军总共只有九千人，形势危在旦夕。

三月，王凤和太常偏将军刘秀等率领汉军进攻昆阳、定陵、郾等城，都先后攻克。

王莽得知严尤、陈茂失败的消息后，马上派司空王邑乘坐加急驿车和司徒王寻一起发兵去平定崤山以东地区。同时征招通晓六十三家兵法的人为军官，任用身材极高大的巨毋霸为垒尉，还驱赶来一些虎、豹、犀、象等类的猛兽以助军威。王邑到了洛阳，各州郡也都选派精锐的士兵，由州郡的长官亲自带领，会集起四十二万人，号称百万；其他部队还源源不断地开来，旌旗、辎重千里不绝。夏季，五月，王寻、王邑南进到了颍川，同严尤、陈茂会合。

汉军的将领们看到王寻、王邑如此兵多势众，都返身跑回昆阳城，个个惊慌不安，为老婆孩子担忧，想从这里撤回到原来占据的城邑去。刘秀对他们说："现在城内兵少粮缺，而城外敌军非常强大，合力抗敌，或许有胜利的希望，如果分散，势必无法取胜。假如昆阳被敌军占领，要不了几天的功夫，我军各部也就都完了。现在怎么能不同心共胆，共举大业，反而只想要守着妻子财物呢？"将领们发怒说："刘将军怎么敢这么教训我们！"刘秀笑着起身。派出侦察的骑兵回来报告说："敌人大军已迅速推进到城北，敌军阵营长达几百里，看不到尽头。"将领们一向轻视刘秀，但是在这样紧急的时候，就都议论道："再请刘将军接着谋划这件事。"刘秀又给将领们谋划军事成败，将领们都说："是。"这时城中只有八九千人，刘秀派王凤和廷尉大将军王常守卫昆阳，当夜就率领五威将军李轶等十三人骑马驰出昆阳城的南门，在外面征集队伍。兵临昆阳城下的王莽军队将近十万，刘秀等人费了很大气力才冲出去。王寻、王邑兵围昆阳，严尤向王邑献策说："昆阳城小而坚固，现在假冒皇帝名号的更始皇帝刘玄正在围攻宛城，我们大军迅速向那里进兵，他必定奔逃。宛城那边的汉军一旦失败，昆阳城里的汉军自然会向我军投降。"王邑说："我以前围攻翟义，就是因没能活捉住他而受到责备，如今带领百万之众，遇城而不能攻下，这有损大军的威风。应当先攻陷然后屠杀此城，踏着敌人的鲜血，前歌后舞地前进，难道不痛快吗？"于是把昆阳包围几十重，列营上百个，战鼓之声响彻几十里，还开挖地道，用战车撞城；用许多弓弩向城内乱射，矢下如雨，城内百姓为了躲避飞矢，背着门板出外打水。王凤等向王邑乞求投降，不被理睬。王寻、王邑自以为很快就可破城，不担心军事上会出其他事故。严尤建议说："《兵法》上写着：'围城应当网开一面'，让城内被围之敌得以逃出，让这些败兵去动摇正在围攻宛城的绿林兵的军心。"王邑又不采纳这个建议。

廷尉大将军王常

刘秀到了郾、定陵等地，命各营全部出动军队，将领们贪惜财物，想要分出一部分兵士守在营地。刘秀说："现在如果打败敌人，珍宝万倍，大功可成；如果被敌人打败，头都被杀掉了，还要什么财物！"于是全军出动。六月初一，刘秀和各营部队一同出发，亲自带领步兵和骑兵一千多人为前锋，在距离王莽大军四五里远的地方摆开阵势。王寻、王邑也派几千人来应战，刘秀一马当先带兵冲了过去，斩了几十人首级。将领们高兴地说："刘将军平时看到弱小的敌军都胆怯，现在见到强敌反而英勇，太奇怪了！让我们都冲到前面去吧，以便协助将军！"刘秀又向前挺进，王寻、王邑的部队开始退却，汉军各部乘机都冲杀过去，斩了千百个首级。接连获胜，继续进兵，将领们胆气更壮，没有一个不是以一当百。刘秀亲自率领三千敢死队员从城西滍水岸边冲击王莽军的主将营垒。王寻、王邑轻视汉军，亲自带领一万余人压往军阵，戒令各营都按兵不动，单独迎上来同汉军交战，交战不久，王寻等失利，大部队又不敢擅自相救；王寻、王邑所部阵脚大乱，汉军乘机击溃敌军，追杀了王寻。昆阳城中的汉军也击鼓大喊而冲杀出来，里应外合，呼声震天动地；王莽军大溃，逃跑者互相践踏，地上的尸体遍布一百多里。此时电闪雷鸣，屋瓦被风刮得乱飞，大雨好似河水从天上倒灌下来，滍水暴涨，虎豹都惊吓得发抖，掉入水中溺死的士兵成千上万，河流因此阻塞。王邑、严尤、陈茂等骑着马踏着死尸渡过滍水逃走。汉军获得王莽军抛下的全部军用物资，堆积如山，战利品接连几个月都收拾不完，余下的就地烧毁。王莽军的士兵四散奔逃，各返家乡，只有王邑和他带领的长安勇士几千人回到洛阳。于是，关中震惊，海内豪杰一致响应，纷纷杀掉当地的州郡长官，自称将军，用更始年号，等待更始皇帝的诏命，登时天下云集响应。

陈玄礼锄奸计

杨国忠专权误国，终于酿成安禄山之乱。天下人对杨国忠莫不恨之入骨。得到哥舒翰战败投降的消息，唐玄宗这才害怕，召集宰相商讨对策。杨国忠首先倡议到四川避难，玄宗无可奈何，便委任崔光远为西京留守，命龙武大将军陈玄礼整备六军。黎明时分，玄宗和杨贵妃姊妹、皇子、妃子、公主、皇孙及亲近宫人、宦官等一同出发。除此以外的人一概不得跟随。

唐玄宗车驾行至咸阳，时至正午还没吃饭。这时有百姓进献粗食淡饭，掺杂些豆麦。皇孙辈因饿极，用手捧着狼吞虎咽，登时吃尽。队伍走到马嵬驿时，众将士由于饥饿、疲劳，个个怨愤，不肯向前。陈玄礼看到这种情况，认为此祸是由杨国忠一手造成的，只有杀掉杨国忠，才能稳定军心，便通过李辅国转告皇太子，太子一时决定不下。当时正值有吐蕃使者二十多人拦住杨国忠的马，诉说求食。军士大呼道："杨国忠与胡人阴谋造反！"应声杀了杨国忠，用枪挑着他的头悬挂在驿外，还一并杀了秦国夫人和韩国夫人。

秦国夫人

秦国夫人是贵妃杨玉环之姐，姿容美艳，常出入宫中，被玄宗封为秦国夫人，恩宠有加。

玄宗听到外面喧哗，出门慰劳军士，命令他们集合回营，众军士不听。玄宗让高力士上前询问，陈玄礼回答道："杨国忠谋反，贵妃也不宜再供奉左右，希望陛下割断恩爱，将杨贵妃就地正法。"玄宗说道："朕自有办法处理。"玄宗进门后，倚杖站立良久。京兆尹司录韦谔上前进言道："如今众怒难犯，安危就在眼前，愿陛下从速决断。"边说边叩头，以至流血。玄宗说道："贵妃常年居住深宫，哪里知道杨国忠造反的阴谋？"高力士说道："贵妃娘娘实在没有罪过，但是将士已经将杨国忠杀死，而贵妃仍在陛下身边，他们怎能安心呢？望陛下三思。三军安定，也就是陛下的安定了。"

玄宗见事已至此，只好命高力士把贵妃带到佛堂上，用带子勒死，车载着尸体停放在驿庭上。召陈玄礼入内观看，陈玄礼脱去盔甲，叩头谢罪。三军将士齐声欢呼万岁！

这时，才重新整顿队伍，考虑继续前行的问题。杨国忠的妻子见大势已去，协同虢国夫人逃往陈仓县，陈仓县令薛景仙把她们杀死。

陈玄礼在这场攸关唐王朝死生存亡的激烈政治斗争中，采用擒贼擒王之计，用明察之法，动观其势，察识贼王与祸主杨国忠兄弟及其同伙，然后，上陈奏（太子）"兵谏"（玄宗），下引导藉助怒卒斗士，快速果断干净地将他（她）们诛杀锄灭。这是用明察共识其贼，再行导势同诛其贼王的成功典例。

郑和平锡兰

明成祖时，太监郑和第三次出使访问印度洋上的佛教国家，率领舰队和携带珠宝及土产等，准备恩威并施。

抵达了锡兰，郑和及随员等登陆，参拜了一间佛寺，布施了许多金银、丝织等物，又立了一座刻有三种文字的纪念碑。

但有些侨居本地的中国人向郑和申诉，说国王亚烈苦奈儿很歧视中国人，经常虐待来此礼佛的中国僧人。郑和为了解决此问题，特派人晋谒国王，但国王毫无诚意，还想对郑和施下马威。他假意邀请郑和入城见面，乘机将他扣留并勒索财物，一面又倾全国所有军队五万，出其不意地劫掠宝船。

郑和已察觉国王的阴谋诡计，便打蛇随棍上，将计就计，一面答应入城，乘对方的军队倾巢而出，后方空虚，以两千精兵，轻装绕道袭击王城；一面在中途埋伏大军，将敌军拦腰截击。

亚烈苦奈儿把军队调遣好，在宫中等候捷报。不料王城突然发生骚动，原来是郑和的军队已破城而入，城内实力空虚，毫无抵抗能力，郑军很快把国王俘虏了。开到中途的五万军队得知王城被袭，连忙回军救援，又被郑和的伏兵切为几段，结果全军被杀得大败，锡兰国王从此改变了对明朝及其侨民的态度。

第十九计 釜底抽薪

[原文]

不敌其力，而消其势，兑下乾上之象。

[译文]

力量赶不上敌人时，可以削弱他的气势，用以柔克刚的办法来制服它。

[计名由来]

釜底抽薪，语出《吕氏春秋·数尽》：“夫以汤止沸，沸愈不止，去其火，则止矣。”《淮南子·本经训》：“故以汤止沸，沸乃不止，诚知其本，则去火而已矣。”北齐魏收《为侯景叛移梁朝文》：“抽薪止沸，剪草除根。”到了明代俞汝楫《礼部志稿》载戚元佐《议处宗潘疏》：“谚云：扬汤止沸，不如釜底抽薪。”才演变成今天的固定的语言格式。这个比喻很浅显，道理却说得十分清楚。水烧开了，再兑开水进去是不能让水温降下来的，根本的办法是把火退掉，水温自然就降下来了。此计用于军事是指对强敌不可用正面作战取胜，而应该避其锋芒，削减敌人的气势，再乘机取胜的谋略。釜底抽薪的关键是抓住主要矛盾，很多时候，一些影响战争全局的关键点，恰恰是敌人的弱点。指挥员要准确判断，抓住时机，攻敌之弱点。比如粮草辎重，如能乘机夺得，敌军就会不战自乱。三国时的官渡之战即是一个有名战例。

颜良

东汉末年，军阀混战，河北袁绍乘势崛起。公元 199 年，袁绍率领十万大军攻打许昌。当时，曹操据守官渡（今河南中牟北），兵力只有三万多人，两军隔河对峙。袁绍仗着人马众多，派兵攻打白马（今河南旧滑县东）。曹操表面放弃白马，命令主力开向延津渡口，摆开渡河架势。袁绍怕后方受敌，迅速率主力西进，阻挡曹军渡河。谁知曹操虚晃一枪之后，突派精锐回袭白马，斩杀颜良，初战告捷。

由于两军相持了很长时间，双方粮草供给成了关键。袁绍从河北调集了一万多车粮草，屯集于乌巢。曹操探知此消息，便亲率五千精兵成功地偷袭了乌巢，袁军的一万车粮草顿时化为灰烬。此时，曹操发动全线进攻，袁军大败，袁绍带八百亲兵逃回河北，从此一蹶不振。

[古今战例]

韩信计攻井陉

韩信和张耳，统率几万大军去打赵国，素知井陉口的险要，不敢轻视，屯兵在井陉口外三十里，遣人假装作生意的，混入赵城去探听消息。

赵王急召陈馀等商议。谋士李左车献计说：“韩信此次乘灭了魏国的余威攻打赵国，其锐气是抵挡不住的。不过，我看他的军队战线太长，利在速战速决。井陉这条路十分险阻，只可容单骑通过，车子不可转弯，队伍不能成列，如果他要从这里进兵，势难兼顾给养，辎重粮草必定留在后面，只要给我三万兵马，绕道出击，截取他的粮草，这里深沟高垒，勿与交锋，到那时，他前进不得，后退不能，野无所掠，粮从何来？不出十日，韩信和张耳的脑袋就会送上门来了。否则，只凭军队固守是不会退敌的，这就是战术的机动性。”

陈馀本是个书生出身的主帅，见识迂拘，自诩以仁义统军，不尚诈谋，便不用李左车计谋。

韩信

密探把这个情报告诉韩信，韩信高兴万分，遂令各将领，授以密计，分头部署去了。等到半夜里，全军拔寨起行，每人分给些干粮，传谕军士说：“今日便好攻破赵国，打胜仗再吃早餐！”又挑选精兵二千人，各持汉军红旗，从小路转入小山埋伏，告诉说：“大军和赵军对击，我会诈败引他追击，你等一见赵军空营追击的时候，就乘机杀入赵营去，砍倒赵军军旗，换上红旗，坚守着空营，就可以收拾他们了。”

韩信的大军已闯过了井陉口，陈馀大开营门，出军迎战，恃着兵多势众，一拥上前，使用钳形攻势，想把韩信包围。韩信急下令军士抛鼓掷旗，返身逃脱。赵军见此情形，认为韩信不堪一击，倾营出动，拼力追击，如排山倒海一样，把韩信逼到河边。原来河边上，早已有汉军曹参带兵列阵等待，见赵兵纷纷到来，就大声叫：“前面是大河，退无可援了，想活命的只有回身反扑。有谁不听令的，立即斩头！”

于是汉军回头反扑，拼死搏斗，无不以一当十。赵军被阻，无法再进。陈馀见这样，便下令停止进攻，回营固守。

在回途中，看见汉军的红旗随风招展，声势盛大，赵军心下惊骇不已。正在慌张的时候，斜刺里突出一军，乃是汉将傅宽引兵追击至此，两路夹攻，又展开一场大混战。

陈馀此时已自顾不暇了，连下令都不可能，也无法指挥一个士兵，大家都在狼奔鼠窜，觅路逃生。

这场混战结果，陈馀被杀，赵王与李左车被俘，赵国从此灭亡。

四面楚歌败项羽

历史上暴虐的秦王朝终于在各路反秦武装的围攻下灭亡了。但反秦的各路军队为争夺权势，又互相争斗起来。这其中以西楚霸王项羽和汉王刘邦两路人马的军事力量为最强，所以，他们之间为取得天下，竟进行了五年的对抗战，双方都疲惫不堪，兵士厌战，尤以项羽一方为甚。本来，当战争打到第四年秋天的时候，双方经过协商，决定停战，彼此约定以鸿沟为界限，鸿沟以东归项羽，鸿沟以西归刘邦，各自退兵，再不侵犯。

约定后，项羽把拘押在本营中的刘邦亲属全部送还刘邦，并老老实实地按着协约规定率部向东撤退。刘邦也准备把大军撤回关中地区，然而，他的谋臣张良却向他建议说：“现在楚军已兵疲粮绝，与我军形成鲜明的对照，再者，各路诸侯都归附我们，这有利于我方的形势，决不可退兵，要趁势全歼楚军，以免后患！”刘邦早就有独霸天下的野心，见下僚与他不谋而合，便决定背信弃义，追击项羽。

起初，刘邦手下的战将韩信和彭越见战事又起，热情不高，劲头不大。张良见此情形，向刘邦献计说：“要想调动两将军的战斗激情，必须予之好处，何不告知他们：若打败楚军，将平分楚地，韩、彭各半。”刘邦依计行

虞姬

事。果然，韩、彭两人得此消息，精神倍增，立即大举进兵，直逼项羽于垓下（今安徽灵璧县东南），并将其团团围住。

刘邦等人素知项羽勇猛过人，而且从江东带来的八千子弟兵与他情同手足，要想速胜，谈何容易！最后，刘邦与臣僚们商量出一个计谋：瓦解军心，涣散斗志，离间项羽与其部下的关系。于是，在汉军营中教兵士唱楚地的歌曲，在战场上高唱。一时间，楚军四面楚歌，此休彼起。项羽军队中的士卒听到家乡民歌，倍感亲切，自然引起了他们的思乡之情，有的随之唱和，有的潸然泪下，哪还有心思打仗。

项羽面对如此情况，真是无可奈何，他的宠妃虞姬舞剑后，鼓励项羽赶快杀出重围，东山再起，说罢自刎身亡。项羽悲愤到了极点，这时汉军杀来，尽管项羽力战乌江边上，且有渡江逃命的机会，但他仍觉得无脸面再回江东，于是拔剑自尽。至此，楚汉之争以刘邦获胜而告终。

刘邦施计“四面楚歌”，很见成效，这种攻心战术，使得对方军心迅速涣散，战而胜之，真可谓聪明至极。

田豫动以情理，釜底抽薪

田豫，字国让，渔阳雍奴人。刘备投奔公孙瓒时，田豫还很年轻，他自托于刘备，刘备非常惊奇。刘备做豫州刺史时，田豫以母亲年老的理由请求还乡。刘备流着眼泪与他话别说：“恨不能与您共成大事！”公孙瓒派田豫做东州令。公孙瓒的将领王门反叛公孙瓒，替袁绍率万余人来攻他。大家都很惊慌，想要投降，田豫登上城门对王门说：“公孙瓒对你很厚待，你离他而去，我以为是不得已，今天你带兵做贼，才知道你是一个叛乱的人。有一点点知识的人都知道守住自己的气节，不为人所用，我已经受命迎接你，你为什么不赶快攻打呢？”王门惭愧而退兵。公孙瓒虽然知道田豫有权谋，但并不重用他。公孙瓒失势，鲜于辅被国人所举，代理太守，非常赏识田豫，任田豫为长史。当时群雄并起，鲜于辅不知所从。田豫对鲜于辅说：“最终能够定天下的是曹操。应该赶快归顺曹操，免遭后祸。”鲜于辅听从了他的计策，紧随曹操后，得到了曹操的赏识和重用。曹操召田豫为丞相军谋掾，授颍阴、朗陵令，后又升迁为弋阳太守，田豫所治理的地方都井然有序。

鄢陵侯曹彰伐代郡，任田豫为相。大军驻扎在易水北，当地的虏寇派伏兵袭击他，军中大乱，不知如何对付。田豫依照地形，排成了回车结环阵，让将士拉满弓箭守在内，又派一些迷惑敌人的兵士在衔接部位。当地的虏寇不能打入，也就散去了。田豫派兵追击，虏寇大败，于是部队继续向前，平定了代郡，这全都是田豫的计策。

公孙瓒

田豫升迁南阳太守。开始时，郡人侯音造反，数千人在山里为群盗，成了郡中的最大祸患。前太守抓了群盗里的五百多人，上奏朝廷都应该判死罪。田豫却一个个接见被抓的囚犯，安慰他们，给他们一条自新之路，打开他们的枷锁，放他们回家。这些囚徒都叩头感谢他，愿意为他效力，回去后他们互相转告，群贼一时解散，郡内从此太平清静。这些事上报到朝廷，曹操很赞赏他。

吕蒙白衣渡江智胜关羽

公元 217 年，孙权命吕蒙就任汉昌太守，驻守陆口。这样，吕蒙便与西蜀驻守荆州的关羽形成了对峙的局面。

吕蒙早就看出关羽是骁勇之将，并有吞吴之心，迟早会发兵进攻东吴。便表面上与关羽修好，背地里却积极练兵备战。

公元 219 年，关羽率军攻打曹军的樊城，吕蒙认为消灭关羽的时机已到，急忙向孙权上疏："关羽进攻樊城，留守部队却很多，显然是担心我抄其后路。我经常生病，请以治病为名把我召回建业，关羽听说我离开汉上，一定会把南郡、公安的军队调往樊城前线。那时，我军就可沿江昼夜疾进，偷袭其空虚之后方，则南郡可得，关羽可擒矣。"于是，吕蒙扬言自己病重，孙权派人把他召回了建业。为了稳妥起见，吕蒙推荐陆逊代替自己。

陆逊到了汉上之后，依吕蒙之意，派人给关羽送去了一封信，在信中

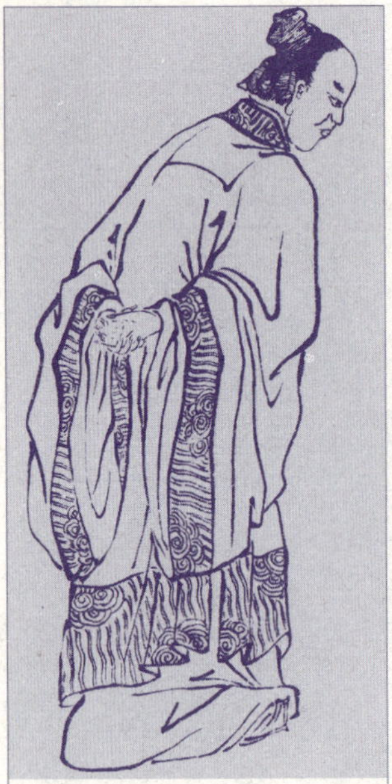

陆逊

极力称赞关羽的才能。关羽接到信后，觉得替换吕蒙的陆逊是个没有经验的青年将领，也就认为大可不必疑虑重重了，这样，便把驻守在南郡的军队调出一部分到樊城前线。

关羽水淹了曹操派来救援的七军，大败于禁之后，粮食出现了危机，他为应急而抢夺了东吴储存在湘关的粮食，这下，就给孙权进攻关羽制造了口实。于是，吕蒙率军进攻关羽。

吕蒙率精锐部队沿江而上，昼夜兼程。进到寻阳后，便把所有的战船都伪装成商船，使士卒一律换上商人穿的白色服装，船甲上不见几人，而在船舱中埋下精兵。关羽的守兵见是白衣商人，就允许他们把船停在江边。这样，吕蒙军每到一处，便把守候烽火台的荆州士兵全部缚住，以至于来到公安、江陵之地，关羽还毫无所知。

驻守江陵、公安的关羽部将糜芳、傅士仁，平素与关羽有隙，吕蒙利用这个矛盾令故骑都尉虞翻给傅士仁写信，向其讲明成败利害。傅即投降，糜芳随后亦降。吕蒙占据江陵后，对于关羽及其将士家属，全都给以抚慰，并且命令全军，不得掠扰百姓，以此来笼络民心。

关羽得知南郡失守后，数次派人来打探吕蒙动向。吕蒙又厚待来使，并且让使者在城中周游，访问关羽及其将士的家属，同时让家属给亲人写信。当使者回到关羽军中时，将士们得知自己家中平安无事，受待遇还胜过以往，故而无心再与东吴打仗，有些人甚至偷偷地逃回荆州。由于军心瓦解，最后关羽在与孙权交战时，败走麦城，吴军擒获关羽，斩首。

大败关羽，关键在于吕蒙伪称有病而使其不备，白衣渡江而使其无防，进城安民而使其军心涣散。

第二十计 混水摸鱼

[原文]

乘其阴乱，利其弱而无主。随，以向晦(huì)入宴息。

[译文]

乘着敌人内部发生混乱，利用他此时力量薄弱和缺乏统一指挥，从而使其随从我，如同人到了夜里就入室休息一样。

[计名由来]

混水摸鱼，原意是在浑浊的水中，鱼晕头转向，此时乘机摸鱼，可得到意外的好处。用于军事是指当敌人混乱无主时，乘机夺取胜利的谋略。在浑浊的水中，鱼辨不清方向，在复杂的战争中，弱小的一方经常会动摇不定，这就有了可乘之机。更多的时候，不能等待可乘之机，要主动去创造可乘之机。一方主动把水搅浑，一切情况开始复杂起来，然后借机行事。

唐朝开元年间，契丹叛乱，多次侵犯唐朝。朝廷派张守珪为幽州节度使，平定契丹叛乱。契丹大将可突干几次攻幽州，未能攻下，可突干派使者到幽州，假意表示愿重新归顺朝廷，永不进犯。张守珪知道契丹势力正旺，主动求和，必定有诈。他将计就计，客气地接待来使。第二天，他派王悔代表朝廷到可突干营中宣抚，并让他探明契丹底细。王悔在契丹营中受到热情接待，他仔细观察契丹众将的一举一动，发现契丹众将在对朝廷的态度上并不一致。他又从一个小兵口中探听到分掌兵权的李过折一向与可突干有矛盾，两人貌合神离，互不服气。王悔特意拜访李过折，装作不了解他和可突干之间的矛盾，当着李过折的面，夸奖可突干的才干。李过折怒火中烧，说可突干主张反唐，使契丹陷于战乱，人民十分怨恨。他告诉王悔，契丹求和完全是假意，可突干已向突厥借兵，不日就要攻打幽州。王悔乘机劝说李过折，唐军势力浩大，可突干肯定失败。他若脱离可突干，朝廷一定会重用他。李过折表示愿意归顺朝廷。王悔辞别契丹王返回幽州。第二日夜，李过折率本部人马，突袭可突干的中军大帐。可突干被李过折杀死。忠于可突干的大将涅礼与李过折展开激战，杀了李过折。张守珪探得消息，立即率人赶来接应李过折的部队。唐军火速入契丹军营，乘机发动猛攻，生擒李礼，大破契丹军，从此，契丹叛乱被平息。

[古今战例]

刘秀虎口求食

在战场上，冒充敌人而蒙混过关是此计常用的术法。

我国东汉时，汉光武帝刘秀是一位很有韬略的政治家。在未登基前，曾在河北一带与王朗大战二十多日，最后攻破邯郸，杀死王朗，取得成功。

当时，王朗在邯郸称王，实力雄厚。

刘秀不敢正面与王朗开战，就带着少数亲信，到了蓟州。当时蓟州兵变，响应王朗而捉拿刘秀。刘秀无法，冲出城门，仓皇南逃。众人逃到饶阳已弹尽粮绝，刘秀忽然把大腿一拍，说出了一个虎口求食的办法，冒充王朗的使者哄驿站的饭吃。

众人装扮一番，就以王朗的名义，大模大样地走进驿站。驿站官员信以为真，哪敢怠慢，急忙备好美味佳肴招待。刘秀等人好几天没吃过一顿饱饭了，就狼吞虎咽地吃起来。他们的狼狈引起了官吏的疑心，为了辨其真假，驿站的官员故意将大鼓连敲数十下，高喊“邯郸王驾到”。

这一喊声，非同小可，把众人惊得目瞪口呆，人人手心捏着一把汗。刘秀也惊得站起来，但很快镇定下来。他想，如果邯郸王真来了，是逃不掉的，只能见机行事。他给众人一个眼色，让大家沉住气。他自己慢慢坐下，平静地说：“请邯郸王进入相见。”等了好一会儿，也不见邯郸王的踪影，才知道是驿站官吏搞的名堂。

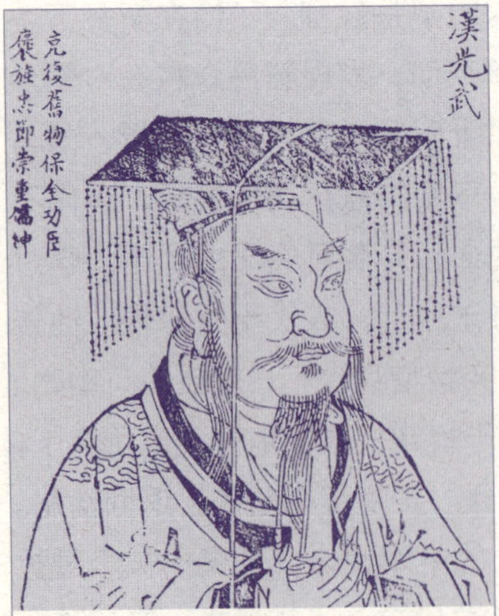

刘秀

酒足饭饱之后，刘秀等人立即离开了驿站。刘秀此次成功得力于计谋上的“混水摸鱼”和心理上的高度镇静。

众好汉江州劫法场

混水摸鱼，是一个乱中取利的谋略。《水浒传》第四十回“梁山泊好汉劫法场，白龙庙英雄小聚义”，就是讲梁山泊一干好汉，运用混水摸鱼之计，跃进千里，在江州法场上救出了宋江和戴宗。

戴宗

且说宋江因在江州题写反诗，被一个叫黄文炳的告发，下在大牢之中。蔡九知府派两院节级戴宗去东京向老爹蔡京太师报信。戴宗是宋江的至交好友，途经梁山泊与晁盖、吴用说起宋江吟反诗一节。晁盖听罢，就要点兵去打江州救宋江。吴用谏道："江州离此遥远，军马去时，打草惊蛇，倒送宋公明性命。此事不可力敌，只可智取。"吴用便请圣手书生萧让模仿蔡京笔迹，修书一封，书上说把宋江解来东京问罪；又请玉臂匠金大坚，刻一模仿蔡京的图书印章按上，然后送戴宗起程。梁山众人，专等在押解宋江的路上打救宋江。可是吴用忙中出错，在伪造的蔡京信上按的是"翰林蔡京"印章，疏忽了蔡京与蔡九乃父子关系，他们之间书信往来是不用官章的。此事果然被黄文炳看破。戴宗与宋江被判死刑，五日后，押赴市曹，斩首示众。

再说戴宗离开梁山泊不久，吴用即发现了自己的疏漏，随即采取补救措施，与晁盖如此这般地定下了混水摸鱼之计，选了十七位好汉并百十个小喽罗分几拨下山奔赴江州救人。

这天，六七十个狱卒早把宋江绑在前，戴宗绑在后，前推后拥，押到市曹十字路口，团团枪棒围住，把宋江面南背北，将戴宗面北背南，只等午时三刻，开刀问斩。江州看的人，压肩迭背，足有一两千人。

只见法场东边一伙弄蛇的丐者，强要挨入法场里看，众士兵赶打不退。正相闹间，只见法场西边一伙使枪棒卖药的，也强挨将入来。士兵呵斥阻拦，这伙人道："京师天子杀人，也放人看。你这小去处，砍得两个人，闹动了世界，我们便挨入看一看，打什么鸟紧！"正在和士兵闹的当儿，法场南边一伙挑担的脚夫，又要挨将入来。士兵喝道："你们挑哪里去？"那伙人道："我们挑东西送与知府相公去的，你们如何敢阻挡我？"士兵道："便是相公衙里人，也只得去别处过一过。"那伙人歇了担子，掣了扁担，立在人丛里看。又见法场北边一伙客商，推两辆车子过来，定要挨入法场上来，说要路过这里。士兵们哪里肯放，这伙客人都盘在车子上立定了看。

梁山泊义士尊晁盖

没多时，一声“午时三刻到”，刽子手便去开枷，执定法刀在手。说时迟，一个个要见分明；那时快，闹嚷嚷一齐发作。只见那伙客人听得“斩”字，一个客人便向怀中取一面小锣，立在车上当当地敲两三声，四下里一齐动手。又见十字路口茶坊楼上一个彪形黑大汉，两只手握两把板斧，大吼一声，从半空跳下。手起斧落，早砍翻两个刽子手，便望监斩官马前砍来。众士兵哪里拦挡得住，簇拥蔡九知府逃命去了。只见东边那伙弄蛇者，身边掣出尖刀，看着士兵便杀；西边那伙使枪棒的，只顾乱杀将来；南边挑担的脚夫，抡起扁担，打翻了士兵和看热闹的人；北边那伙客人，都跳下车来，其中一个背了宋江，一个背了戴宗，其余的人，也有取石子打的，有取弓箭射的，有取标枪标的。原来扮客商这伙，便是晁盖、花荣、黄信、吕方、郭盛；那伙扮使枪棒的，便是燕顺、刘唐、杜迁、宋万；扮挑担的，便是朱贵、王矮虎、郑天寿、石勇；扮丐者的，便是阮氏三雄、白胜。那楼上跳下的黑大汉，便是李逵。梁山十七个头领，加李逵和众小喽罗，四下杀将起来，只杀得尸横遍野，血流成渠，推倒倾翻的，不计其数。当下众好汉救得宋江、戴宗杀出江州，直杀到扬子江边白龙庙。江边张顺、张横、李信、童威、童猛、穆弘、穆春、薛永、李立等众好汉接着，共二十九位好汉，来了个白龙庙小聚义。等江州追兵赶来，又被众好汉乘势掩杀一阵，官兵慌忙入城，好几天不敢出来。众好汉分头下船，扬长而去。

第二十一计 金蝉脱壳

[原文]

存其形、完其势，友不疑，敌不动。巽(xùn)而止蛊(gǔ)。

[译文]

保持原来的形势和局面，使友军不怀疑，而敌军也不敢轻举妄动。我军则能隐蔽地转移主力，迷惑对方。

[计名由来]

金蝉脱壳的原意是指：蝉在蜕变过程中，本体离开了皮壳爬上更高的枝头，而皮壳仍留在原处。此计用于军事，则是指与敌对阵时，不要改变原有阵势以迷惑对手，而生力军则巧妙地跳出对方视线，给对方造成极大威胁。

三国时期，诸葛亮六出祁山，北伐中原，但一直未能成功。终于在第六次北伐时，积劳成疾，在五丈原病死于军中。为了不使蜀军在退回汉中的路上遭受损失，诸葛亮在临终前向姜维密授退兵之计。姜维遵照诸葛亮的吩咐，在诸葛亮死后，秘不发丧，对外严密封锁消息。他带着灵柩，秘密率部撤退。司马懿派部队跟踪追击蜀军。姜维命工匠仿诸葛亮模样，雕了一个木人，羽扇纶巾，稳坐车中。并派杨仪率领部分人马大张旗鼓，向魏军发动进攻。魏军远望蜀军，军容整齐，旗鼓大张，又见诸葛亮稳坐车中，指挥若定，不知蜀军又要什么花招，不敢轻举妄动。司马懿一向知道诸葛亮“诡计多端”，又怀疑此次退兵乃是诱敌之计，于是命令部队后撤，观察蜀军动向。姜维乘司马懿退兵的大好时机，马上指挥主力部队，迅速完全转移，撤回汉中。等司马懿得知诸葛亮已死，再进兵追击，为时已晚。

杨仪

[古今战例]

金蝉脱壳姜维反铸大错

三国时，姜维带兵攻打魏国。魏国大将邓艾带兵驻扎九寨准备迎敌。

姜维看魏兵早有准备，就对副将说："魏国既然早有准备，留一路人马由你带领，可打着我的旗号，在谷口安下大寨，每天派一百名骑兵放哨，每放哨一回，换一回服装和旗号，按赤、白、青、黄、黑五色旗帜相换。我暗中带大军偷偷从董亭直袭南安。"

邓艾知蜀兵出祁山，早与陈泰安营下寨准备迎敌。但是不见蜀军前来挑战。

邓艾凭高观望，入帐后对陈泰说："据我观察姜维不在此处营中，一定是取董亭袭南安去了。"

陈泰问："何以见得？"

邓艾说："你看每天敌营中的哨马只是这几匹，往来的哨探只是这几人，只不过更换衣甲罢了，现在他的人马都十分困乏，他们的主将必定无能。"

陈泰说："将军言之有理。"

邓艾接着说："陈将军可带一队人马去攻敌营，肯定会破寨。破寨后，你领兵去董亭之路，先切断姜维后路。我带一队人马去救南安，直取武城山。如果先占了此山，姜维必然去取上邽。上邽有一谷，叫段谷，地狭山隘，正好埋伏。姜维来争武城山时，我先埋伏在段谷，一定能破姜维。"

陈泰听后，十分赞成，说："我在陇西驻守已有二十三年了，却还没有这么熟悉地理，明公之言，真是神机妙算，将军你快去救南安，我马上去破寨。"

于是邓艾带兵急行军赶到武城山，安营下寨，蜀军还未到。

邓艾令邓忠与帐前校尉师纂，各领兵五千，先去段谷埋伏，二人受计而去。随后，邓艾传令全军偃旗息鼓，等待蜀军。

姜维带蜀军大队人马来到武城山，姜维传令占领高地。突遭邓艾大军重创，姜维连攻不下，蜀军死伤很多。

陈泰

姜维下令收兵，全军将士转取上邦。

姜维大军途经段谷，正中邓忠埋伏，前有伏兵，后有邓艾追兵，祁山大寨早已被陈泰攻破，姜维处于绝境。在危急时刻，荡寇将军张嶷估计姜维受困，率兵杀入重围，救了姜维。

从这一仗来看，姜维想使用金蝉脱壳计，打败魏军，但被邓艾识破，反而大败姜维。可见，计谋再好，如不精心，势必铸成大错。

晋明帝缓兵脱身

此计为东晋时期的晋明帝司马绍所创。

东晋建国后，王导居中执政，王敦在外掌兵，势力很大，当时有“王与（司）马，共天下”的说法。王敦为荆州刺史，率重兵镇守武昌。公元322年，王敦起兵叛乱，自武昌东下，从此使东晋王朝陷入了内乱之中。次年晋明帝即位。为了摸清叛军的实情，晋明帝于公元324年6月化装潜入叛军营地探察。当晋明帝探察完王敦在于湖（今安徽当涂南）的营地，骑马暗出营门时，护门侍卫见明帝言谈举止非等闲之辈，遂引起怀疑。明帝见身份将要暴露，遂快马加鞭出营而去。王敦的军士见一行人扬马而去，更加怀疑，报告了王敦。王敦根据军士的报告，确认是晋明帝无疑，立即派五人骑马追拿。

明帝料到王敦定会派人追拿，遂采取“缓兵脱身”之计：他命令随从用水浇凉马拉在地上的粪便，表明自己已经离去多时；当快马跑了一个多时辰，在路旁歇脚时，将手中的“七宝鞭”交于路旁卖货的妇人，叮嘱待后面骑马人到来时，尽管拿给他们看。安排完毕，明帝又翻身上马，扬鞭而去。

不出明帝所料，王敦的追兵一路见马的粪便已凉，料明帝已去多时，遂加鞭猛追。追了一阵，见路旁有一妇人卖货，下马上前询问情况。妇人声言：已经走出很远了。说完把“七宝鞭”拿出来给他们看。“七宝鞭”乃皇家珍宝，一般人无缘亲睹。于是，五个人争相看玩，爱不释手，早把追赶明帝的事忘得一干二净。待到他们醒悟，明帝已经相去甚远，摆脱了追赶，安然返回宫中。

“缓兵脱身”之谋，是摆脱敌人、稳住敌人从而赢得时间、脱离险境的一种有效方法，它是“金蝉脱壳”之计的一种活用。为了“脱身”，“缓兵”的方法多种多样，因而“缓兵脱身”之计的成功运用，为人们开辟了一个施计用谋的新天地。

宇文宪柏庵为帐

公元576年，北周武帝宇文邕大举进攻北齐，以他的弟弟宇文宪为前锋，把守雀鼠山谷。北周武帝亲自率兵围困晋州后，宇文宪相继攻克了洪洞和永安两县城，并图谋更大的进取。北齐后主高纬听说晋州被围，也亲自率兵增援解救。当时陈惑王宇文纯屯守在晋州通往太原的交通要道千里径，大将军永昌公宇文椿屯守鸡栖原，大将军宇文盛把守汾水关。他们都受宇文宪的统一调度。宇文宪暗自告诉宇文椿说："用兵打仗是一种诡诈的行为。你现在为营扎寨，不一定架设幕帐，可砍伐柏树搭成驻军小屋，以向敌军显示处所。这样即使撤离之后，敌军还会被小屋所惑。"北齐后主高纬这时正分调一万名官兵向千里径挺进，又命令一部分士卒出击汾水关，自己则亲率大军和宇文椿在鸡栖原对阵。把守汾水关的宇文盛向宇文宪告急求援，宇文宪亲自解救，迅速打败北齐军，宇文盛和柱国将军侯莫陈芮乘胜追击，斩杀许多北齐军并缴获大量武器。不久宇文椿又向宇文宪报告说，北齐主大军正向我方营地逼近。宇文宪又率兵相救，恰在这时，北周武帝诏宇文椿返回。宇文椿遂奉命率部连夜撤离了鸡栖原。当齐军到达鸡栖原时，果然把柏树搭成的临时小屋当作北周的驻军营帐，而不怀疑周军已经撤退，也不敢轻易进取，直到第二天才发现中计上了当。

疑阵惑敌是古代军事中常用的一种谋略，宇文宪柏庵为帐法即是其中的一例。此计妙在就地取材，伐木为营，不仅减少了军用幕帐的架设与拆除工作，也为紧急撤退时以假代真奠定了基础。由于它无须拆除，这就保持了营地的形貌，宇文椿又是乘夜回师，取得了金蝉脱壳的效果，安全返回。北齐后主虽亲率大军压境，因被柏庵迷惑而不敢贸然进犯，待到次日天明弄清实情，已悔之晚矣。

张旗示众兵多将广

公元901年11月，朱全忠举兵攻入潼关，包围了凤翔。危难之时，岐王、凤翔节度使李茂贞致书河东节度使李克用求援。李克用遂派其将李嗣昭率五千骑自沁州取晋州，与汴军（朱全忠军）在平阳（今山西临汾市）以北相遇。首战告捷，李嗣昭挥军大进，以分朱全忠兵势。

河东将李嗣昭、周德威等率军攻占慈州，胜兵乘锐进逼晋、绛。公元902年正月，朱全忠在遭到河东军的进攻，连战不利的情况下，派其侄朱友宁会晋州刺史氏叔琮率军驰援晋、绛前线，与河东军激战于绛州（今山西新绛县）城下。汴将唐怀贞从河东军中夺回绛州城后，李嗣昭等退屯蒲县，汴军十万营于蒲南。在两军相持期间，氏叔琮乘夜率众断河东军归路，并袭击其营垒，杀获万余人。是年3月，氏叔琮、朱友宁挥师进击，汴军横阵十余里，而河东军不过数万。加上深入敌境，孤军无援，众将惊恐不安。河东将周德威出战不利，密令李嗣昭从后军前去，德威接着率骑兵亦退。汴军长驱而进，河东军仓皇撤退，兵仗辎重尽数丢弃。朱全忠遂令氏叔琮、朱友宁乘胜扩张战果，进攻河东。

李克用闻李嗣昭等为汴军所败，急遣李存信率帐下亲兵出战，企图挫其进攻锋锐。李存信兵至清源，即同汴军遭遇，屡战不利，退还晋阳。汴军遂取慈、汾州，接着便进围晋阳，立营于晋祠，命军急攻晋阳西门。氏叔琮每次检查营垒，皆“褒衣博带，以示闲暇”，似乎晋阳克在旦夕，军心为之大振。

此时，李嗣昭、周德威等收集余众，才沿西山退归晋阳。守军未集，李克用日夜巡城，不得寝食，欲退保云州。他在召集诸将商议此事时，李嗣昭、李嗣源、周德威等人皆说：“儿军在此，必能固守，王勿为此，我整顿好部队做你的后援。”

李嗣源了解了一下战场情况，然后命令部卒“解鞍厉镞”，意思是要大家把战马的鞍具解下来，把箭镞磨砺。他自己登上高岗之巅，故意在上面“左右指画”做布阵迎敌之状。李嗣源的这一表演，葛从周的士卒看到后，都感到神秘莫测，恐怕坠其奸计，不敢再向前追来。李嗣源发现敌军犹豫不前，即令士卒迅速跨上战马，向敌阵冲杀过去。这时，李嗣昭整顿好队伍也跟了上来，葛从周支持不住，遂引军而退。汴军在战场上受了一次小小的戏弄。

鸿门宴

项羽的叔父项梁战死后，楚怀王任命宋义为大将，项羽为次将。一次战役中，宋义按兵不动，项羽暗算了宋义，怀王就只好传命项羽为上将军。

早在宋义为大将时，怀王为了激励诸将早日攻下秦的本部，便与诸将约定：先入关中者，为关中王。

这时项羽兵权在握，率军渡过黄河，与驻守在钜鹿的秦军章邯所率领的军队展开激战，大败章邯。这次的会战胜利，使各地的反秦将领都归附项羽。这时的项羽，实质上不再是楚的大将而是诸侯的统帅了。接着项羽率军北上，直取通往关中的函谷关。当他攻取函谷关时，有密报传入：“刘邦有意称王于关中，要任秦王子婴为相，占据秦的珠宝。”

刘邦

这时项羽的军师范增对项羽说："刘邦从前在关东的时候，贪财好色。现在入关，对财物却丝毫不取，也不贪恋美色。由此看来，他的志向不小啊。"

项羽听了非常愤怒，便说："明日一早，让士兵饱餐，出兵直取刘邦的军队！"

这时，项羽的兵有四十万，停驻在新丰鸿门，而刘邦的兵只有十万，停驻在咸阳东边的灞水附近。项羽突然到来，刘邦措手不及，他知打不过项羽，于是请项羽的叔父项伯从中调解，约好亲自去向项羽赔罪。

次日早晨，刘邦带领随从骑士百余人来见项羽。到了鸿门，刘邦向项羽谢罪。项羽当即留刘邦一同饮酒。项羽和项伯东向而坐，亚父范增坐向南，刘邦向北，张良西坐在使者之位。

范增多次使眼色示意项羽杀沛公，又举佩带的玉，作杀状以示意项羽，连作三次，但项羽默然，毫无反应。范增看情形不对，便起身到外面示意项庄借舞剑之名杀掉刘邦。项庄于是入帐，向刘邦敬酒，敬酒毕，拔剑起舞。项伯看出了项庄的心意，也拔剑起舞。项伯多次用身体掩护沛公，使项庄没有机会刺杀沛公。刘邦的军师张良看到情形不对，忙起身，到军门找到樊哙。樊哙就带了宝剑、持着盾进入大帐。樊哙入帐后向西而立，睁大了眼睛怒视着项羽，头发上指，义正词严地斥责项羽。项羽听了并没有回答什么，只是说："你坐！"樊哙便坐在张良旁边。稍过一会儿，刘邦起身说要如厕，顺便把樊哙也带了出去。

刘邦出帐后，与樊哙一起逃走，留下张良向项羽谢罪。鸿门距刘邦的军队所在之地灞水附近约四十里。刘邦留下车马随从，独自一人骑马，由樊哙、夏侯婴、靳强、纪信等四人持剑步行，抄小路回营。刘邦走了之后，张良估计时间，算算刘邦已到军中，就进帐向项羽告罪。

张良说："沛公不胜酒力，所以不能进帐向大王告辞。特命张良奉上白璧一对，拜献大王足下；玉斗一双，拜献范增大将军足下。""沛公现在在哪里？"项羽问。张良说："听说大王对沛公有督责其过之意，甚为恐惧，因此自己先走了一步，此时想已回到军中了！"项羽便接受了白璧，放在座上。范增接过玉斗，放在地上，拔剑一击，玉斗粉碎。范增愤愤，认为天下江山，将会尽在刘邦手中。

刘邦危难时“金蝉脱壳”，日后成就了一番大业。而项羽有勇无谋错过了大好时机，兵败自刎于乌江。

西太后扶子登基

清末，英国与法国联军攻陷京都北京，咸丰皇帝抱病避难热河，随侍的有孝贞皇后（后为东太后）、懿贵妃（后为西太后）。皇后无子，懿贵妃生的皇子载淳只有五六岁，母凭子贵，懿贵妃因此野心勃勃，尽量拉拢朝臣，想在宫中夺权。咸丰帝见她如此嚣张，不择手段，要把她赐死，得皇后求情乃罢。咸丰不得已在病榻写下遗诏与皇后，说明懿贵妃其人危险，绝不可以信任，他日若她母凭子贵为太后时，能规规矩矩便罢，若有失检行为，可召集廷臣，宣读此诏，把她诛死，以杜后患。一面亲谕各亲王载垣、端华与肃顺等为监国摄政王。

英法联军退出了北京城，咸丰帝来不及回京便在热河行宫病死，肃顺想假传遗旨，推载垣为嗣皇帝，入宫去向孝贞皇后索取国宝。皇后见肃顺来势如此汹汹，不肯交出，推说此国宝当日由先帝交六王爷带回北京。肃顺打算奉梓棺先回京，皇后又不许，说要和懿贵妃一块儿去，肃顺无可奈何只得遵命。

肃顺和端华等退而求其次，增派侍卫兵，扬言保护后妃，实想打算在半路上干掉懿贵妃母子，奉皇后一人进京。懿贵妃早已料到这一招，先派人回京谕调荣禄带亲兵来接应，到梓棺出城之日，荣禄的人马也到了。肃顺见这一支禁兵到来保护，无从下手，再求其次，想自己先一日回京先行安置，废除懿贵妃名号，不让其母子入京城，便故意把行程拉慢。走了几天，看快到北京了，懿贵妃料定了肃顺的缓进企图，在小憩之时，和孝贞皇后商量停当，叫两个宫女打扮成后妃模样，坐在后妃轿子里，自己却和皇后、儿子载淳都化装为平民，雇了几辆轻便快车，带几名干练随员，神不知鬼不觉地抄小路飞也似的暗进京城。后妃入宫时，肃顺等还在路上。懿贵妃即召集在京的文武大臣入宫，传示国宝，议立儿子载淳为皇帝，改年号为同治，再布置兵马于城关，迎接梓棺。至第三天，载垣和端华先到，迎进城内，即被扣捕。再派人奉旨于路上也把肃顺扣押回京，控以叛国谋反之罪，押赴刑场斩首。

第二十二计 关门捉贼

［原文］

小敌困之。剥，不利有攸(yōu)往。

［译文］

与敌对阵，若对方弱小则包围、歼灭它；若对方面临垂死挣扎的局面，如果将其放走而又穷追猛打，那是十分不利的。

［计名由来］

关门捉贼是要对弱小的敌人围而歼之。如果被敌人逃掉，再去追赶就对我方不利了，一怕他狗急跳墙，二怕中了他的诱兵之计。这里的“贼”是指那些善于偷袭的小部队，它们行动诡秘，出没不定，行踪难测，数量虽不多，但破坏性大。常会乘我方不备，侵扰我军。所以不可让其逃跑，而要断其后路，聚而歼之。当然，若运用得好，不只限于“小贼”，甚至可围歼敌主力部队。

廉颇肉袒负荆

战国后期，秦国攻打赵国，秦军在长平受阻。长平守将是赵国名将廉颇，他见秦军势力强大，不能硬拼，便命令部队坚壁固守，不与秦军交战。两军相持四个多月，秦军仍拿不下长平。秦采纳范雎的意见，用离间法让赵王怀疑廉颇。赵王中计，调回廉颇，派赵括为将与秦交战。赵括主张与秦对面交战。秦将白起故意让赵括取得几次小胜利，赵括得意忘形，派人到秦营下战书。这正中白起下怀，他兵分几路，形成对赵括军的包围圈。第二天，赵括率四十万大军，与秦兵决战，几次交战，秦都输了，赵括根本不知敌人用的是诱敌之计，于是便率军追赶被打败了的秦军，一直追到秦营。秦军坚守不出，赵括只得退兵。这时突然得到消息，自己的后营被秦军占领，粮道被秦军截断。赵军已被秦军包围，一连四十六天，士兵杀人相食，赵括拼命突围，最后中箭身亡，赵军大乱。只会纸上谈兵的赵括中了敌人的“关门捉贼”之计，被打得落花流水，给赵国带来了重大的损失，使赵国逐渐走向灭亡。

[古今战例]

李世民围歼王世充战役

公元 620 年，唐高祖李渊派李世民率兵进攻东都洛阳（今河南洛阳）。在扫清洛阳外围敌人后，集中兵力猛攻洛阳城，因王世充守备严密久攻不克。

就在这个时候，窦建德在周桥打败孟海公，随即率大军十余万前来洛阳支援王世充。李世民召集将佐商议对策，屈突通、封德彝等老将都主张撤军，以避免腹背受敌。李世民不同意撤军，他说："王世充的部队已遭到我军重创，他城里的粮草眼看就要断绝，军心不稳，上下猜忌，洛阳城不用我们攻打，很快就会自破。而窦建德刚打败孟海公，正在得意忘形，趾高气扬，部队不整，松散懈怠。我们要迅速占据虎牢（今河南荥阳西北汜水镇），扼住窦建德前进的咽喉要道。如果他冒险向我军进攻，我就打败他；如果他迟疑，不向我军进攻，那么王世充等不了十天半月，就会不攻自破。洛阳一破，我军气势倍增，一箭双雕，全在此行。反之，如果窦建德抢占了虎牢，然后他们合力来攻，那我们就很危险。”李世民决定留下屈突通帮助齐王李元吉继续围困洛阳，严防王世充出城突围。李世民亲自率领步骑兵三千五百人，驰奔虎牢，凭险据守。

窦建德率军从荥阳（今河南荥阳东北）西进，见虎牢为唐军所占据，只得在板渚（今河南荥阳牛口峪附近）安营扎寨。两军相持二十多天以后，李世民突然接到一个情报，说窦建德要等唐军喂马的草料用完不能不到城外河边喂马的时候，发兵突袭虎牢。李世民立即决定将计就计，一面派人到河北岸牧马，引诱窦军出击，一面部署军队做好迎敌准备。果然，窦建德指挥十万大军全部出动，列阵于虎牢之前、汜水之畔，大张旗鼓，声势逼人。这时唐军只有三千多人，面对敌军压顶之势，军中出现了畏惧情绪。李世民为了弄清敌军的虚实，登上高丘，观察了窦军的布阵情况，然后对

李渊

将士们说：“窦建德起事以后，没有经过大的战役，没有见过大的阵势。现在这乱哄哄的样子，看来气势汹汹，实际行动不一，纪律不严，又傲慢自负。我们要坚守不战，待他们疲劳怠惰，士气下降，时间一长，他们饥饿了，必然撤退。那时，我们乘势追击，定能取胜。我和大家约定，午后一定打垮敌人！”从而安定了军心，也鼓舞了士气。窦建德派出三百骑兵向唐军挑战，李世民派出二百人应战，忽进忽退，不分胜败，打了一阵，各自退回。

到中午的时候，窦建德军列阵已达六小时之久，将士们站立得又疲劳又饥饿，实在坚持不了，都坐在地上，又争相饮水，来回走动，盼望收兵。李世民派兵到窦建德阵前试探，见窦军战阵已乱，认为出击时机已到，立即命令各路兵马出战。李世民率轻骑兵在前面冲杀，大部队紧跟在后，东渡汜水，直闯窦军战阵。窦建德毫无准备，仓促应战，没等他部署好阵势，唐军已杀到面前。李世民带领史大奈、程知节、秦叔宝、宇文歆统到敌军阵后大张旗帜，一阵冲杀。窦军将士见到唐军旗帜，不战而溃。唐军追击三十里，俘虏五万人，斩首三千多，活捉窦建德。其余窦军大部溃散，只有一百多人逃回。

李世民消灭窦建德军以后，将窦建德等用囚车送到洛阳城下给王世充看。王世充见了痛哭流涕，自知走投无路，只好亲率部众出城向李世民投降。

李世民围歼王世充战役胜利的实践给人们一个启示：“关门捉贼”，有时会发生门外干扰。在这种情况下，不要轻易开门，把贼放跑。当排除干扰后，敌人见挣扎无望，就会俯首就擒。

黄巢关门捉贼

唐朝后期，政治愈加腐败，人民苦不堪言，只有反抗才能生存，当时，农民起义纷起，而黄巢义军则是其中实力较强的一支。

黄巢最初几年曾在山东、河南、安徽、湖北一带流动作战，杀贪官以平民愤；劫富济贫，灭权贵以图平均。黄巢后来率众南下杭州、越州、衢州、建州、福州，一直打到广州。黄巢本欲在广州建立政权，但所率农民多是北方壮士，不服水土，多数染病，于是又率众北上，由广州进入湖南，再进入湖北。当时唐朝宰相王铎被僖宗抢先派到江陵，以堵黄巢义军北上。但王铎虽受命而来，却坐镇江陵，闻黄巢以50万部众长驱直入，各州守官望风而逃，王铎也就吓破了胆。黄巢知道王铎是朝廷派来江陵堵截自己的，就直向江陵找王铎，准备大打一仗，哪知到了江陵，王铎已逃得不见影了。黄巢又折回下江州、信州、池州，由采石过长江，攻进泗州，直驱洛阳。由洛阳过潼关取长安。

黄巢义军纪律严明，深得群众的拥护，义军所向披靡，势如破竹，穿州过县，犹入无人之境。

当黄巢攻下东都洛阳时，唐僖宗就做好了逃跑的准备。黄巢过了潼关，僖宗就带着太监田令孜，连宰相、大臣都瞒着，悄悄溜出长安向兴元（治所在今陕西汉中市东）逃跑。那天等到日中大臣们上朝，还不见僖宗出来接受朝拜，便着急起来，最后才知道僖宗已经逃跑了。唐王朝的大臣们也逃的逃、藏的藏，使黄巢不费吹灰之力，于公元880年，在京城人民的夹道欢迎中从春明门进入了长安城。

黄巢的义军进入长安后，立即将皇室大臣的财物分送给京城中的穷苦百姓，并由大将尚让安抚群众说："黄巢起兵，本为百姓，不像李氏王朝虐待你们，不管人民的死活。现在义军做主，你们只管安居乐业，不要害怕。"

黄巢入京以后，开始时没有进住皇宫，只令人保护内城，自己住到太监田令孜的住宅里，并且申明军纪，约束士卒，颇得京城人民拥护。但几日后，黄巢就在一些人的逢迎劝说下，挈眷入宫，作了大齐皇帝，改元金统，拜尚让等人为相。此时，黄巢由于大享宫廷快乐，完全忘记了唐僖宗还存在，唐的旧臣势力还存在，没有及时追击僖宗，僖宗得以从容逃脱。僖宗逃到成都，召集旧臣商量反扑。他们训练士卒，补充武器，调集军队，积极准备反攻。又千方百计暗中收买黄巢手下的将领与唐朝降将，唆使他们叛离。又派使臣请沙陀（西突厥别部）李克用部增援，共同对付起义军。这一切，黄巢未予充分重视。唐僖宗中和元年，即公元881年五月，唐军的军事部署已经完成，形成了对长安义军的包围圈。

这时，黄巢派尚让进袭凤翔（今陕西凤翔），唐将郑畋事先伏兵要隘，自带诱兵，出阵高冈。尚让以为郑畋不懂军事，就挥众杀过来，哪知刚到龙尾陂，唐朝伏兵突然杀出，将义军截击成数段。尚让一看上当，只好退军，但已损失过半。

凤翔一战，唐军得胜，就使唐军急欲夺功，于是尾追尚让而来。尚让回军入长安，禀报黄巢凤翔失败经过，说唐军已齐集于长安城下，形势已很危急。黄巢与诸将分析了唐军的阵容之后，即定下了以退为进、“关门捉贼”的策略。黄巢突然于五月初六向东退出长安，露宿于坝上。唐军程宗楚、唐弘夫、王处存等率军杀进城去。入城的官军，看到城内早已没有一个义军了，就松弛下来，大肆抢劫财物、强奸妇女，尽情享乐，把个长安城闹得乌烟瘴气。当天半夜，义军迅速回师，衔枚急走，直趋长安城。义军在孟楷率领下，人人争先、奋勇冲杀，而官军士卒，金银财物满袋，包袱沉重，哪里顾得上打仗，所以义军到处杀得唐军尸横遍地。都统程宗楚等人，半夜突闻黄巢义军进城，慌乱之中不分东西南北，无法召集指挥士卒，只得单枪匹马，与义军部众鏖战，最后力不能支，被义军杀死，长安城又回到黄巢义军手中。可见，义军拥有的不仅是仇恨和反抗，同样掌握高深的战略战术，是一支军事上成熟的部队。黄巢用“关门捉贼”之计，重新占据长安。

梁红玉大败金兀术

宋朝皇帝徽宗和钦宗被金兀术俘获，解往金国，宋高宗南渡，建都临安。金兀术乘机挥军过江，要一举把宋朝灭掉。他发动几十万雄师，兵分两路，一路进攻江东地区（今徐州一带），兀术则率军向江西地区进发。

梁红玉桴鼓助战

兀术军渡过长江，势如破竹，陷临安，破明州，却捉不到高宗，高宗此时已逃往临海之温州了。兀术以战线拉得太长，恐怕深入重地，被宋军拦腰截击，便迂道回军北返，十万大军逼近常州镇江一带，准备渡江。

当时镇守东线的是宋将韩世忠，他早就料到金兀术会走这条路的，已布置好攻守计划，准备来一次拦江截击。虽然他手下只有八千精兵，但部署周密，沿江封锁，插翅难渡。

金兀术先发动攻势，同时向金山和焦山突袭，结果两路都损兵折将。

此时军中粮草将尽，江北的军队又无法南渡接应，只好来一次正面战斗，强渡长江。

战斗于凌晨开始，韩世忠夫人梁红玉负责江面指挥，她站在楼船顶上，亲自擂鼓，敌向东则向东指，敌向西则向西指，三面夹攻，杀得金兀术上天无路，入地无门，渡江番兵，溺死的、杀伤的不计其数。只好退回南岸，逐渐向西移动，想绕过镇江，在西面再强渡。可是韩世忠却沿岸追击，监视金兀术的行动，一直把金兵逼进黄天荡。

鄱阳湖之战

鄱阳湖之战，是元朝末年朱元璋和陈友谅两个割据势力之间进行的一场战争。

起初，以刘福通为首的元末红巾军农民起义爆发。几年后，刘福通迎立韩林儿为帝，号“小明王”。在刘福通起义影响下，长江、淮河流域广大地区农民纷纷起义。

朱元璋投靠郭子兴，由于作战勇敢，很快升为总兵。郭子兴死后，朱元璋被小明王任命为郭部的左副元帅，实际掌握着军政大权。待朱元璋攻占集庆（今江苏南京），改为应天，他接受谋士朱升提出的“高筑墙，广积粮，缓称王”的策略，经过四五年的努力，在所占地区巩固之后，开始进行统一江南的作战。

当时，南方各个割据集团中兵力最强、势力最大的是占据江西、两湖大部地区的陈友谅，其次是建都平江（今江苏苏州）的张士诚。朱元璋根据谋士刘基的建议，确定了先陈后张，统一江南，然后北上灭元，统一全国的方针。

正当朱元璋准备打陈友谅之际，陈友谅也积极策划消灭朱元璋。他率舟师十万，攻占太平，夺取采石，杀死农民军领袖徐寿辉，自立为皇帝，国号汉。并约张士诚夹攻朱元璋。

当时，陈友谅舟师十倍于朱。朱元璋的部下，有的主张投降，有的主张战不胜再走。朱元璋最后采纳刘基建议，决定在应天与陈友谅决战。他利用陈友谅求战心切、骄傲轻敌的心理，决定诱其深入，设伏聚歼，打败陈军。朱元璋让陈友谅的老友康茂才写信向陈友谅诈降，表示愿为内应，并约定在江东桥（今南京江东门附近）会合，以呼“老康”为暗号。

应天城滨长江东南岸，北枕狮子山，东倚紫金山，南控雨花台，幕府

薪国公康茂才

山、乌龙山屏列于外，长江环绕于西及北部。朱元璋部署：常遇春等率兵三万埋伏于石灰山侧；徐达等率兵列阵于南门外；赵德胜率兵横跨新河驻虎口城；杨璟驻兵大胜港；张德胜、朱虎率舟师出龙江关；朱元璋自率主力埋伏于卢龙山（今南京狮子山）。并规定信号：陈军入伏，举红旗；伏兵出击，举黄旗。在此之前，朱元璋派胡大海率兵西攻信州（今江西上饶），威胁陈友谅侧后，进行牵制。

陈友谅接到康茂才的信后，信以为真，便不等张士诚的答复，率军自采石进抵大胜港，待到江东桥连呼“老康”不应，方知受骗，仓促派万人登陆立栅。

朱元璋看到陈军进入伏击圈，乘其立营未固之际，发出信号，刹时鼓声震天，伏兵四起，水陆夹击，陈军大乱，争相登舟而逃。此时正值退潮，陈军巨舰搁浅，将士被杀和落水而死者甚多，被俘两万余人。陈友谅乘小舟逃回江州（今江西九江），朱军缴获巨舰百余艘。张士诚守境观望，未敢出兵。朱元璋挥军乘胜追击，夺回安庆、太平，又连续取得信州、袁州等地。

陈友谅在应天战败后，内部矛盾激化，将士离心。朱元璋乘机向西推进，仅一年间就相继攻占了蕲州、黄州、兴国、抚州等地，并于次年收编了龙兴（即洪都，今南昌）的守军，连下瑞州、吉安和临江，实力大大增强。

到张士诚围攻小明王的最后据点安丰时，刘福通战死，小明王向朱元璋告急求援。朱元璋率兵救安丰，三战三捷。而后，陈友谅乘朱军主力救安丰、江南空虚之机，率大军围攻洪都，占领吉安、临江、无为州。这一次陈友谅特地制造了数百艘巨舰，舰高数丈，上下三层，每层都设置有上下可通的走马棚，下层设板房作掩护。

陈军登陆后，用云梯等攻城器械从四面八方向洪都城发起猛攻。洪都朱军统帅朱文正派诸将拒守各城门，自己率两千人机动策应。一日，陈军攻抚州门，用状如箕的竹盾抵挡矢石，奋力攻城，城垣被攻坏三十余丈。朱军一面施放火炮、火铳、檑木、火箭，一面抢修城垣，且战且筑，一夜之间终于修复。朱军伤亡甚重，但城中军民仍然死守。

朱文正派人向朱元璋告急，这时朱元璋已回到应天，遂一面命洪都再坚守一月，疲惫陈军；一面命徐达率主力回师应天集中。朱元璋率舟师号称二十万往救洪都，16 日进到湖口。为把陈友谅困于鄱阳湖中，朱元璋派戴德率军一部屯于泾江口，另派一军屯于南湖嘴，切断陈的归路；调信州兵守武阳渡，以防陈军逃跑；朱元璋亲率舟师由松门进入鄱阳湖。

陈友谅围攻洪都，久攻不下，士气沮丧。听说朱军来援，陈军撤洪都之围，东出鄱阳湖迎战。7 月 20 日，两军在康郎山（今江西鄱阳湖内康山）水域遭遇。陈军以巨舰列阵，迎战朱军。朱元璋把水军分为十一队，每队配备大小火炮、火铳、火箭、火枪、神机箭和弓弩等，令各队接近敌舟时，先发火器，再射弓弩，靠近敌船时再短兵格斗。朱元璋初战获胜后，恐张士诚乘虚进袭后方，命徐达回应天坐镇，以防不测。

后朱元璋屡向陈友谅挑战。陈大怒，下令将俘虏一律杀掉；而朱元璋却放还全部俘虏，瓦解陈军士气。朱元璋判断陈军可能突围退入长江，乃移军湖口，并置火筏于江中；又派兵夺蕲州、兴国，控制长江上游。

经 1 个多月激战，陈军归路截断，粮食奇缺。陈友谅率楼船百余艘冒死突围，企图经南湖嘴进入长江，退回武昌。陈军行至湖口，朱军乘机以舟师、火筏四面猛攻。陈军混乱奔逃，又遭泾江口朱军伏兵截击，陈友谅中箭而死，军队溃败，五万余人投降。

1364 年 2 月，朱元璋攻下武昌，陈友谅子陈理投降。1367 年 9 月，朱元璋消灭了张士诚，不久又迫降了浙东的方国珍，基本统一了江南。1368 年，朱元璋称帝，国号明。同年，明军北上灭元。此后，明军又进军四川和云南，统一了全国。

在一系列战役中，由于朱元璋注重基地的建立和巩固，根据不同情况提出不同的战略和策略；稳步推进，先翦肘翼，后捣腹心；注意争取暂时的同盟者或使之保持中立，打击主要的敌人，所以取得一个又一个胜利。

“关门捉贼”是对敌采取四面包围、一举全

徐达

歼的战法。朱元璋在这次战役决战前就关死了鄱阳湖战场的北大门，并在侧翼部署了重兵，防止陈友谅逃跑。陈友谅则以为自己兵多、船大，盲目地与朱元璋决战，根本没想到后路，结果战败后走投无路，全军覆没。

引军入瓮

公元 1409 年，明成祖朱棣委任丘福为征虏大将军，以王聪、火真为左右副将，以王忠、李远为左右参将，发兵十万，出塞征讨逃居塞北的元主本雅失里。大军出发前，朱棣生怕丘福轻敌冒进，招致失败，特意告诫说："用兵作战，千万要谨慎。部队到达开平（府名，今内蒙古自治区多伦地区）以北，即使见不到敌人也要格外留意，以防不测。与敌人作战更要依据情况相机用兵，不可固执一端。如一战不利，可寻机再战，切记不要冒险行动。"丘福叩头礼拜，只说了句"谨遵圣谕"，便想辞行告退。朱棣感觉到他不大在意的情绪，又叮咛说："历史上只凭着血气之勇，疏忽大意，招致失败的事例很多。你这次领兵远征，切不可贸然行动，一定要牢记在心。"丘福虽然口里连连称是，心里却认为朱棣对元朝的败残兵马看得过重，有些多余，仍怀着满不在乎的心情，踏上了征途。

明军一路畅行无阻，很快便顺利地进到塞北。行军的顺利，使丘福愈加轻敌，他竟将大军甩在后面，仅带领一千轻骑疾速前进。到达胪朐河（今克鲁伦河）南岸，与蒙古的前哨部队相遇。丘福出兵迎战，打退了敌骑，乘胜渡过了胪朐河。在继续追击中，俘虏了敌人的一名尚书，使他十分高兴。为了庆贺胜利，丘福开怀畅饮，把那个尚书押到席前，声色俱厉地问道："本雅失里逃到哪里去了，快快如实讲来！"尚书战战兢兢地答道："他听说大军前来征讨，就吓得慌忙向北逃窜，估计现在不过走出三十里的路程，按常规正在埋锅造饭，在下情愿当向导，带大军前往追击。"丘福正在兴头上，一听敌人逃走不远，立即喝令："赶快上马随我前去捉拿这个狂贼！"将领们见主将轻率行动，很不放心，连忙劝阻，说："将军不可操之过急，待大军到达之后再纵兵追赶不迟。"丘福哪里肯听，令俘虏的尚书在前领路，纵马扬鞭，向北疾驰而去。

丘福领着一千人马迫近敌营，元军只用少量人马抵挡了一阵，便佯败撤退。丘福乘胜追击，元军边打边退，连续两天。参将李远看出了门道，向丘福建议，说："将军轻信间谍的谎话，孤军深入，现在已经陷入进退两难的地步，继续前进正合敌意，向后撤退敌人也会乘势追击，唯一的办法是就地坚守。为了迷惑敌人，白天可令部队大张旌旗，擂鼓呐喊；晚上可使人手执火炬，发炮助威，以张声势，使他不知虚实，不敢轻举妄动，借以迁延时日，等我大军到达，再合力进攻，方可扭转形势。即使不能取胜，也可保障全师回朝。”丘福一心想乘胜追击，吃掉敌人，对陷入进退两难的说法，已很不高兴，及至听到不能取胜也可全师回朝的话，不由得火冒三丈，怒气冲冲地申斥说：“身为大将，理当准备马革裹尸而还，岂能不讲歼敌制胜，先想班师回朝？这种懦夫的腔调，居然出自我明朝的将领之口，真令人感到羞愧！”李远连忙转变语气，说：“将军不必动怒，我只是想提醒将军，不要忘记圣上的谆谆告诫。至于如何对敌，我李远一切听从您的将令。”副将王聪等人趁机劝解说：“希望将军谨遵圣谕，切勿疏忽大意。”丘福正在气头上，越听越恼，声色俱厉地说：“你等依令行事，违令者斩首勿论！”说罢便一马当先，向敌军追去。将士见主将催马向前，只得紧紧跟着追击。

众将跟着丘福追赶了一段路后，突然看到敌军勒转马头，回军迎战。这时丘福才发现形势有变，急忙下令停止追击。可是，元军已从四面八方围了上来。副将王聪奋勇冲杀，战死在乱军之中。丘福率领众将突围，死战不能得脱，全部丧入敌手。后军赶来，见前军覆没，失去指挥，便人心慌乱，东逃西散，十万大军覆没于塞外草原。曾经披坚执锐、屡建奇功的丘福，因不听明成祖的“御嘱”，轻敌受骗，中了对方诱敌深入之计，结果落了个兵败身亡的下场。

石达开开门揖盗

公元 1854 年，太平天国翼王石达开为西征主帅，驻节安庆，主持长江一带军政。是年 8 月，曾国藩统率湘军水陆两师全部，由湖南直扑武汉，太平军守将石凤魁、陈玉成、黄再兴等，因众寡不敌，且战且退至安徽。曾国藩此次武汉大捷，收复湖北，是湘军出兵以来之最大胜利，声势大振，乃挟战胜余威，挥军东征，直指南京，以九江为第一目标，兵分三路，夹江东向。

曾国藩因军情紧急，久不能下，就舍坚攻瑕，分军遣胡林翼等率水师进攻湖口，企图占领鄱阳湖作大包抄。石达开洞悉其谋，急中生智，将计就计，来个“开门揖盗”，诱敌深入，待其水师一百多艘兵船冲入鄱阳湖后，即命罗大纲猛力反扑，迅速又把湖口封锁，设卡筑垒，断其出路，因此水师便被斩为两段，湖南被困之水师已成瓮中之鳖。当晚，石达开复以轻捷快船突击湖口舟师，焚其兵船四十余艘，余船急遁向上游，退回九江。此时曾国藩辛苦经营视为王牌的水师已损失大半，溃不成军，九江亦转危为安。

过了几天，石达开又出奇谋，命罗大纲由湖口出发，会同守九江之林启荣，于三更时分，两路夹攻，以快船乘月黑雾迷，突击湘军水师，火弹喷筒齐发，立焚兵船百余，连曾国藩之主力座船亦被俘虏，幸他于事急时驾小船逃往陆上之罗泽南兵营，才幸免于难。天明，曾国藩眼见破船浮尸惨状，羞愤至极便纵身跳湖自杀，幸左右军士及时扯住辫子，拖回船上，吐了几口浊水，才救醒过来。

此大捷，不仅解了九江之围，潜伏在安徽之陈玉成军，在秦日纲指挥下，乘机发动攻势，进军湖北，不到两个月又克复了武汉三镇。

石达开以“开门揖盗”与“关门捉贼”计，扭转局势，反败为胜，战绩之辉煌，可媲美三国时的赤壁之战。但后来，他也中了骆秉章的“开、关”计，在成都壮烈牺牲。

公元 1856 年，太平天国发生内讧，杨秀清、韦昌辉、秦日纲、胡以晃等王，全在你杀我、我杀你中牺牲了，石达开回京主持大政，却遭天王洪秀全疑忌，洪仁发、洪仁达的挟制倾轧，被逼而出京避祸，率本部将士六七万人（后增至二十多万），转战十四省（江苏、安徽、江西、浙江、福建、广西、湖南、四川、云南、陕西、甘肃），辗转五万余里，历时七载，最终目标欲占领四川为反清新基地。

师抵湖北，从利川直闯四川，陷石柱，围涪陵。四川总督骆秉章早有准备，集中四川、贵州、云南三省兵力，凭险固守，顽强抵抗，涪陵卒不能下，乃解围沿江西进，因缺乏船筏，始终无法渡过长江。经过十多次激烈战斗及兵力分散，到达云南昭通县时，大军只剩下三万人了。石达开挥军渡金沙江，直趋西昌，企图越过大渡河进攻成都。骆秉章预得情报，急调大军扼守大渡河各渡口，扎断大道关隘，藉此逼令翼军避开正路转走夷地小径。石达开利用土人（彝族）为向导，爬山越岭而抵达大渡河南岸的安顺场，才知道上了当，被诱进包围圈，中了敌人的“开门揖盗”之计，乃将向导杀了，令士兵伐木削竹赶造船筏，强渡大渡河；又遇大雨滂沱，雨水与上游雪山的融雪奔流汹涌，大小河流洪水陡涨丈余高。强渡的船筏，不是冲毁就是被对岸敌人炮火击沉，死者溺者无数。加以粮草早罄，军士宰马而食，继之则食树叶，全军已陷于必灭必死之绝境。

至此，石达开决定投河殉国。先令王娘五人抱两幼子投水死，属员亦有多人共溺。他忽然想起尚有追随之忠勇健儿七千多人，何忍其尽遭屠戮？乃甘愿献身，牺牲自己，为全部军士赎命。即致书总兵唐友耕，具述其意，其书曰：

“达开顿首再拜，泽坡军门仁兄同志大人阁下：窃思求荣而事二主，忠臣不为，舍命以安三军，义士必作。缘达生逢季世，身仕天朝，忝非谄士，不善媚君，因被馋而出朝，以致东奔西逐，欲建功于当世，不惮旰食宵衣。无如命薄时乖，故尔事拂人意。矢忠贞以报国，功竟难成。待平定而归林，愿终莫遂。转觉驰驱天下，徒然劳及军民，且叹战斗场中，每致殃连鸡犬。带甲经年，人无宁岁，运筹终日，心少闲时。天耶人耶？劳终无益，时乎运乎？穷竟不通。阅历十余年，已觉备尝艰苦，统兵数百万，徒为奔走焦劳。每思匿迹山林，遂我素志，韬光泉石，卸其仔肩。无如骑虎难下，事不如心，岂知逐鹿空劳，天弗从愿。达思天既如此，人将奈何？大丈夫生不能开疆报国，奚爱一生？死若可安将全军，何惜一死？逖闻阁下，仁德普天，信义遍地，爰修斯书。特此奉闻。阁下如能依书附奏，请王宏施大度，胞与为怀，格外原情，宥我将士，请免诛戮，禁无欺凌，按官授职，量材擢用，愿为民者，散为民；愿为军者，聚为军。推恩以待，布德而绥，则达一人可以自刎，三军悉以安全。达舍生果得出全吾军，捐躯稍可仰对我主，虽斧钺之交加，死为不辱，任身首之分裂，义亦无伤。惟是阁下为清大臣，当得巨任。志果推诚纳众，心实以信服人，不设诈虞，能依请约。窃冀风翰先覆，并望台驾近临，以便调停，庶免耽阻。否则阁下迟行有待，我军久驻无粮。昔三千之师，犹足攻城掠地，况数万之众岂能束手望天乎？特此寄书，伫候希鉴。”

此书用箭射入大渡河北岸唐友耕营，多日不得回音，石达开再不等待，即带着幼子石定忠，宰辅曾仕和，大中丞黄再兴、恩丞相韦普成四人，亲至洗马姑参将杨应刚营献死。

杨应刚即款待五人在营，旋分发路票，遣散余部之老弱及新兵四千余人，独留其冲锋悍卒两千余人集中于大树堡一寺庙内，候令处置。过几天，杨应刚亲送石达开五人到唐友耕处，转解往成都。

在石达开起解后，唐友耕即派营兵包围大树堡寺庙，夜间火烧庙宇，尽将那两千余悍兵烧死或杀死，复遣兵追杀被遣返之士兵于途中，石军至此全军覆灭。

石达开被解至成都，经骆秉章亲讯，旋奉廷谕：石达开、曾仕和、黄再兴、韦普成等四人，在成都凌迟处死，其子石定忠，年仅五岁，例应免刑，俟及时照例办理。在石临刑时，神色怡然，坚强之气，溢于颜面。而辞气不亢不卑，不作摇尾乞怜之语。享年三十三岁。十载兵戎，遂告结束，一代豪杰饮恨千秋。

太平军三河之战

三河（今属安徽肥西县）之战，是太平天国时期太平军和清朝湘军之间进行的一次战争。

公元 1851 年 1 月 11 日，洪秀全在广西金田村举行起义，建立太平军，开始了太平天国农民革命战争。太平军于公元 1853 年建都天京（今南京），随后北伐西征，控制了西自武汉、东到镇江的长江沿线，在天京以西的湖北、江西、安徽三省居于优势。公元 1856 年发生天京事变，使太平天国受到严重损失，太平军从战略进攻开始转为战略防御，天京以西战局逐渐出现不利太平军的局势。到公元 1858 年 8 月，湖北、江西先后沦入敌手，成为湘军的进攻基地。

这时，清朝钦差大臣和春、都兴阿统率的江南、江北大营再次进逼天京。公元 1858 年六、七月间，太平军的将领们在安庆东北的枞阳镇召开会议，做出新的军事部署，决定由前军主将陈玉成、后军主将李秀成联合作战，共同解救天京之围。在陈玉成统率下，已进入鄂豫边境的太平军回兵东征，重新占领了庐州（今合肥）和其他一些城镇，与李秀成会师于滁州乌衣。8 月，他们乘胜直下浦口，袭破清军的江北大营，前锋一直东进到苏北的扬州。

与此同时，江西的湘军以淮南的太平军主力东进苏北，乘机攻进安徽。湘军主帅曾国藩秉承咸丰帝的旨意，派骁将李续宾率精锐北援庐州，进攻太湖。太湖的太平军守军，在城外挖壕筑垒，铸炮聚粮，布置严密。

9 月 5 日，清军以一部牵制守军，主力分五路攻城。太平军冲出城垒与敌激战。9 月 7 日、8 日，太平军将士又多次冲出城外，攻击清军，双方互有杀伤。清军势大，先后攻毁了太平军在枫香铺、小池驿、东山头南首的营垒。

9 月 21 日，清军副都统多隆阿等将大炮秘运山头，轰击东山南面；参将谢承祐等由西北面攻城，李续焘等分攻东岸下垒。太平军专防前面，不料敌军由山后抄袭，下垒遂被攻陷。东岸浮桥守军亦败，东山头第一大垒又被清副将鲍超攻陷。接着清军进攻第二、三垒，并分段攻城。城中火药局被火箭击中，敌军从西北两面登城，太平军从东南两面突围而出，退守石牌镇及潜山县，太湖县城遂陷。

9月27日，李续宾派副将赵克彰等进至潜山县北门外的彰法山驻营。太平军结队出战，由于寡不敌众，败退回城，城外七垒被敌攻陷。清军逼攻县城，缘登数次，都被太平军将士以炮石击退。但城外营垒被毁，守城相当困难。当夜四更，太平军由东门退出，潜山又告陷落。10月1日，上下石牌诸垒也都被清军攻陷。

潜山西北一百三十里的桐城县是通向皖北的枢纽，最为要害。太平军由公元1853年克复后，据守迄今。该城高而坚，北门跨山，太平军于山上筑垒两座，东北一带筑大垒三座、小垒四座，西南一带筑垒4座，以护城池。清军先锋赵克彰等至五里墩，桐城太平军分五路出击，激战不胜，退回城中，西南四垒遂被攻破。

次日，太平军从西门出攻，另派一军由东北隐蔽出击，从山后绕抄。恰值李续宾率大队清军到来，太平军措手不及，败退回城固守。李续宾率各军逼城就营，督军攻破了东面两大垒。垒仅一门，太平军战士誓死不退，全部战死垒中。小垒守军被迫出走，伤亡很大，第三大垒又很快陷落。清军围攻北门山上大垒，发炮命中起火，守军顽强抗击，多被焚死，两垒又失。

李续宾乘夜命各部环攻四门。三更时，清军乘隙缘登。太平军与敌接战不利，开东门冲出，被清军伏兵截击，前后受敌，损失严重。10月13日，桐城陷于敌手。

李续宾攻占桐城后，率马步十四营于10月21日进扑舒城。太平军在距城三十里处跨山修垒，派千余人屯守。次日，清军分路包围袭击，守军众寡不敌，被迫撤走。10月23日，李续宾率部在舒城外西南扎营，太平军出城冲击一阵后退回。

舒城太平军于城西北筑有大垒两座，高抵城垣。24日，李续宾派李续焘等往攻，鏖战多时，一垒突然中炮起火，守军被迫撤退。清军续攻第二垒。城中守军打开西门，准备冲击增援，但被大部清军阻击。垒中守军放弃阵地，进入城中。是夜四更，太平军从东门撤出，转移到三河镇。李续宾接连获胜，气焰嚣张，倾全力扑向三河镇，意在攻打庐州。

月余之间，太平军连失四城，安庆也受到攻击，安徽形势十分危急。10月，陈玉成得悉此情，立即统率苏北的太平军主力迅速西援，并联络李秀成等军共同破敌。

三河镇在庐州府南八十里，为水陆要冲。太平天国在此筑大城一座，环以九垒，凭河设险，屯储粮草军火，接济天京、庐州。

李续宾军于11月3日到达三河。李续宾认为，要想破城，必须先破城外的九个营垒。其部署是：丁锐义、彭祥瑞等率所部攻击河南大街、老鼠夹一带的营垒；副将黄胜日、杨得武等部攻东北迎水庵、水晶庵一带的营垒；总兵李续焘、李运络部攻击西南储家越一带的营垒。11月7日，清军分路进犯，守军迎头痛击，毙敌千余人。清军付出重大代价后，攻陷九垒。

这时，陈玉成统率大军赶到，从庐江县西二十里的白石山、三河镇南三十里的金牛镇，连营数十里，包抄李续宾军的后路。为了达到全歼敌军的战役目标，陈玉成传令庐州守将吴如孝出师南下，阻断舒、桐之敌的西援通道，从而形成对敌军四面包围的态势。清军闻讯大惊，李续宾急忙派人去九江、桐城调集援军，但远水不解近渴，难济燃眉之急。

11月14日，陈玉成统率大军向前冲击压迫清军。是夜，李续宾被迫整队，向南迎战。15日晨五鼓，李军出动，黎明时到达樊家渡、王家祠堂等处，与太平军接战。双方交战之初，陈玉成军前队稍有失利。忽然，大雾迷漫，咫尺莫辨。关键一刻，李秀成率所部及时赶到，使太平军实力大增，陈军将士精神振奋，勇气百倍。两军合兵一处，奋战猛击，重创敌军。清军左路游击李运络营坚持不住，先自溃逃。紧接着，运同丁锐义、参将张嵩龄、都司张养吾等营相继溃败。太平军又击败清军中路和右路各营。

这时，李续宾军率后备兵力来援，双方展开了一场恶战。激战中，三河守将吴定规率师杀出，包抄李续宾军的背后。李续宾大败，狼狈逃回营中，闭垒不出，传令诸将死守营垒，不许后退。

陈玉成、李秀成等率军将清军团团围住，集中兵力，先弱后强、先外后里地猛攻敌垒。太平军战士前仆后继，英勇拼杀，连续攻破清军七座营垒，敌总兵李续焘、副将彭祥瑞又带兵溃逃。太平军占据敌垒后，挖断河堤放水，断绝敌人退路。

李续宾命令各部在月夜时分路突围逃生。清军匆忙整理装束，准备逃跑。届时，李续宾犹豫不决，又想死守待援，但军心已动，兵无斗志，部队一片混乱。太平军乘机四面围攻，猛力格杀，乃获大胜，李续宾被迫自缢而死，曾国藩弟曾国华等被斩杀。

这时，敌将孙守信、丁锐义、李存汉退守最后营垒，负隅顽抗。太平军紧紧围困，环攻三日，至11月18日夜破之，斩杀孙守信、丁锐义等，仅李存汉等少数人逃走。至此敌军全部被击溃，太平军歼敌数千人。李续宾部陆军是湘军中最凶悍的部队，它的覆灭，对敌方是一个沉重的打击。

三河大捷后，太平军很快收复舒、桐、潜、太四县，进攻安庆之敌也不战自退。1860年，太平军又集中优势兵力粉碎了清军江南大营，使太平天国的革命形势趋向好转。

三河之战是太平军进行的一次典型歼灭战。太平军在作战指导上的优越性表现在：一、指挥员知己知彼，集中优势兵力打击敌人，确保战役目的实现；二、战术灵活，部署周密，实现了正面攻击、侧后包抄和阻援部队的互相配合，协同作战；三、坚持连续作战，不使残敌有喘息之机。

第二十三计 远交近攻

[原文]

形禁势格，利从近取，害以远隔。上火下泽。

[译文]

当军事发展势头受到地形影响之时，利于攻取邻近的敌人，而先去攻打远处的敌人为最大的弊端。烈火向上燃烧，洪水向下奔流；同是为敌之国，策略有所不同。

[计名由来]

远交近攻，语出《战国策·秦策》：范雎曰："王不如远交而近攻。得寸，则王之寸；得尺，则王之尺也。今舍此而远攻，不亦谬乎？"约在公元前269年，范雎因避难由魏入秦。秦昭王知其能，遂以上宾相待，向他长跪而三问计。当时，秦欲统一天下。范雎在分析了秦王对外政策的失误之后，给秦昭王献上了"远交近攻"的策略。战国时期，七雄争霸。秦自商鞅变法之后，国力强大。秦昭王开始图谋并吞六国，统一中国，但在策略中却实行近交远攻办法，准备联合并越过韩魏诸国而远征地处东海之滨的强齐。范雎认为秦昭王这样做是失策。他说：齐国国力强盛，离秦国又很远；出兵攻齐，还必须经过韩魏诸国。出兵少了，则不能给齐国造成致命的伤害；出兵多了，劳师远征，又会给秦国自身造成大的损失。作为国君，当然希望自己少出兵，而让韩魏两国的军队全体出动。但是这样韩魏两国一定不会同意，并且秦国即使赢了，也无法得到齐国的土地。还不如反过来，远交近攻，派遣使者主动与相距较远的齐国结盟，而首先攻战身边的韩魏诸国。这样，灭一国就可得一国的土地，秦国就会越战越强大，大王的霸业就可以成功了。秦昭王采用了范雎的建议，此后，远交近攻便成为秦逐步并吞六国的基本国策，而且最终达到了统一天下、建立秦帝国的目的。

[古今战例]

秦王离间拆盟

天下各国的反秦情绪异常激烈，谋士们一起聚集在赵国，商议结成反秦同盟。秦王为此非常忧虑。这时，相国应侯对秦王献策说："大王，请不要担心。王见大王之狗，卧者卧，起者起，行者行，止者止，毋相与斗者；投之一骨，轻起相牙者，何则？有争意也。"意思是，请看看大王的狗，它们各自自在地躺的躺着，走的走着，并不相互打斗。但扔一块骨头给它试试，它们立即会跳起来，开始相互撕咬了。秦王同意了相国的建议，派遣臣下带上五千金来到赵国。的确，三千金还没散发出去，谋士们就开始分裂了。使之争斗的不只限于物质方面的东西，也有心理方面的因素。在地理位置上，赵国位于秦国与燕国中间，秦国隔着赵国同燕国接近，使赵国深感不安。秦国派谋臣向赵国提议："如果贵国割让五城给我们，我们秦国将断绝与燕国的友好关系，与贵国一同进攻燕国。"赵国立即同意此项提议，决定一起进攻燕国，把战果分与秦国。激发赵国与燕国敌对的有两个原因，即对秦国与燕国接近的嫉妒心和可能被秦国与燕国夹击的恐惧心。嫉妒心和恐惧心比物质欲望更能使人采取行动。可以利用这一点煽动其分裂。从反面说，如果忘掉大局，由于嫉妒心和恐惧心而轻易行动，就会失去盟友，陷入想象不到的圈套。

汉文帝收服南越王

当初，隆虑侯周灶攻击南越，正好遇到暑热潮湿的天气，士卒们害了大瘟疫，军队无法越过山岭。一年多后，吕后去世，就停止用兵。南越王赵佗因此就用武力威胁、财物贿赂闽越、西瓯、骆等族，使他们都归附南越。拥有东西一万多里的土地，乘坐天子的车驾，悬挂天子的大旗，称号、制度都和中国相同。

陆贾

汉文帝为赵佗在真定的亲人坟墓设置守邑，每年按时祭祀；并且召见赵佗的堂兄弟，给他们高官做，厚赐宠爱他们。又派陆贾出使南越，赐书信给赵佗说："朕不是高皇帝嫡后所生，所以被安置在朝廷之外，在代奉守北面的边疆。由于路途辽阔遥远，消息不通，本性朴质愚笨，所以没有写信问候你。高皇帝离群臣而崩逝，接着孝惠皇帝也去世；吕后自己监临国家政事，不幸生病，诸吕乘机作乱，朕靠着功臣的力量，已把诸吕诛杀了。朕因为王、侯、吏等不应允朕的辞让，不得不立被为天子；现在已经正式即位了。不久以前，听说你送将军隆虑侯书信，要求保护亲家、堂兄弟，并且要求免掉防守长沙的两位将军。朕为了你信里的要求，免掉了博阳侯陈濞将军，你在真定的亲人和堂兄弟朕已派人去慰问，并且整修好你祖先的坟墓。前几天听说你在边境发动军队，不停地侵略，为害百姓。在那时候，长沙百姓因战事关系，生活困苦，南郡尤其厉害。就是你自己的国家，也不可能得到什么好处吧！因为战事一发，一定会杀死很多士卒，伤害了良将官吏，使别人妻子成寡妇，使别人儿女成孤儿，使别人父母孤独无依。得到的好处只有一点点，而丧失的却有十倍，这种事朕是不忍心做的。朕原先想厘定和你百越相错的长沙土地，问主管的官吏，官吏说'这是高皇帝当初为间隔长沙土地而划分的'，既然这样，朕就不敢擅自改变了。现在朕纵使得到你的土地，也大不到哪里去；得到你的财物，也富不了多少。所以朕愿意划分五岭以南的地区，由你自己统辖。虽然你现在已号称为帝，但和朕两帝并存，却没有一个使者来往互通讯息，是会引起争执的；两帝争执不相退让，这是仁者不愿做的事。朕希望和你彼此放弃以前的嫌隙，从今以后，一直到永久，都能照常互通使者。"

陆贾到了南越。南越王很害怕，向陆贾叩头谢罪，愿意接受文帝诏令，永远作汉朝的藩臣，奉守进贡的职责。于是下令全国老百姓说："我听说两雄不能够并存，两贤也不能够并生于世。汉朝皇帝是个贤明的天子。从今以后，我要除掉帝制、天子车驾、天子大旗等。"就写书信给汉文帝，内容说："蛮夷大长、老夫臣赵佗冒昧而犯死罪，再拜上书给皇帝陛下。老夫原先是越的官吏，高皇帝赐给臣赵佗玉玺，封为南越王。孝惠皇帝即位时，为了道义，不忍心断绝对我们南越的照顾，所以赐给老夫很优厚的财物。吕后主政时，才把我们看成蛮夷，不和中国相等，颁出命令说：'不要给蛮夷南越金钱、耕田器具、马、牛、羊等器具和家畜；就是要给与，也给公的，不要给母的。'老夫的国家处在偏僻的地方，马、牛、羊年龄已老，将来死光了没有母的可繁殖。所以自己认为没有祭品不能修好祭祀之礼，会有该死之罪，就派内史藩、中尉高、御史平等共三人上书给吕后谢罪，但都没有回返。只听说老夫的父母坟墓已毁坏铲平，兄弟宗族等以罪论死。所以老夫的官吏就相互讨论说：'现在对内被汉朝所压制，不能振作奋起，对外无法表现本国的高人一等，和他国不同，'所以更改名号为帝，自己做本国的帝王，并不敢做有害天下的事。但吕皇后听说老夫自立为帝，非常生气，削去南越的属籍（越本受汉封，汉把越看成诸侯王，所以属籍于汉），派使者去，也不能通达讯息。老夫私下怀疑长沙王是个谗佞的大臣，一定是他在破坏老夫和汉的关系，所以就发动军队攻打长沙王的边境。老夫住在越已经四十九年了，到现在已经抱孙子了。可是仍然早起晚睡，睡也睡不安稳，吃也吃不出美味，眼睛不看细肤丰润的美女，耳朵不听钟鼓美好的乐音，原因是不能够事奉汉朝，心情不好的缘故。现在陛下能够哀怜我们，让我们回复原来的封号，像以前一样互通使者，而能够回复汉臣；老夫就是死了，名声也不会毁灭。老夫现在就改掉封号，不敢再称为帝了。”

陈矫远交近攻

陈矫，三国时代智士，字秀弼，广陵东阳（今安徽天长西北）人，明辨是非，通晓事理，善以正撼人，振聋发聩。关键时刻，常常一言九鼎，举足轻重。

陈矫避乱到江东和东城，辞去孙策、袁术的任命，返回本郡。广陵太守陈登请他担任功曹，派他到许昌，对他说：“许昌的人们议论，说我的不足之处，您为我了解一下，回来赐教。”陈矫回来说：“我听到远远近近的议论，很有一些人认为您骄傲自大。”陈登说：“家门和睦，讲道德，有高行，这方面我敬佩陈元方兄弟；为人冰清玉洁，知礼知法，这方面我敬佩华子鱼；自身清正，憎恨丑恶，有识见，讲道义，这方面我敬佩赵元达；见闻广博，记忆特强，超群出众，这方面我敬佩孔文举；具有英雄气概，超凡脱俗，有图王称霸的韬略，这方面我敬佩刘玄德：我敬佩这样一批人，哪有什么骄傲的？其余的人都是些凡夫俗子，哪里值得一提呢？”陈登志趣如此高雅，但对陈矫很敬重、友爱。

陈登

广陵郡匡奇城被孙策围困，陈

登命陈矫向曹操求救。陈矫劝曹操说:“我们郡虽然小，却是地理形势很有利的地方。如果承蒙您救援，让我们成为您外边的屏障，那么就会挫败吴人的计谋，徐州那一方永远安宁。您的武力声威会震慑远方，仁爱也会像大水一样流遍各地。那些没有臣服的地方，会闻风归附。推崇仁德、树立威望，这是帝王之业啊!”曹操认为陈矫不同一般，想留住他。陈矫辞谢说:“我国正处于危急之中，我本是跑来告急的，纵然没有申包胥的成效，怎敢忘记弘演的牺牲精神呢?”曹操便派兵去援救。吴军后退，陈登多设伏兵，指挥军队迅速追赶，大败吴军。

汉武帝远交朋友

汉武帝从投降汉朝的一个匈奴人口中得知:西方有一个大国叫月氏国，月氏国和匈奴有仇，痛恨匈奴，久欲报仇，只是没有人帮助他们。汉武帝就准备联络月氏国，从月氏国去攻打匈奴，斩断匈奴的右臂。于是派张骞带领一百多人出使西域。张骞在路上被匈奴人截住，留在匈奴十多年。后来他想办法逃了出去，到了西域诸国，却没能和月氏联系上。回来后，他向汉武帝做了介绍，汉武帝听了才知道，在匈奴西边还有那么多大国，他们像中国人一样务农、牧畜，也有珍贵的物产，他们也喜欢汉朝的物品。如果给他们送些礼物，和他们交好，用礼物和道义同他们来往，这样，使得万里之外语言不通的部族联合起来，共同对付匈奴，那么匈奴还有什么可怕的呢?

于是，汉武帝多次派张骞和其他一些人带着很多汉朝的礼物到西域去，和大宛、康居、月氏、滇越等国建立了关系，有了来往，后来的事实证明这对汉朝征服匈奴的确大有帮助。

李氏父子的分化战略

李渊原是隋朝太原留守，贵族地主出身，在隋末农民战争年代，乘机而起，以争天下。当时农民起义军在北方边境上有李轨、薛举、梁师都、郭子和、刘武周、高开道等部;在黄河流域的，有李渊、王世充、李密、窦建德、孟海公、徐园郎等部;在江西一带有沈法兴、林士弘、萧铣等部;在江淮之间有杜伏威、宇文化及等部。在长期激烈战斗中，李渊父子运用战略战术，先后击败这些对手。

李渊在太原起义，首先得到山西豪杰响应，取得很多地主的支持，很快召集数万队伍，并决计西进关中。在此期间，面临两个急需解决的问题：一是强大的突厥屡袭太原，对李渊西进是一个严重威胁；二是李渊曾镇压过农民起义，与农民为敌，现在如何对待农民起义？李渊采取了两面手法：对待突厥关系上，他派刘文静去与李轨、薛举、梁师都、刘武周一样称臣于突厥，在最大的限度内和突厥取得妥协；对农民起义态度上，则软化拉拢，与李密建立友好关系，并推李密为主，其目的是在农民起义空隙中保存自己的力量，并求得发展。此战术方法的运用产生显著战略效果：其一，李渊向西进军，得到李密支持，并使李密阻挡住东部隋军，以便利自己西进；其二，突厥因为李渊对自己称臣，不加防备，停止对太原侵扰，使李渊集中兵力向西扩张；其三，李渊进入关中，改编许多支起义军，在很短时间内，得到精兵九万，军事力量因而大大加强，向西进军并占领了长安。

李渊集团进入关中之后，山东群雄自相竞逐，自相残杀，因此李渊集团的战略计划，第一步即打击西北一带割据力量，从而巩固并扩展自己的统治。割据西北一带的李轨、薛举、梁师都与刘武周等，均和突厥相勾结，消灭西北一带的割据势力，必然遭到突厥反对。如何解决此问题？李渊集团采用分化瓦解、矛盾利用、各个击破的斗争策略。首先打击对象是盘踞在兰州、天水一带之薛举。薛举企图联合梁师都，并勾结突厥共同进攻，但此企图并未实现，唐以金帛厚贿突厥，拆散他们之间的联盟。同年，唐利用李轨与薛举之间的矛盾，与李轨通书结好，使薛举陷于孤立，从而消灭了薛举集团。

薛举之子薛仁杲投降之后，唐之进攻刀锋指向割据河西武威一带的李轨。唐除结好吐谷浑使李轨孤立之外，主要用分化手段瓦解李轨集团，即李轨集团内部分裂因素，为李唐所用。事实就是如此：唐将安修仁、安兴贵返家将“奕世豪望”拉拢过来，安等在公元619年5月发动政变，结果李轨集团被消灭。唐占取河西地方。

当唐用政治分化手段进攻李轨时，刘武周却于公元619年3月勾结突厥进攻太原。但在此场斗争中，唐军终于取得胜利。唐之胜利，应归功于李世民的善于用兵，但唐拆散刘武周与突厥的联盟，从而使刘武周势力孤单，亦是不可忽视的原因。

唐打败这几个力量之后，背后与侧面的威胁基本上解除，因此西北一线的军事行动暂告一段落，而将它的进攻锋芒指向东方广大地区。

自公元618年李密兵败到唐军东进两三年间，东方与南方农民兼并战争形势已有很大变化。兼并结果，只剩下山东王世充、河北窦建德及南方杜伏威三支力量最大，此三支力量的总和是超过李唐集团的，但是三支力量中任何一个则赶不上李唐集团，如果此三支力量是个统一力量，与唐对抗，谁胜谁负很难断定。但实际情况是，他们不仅分散，而且还处于敌对状态，例如王世充进攻窦建德的黎阳，窦建德就进攻王世充的殷州，以报黎阳之役，这样一来，胜负之数即不难断定。

还在唐向东进攻之前，李渊即已调兵遣将，派遣说士到东方活动，并将李密旧部和以前反隋起义军（如王薄等）拉拢过来。尤为重要者即江淮地区之杜伏威，亦接受唐的封号，与唐合作，并于公元621年派兵助唐，此即唐在政治上取得的一个极大胜利。这个胜利又使唐在战略形势上取得极为有利的地位。窦建德的北方是罗艺盘踞的幽州，罗艺早已降唐，西方的山西是唐的领地，窦建德与王世充已经受唐的两面包围，而杜伏威与唐合作，唐对窦建德、王世充的包围形势便已形成。

公元620年7月，唐稳定西北局势之后，即由李世民统率大军，进攻王世充，王世充自知不敌，向窦建德求救。为了维持夏政权在河北、山东的统治，也为向西部作进一步发展，窦建德对李唐进攻王世充决不会坐视不救，在公元621年3月击败孟海公之后，亲率十万大军援助王世充。

唐遣李世民前去虎牢，据险御敌，阻止窦建德西进，然后伺机而战，将窦建德打垮。此计运用的结果，窦建德为虎牢之险所阻，不能西进，陷于进退维谷之境。5月间，唐军伪装粮草完尽，引诱窦建德军前来决战，窦建德中计，全军出动，自板渚出牛口布阵，北距大河，西薄汜水，南达鹊山，长达二十里。李世民立于高处看窦建德的阵势，曾说窦军“风险而嚣，是无纪律，逼城而阵，有轻我心”，即不难看出此军的动态。

李世民按兵不动，以逸待劳，用部分部队吸引住全部窦建德军。直到晌午，窦军“士卒饿倦，皆坐列，又争饮水”，阵势紊乱。李世民看到决战时机已到，乃以轻骑渡汜水，进攻窦军。此时窦建德与群臣正在聚合，仓促应战，阵势大乱。李世民率精税插入窦军阵后，并改换唐旗帜，窦军更加混乱，甚至迅速溃散。唐军追杀三十里，俘获五万余人，窦建德亦受伤被擒。

这是决定性战役。窦建德败亡之后，王世充看到大势已去，不得不自缚投降。王世充、窦建德与杜伏威是统一战争中东方三大势力，彼等的成败是统一战争胜败关键之所在。杜伏威归附于唐，窦建德、王世充先后失败，这个关键问题已为李唐所解决，因而可以说唐已取得胜利，统一战争基本上已告结束，在中国历史上代隋而立即为唐朝。

在对敌斗争中，善于利用敌人矛盾，进行分化瓦解工作，往往能够起到军事斗争所不能起到的作用。如成吉思汗在向外扩张斗争中，即利用各国之间的矛盾，分化瓦解，各个击破。第一，成吉思汗利用蒙古人民对金之仇恨，发动对金战争，先后两次击败金人，金入蒙古版图。第二，利用汉人、契丹与女真统治者之间的矛盾，以孤立金国统治者，在战斗最激烈时，契丹人、汉人往往倒戈，多叛附蒙古军，以致造成金国失败。第三，利用各国内部矛盾，各个击破。成吉思汗所进攻的国家的政治腐败，内讧频仍，相互敌视，相互混战，这些矛盾正好为成吉思汗加以利用，分化瓦解，各个击败。所以，蒙古对外战争不长，率领军队不多，竟席卷半个世界，建立起庞大的蒙古帝国。可见，政治上施展阴谋诡计，能起着军事斗争所不能起到的作用。诚如辛弃疾所言："阴谋之守坚于城，阴谋之攻惨如兵。"

第二十四计 假道伐虢

[原文]

两大之间，敌胁以从，我假以势。困，有言不信。

[译文]

对于处在敌我两个强国中间的弱国，当敌方逼迫它屈服时，我方要立刻出兵援救，也就可以借机把军事力量渗透进去。

[计名由来]

假道伐虢，假道，是借路的意思。语出《左传·僖公二年》："晋荀息请以屈产之乘，与垂棘之璧，假道于虞以灭虢。"

春秋时期，晋国想吞并邻近的两个小国：虞和虢。这两个国家关系不错，晋若袭虢，虞会出兵相助，相反亦然。大臣荀息向晋献公献计，要攻占它们，必须离间他们，让他们互不支持。虞国国君贪得无厌，我们投其所好，把屈产良马和垂棘之璧两件宝物送给他，让他暂时保管，等灭了它，再收回来。虞公见了宝物，乐不可支。

晋故意在晋、虢边境制造事端，找借口伐虢，同时要求虞国借道给晋。虞大臣宫之奇劝说虞公，虞虢两国，唇亡齿寒。但虞公说，交一个弱朋友却得罪一个强有力的朋友，那才傻呢！

晋通过虞国，攻打虢，很快就取得了胜利。班师回国，分部分财产给虞，虞公大喜过望。晋国暂时把军队驻扎在虞京城附近，几日后，晋献公约虞公前去打猎，一会儿，京城起火。晋军里应外合强占京城。这样，晋轻而易举灭了虞国。

[古今战例]

鲁仲连巧言善辩

战国时，秦国进攻赵国，在长平一战取胜后，又进一步围攻赵国都城邯郸。楚国派春申君、魏国派晋鄙各领兵去赵国援助。但是魏王又害怕秦国进行报复，便令军队驻汤阴（今河南汤阴），不肯前进，同时又派辛垣衍到邯郸，通过平原君说服赵王，和魏王一起遵秦王为帝。而齐国的鲁仲连却反对投降，主张坚决抗秦。于是便展开一场投降与反投降的辩论。鲁仲连先从秦国的侵略本性谈起，然后讲到尊秦的危害性。不应对秦抱什么幻想，只有坚决抗秦才有出路。这件事情尽管说得委婉隐晦，但“假途伐虢”的目的是明确的，是毫无疑义的。由于鲁仲连能言善辩，说服了辛垣衍，才使魏、赵避免了一起“假道伐虢”悲剧的发生。

刘邦封赏释嫌

楚汉相争，项亡刘胜，西汉政权就此建立。统一了中国后，刘邦大封功臣，最初，得到封赏的只有张良、萧何、曹参等二十多人。此时，刘邦志得意满，却不能看到他的那些“猛士”们正在日夜争功，各怀心腹事，已经没有心思为他安守四方而效力了。

一天，刘邦与张良到洛阳南宫去，途中发现许多将领三五成群地坐在路旁的沙滩上窃窃私语。刘邦疑惑地问张良：“这些人在谈什么？”张良早已得知，由于封赏之事已在众将中激起不满之情，见刘邦问他，便乘机指出这一潜在的危机，说：“陛下有所不知，这些人是在谋反！”刘邦大吃一惊，忙说：“天下已经安定，他们为什么还要谋反？”张良说：“陛下，您出身布衣，依靠的是这些将领东征西战，才取得了天下。如今，被您加封的功臣仅有萧何、曹参等一班故人；而所诛杀的，都是您平生切齿痛恨的人。眼下这些将领既怕得不到封赏，又怕将来被您杀掉，所以聚在一起谋划造反。”

刘邦闻言十分忧虑，只好向张良问计说：“你看此事如何处理为妥？”张良想了想，反问刘邦道：“陛下平素最憎恶，而且为群臣皆知的人是谁呢？”刘邦不假思索地脱口而出，说：“雍齿！此人一向对我不满，多次在大庭广众面前窘辱我，我早就想把他杀掉，但也考虑到他在军中的影响，及他作战勇敢，功劳很大，我才留他几日。”张良笑道：“好！陛下赶快宣布，先封雍齿。”然后，进一步解释说：“群臣见雍齿尚能封侯，人心自会安定。”刘邦恍然大悟，立即依计而行。

第二天，刘邦大摆酒宴，将全体将领请来喝酒。酒过三巡之后，刘邦郑重宣布封赏众人。当刘邦宣布第一个被封侯的人竟是雍齿时，一下在群臣中引起了很大震动，不但出乎雍齿意料之外，也出乎众将意料之外。接着，刘邦依次论功行赏。“雍齿是皇上最不满意的人，他都被封了侯，我们还不满什么呢？”众将十分高兴，情绪一下都安定了下来。自此以后，全国局面稳定，西汉政权因此而得到了巩固。

张良设计，封赏仇人，使众人之疑、不满自消，从而稳定了大局，在当时情势下，确不失为上策。

假诛晁错夺天下

西汉建立以后，刘邦为了确保刘家天下，分封了一些子弟为王。到汉景帝时，这些诸侯王的势力越来越大。他们在自己的封地内征收税赋，铸造钱币，任免官吏。不受朝廷约束。天下又快要成诸侯割据的局面了。这时御史大夫晁错提出了“削藩”的建议，主张要及时削减各诸侯王的封地，限制他们的发展。并且指出：有些诸侯早已存有造反之心，削藩，他们可能造反，不削藩，他们早晚也要造反，所以与其养虎遗患，不如早点解决。”汉景帝觉得晁错的意见很有道理，便下决心要削减诸侯王的封地。

吴王刘濞早就蓄谋造反，苦于一直找不到机会，这次听说汉景帝要削藩，他便打起了“清君侧，诛晁错”的旗号，煽动其他的诸侯国一起造反。很快，吴王刘濞纠集七个诸侯国，直奔京城。这时朝廷上下极为震恐，有些妒忌晁错的人都说是晁错引来的大祸，只有处理了晁错，叛乱才能平息。汉景帝无奈，只好杀了晁错，并答应免了诸侯起兵之罪，要求他们立刻撤兵。

汉景帝的诏书下到叛军手中，因为他们本来就不仅仅是为杀一个晁错，便退回了诏书，抛弃了“清君侧，诛晁错”的借口，公开与朝廷分庭抗礼，这时汉景帝起用大将周亚夫，经过三个月的战争，终于平定了七国之乱。

在封建社会中，诸侯国直接公开叛变朝廷，是很难得到响应的，所以以吴王刘濞为首的七国则以“诛晁错”为借口来号令天下。待晁错被杀之后，七国叛军的造反之势已成，便转而进攻朝廷。在这里，晁错相当于虢国，而朝廷相当于虞国，伐虢之后，必然伐虞，这属假途伐虢中一箭双雕的策略。

虎牢之战

公元618年5月，晋阳（今山西太原）起兵刚好一年的李渊称帝，建立唐朝，开始了历时七年、历经六大战役的统一中国的战争。其中第三战役中的虎牢之战堪称关键的一战。

李世民西灭薛举、北平刘武周后，唐政权稳固了关中统治。但是洛阳的王世充和山东、河北一带的窦建德却成为唐统一北方的两大障碍，形成三足鼎立的格局。

唐要想统一北方，自然要东进灭掉夏（窦建德）、郑（王世充），第一进攻目标选谁？从地理位置上来看，唐、夏之间隔着太行山，长途跋涉，翻山越岭去攻打夏军，显然是疲劳之战，不利之举，况且守在夏国边界一侧的唐军又不是主力部队。而郑国就在唐朝东大门崤山之外，正是首当其冲。加之此时王世充政权摇摇欲坠：派系斗争严重，属下得力战将秦叔宝、程咬金先后倒戈投奔唐朝；辖区内横征暴敛，民不聊生，众心离异。王世充已是众叛亲离、怨声载道，可谓机不可失。

李渊父子分析三国对峙的形势后，毅然确定郑国为东进的第一目标。为了集中兵力攻郑，对夏则采取“先联后打”之策，利用郑、夏两国的矛盾，派使臣与窦建德说和，稳住颇有实力的夏军。

公元620年夏，秦王李世民亲率大军直奔洛阳王世充。得到唐军出关的消息，王世充立即做出全面迎击的部署——选拔精兵强将固守洛阳，并在洛阳附近的襄阳、虎牢、河内布下重兵，王世充本人则统领三万人马迎战唐军。然而，唐军来势凶猛，李世民集中五万步兵和骑兵直取洛阳城西的主要据点兹涧。郑军虽经顽强抵抗，终至败北，放弃兹涧，退守洛阳孤城，王世充再也不敢轻举妄动了。

李世民乘胜分兵四路——南据寿安、北围河内、攻回洛城、东截洛口，而李世民自领大军屯兵洛阳以北的北邙山中，连营几十公里，对郑都洛阳形成四面进逼的态势。

薛收

战事仅数日，王世充接连损兵折将、丧师失地，洛阳也被围得铁桶一般。他深感形势不妙，思来想去，又别无良策，只好向李世民求和。但李世民并未答应，认为他要么投降要么战败，无求和的可能。

不久后，唐军继续出兵，扫平洛阳外围的大多数据点，郑属州郡也纷纷投降，郑政权呈土崩瓦解之势。王世充求和不成，一面加固城防，困兽犹斗；一面派人乞援窦建德西进解围。

在此期间，唐军虽四面围攻，但屡屡受挫，僵持足有八个月之久。唐军将士昼夜劳困，疲惫不堪，士气大衰，再加上远离家乡多日，归乡之情日盛。总管刘弘基请求班师的密报传至西都长安，唐高祖李渊密敕还师。然而李世民却坚决不还师，甚至下军令"洛阳未破，师必不还，敢言班师者，斩！"从而刹住了班师回朝之风，稳住了军心，继续围攻洛阳。

再说夏王窦建德在唐、郑开战之初以为"鹬蚌相争，渔翁得利"，先坐山观虎斗，待两败俱伤之时再见机行事，所以，李世民大举发兵进攻洛阳时，他一面接受与唐联合之意，一面集中兵力围剿周边义军队伍，稳固后方根据地。然而战事发展并未使窦建德遂心如愿，而已明显地看出唐强郑衰。如果唐灭掉郑，就会北上攻夏，夏必有唇亡齿寒之忧，也许夏、郑联手抗唐才是上策。因此，夏与唐联合之际，也始终与郑保持信使往来，只是"攘外必先安内"，稳住后方，迟迟未发兵西援而已。

公元 621 年，王世充之子率兵数千人从虎牢往洛阳运粮，遭唐军毁灭性打击，使孤城洛阳给养更加艰难。此时窦建德已收服徐圆朗、孟海公两支农民义军，自认时机成熟，率军十余万渡江南下，攻克周桥；3 月，率众西奔解救洛阳。夏军一路至滑州、酸枣，接连攻陷荥阳、阳翟等处。尔后，兵分两路，一路沿河运粮草，一路陆地行精兵，长驱西进，屯兵成皋附近，中军大帐设在板渚。窦建德一面派人通报王世充，告之夏国援军已到；一面致书李世民，要求唐军退至潼关，双方才可如前和好。

唐军因久攻洛阳不下，军心浮动，稍事平稳，一看十几万夏军浩浩荡荡，再次骚动。在此紧要关头，李世民立即召开军事会议，广听众将献策。萧瑀、屈突通、封德彝等声称王世充坚守孤城固若金汤，难以攻克；窦建德锋锐气盛，不易抵挡；若腹背受敌，恐对我不利；稳妥的办法是退兵据险而守，伺机再战。郭孝恪、薛收力主速进，趁两人还未联合起来，一一攻克。李世民听罢议论，权衡利弊，说服众将，统一思想，做出决策——对东都洛阳围而不攻，坐待其粮尽自溃，对窦建德要主力出击，力求全歼。随后发兵两路，一路由屈突通等协助李渊四子齐王李元吉领兵继续围困洛阳，深沟壁垒，严防王世充突围；一路由李世民亲自率领精骑 3500 余人，东经洛城、巩县昼夜兼程，直奔虎牢。

虎牢是成皋西侧的要塞，为郑、夏联手的枢纽，是王世充固守洛阳的东大门，是唐、夏必争的战略要地。如果窦建德抢先占据虎牢，唐军新收服的州郡便会转而叛离，还将吸引附近州郡降服，导致郑、夏联手抗唐，使唐军难以应付。

虎牢关郑军守将沈悦一见唐军长驱直入，势在必夺，自知不敌，便开城投降。建德来迟一步，无法挺进，只好连营板渚、成皋一带。

夏军营盘刚一扎下，李世民就带领亲兵近将五百人策马东出虎牢，一路设下伏兵，自己则与尉迟敬德及随从二骑步步接近夏营。当四骑离夏营三里地处，发现夏军巡营骑兵，李世民大喝一声："吾乃秦王也，看箭！"话音刚落，箭已穿身，一骑翻身落马，余者飞驰回营禀报。建德闻讯，急令五六千骑兵将士追杀。世民从容不迫，叫随从先走，自己搭弓、敬德执枪断后，边退边射，箭无虚发。追兵既不敢贸然逼近，前去送死；又求功心切，紧追不舍，步步进入唐军的伏击圈。此时伏兵四起，犹如从天而降，由地钻出。夏军防不胜防，死的死，伤的伤，逃的逃，降的降，大败而归。唐军奋力截杀，斩首三百多人，抓获夏将殷秋、石瓒等人，凯旋回营。李世民初战告捷，士气大振。四月，派出王君廓率轻骑一千余人抄窦建德粮道，俘获大将军张青特，夏军锐气大挫。

窦建德西援出师不利，不仅一个多月未能前进一步，反而损兵折将、粮草遭截，一时将士思乡，军心涣散。这时，建德挚友凌敬和爱妻曹氏劝其退兵，以便保存实力，北取河内，南攻河阳，乘虚占据河东，威胁关中，迫使唐军后撤，解除洛阳之围。然而，建德固执己见，认为援郑"见难而退，示天下以不信"。再加上王世充派人贿赂他的手下诸将，"以乱其谋"，敦促建德进兵。建德认为自己有众将支持，决策无误，继续进逼虎牢。并商定，待唐军军马无草料到黄河北岸放牧的时候袭取虎牢。谁知，唐军探报得知虚实回禀秦王，李世民于是将计就计，牧马诱敌。

李世民把千余匹马引渡黄河以北放牧，伪装成军中粮草已尽之象，迷惑窦建德，而本人又连夜返回虎牢帐中坐镇。第二天早晨，窦建德获悉唐军牧马河北，喜出望外，立即全军出击。自板渚至牛口渚列阵十公里，鼓声大震，声势浩荡，唐军望而生畏。

李世民胸有大略，沉着冷静。他登高远望，沉思片刻，回头对诸将说："窦建德起兵山东以来，从未遇到过强敌。今天冒险前来，呼喊喧闹，军容不整，军纪不严，列成大阵直逼我营，是轻视我军实力。我却按兵不动，以逸待劳，等他锐气已衰，锋芒已钝，列阵时间一长，兵卒必将饥肠辘辘，士气下降。我等乘此出击，无不获胜。今与诸将预约，时过中午，就能破敌。”

果然不出所料。时至中午，夏军“兵士饥倦”，有的争抢喝水，有的席地而坐，犹如一盘散沙。李世民一看，时机已到，下令出击。放牧河北的马群也调回合击。一时唐军势如倒海翻江、所向披靡，东渡汜水、直冲敌阵。窦建德正在帐中议事，一听传报，来不及整队，仓促迎战，被唐军冲杀得七零八落、溃不成军。唐军乘胜追杀十五公里，夏军死伤三千有余，被俘虏五万多人。建德也身带枪伤落荒而逃，藏在牛口渚芦苇丛中。哪知唐营车骑将军白士让和杨武威二人早就瞄准金盔金甲之人驰奔而来，追杀不舍。白士让追上窦建德坐骑举枪便刺，宝马屁股挨了一枪，疼痛难忍，一尥蹶子，就把窦建德掀翻下马。没容站起，长枪已到，他连忙摇手惊呼：“休要杀我，我是夏王。若能相救，富贵与共。”白、杨二将一听，夏王在此，心花怒放，一跃下马，捆绑个结结实实，回营请功去了。

夏军既已大败，李世民回头又来进攻洛阳。王世充惊恐万状，打算突围去襄阳，再重建基业。但遭到众将一致反对，只好率领群臣将士两千余人开城投降。至此，历时两个月的虎牢之战以李世民全胜、窦建德遭擒、王世充降唐而告结束。

李世民挂帅来征，西讨北伐东进，历经四大战役，一举灭秦、平刘、歼夏、降郑，为全国统一奠定了基础。公元 624 年春天，大唐统一了全国。

朱全忠假援图赵

五代时期，后梁太祖朱全忠虎视镇州，他假援赵抗燕之后，一举达到了图并镇州之实。

唐朝末期，藩镇割据势力进一步发展。唐朝灭亡后，在中原一带相继出现了后梁、后唐、后晋、后汉、后周五个朝代，他们相互争战仇杀，使中原遭受兵燹之灾。当时，河北南部属后梁，中部和北部为三藩镇所割据，即：燕王刘守光割据幽州；赵王王镕割据镇州；义武节度使王处直割据定州。三镇充分利用后梁和后晋之间的矛盾保持割据局面，因而三镇也成为后梁、后晋争夺的对象。公元 907 年，后梁太祖朱全忠称帝后，一方面企图以主要力量消灭河东后晋；另一方面对河北三镇虎视眈眈。虽然镇、定两镇依附于他，纳贡称臣，但总是放心不下，担心他们与后晋暗中相通，为后晋所用；也恐其将来势力强盛，难以控制。因此，伺机企图兼并。

时值燕、赵频繁交兵，鏖战不已。于是，朱全忠决定以“假援”之谋，图取镇州。公元 910 年，赵王王镕的母亲病逝，举国发丧，各方都遣使前往吊唁，朱全忠的使者也在吊丧之列，遂怀疑赵、晋暗通，更加坚定了并灭赵国的决心。这年 11 月，燕王刘守光发兵至涞水，欲侵占定州。朱全忠乘此良机，使其“假援图赵”之谋得以付诸实施。其具体谋略行动是：

以援赵之名，进兵赵地。朱全忠假援赵抗燕之名，声称为了有效阻止燕军南犯，梁军必须进驻深州、冀州，与赵军并力守城。赵王王镕全无察觉，答应其要求，使得梁军顺利进驻深州、冀州城。

出其不意，轻取二城。朱全忠率领后梁军进城后，乘赵军不备，闭门屠杀赵兵。待到王镕发觉朱全忠的企图，急忙派兵援救时，二城已为梁军所有。

“假援图赵”之谋，其成功就在于巧借“援救”之名，乘人之危，使对方丧失警惕。战争是一种诡诈的行为，作战双方都在千方百计欺骗对方，使其失于警惕。因此，“假援图赵”之谋给予后人多方面的深沉思考。现在人们习惯于把那些别有用心的帮助，称之为“假援图赵”。

假道出师

公元 962 年 9 月，武平节度使兼中书令周行逢病死，年仅十一岁的儿子周保权继其位领军务。衡州刺使张文表闻周保权立，怒曰：“我与行逢俱起微贱，立功名，今日安能北面而事小乎？”是年 10 月，周保权遣兵更永州戍。兵出衡阳，张文表遂举兵以叛。

周保权闻张文表为乱，即命杨师璠率军进讨，又遣使求救于宋及荆南，11 月，宋太祖以周保权为武平节度使，然后出兵。

12 月 20 日，宋太祖遣中使赵璲带着诏书宣谕潭、朗，听张文表归阙，荆南发兵助周保权。于公元 963 年正月，派酒坊副使卢怀忠、梁院副使康延泽等率步骑数千赴襄州。接着以山南东道节度使兼侍中慕容延钊为南道行营都部署，枢密副使李处耘为都监，发兵襄阳以讨张文表。在卢怀忠赴荆南时，宋太祖交代说：“江陵人情去就，山川向背，吾尽欲知之。”卢怀忠到江陵遣使还报说：“荆南高继冲控弦之士不过三万，年后虽登，民困于暴敛，其势日不暇给，取之易耳。”于是，宋太祖召宰相范质等人说：“江陵四分五裂之国。今假道出师，因而下之，蔑不济矣。”遂以成算授李处耘等。

李处耘至襄州，先遣阁门使丁德裕、高继冲以假道之意，请薪水给军。继冲与其僚佐谋，“以民庶恐惧为词，愿供刍饩百里外（目的使宋军不得进

刘玄德败走江陵

江陵地处长江中下游，隶属于荆州，水陆两通，自古以来便是兵家必争之地。三国时候的事情多发生在荆州、襄樊附近地区。

江陵）。”李处耘又遣丁德裕去一趟，其荆南节度使叛官孙光宪及衙内指挥使梁延嗣建议予以准许，兵马副使李景威却对高继冲说：“王师虽假道以收汀、湖，恐因而袭我。愿假兵三千，设伏荆州险隘处，候其夜行，发伏兵攻其上将，王师必退却，回军收张文表经献于朝廷，则公之功业大矣，不然且有摇尾乞食之祸！”高继冲不听，说：“吾家累奉朝廷，必无此事。”孙光宪说：“李景威乃峡江一民耳，安识胜败？且中国自周世宗时，已有一混天下之志，凡所措置，规模益宏远。今伐文表，如以山压卵耳。湖、汀既平，岂有复假道而去邪？不若以江土归朝廷，则荆楚无祸，公亦不失富贵。”高继冲以为此话有理。李景威知其计不行而叹道：“大事去矣，何用生为！”遂扼颈而死，高继冲也遣梁延嗣与其叔高保寅为使，奉牛酒以犒王师。

李处耘率军于二月初九日进至荆门，见梁延嗣，待之有加，梁延嗣喜而报继冲，告以无虞。荆门距江陵百余里，是夕，慕容延钊召使者到帐前宴饮，李处耘密遣轻骑数千倍道而进。高继冲但等使者还报，遽闻宋师掩至，即惶恐出迎，遇李处耘于江陵城十五里。处耘揖继冲，令待延钊之至，而自率军先入江陵城。待高继冲与慕容延钊俱至，李处耘之军则已分据各要冲了。高继冲大惧，乃尽藉其内三州十七县官民钱赋册降。高季昌自梁初割据荆南，至此历五十七年而亡。

第二十五计 偷梁换柱

[原文]

频更其阵，抽其劲旅，待其自败，而后乘之。曳(yè)其轮也。

[译文]

频繁地更换盟军军阵，抽调盟军阵容的主力，等待它自己败落，然后再乘机兼并它。拖住了车轮，车就不能运行了。

[计名由来]

偷梁换柱的语义出自《玉集·一二·壮力篇》，引《太史公记》。

原文为："殷纣……力能索铁舒钩，抚梁易柱，步捉猛兽，手接飞鸟也。"今译为：殷纣王力大无比，能够使铁成绳状，能够使铁钩伸直，能够手托房梁换柱子，能够步行捉猛兽，能用手抓飞鸟。

唐张守节《正义》引《帝王世纪》："纣倒曳九牛，抚梁易柱。"

后世多作"偷梁换柱"，比喻玩弄手法，暗中改变事物的内容或事情的性质。如《红楼梦》九十七回：（李纨）一头走着，一头落泪，想着："……偏偏凤姐想出一条偷梁换柱之计，自己也不好过潇湘馆来，竟未能少尽姊妹之情，真真可怜可叹！"

李斯谏焚书

李斯在秦始皇统一天下中起了很大作用，始皇死后，为了自己的地位，他与赵高勾结，最终反被赵高所害，身首异处。

偷梁换柱，指用偷换的办法，暗中改换事物的本质和内容，以达蒙混欺骗的目的。"偷天换日""偷龙换凤""调包计"，都是同样的意思。在军事上，联合对敌作战时，反复变动阵线，借以调换其兵力，等待友军有机可乘、一败涂地之时，将其全部控制。此计归于第五套“并战计”中，本意是乘其他兵力作战不利，借机兼并他的主力为己方所用。此计中包含尔虞我诈、乘机控制别人的权术，所以也往往用于政治谋略和外交谋略。

秦始皇称帝，自以为江山一统，是子孙万代的家业了。但是，他自以为身体还不错，一直没有去立太子、指定接班人。宫廷内，存在两个实力强大的政治集团。一个是长子扶苏、蒙恬集团，一个是幼子胡亥、赵高集团。扶苏恭顺好仁，为人正派，在全国有很高的声誉。秦始皇本意欲立扶苏为太子，为了锻炼他，派他到著名将领蒙恬驻守的北线为监军。幼子胡亥，早被娇宠坏了，在宦官赵高教唆下，只知吃喝玩乐。

公元前 210 年，秦始皇第五次南巡，到达平原津，突然一病不起。此时，秦始皇也知道自己的大限将至，于是，连忙召丞相李斯，要李斯传达密诏，立扶苏为太子。当时掌管玉玺和起草诏书的是宦官首领赵高。赵高早有野心，看准了这是一次难得的机会，故意扣压密诏，等待时机。几天后，秦始皇在沙丘平召驾崩。李斯怕太子回来之前，政局动荡，所以秘不发丧。赵高特此去找李斯，告诉他，皇上赐给扶苏的信，还扣在我这里。现在，立谁为太子，我和你就可以决定。狡猾的赵高又对李斯讲明利害说，如果扶苏做皇帝，一定会重用蒙恬，到那个时候，宰相的位置你能坐得稳吗？一席话，说得李斯果然心动，二人合谋，制造假诏书，赐死扶苏，杀了蒙恬。

赵高未用一兵一卒，只用偷梁换柱的手段，就把昏庸无能的胡亥扶为秦二世，为自己今后的专权打下基础，也为秦朝的灭亡埋下了祸根。

［古今战例］

假扮敌兵混入敌营

公元 618 年，农民起义军首领綦公顺占领了北海（今山东潍坊、益都等地）郡城。当时海陵城帅臧君相率领五万人前来争夺郡城。綦公顺因自己人少，闻讯非常恐慌。长史刘兰成为他献计说：“臧君相现在离这里还远，肯定不加防备，请将军急速行军袭击他的军营。”綦公顺接受了他的建议，亲自带领五千骁勇，携带干粮，急速行军进攻臧君相。快要到达时，刘兰成和二十名敢死兵士先行，距臧君相驻地五十里，见到臧君相手下出外掠夺的人肩挑背扛地向营地走去，刘兰成和他的手下人也背着蔬菜、粮食、炊具冒充抢夺的人，乘机进行侦察，了解了对方的军队番号以及主官的姓名。傍晚，与敌方人员并肩进入营地，背着东西走遍了营地，了解到了敌营的虚实以及夜里的暗号。于是在空地点火做饭，至三更时，突然在主将帐幕前拔刀乱砍，杀死一百多人。敌营受到惊扰，一时大乱。这时綦公顺带领的部队赶到，向敌人猛烈进攻，臧君相只身逃跑，他的军队一下就被打垮了。綦公顺杀死和俘虏了几千人，缴获大批物资、粮食、武器，因此大大壮大了自己的队伍。

綦公顺偷敌兵的服装扮成敌兵模样换取详实的情报，从而取得了战争的胜利。

小技定军心

公元1052年，广西壮族首领侬智高兴兵造反，反抗宋朝。

侬智高本是文源州（今广东靖西、田东一带）的壮族首领，后来势力逐渐扩大，他起兵反宋后，攻陷了邕州（今南宁），自称仁惠皇帝，改年号叫启历。于是他带领大批人马，从邕州沿江而下，席卷广西东部的横、贵、藤、梧等州府，一直打到广东的端州（肇庆市）。

侬智高进而转攻广州，攻了五十七天没有攻下；于是他挥戈北上，进攻湖南，但在全州又被宋军阻住了。侬智高便率领部队回到了邕州。

侬智高这时自立皇帝，占领了广西大部分地区，兵力强大，宋朝廷大为震惊。宋仁宗就派大将狄青带兵前往征伐。狄青是从士兵升为将军的一位名将。

狄青率领大军从河南向广西进发，出了桂林以后，一路上山径艰险，行走不便，将士们思想上产生了动摇，对继续前进缺乏信心。狄青看在眼里，心中十分焦急。

这天，狄青突然下令部队全部到一座土地庙门前空阔地上集中。将士们排成了整齐的队伍，却不知狄青葫芦里卖的什么药。

狄青骑在马上，来到队伍面前，脸色十分严肃地对众人说道：

“这次本帅奉皇上圣旨征伐侬智高，大军已经到了桂州，前面离侬智高老巢邕

狄青

州已经不远了。但是前面山路艰险，战争胜负也难预料，有些人思想上也缺乏信心。我问过这里的百姓，都说这座土地庙的神明很灵，为此，我要当众祷告土地神明，请神灵指示迷津，究竟是前进还是撤退，在神前问他一卦。”

将士们听了，都心中一震，忙问：“不知元帅怎样问卦？”

狄青这时从腰中掏出一袋铜钱，说道：“我这袋铜钱共是一百个，我将它们随便扔在地上，若一百个铜钱全都面朝上，就前进；若有一个铜钱面不朝上，那就班师回朝。”

部将听了，大吃一惊，忙劝道：“自古道：军令如山。皇上命令征伐侬智高，如今已快到他的巢穴了。这一百个铜钱全部面朝天怎么可能呢？若有一个不朝上，元帅怎么办？难道真的班师回朝吗？回朝后元帅又怎样向皇上交代？还是不要问卦，快下令前进吧。”

狄青毫不理睬，说道：“既然土地神十分灵验，他定然不会贻误我的大事。”

众将劝阻无效，只好一个个眼睁睁地望着狄青祷告问卦。只见狄青手捧钱袋，跳下马来，跪在土地神前虔诚地祷告道：

“弟子狄青，奉王命征伐侬智高。今路途艰险，行走不便，求神灵指点迷津，若大军旗开得胜，马到成功，弟子手中这一百个钱全都面朝上；否则弟子就只好班师回朝了。”

狄青说罢，将袋中一百个铜钱一齐朝地上扔去。众将士都屏住呼吸，瞪大眼睛盯着铜钱。铜钱落地，部将们一齐围上去观看。是进是退，就看这一百个铜钱是否都面朝上了。只见他们朝一个个铜钱仔细看去，看完后，部将们脸上都绽出了笑容，抢着向狄青禀报：

“元帅！元帅！真是奇怪！一百个铜钱个个都朝上。”

“真的？”狄青也笑了，“待本帅亲自验看。”

狄青上前一个个看过后，哈哈大笑：“天意！天意！真是天意！我军此去定能旗开得胜，马到成功，一举歼灭侬智高，看来前面路途再险也值得了。快将这些铜钱钉牢，回来再谢神。”

将士们人人喜笑颜开，士气百倍高涨，终于打下了侬智高的巢穴邕州。等到凯旋班师经过土地庙时，众人才知道这一百铜钱上下都是面。

狄青运用偷梁换柱之法博得了高昂的士气和团结一致的军心，从而取得了胜利。

假传圣旨

公元1259年，蒙古汗蒙哥在进攻南宋合州（今重庆合州区）时战死于军中。次年3月，其弟忽必烈在开平（今内蒙古多伦西北）登上汗位。蒙古诸王有些人不服，他们同年4月在和林（今蒙古境内）推举蒙哥的另一个弟弟阿里不哥为蒙古汗。两汗不能并立，就打起了内战。

忽必烈任命的户部尚书昔班，奉命去河西运粮草。他在返回途中，经过一个军营，发现部队散乱，就派人了解情况。经询问，才知道是万户阿失铁木耳正在挑选士兵，准备次日去投奔阿里不哥。昔班想，阿失铁木耳是一员战将，手下又有两万精兵，一旦投奔了阿里不哥，对忽必烈将是一个很大的威胁。为了让阿失铁木耳放弃原来的想法，改为投奔忽必烈，他想出了一个“假传圣旨”的计谋。他和随行人员说了自己的想法，大家都不同意，认为忠于忽必烈和忠于阿里不哥的人势不两立，这时去见阿失铁木耳，有被当场杀死的危险。昔班态度很坚决，他说：“我眼看着阿失铁木耳要去投奔阿里不哥而不管，这就像在战场上看见敌人向大汗杀来而袖手旁观一样，是对大汗的不忠。”说完，就让大家扎营休息，他自己单人独骑进了阿失铁木耳的营帐。

昔班一见阿失铁木耳，就假传忽必烈的旨意说：“大汗知道你英勇善战，并且一向对他忠诚，所以特命你立即带领部队，到开平领受任务。”随后又对他进行劝导。阿失铁木耳听后，表示要和部下商议，次日早上答复。然后就让一名千户长送昔班出营，并要他派出百名士兵对昔班的营帐进行监视。

昔班回营后，随从人员都认为凶多吉少，主张设法逃跑以保全性命。昔班分析情况说：“阿失铁木耳今天没有杀我，说明他的决心没有最后下定，因而争取他投奔大汗可能成功；如果我们逃跑，会促使他下决心投奔阿里不哥。再说，我们留下来，即使全部被杀，为大汗而死，也是死得其所。”

正如昔班所料，第二天一早，阿失铁木耳就来向昔班报告：“我们决定听从大汗的旨意，今天就随你出发去开平。”昔班带领阿失铁木耳的部队到达开平后，忽必烈非常高兴，对左右说：“战争中得到一个人也是好的，今天昔班带来两万精兵，昔班真是立了一大功啊！”

第二十六计 指桑骂槐

［原文］

大凌小者，警以诱之。刚中而应，行险而顺。

［译文］

强大的慑服弱小的，须用警戒的方法加以诱导。适当强硬的言行，可以获得拥护；严厉果敢的措施，可以令人顺服。

［计名由来］

指桑骂槐，此计的比喻意义应从两方面理解。一是要运用各种政治和外交谋略，“指桑”而“骂槐”，施加压力配合军事行动。对于弱小的对手，可以用警告和利诱的方法，不战而胜。对于比较强大的对手也可以旁敲侧击威慑他。春秋时期，齐相管仲为了降服鲁国和宋国就是运用此计。他先攻下弱小的遂国，鲁国畏惧，立即谢罪求和，宋见齐鲁联盟，也只得认输求和。管仲“敲山震虎”，不用大的损失就使鲁、宋两国臣服。

齐景公

另外，作为部队的指挥官，必须做到令行禁止，法令严明。否则，指挥不灵，令出不行，士兵一盘散沙，怎能打仗！所以，历代名将都特别注意军纪严明。管理部队，刚柔相济，关心和爱护士兵，但决不能有令不从，有禁不止。所以，有时采用“杀鸡儆猴”的方法，抓住个别坏典型，从严处理，就可以震慑全军将士。春秋时期，齐景公任命田穰苴为将，带兵攻打晋、燕联军，又派宠臣庄贾作监军，穰苴与庄贾约定，第二天中午在营门集合。第二天，穰苴早早到了营中，命令装好作为计时器的标杆和滴漏盘。约定时间一到，穰苴就到军营宣布军令，整顿部队。可是庄贾迟迟不到，穰苴几次派人催促，直到黄昏时分，庄贾才带着醉容到达营门。穰苴问他为何不按时到军营来，庄贾只说亲戚朋友都来为我设宴饯行，我总得应酬应酬吧，所以来得迟了。穰苴非常气愤，斥责他身为国家大臣，负有监军重任，却只恋自己的小家，不以国家大事为重。庄贾以为这是区区小事，仗着自己是国王的宠臣亲信，对穰苴的话，不以为然。穰苴当着全军将士，命令叫来军法官，问："无故误了时间，按照军法应当如何处理？"军法官答道："该斩！"穰苴即命拿下庄贾。庄贾吓得浑身发抖，他的随从连忙飞马进宫，向齐景公报告情况，请求景公派人救命。在景公派的使者没有赶到之前，穰苴即令将庄贾斩首示众。全军将士看到主将敢杀违犯军令的大臣，个个吓得发抖，谁还敢不遵将令？这时，景公派来的使臣飞马闯入军营，拿景公的命令叫穰苴放了庄贾。穰苴沉着地应道："将在外，君命有所不受。"他见来使骄狂，便又叫来军法官，问道："随便在军营跑马，按军法应当如何处理？"军法官答道："该斩。"来使吓得面如土色。穰苴不慌不忙地说道："君王派来的使者，可以不杀。"于是下令杀了他的随从和三驾车的左马，砍断马车左边的木柱。然后让倒霉的使者回去报告。穰苴军纪严明，军队战斗力旺盛，果然打了不少胜仗。

[古今战例]

班超出使鄯善

"指桑骂槐"，在军事上是一个"杀鸡儆猴"的计谋，目的是树立权威。在以惩罚来严肃军纪时，要做到"罚不避亲，刑不畏贵"，这样才能令人信服。司马穰苴出身低微，统帅三军怕难以服众。他针对齐军一贯散漫、纪律不严的情况，采取辕门斩庄贾的果敢措施，使齐军令行禁止，一举而军威立，是一个治军成功的典范。

公元73年，东汉奉车都尉窦固派假司马班超和从事郭恂出使西域，争取那里的国家归顺汉朝。

班超带着三十六人来到西域的鄯善国（鄯善原叫楼兰，在今新疆罗布泊西北一带）。当时，鄯善国王正在考虑究竟归附汉朝，还是归附匈奴，决心还没有下，班超一行刚到的时候，鄯善国王对他们非常恭敬，招待非常周到。过了几天，突然变得冷淡。班超很敏锐，察觉到情况有变，就对同来的人说："你们感觉到鄯善王在礼节和态度上对我们冷淡了吗？我猜测一定是北边匈奴派人来拉拢他，鄯善王犹豫不决，不知归附哪边好，因此才冷淡我们。善于洞察事物的人，能发现细小的苗头，何况现在事情已经十分明显了呢。”

为了把情况搞清楚，证实这个推测的正确性，班超把鄯善负责招待匈奴使者的人叫来审问，班超装出非常了解内情的样子，连诈带唬地问：“匈奴使者来了好几天了，现在他们住在哪儿？”招待人以为班超真的知道匈奴使者来了，加上班超的威严，就如实说了。就这样，班超得到匈奴使者到来的真实情况和居住地点。他怕走露消息，就把这个负责招待的人关了起来。

班超把同来的三十六人叫到一起喝酒，当大家喝到痛快的时候，他突然激动地说：“你们和我都处在绝境，生死未保。我们也都想立大功，求得富贵。现在匈奴使者刚到几天，鄯善王就冷淡我们。他要是把我们捉起来送给匈奴人，那我们这把骨头就非丢在这里让豺狼吃了不可。你们说这事怎么办才好？”大家听后说：“现在我们处于危险境地，生死听从你的决定！”

刘唐放火烧战船

“月黑杀人夜，风高放火天”，顺风放火是古今常用的战术。班超顺风点火，火势绵延，所以才能将一百多匈奴使者全都烧死。

班超说：“不入虎穴，焉得虎子。眼前之计，只有在夜里用火焚烧匈奴使馆，让他们弄不清我们多少人。火一起，他们一定会惊恐害怕，我们乘机把匈奴使者消灭干净。消灭了匈奴使者，鄯善王就会吓破胆，我们征服鄯善就算成功了。”大家说：“这事非同小可，应当跟郭恂从事商量一下。”班超发怒道：“成败在此一举。郭从事是个普通的文官，胆小怕事，叫他知道了一定会把事情泄露出去。不必和他商量了！”大家都表示赞成。

天黑以后班超带领大家来到匈奴使者驻地，他让十人拿着鼓隐蔽在房子后面，并和他们约定说：“看到火起，你们都要拼命敲鼓，大喊大叫来造声势。”其余二十几人手持刀枪弓箭埋伏在匈奴驻所门前两侧。这天夜里正赶上刮大风，班超顺风点起大火。顷刻间，前后鼓声喊声连成一片。匈匈奴人不明情况，惊恐万状。班超带领大家冲杀进去，他亲手杀死三人，东汉官兵杀死了匈奴使者和随从人员三十多人，其余一百多匈奴人都被烧死。

天亮以后，班超把鄯善王叫来，拿出匈奴使者的头给他看。鄯善王大惊失色，消息传出，全国震惊。从此，鄯善国归附了东汉。

由于匈奴使者的拉拢，使鄯善王归附东汉的决心发生动摇，班超一行的性命也受到威胁。这时班超果敢地火烧匈奴驻地，除掉匈奴使者，一举慑服鄯善，这说明，严厉果敢的行动，不仅对内治军有效，而且对外降伏弱小敌人也一样成功。

智取城池

公元1357年，朱元璋部下常遇春、廖永安率水师攻克池州城。几日之后，城池又被陈友谅派的大将赵普胜指挥众将士夺回。

朱元璋听说此事，惊忧不已，思索再三，决定派著名的大将军徐达亲自率兵前往池州，欲夺回这个军事重镇。

这一天，徐达率领赵德胜、俞通海等众将士刚刚抵达池州城外，就见池州守将赵普胜手持双刀、杀气腾腾地带人奔向徐达营寨。俞通海见状，飞快地冲出徐营外，大声喝道："赵普胜！你本是我的部下，我待你亦不薄，你却背叛我，归附陈友谅，何理之有？"赵普胜也大声称道："人各有志，跟随何人是我自己的事情，别人管不着，你更无权指责我！"俞通海闻言气得七窍生烟，怒喝一声："放肆！"就手持长矛直奔赵普胜，欲一刀结束他的性命。赵普胜见他冲上来，也不回答，挥刀挡住俞通海的长矛。二人你冲我杀，刀来矛往，开始了激烈的格斗，刹那间，只见刀光闪闪，矛声铮铮，难解难分。渐渐地俞通海力见不支，有招架之功，而没还手之力，破绽百出。赵德胜见俞通海要败下阵来，赶紧拍马跃阵，冲将上来，两人一前一后，夹击赵普胜。此时的赵普胜愈战愈勇、士气倍增，眼见俞、赵二人抵不过赵普胜，徐达大旗一挥，命众将士一起冲上去。赵普胜见自己寡不敌众，才悻悻地退回池州城。

徐达带人退回营地后，立即召集众将领开会，商议如何战胜赵普胜，夺回池州城。结果众人一致同意要采取指桑骂槐、智取城池的战略战术。

战术一定，徐达先派人将赵普胜的营地情况查明，然后派俞通海率水师绕到赵营后，只待佯作正面进攻的赵德胜将赵军引出城外，就切断其退路，占据城池。

计议确定后，徐达估计俞通海率领的水师将至赵营后，就命赵德胜率兵前去叫阵。赵普胜不知是计，见徐军冲来即开营杀出。双方战了几十个回合，杀得难解难分，不分胜负，就在这时，赵德胜佯作招架不住的样子，虚晃一枪后，调马就逃。赵普胜不想就此放走败将，一声令下，指挥众军紧紧追杀上去。追了几里路后，忽见前面一队人马呐喊着冲杀过来，原来是徐达派来援助赵德胜的军队。赵普胜一见精神大振，指挥众将士奔向敌军，正酣战之际，忽听后面炮声隆隆，火光冲天。赵普胜怕池州城有闪失，旋即退出酣战，策马飞奔池州。到了城下，就见军营内尽悬“俞”字军旗，赵普胜方知中计，懊悔得直跺脚，又不敌徐达军的前后夹击，只好杀出一条血路，逃向西方。

孙安入朝

春秋时，矮戏子孟侏儒孟优，身长不满五尺，平日以滑稽调笑取欢左右，甚得楚庄王宠信，时贤相孙叔敖刚死，楚王非常悲伤。一天，孟优在郊外见到孙叔敖的儿子孙安在山上砍柴，问起情由，才知此位贤相身后萧条，儿子要靠砍柴度日。他乃特制一套孙叔敖平日喜穿的服装，练熟孙叔敖的一举一动，在楚王宴客时，他扮成孙叔敖模样赴宴。楚王远远一望，误以为孙叔敖复活，起身相迎，及近前，才知是孟优所扮，楚王因思念贤相心切，想拜孟优为相，说：“就是假的也好。”孟优答：“家有老妻，请准回家商量一下才行！”

孙叔敖之母教子

孙叔敖幼年遇蛇，以为噩兆，杀而埋之，回家向母亲泣诉。孙母说，遇蛇不死，也许会有后福。后孙叔敖果然做了相国。

次日，孟优回奏楚王，说黄脸婆不要他做相国，还再三再四告诫说，孙叔敖做了几十年的相国，一旦死了，他的儿子要上山砍柴卖才能生活，你要做相国，岂不成想饿死老婆吗？楚王一听，知是孟优的指桑骂槐之计，猛然醒悟，即下令叫孙安入朝，封地给他，免使他再过艰苦日子。

第二十七计 假痴不癫

[原文]

宁伪作不知不为；不伪作假知妄为。静不露机，云雷屯也。

[译文]

宁可装作糊涂而不行动；不可冒充聪明而轻举妄动。要沉着冷静，不泄露一点机密，就像冬季的云雷屯聚收藏待机而动一样。

[计名由来]

假痴不癫出处不详，类似的语言或思想散见于多种典籍。

《孙子·九地篇》提到过："能愚士卒之耳目，使之无知。"意为：要能蒙蔽士卒的视听，使他们对军事行动懵懂无知。

《唐太宗李卫公问对·卷中》中讨论过"诡道"：

原文："……自古诡道。存之则余诡不复增矣，废之则使贪使愚之术从何而使哉？"

今译：……（这些都是）自古以来的诡道。只有保存它，剩下的诡诈之道就不会再增多了，若废弃不用它们，那些使人贪财使人愚昧的方法又从哪里施行呢？

[古今战例]

萧规曹随

公元前193年，酂文终侯萧何病重，惠帝亲自前往探视，问他："您百年之后，谁可以接替您？"萧何说："最了解臣下的还是皇上。"惠帝又问："曹参怎么样？"萧何叩头说道："皇上已找到合适的人选，我死了也就没有什么遗憾了。"秋季，七月初五，萧何去世。他生前购置田地房宅，都选址于穷乡僻壤；他主持家政，也从不起建高墙大屋。他说："如果我的后代贤德，就学我的俭朴；如果后代无能，这些劣房差地也不会吸引权势大族来抢夺。"

二十七日，朝廷任命曹参为相国。曹参刚听说萧何去世，就对门下舍人说："快准备行装！我要去做相国了。"没过多久，使者果然前来召曹参入朝。起初曹参地位卑下的时候，和萧何相交甚好，及至萧何做了将相，两人有些隔阂。到萧何快死时，所推举贤能之人只有曹参。曹参做了相国后，所有的条令都不做变更，一体遵照萧何当年的规定。他挑选各封国中为人质朴、拘谨不善言辞、敦厚的长者，把他们召来任命为丞相属下的掾史、长史等官。对那些言辞锋利、专门追逐名利之徒，都予以斥退。然后曹参日夜只顾饮香醇老酒。卿、大夫以下的官员及宾客见他不理相国大事，来看望时都想劝说他，曹参都先劝他们喝酒；喝酒时想说话，曹参又劝他们再喝，直到喝醉了回去，始终没有开口说话的机会。这样的情况成为常事。曹参遇到别人犯有小错误，也一味包庇掩饰，相国府中终日无事。曹参的儿子曹窋任中大夫之职，惠帝向他埋怨曹参不理政事，让曹窋回家时，以私人名义探问曹参。曹参大怒，鞭笞曹窋二百下，喝斥："快回去侍候宫里，国家大事不是你该说的！"曹参上朝时，惠帝便责备他说："那天是我让曹窋劝你的。"曹参立即脱帽谢罪，又说："陛下自己体察圣明比高帝如何？"惠帝说："朕哪里敢比高帝！"曹参又问："陛下再看我的才能与萧何比怎样？"惠帝说："你好像不如他。"曹参便说："陛下说得太对了。高帝与萧何平定天下，法令已经明确。如今陛下垂手治国，我们臣下恭谨守职，大家认真遵守不去违反旧时法令，不就够了吗？"惠帝说："对。"看似痴愚糊涂的曹参，深谙朝廷旧史，以明明白白的治世之道，赢得了做事清净、百姓安逸的政绩。

曹参做相国，出出进进三年，百姓编了民谣来称赞他说："萧何制法，整齐划一；曹参接替，守而不失；做事清净，百姓安逸。"

囚鸟归巢

公元前100年，汉武帝赞赏匈奴单于的诚意，派中郎将苏武护送留在汉朝的匈奴使臣回匈奴，顺便携带厚礼，答谢匈奴单于的好意。苏武与副使中郎将张胜及兼充使团官吏的常惠等一齐到达匈奴，将礼品送给单于。单于却认为汉朝惧怕匈奴，益发骄横，与之前的态度截然不同。同时，曾经归降汉朝的匈奴缑王和虞常，以及随卫律一起投降匈奴的一些汉朝人密谋劫持匈奴单于的母亲归顺汉朝。卫律是经李延年推荐而出使匈奴的，出使归来，听说李延年全家被抄斩，便逃到匈奴。卫律投降匈奴后，很受单于的赏识，被封为丁灵王，经常与他商议国家大事。后来虞常等人密谋之事被查出，缑王等全部被杀，虞常被活捉。苏武副使张胜被供出，单于大怒，要杀掉汉使。匈奴左伊秩訾官则建议可使他们投降，但是苏武宁死不降。苏武如此气节，反倒激发了单于的决心，他于是百般折磨苏武，将苏武囚禁在一个大地窖中，断绝苏武的饮食，想逼迫他屈服。当时正下大雪，苏武躺在地上，靠吞食雪片和自己衣服上的毡毛维持生命。匈奴人以为有神灵庇护苏武，便将苏武放逐到北海荒无人烟的地方，让他放牧一群公羊，并对苏武说："等到公羊能产出羊奶，你就可以回国了。"常惠等使团中不肯投降的官员，也被分别扣留在其他地方。

不久以后，李陵来求见苏武，以自身的遭遇来游说他，劝他不如投降匈奴算了。苏武态度坚决，毫不动摇，李陵无法可施，十分不舍地与苏武告别。

大约十九年后，壶衍单于即位后，他的母亲行为不正，国内分崩离析，常常害怕汉军前来征讨，于是卫律为单于献计，要求与汉朝和亲。汉使来到匈奴，常惠暗中面见汉使，报告实情，并让使者对单于说："汉天子在上林苑射下一只大雁，脚上系着一块绸缎，上面写着苏武等人现在某湖泽之畔。"使者大喜，按常惠的话责问单于。单于大吃一惊，环视左右侍从，然后向汉使道歉说："苏武确实还活着。"于是只好同意将苏武及马宏等人放还。

苏武返汉之前，李陵摆设酒宴祝贺，泪流满面，与苏武告别。单于召集当年随苏武前来的汉朝官员及随从，除已经归降匈奴和去世的以外，共有九人与苏武一同回到汉朝。苏武一行来到长安，汉昭帝以牛、羊、猪各一头诏令苏武，以最隆重的仪式祭拜汉武帝的陵庙，封苏武为典属国，品秩为中二千石，并赏赐苏武钱二百万、公田二顷、住宅一所。苏武被扣留匈奴共十九年，去时正当壮年，归来时头发、胡须已全白了。霍光、上官桀过去都和李陵交情很好，所以特派李陵的旧友陇西人任立政等去劝说李陵回国。李陵对他们说："回去容易，但大丈夫不能两次受辱！"最后终于老死在匈奴了。

霍光

苏武以顽强的意志，以假痴不癫之计，

保持自己的信义节操，终于迫使单于放其归国，留下了顽强不屈的千古佳话。

自污保身

秦国讨伐楚国，秦始皇令王翦率兵六十万，并亲自送到灞上。王翦出发时向秦始皇请求要许多良田美宅，始皇说："将军去吧，为什么要担心受贫呢？"王翦说："我做大王的将军，有功最终也不能封侯，所以趁着大王赏我酒饭时，我也及时请求赏我园地，作为子孙后代的家业。"秦始皇大笑起来。王翦到了潼关，仍五次派遣使者返回长安请求要良田。有人说："将军要田园太着急吧！"王翦说："不，秦王为人粗心、狡猾，而且不信任人，现在把全国的军队委托给我一人，如果不多多请求要田宅，作为子孙的家业，使自己坚实，难道还白等着秦王因此而怀疑我吗？"

汉高祖刘邦任用萧何主持关中之事，公元前204年，刘邦与项羽的军队相持在京索间。刘邦几次派使者慰劳萧何，鲍生因此告诉萧何说："现在皇上在外风餐露宿，却数次慰问您，这是因为怀疑您呀！为您考虑，不如让您的弟弟和子孙中能当兵的，全到军队来。"萧何采纳了他的计策，刘邦大喜。

吕后用萧何的计谋杀掉了韩信，刘邦听到诛杀韩信后，派使者任萧何为相国，同时加封五千户，派五百士兵及一名都尉作为相国的侍卫。诸位官员都来祝贺，召平独表示哀悼说："祸害从此开始了。皇上奔波于外，而您守于京城之内，并没有冒被射弓箭的危险，却更加封晋级，设置卫队，这不是维护您。现在淮阴侯韩信起来造反，皇上对您也产生了怀疑，希望您把皇帝的赏封让出，不要接受，把全部家财用以资助军队。"萧何听从了召平的意见，刘邦见萧何这样，非常高兴。公元前196年秋天，英布反叛，刘邦亲自率部征讨，此时仍数次派使者问萧何在做什么，萧何说："因为皇上亲征，我在内安抚百姓，勉励百姓，尽其所有帮助军队，像皇上讨伐陈豨时我所做的一样。"

萧何

不久，又有一个门客对萧何说："您离灭族不远了。您处于相国的高位，论功是全国第一，各方面已无以复加。您入关中以来，十余年一直深得民心，而且目前仍孜孜不倦地致力于民和。皇上所以数次问您在做什么，是害怕您的威信太高，影响整个关中地带。现在您何不多多购买田地，以损污自己的名声，如此皇上的心就安宁了。”萧何采纳了他的计谋，用贱价强买了许多民宅、民田。高祖还京时，百姓拦路控诉相国的行为，皇上听了，心中暗暗高兴。

萧何数次采纳谋臣的假痴不癫计，从而保全了自己。

曹操的痴愚之计

曹操一生足智多谋，工于心计，他毕生用计甚多，如：“诈死计”“隔岸观火”“将计就计”“反间计”等等，更屡次运用假痴不癫之计，往往假戏真做，以计取胜。

东汉末年，袁术因遭曹操、袁绍夹击，率余众退屯寿春，割据扬州，公元 197 年称帝。当时称霸兖州的曹操，以汉室丞相身份，率军征讨袁术。由于袁军坚持，战争相持了很长时间。曹军粮食告急，军心涣散。曹操把典仓吏叫来，说：“现在我军粮食紧缺，军中议论纷纷。我发现你身上有一样东西，可以消除这些不满情绪，不知道你愿意献出来吗？”典仓吏马上忠心地说：“只要是能替丞相解忧分愁，我什么都舍得拿出来。”于是曹操说：“我要借你的项上人头来派用场！”话音刚落，还没等典仓吏意会过来，曹操即挥刀将典仓吏的头砍了下来。随后令人到军营中四处散布：“典仓吏克扣军粮，证据确凿，丞相已把他杀了。”兵士们听后都大骂典仓吏，同时赞扬丞相铁面无私。这样，军中的怨恨情绪很快就烟消云散了。

张绣

一次，曹操亲自率领大军征讨张绣。正值盛暑天气，长时间的行军途中一直没见到水源。将士们口干舌焦，十分难忍，都几乎走不动了。曹操也心急如焚，担心这样下去，势必影响士气，对征战不利。他很快传令道：“前面有片大梅林，咱们赶到那里，大吃一顿酸甜的青梅，就可以解渴了。”士兵们听说有梅子，嘴里都自然地生出唾液来，就不感到那么口渴难耐了。于是，大家振作精神情绪饱满地往前赶路。终于发现了水源，解决了喝水问题。后来的成语“望梅止渴”，就来源于此。

曹操疑心很大，自从把持汉室朝政以后，无时无刻不在提防别人暗算他，即使是亲信和贴身侍卫，曹操也都怀有戒心。曹操曾对侍卫们说：“在我睡觉的时候，你们不要随便走近我，如果有人靠近我，我就会在梦中跳起来杀人，你们服侍我的人千万注意。”一天，曹操躺在床上假装熟睡，故意把被子掉在地上。一个侍卫想要为他盖上被子，可是刚走到床前，曹操猛然跳起来把他杀了，接着又躺下睡着了。等到醒了的时候，曹操又故作惊讶地问道：“是谁把我的侍者杀了？”从此以后，曹操睡觉的时候，再也没人敢走近他。

还有一次，曹操对别人说：“如果有人要谋害我，我会有预感，我的心会颤动。”于是，他对一个亲信侍者说：“你怀里藏着一把刀，悄悄地走到我身边，我说心动，卫士们会把你绑赴刑场，那时候你什么话都别说，我保证你不会出什么问题，而且我还要好好报答你。”那个侍者信以为真，按他的话做了。结果，侍者一句话没说，就被杀掉了。侍者至死都不知道，这是曹操用的计谋，而左右的人还以为侍者是真正想要谋害曹操的人，因为他临死连一句冤枉都没喊。

曹操屡次运用假痴不癫之计，都成功地达到了预期的目的。

靖难之役

燕王朱棣的“靖难”事件是明朝统治集团内部的一场骨肉相残的流血争斗。

朱元璋为了保证王朝的长治久安，也为了抵御元朝残余势力对明王朝的威胁，于是采取了分封诸王的政策，把他的子孙分封到全国各个地区。在朱元璋所封的各王中，以燕王朱棣势力最强大，连中央政权也要忌惮他几分。

朱元璋因长子已死，于是命皇太孙朱允炆继位，是为建文帝。朱允炆有雄才大略，但是性格优柔寡断。朱允炆对藩王各占一方、分散中央势力的形势非常忧虑，继位后就开始削藩。于是从 7 月开始，不到一年之内，连削周、齐、代、岷四王，湘王朱柏阖家自焚而死。燕王朱棣见此情景，就在家装病，而秘密地训练士卒，等待着举兵的时机。朱元璋死时，燕王的世子高炽、二子高煦、三子高燧皆至京师奔丧，这时，朱棣上书称病，请求准许三个儿子回去探视。建文帝竟为了安抚燕王，放了三人。朱棣见三个儿子回来，更坚定了反叛的决心。到1399年7月，朝廷下令“逮燕府官属”的诏书到了北平，燕王也就同时起了兵，援引祖训的条文，打出“清君侧”的旗号，名其师曰“靖难”，革去建文年号，仍以洪武纪年，这就是明代历史上的“靖难之役”。

靖难兵起以后，燕王朱棣在不到一个月的时间内，扫清了北平的外围，解除了后顾之忧。此时的朝廷，经过朱元璋的大肆杀戮，幸存下来的能征惯战的功臣武将已寥若晨星，而朱允炆又锐意文治，以为北方战事不足忧虑，到形势发生明显变化时，才派长兴侯耿炳文佩大将军印，率师北伐，被朱棣打得大败。建文帝赶紧召回耿炳文，改派曹国公李景隆为大将军，率师伐燕。9月，李景隆到达德州，收集耿炳文残部，调集各路军马五十万，进驻河间。李景隆只是个贵族子弟，毫无作战经验，而且妄自尊大，不恤士卒，诸将多不忿其统领。燕王听说任命李景隆为帅便认为胜败已分。

朱棣和诸将定计，由他率大军援永平，留世子高炽和姚广孝守北平，引诱李景隆围攻北平，然后回师夹击之。李景隆果然中计，朱棣率大军刚走，他就率领南军进攻北平，由于城中守御甚严，几次进攻均未能得手。等到朱棣解了永平之围，合并了大宁三卫精兵，回师北平，内外夹攻，李景隆遂大败，退还德州。

第二年，李景隆在德州誓师，率兵六十万北上白沟河，朱棣亦率军迎敌，双方大战。李景隆兵士作战勇敢，杀伤燕军甚多。后燕军再进攻，双方各有胜负。到1402年，燕王驱兵南下，直捣南京，于6月攻克南京，建文帝的统治被推翻了，朱棣以藩王入承大统，这就是永乐帝。

燕王朱棣运用假痴不癫计，为保自身，在家装病，秘密地积聚力量，扫清了北平的外围。而后又引诱李景隆多次，大胜，从而一举登上了永乐帝位。

海瑞惩恶

明朝嘉靖年间，奸相严嵩当权，在全国各地广植党羽。直浙总督胡宗宪便是其中的一个。胡宗宪的儿子胡衙内仗着父亲的权势，为非作歹，欺压百姓，人们敢怒而不敢言。

这一年的秋天，胡衙内带着几个随从离开杭州，溯富春江而上浙西，

海瑞

一路上游山玩水，作威作福。所经府县的官吏惧怕胡宗宪的权势，无不殷勤招待，宴请送礼，把胡衙内捧得飘飘然。

然而，胡衙内来到淳安县时，却是另一番景象：到城门边仍无一人来接，住到馆驿后知县也不来看望一下。胡衙内不由得勃然大怒，喝令将驿吏捆绑起来，拿起马鞭边打边骂："小爷我从杭州出来，一路上哪个不巴结？知府大人还为我牵马呢！只有你们这个淳安县小小的知县不肯出来迎接小爷。待我回去告诉我老子，定叫你们一个个脑袋搬家！"

馆驿的人赶紧将此事报告给知县。这个知县便是有名的清官海瑞。海瑞闻报，气愤异常，想立即派人去抓胡衙内，但转念一想：他父亲毕竟是自己的顶头上司，公开作对，未免要吃亏。他思索了一会儿，想出一条假痴不癫的妙计。

于是，海瑞带着捕班人马直奔馆驿。进门后，海瑞用手一指正在打人的胡衙内，喝道："把这个恶棍抓起来！"胡衙内满不在乎地说："我是堂堂浙江省胡总督的儿子，我看你们谁敢抓我？"

海瑞冷笑道："你是何方恶棍，胆敢冒充胡总督的儿子？胡总督是国家一品大臣，处处体察民情，爱护百姓，他的公子定是文质彬彬之人，怎么会是你这样的花花太岁？来人，将这个冒牌货捆起来，先掌嘴五十！"捕班不由分说把胡衙内捆起来，几个嘴巴下去，胡衙内便满嘴流血，两腮红肿。

"再搜他的行李，看有无违法物品！"海瑞大声吩咐。捕班从胡衙内的行李中搜出许多银子和贵重礼品。海瑞沉着脸问道："这些赃物是从哪里来的？"胡衙内回答："都是沿途官吏送的。"

海瑞冷笑道："这么说，你肯定是个冒牌货了。若是胡公子出游，他每到一处必定访古问幽，决不会像这样索要银子宝物，败坏胡总督的名声！"

这么一来，胡衙内再也不敢吱声了，吓得浑身直打哆嗦。几天后，海瑞差人将胡衙内解押到总督府，并交给胡宗宪一封信。胡宗宪拆开信，只见海瑞写道：

"属县近来查获一名冒充总督公子的诈骗犯。该犯以胡公子之名，到处招摇撞骗，敲诈勒索，骗得数千两银子和甚多珍宝。属县深知老大人教子甚严，府上公子每日攻读，怎能有闲出游？如若出游，必然瞻仰名胜古迹，以广见识，怎会专门搜罗金银财宝？属县故此一眼将其识破，所骗赃物，一律充公。特将该犯押往府上，请老大人严惩！”

胡宗宪看完信，又看看被打得鼻青脸肿的儿子，气得一句话都说不出来。毕竟自己的儿子做了错事，把柄抓在海瑞手里，胡宗宪只得打掉牙往肚里咽，埋怨儿子一番，此事便也不了了之。

在等级森严的封建社会，与掌权的上司作对无异于将自己送往虎口。海瑞在这里利用假痴不癫之计，既避免了与上司直接对立，又为民出了一口恶气。他抓住胡衙内的恶行，假装不信其身份，又指出身为官吏之子的本分应是什么样子，最后装糊涂装到底，直接将胡衙内送到他老子那里，用一封信堵住了胡宗宪的口，既坚守了自己的立场，又未让上司抓住话柄。

第二十八计 上屋抽梯

[原文]

假之以便，唆（suō）之使前，断其援应，陷之死地。遇毒，位不当也。

[译文]

故意（露出破绽以）使敌人觉得方便（进攻我方），引诱它深入我方，然后截断它的后援和接应，使其陷入绝境。如果敌人中计，便会失去原有的地盘。

[计名由来]

本计计名出自一个典故。东汉末年，荆州刺史刘表的儿子刘琦因不容于继母，恐遭陷害，向刘备求救。刘备要诸葛亮为他想出解脱之计。这天，诸葛亮来到刘琦家中，刘琦哀求诸葛亮说：继母屡次设法陷害我，务欲置我于死地而后罢休，目下我的处境十分险恶，还请先生相救一二。诸葛亮说：此事关系离间母子之情，恐将来说出去，多有不便，表示拒绝。刘琦便邀请诸葛亮进入密室之中，一边饮酒，一边仍缠住诸葛亮不放。可诸葛亮还是不愿答应刘琦的请求。这时，刘琦见再三恳求无效，便掉转话头，对诸葛亮说：我的住室楼上藏有一部古籍，请先生观赏一番如何？诸葛亮听说有古籍观赏，非常高兴，便答应了。说着便跟随刘琦登上一间小楼，到了楼上，见四壁皆空，并无藏书设置，便问刘琦书在何处。这时刘琦便双膝跪下，承认自己是事出无奈才把诸葛亮骗上楼来，务请指点出路，拯救性命之危。诸葛亮埋怨刘琦不该施行欺骗，便要下楼离去，可不料楼梯已被抽走了。这时刘琦便又哀求说：先生最担心的是事情泄露，现在，这里上不着天，下不着地，出君之口，入琦之耳，再没有别人知晓，您应该可以赐教了。说着又要拔剑自刎。诸葛亮见刘琦如此情景，便给他讲了一条计策，叫他借鉴历史上“申生在内而亡，重耳在外而安”的经验，利用黄祖新亡，江夏一时无人守御的机会，向刘表请求屯兵江夏，如此便可离开继母，脱离危险了。刘琦按照诸葛亮的计谋行事，果然灵验。后人便把这件事叫作“上屋抽梯”。至

孔明遗计救刘琦

于把它用于军事斗争中，作为一计，其特点主要是指，利用某种小利引诱敌军，使其进入我方设置的圈套，截断其援兵和退路，然后再加以围歼。

梯子，有很大学问，对性贪之敌，则以利诱之；对情骄之敌，则示以我方之弱以惑之；对莽撞无谋之敌，则设下埋伏以使其中计。总之，要根据情况，巧妙地安放梯子，致敌中计。

《孙子兵法》中最早出现“去梯”之说。《孙子·九地篇》：“帅兴之期，如登高而去其梯。”这句话的意思是把自己的队伍置于有进无退之地，破釜沉舟，迫使士兵同敌人决一死战。

如果将上面两层意思结合起来运用，真是相当厉害的谋略。

[古今战例]

沙丘之变

在秦始皇统一中国后，李斯由廷尉升为丞相，“富贵极矣”，但是最终身首异处，连带自己的儿子也一同被弃尸闹市。这一切，都源于沙丘之变。

公元前 210 年，李斯随从秦始皇出巡到沙丘时，秦始皇突然病危，便命赵高写了一封诏书，让大儿子扶苏赶回咸阳办理丧事。这时，扶苏正在上郡监督蒙恬的军队。诏书还没有发出，秦始皇就去世了。这事只有胡亥、李斯、赵高和几个亲信宦官知道。因为秦始皇死在外面，太子又没有确定，李斯恐怕声张出去发生变故，便严密封锁了这个消息。这样做，是出于对形势的正确考虑。赵高也赞同这个做法，不过，他这样做是有自己的打算。赵高故意扣留了秦始皇给扶苏的诏书，准备立胡亥为皇帝。扶苏英明果决，胡亥年幼无知，立胡亥实际上就是扶植傀儡，最方便篡夺权力。

为了让胡亥上台，赵高找李斯商议。李斯起初不同意赵高的做法，但是赵高将李斯与蒙恬不和的事情道出，分析到，如果扶苏当权，蒙恬势必崛起；蒙恬得势，李斯肯定不会有好下场。赵高随即许诺，如果胡亥为帝，天下尽在赵高与李斯二人之手。李斯此人贪图富贵，不舍权势，终于动摇，与赵高合谋，害死扶苏、蒙恬，立胡亥为帝。

胡亥称帝后，赵高当上郎中令，左右胡亥，操纵天下。赵高更改法家路线，疯狂复辟，兵役徭役无穷尽，赋税越滚越多。群臣震恐，人人自危。李斯见此情形，也是惊惧不已，多次向秦二世胡亥进谏，但是二世完全被赵高掌控，很少接见群臣。

李斯去找赵高，希望他能帮助觐见二世，赵高一口应承。几天后，赵高趁二世正与宫女饮酒作乐的时候，派人去通知李斯进见。李斯信以为真，忙到宫门求见。如是几次，二世十分生气，以为是李斯故意与他为难。赵高又从旁挑拨，并诬陷李斯长子李由与陈胜勾结。二世对李斯的话深信不疑，经赵高多次怂恿以后，将李斯逮捕入狱，并派赵高亲自负责刑讯。

后李斯长子李由被起义军杀死，李斯和二儿子在咸阳街头被腰斩。李家上下，无一幸免。李斯死后，赵高做了丞相。事无大小，都决定于赵高。他甚至指鹿为马，天下唯他是从。第二年，赵高便逼死了秦二世，立子婴为秦王。

这时秦末农民起义风起云涌，所向披靡。公元前 206 年 10 月，刘邦率领农民起义军直捣咸阳，子婴无力抵抗，不得不向刘邦投降，秦朝最终灭亡，赵高也逃不脱被杀的命运。

赵高就是这样运用上屋抽梯的计策，杀死李斯独掌大权的。

骄狂轻敌失河涧

公元 617 年，黄河下游的瓦岗农民起义军发展到几十万，占领了河南的大部郡县，成为直插隋朝腹心的一把利剑。于是隋炀帝急令心腹将领涿郡留守薛世雄奔袭瓦岗军，解救东都洛阳。隋炀帝还给了薛世雄沿途镇压起义、临机处置的权利。薛世雄接到命令后，立即率领所部三万精兵南下。

当时，在河北地区也有一支农民起义军，就是建德窦领导的农民武装队伍。这支队伍发展到十多万，建立了农民政权，窦建德在寿县自称长乐王。当不可一世的薛世雄军路过他所控制的河涧县时，窦建德为了麻痹薛世雄，瓦解隋军的斗志，他派人四处散布说："窦建德听说朝廷派薛世雄将军率大军南下，不敢阻挡，都吓得逃到根据地去了，为薛世雄将军过境让出了道路。"这个话一传十、十传百，很快传入薛世雄的耳中。骄悍的薛世雄信以为真，认为窦建德根本不敢与自己相抗衡。因此在行军和宿营中完全放松了戒备。窦建德摸清情况后，选拔出武艺精湛、机智勇敢的战士二百八十名，组成敢死队，其余武装埋伏在河涧县的水泽中。在一个大雾弥漫的黎明，窦建德亲率敢死队猛冲薛世雄的大营。这突然一击，使隋军猝不及防，整个大营乱作一团。农民军利用天时、地利、人和一切有利条件，横冲直撞，大砍大杀，不多时，隋军全军溃散，薛世雄本人受伤，在几名骑兵的保护下逃回涿郡，不久就羞愤而死。这次围歼战的胜利，使窦建德领导的农民起义军声威大震。

炀帝剪彩为花

隋炀帝荒淫无度，穷奢极欲。秋冬时节，园中花木凋零，他便命宫女剪出彩纸，粘在树上当作红花绿叶。因为炀帝如此荒淫，为一己之欢，不惜压迫人民，所以四方民众纷纷起义。

“上屋抽梯”先要屋门大开，使敌人便于进、愿意上。窦建德摸准了薛世雄由于得宠而骄狂轻敌的心理，故意示弱，制造舆论和气氛，大开屋门，设梯诱敌入伏，然后利用各种有利条件，以中心突破、四面合围的战法，打了一个速战速决的歼灭战。

李自成“投降”

公元 1634 年，李自成率领高闯王统率的农民起义军三万人掩护大部队撤退。因误入兴安附近的车厢峡，陷入官军的重围之中，三万人面临着覆没之灾。

这车厢峡位于黄河的上游，全长四十里。两岸悬崖峭壁，无法攀登，只有峡底沿河一条小路可以通行。农民军入峡后，才发现前面早已被明军堵住，而后边又有追兵，农民军陷入重围之中。李自成将人马分成两路，在峡谷两端修筑工事，分别挡住明军的进攻，却无法突围。

明军几次进攻都没有成功，便不再攻了，只是堵住谷口，想把农民军困死、饿死。农民军的粮食吃光了，马匹也有一半饿死。而这时偏又赶上夏季连雨，找不到一根能燃着的干树枝，不仅马肉不能烤熟充饥，就连弓箭也被雨水泡软。农民军几乎失去了战斗力。

李自成

李自成召集手下的头领们商量。众人决断不下，因为实在找不到出路。李自成于是说出自己的计策，假意投降，渡过难关。

于是，李自成派李过带着掳获的珠宝，出谷去见明军主帅。恰好五省总督陈奇瑜也赶到这里。原来他调集了二十万大军，想一举消灭农民军，没想到却让农民军的主力跑掉了，只困住这三万人。他把李过传进帐中。李过道过姓名、身份后，没有说明来意，只把手中的包袱放到陈奇瑜案上。待包袱打开，陈奇瑜眼前一亮，只见包袱里全是晶莹闪耀的珍珠宝石。陈奇瑜一摆手，左右就把包袱收起来了。李过一看陈奇瑜把包袱留下，这才说明来意，要求解散归农。

陈奇瑜大喜，以为招抚了这三万人，是立了一大功，当即一口应允。于是农民军交出了武器，在陈奇瑜派的“安插官”的监视下，离开车箱峡，准备取道汉中，返回陕北家乡。

农民军赤手空拳、大步流星地走了几天，来到凤翔、宝鸡附近。夜里他们突然拿出暗藏的匕首等短兵器，将“安插官”全部杀死，重新举起义旗，接着攻破附近的麟游、扶风等七座县城。

李自成以“投降”为“上屋抽梯”之策，不仅拯救了三万人，还得到了七个县城。从此闯将李自成的声名大振。

第二十九计 树上开花

[原文]

借局布势，力小势大。鸿渐于陆。其羽可用为仪也。

[译文]

借其他局面布成有利的阵势，虽然实际兵力弱小，但外部阵容显得很强大。解语中的“鸿渐于陆，其羽可用为仪也”，是引自《易经·渐》卦。它的意思是说：大雁虽小，但在天空飞翔，横空列阵，凭着它们羽毛丰满的双翼，却很威势。这里是用它来比喻兵力虽然弱小，但借助外部条件，虚布强大阵势，可以以此慑服敌人。

[计名由来]

树上开花之计，是由“铁树开花”转化而来，喻指事物绝对无法办成之义。此是指树上本无花，但可以用彩色的绸子扎成花朵粘在树上，做得和真花一样，不仔细去看，难辨真假。此计用在军事上，指的是：自己的力量比较弱小，却可以借友军势力或借某种因素制造假象，使自己的阵势显得强大。也就是说，在战争中要善于借助各种因素来为自己壮大声势。无人不知张飞是一员猛将，但很少有人知他不仅有勇还有智谋。刘备起兵之初，与曹操交战，屡次失利。刘表死后，刘备在荆州，势孤力弱。这时，曹操领兵南下，直达宛城，刘备慌忙率荆州军民退守江陵。由于跟着撤退的老百姓太多，撤退的速度非常缓慢。曹兵追到当阳，与刘备的部队打了一仗，刘备败退，他的妻子和儿子都在乱军中被冲散了，刘备只得狼狈败退，令张飞断后，阻截追兵。

张飞当阳退敌

张飞手下只有二三十个骑兵，无法抗衡曹操的大队人马。但张飞临危不惧，临阵不乱，顿时心生一计。他命令所率的二三十名骑兵都到树林子里去，砍下树枝，绑在马后，然后骑马拖着树枝在林中飞跑打转。张飞一人骑着乌骓马，横着丈八长矛，威风凛凛站在长坂坡的桥上。

追兵赶到，见张飞独自立马横矛站在桥中，十分奇怪，又看见桥东树林里尘土飞扬，追击的曹兵马上停止追击，以为树林之中定埋伏有大队人马。张飞只带二三十名骑兵，阻止住了数万的曹兵，让刘备和荆州军民顺利撤退，靠的就是这树上开花一计。

[古今战例]

张良妙计安太子

张良是汉高祖最重要的谋臣，在楚汉战争中，他运筹帷幄，决胜千里，立下殊勋。汉朝建立后，刘邦采纳了张良的建议，定都长安。此后，朝端无事，张良因体弱多病，便闭门不出。

一日，吕后之兄吕泽强邀张良，因刘邦宠爱戚夫人，所以想废掉太子刘盈，而改立戚夫人之子赵王如意。吕后焦躁不已，于是使其兄向张良问计。张良起初不想惹这个麻烦，但是耐不住吕泽的软磨硬逼，于是建议说，如果请“商山四皓”来做太子的辅佐，刘邦或许会改变主意。

吕后听后很高兴，按张良所言，派人带着太子书信，卑辞厚礼，把四人请下山来，供养在吕泽家里。

公元前196年，英布造反，刘邦重病，便想让太子带兵攻讨。商山四皓认为太子带兵对形势非常不利，于是找到吕泽说：“太子带兵，有功劳也不能再提高地位了，无功而返，从此就有祸事了。而且军中诸将，都是跟随皇上平定天下的枭将，现在让太子率领他们，就像让羊率领狼一样，他们必不肯尽力，无功而还是必然的。我们听说过‘母爱者子抱’这样一句话，现在戚夫人日夜服侍皇上，赵王如意常抱在皇上面前，皇上说‘总不能让不肖之子位居爱子之上’，这不是明摆着是要改立太子吗？你要赶快让吕后找机会向皇上进言，说：‘英布是一员猛将，善于用兵，现在诸将都是陛下故旧，让太子率领他们，就像羊率领狼一样，必不肯尽力，让英布知道了这些情况，必定鼓行而西，直捣长安。陛下虽然患病，也应卧在辎车中亲征，诸将才不敢不出力。’”吕后找一个机会，按照四人的话向刘邦哭诉一番。刘邦说："我也觉得竖子没能力带兵，还是我自己去吧。"于是率兵而东。张良强起病躯，到刘邦军营说："我理应随陛下出征，可病得太重了。英布的士兵剽悍，不要与他们硬战。陛下去了，应当让太子做将军，监督关中兵马。"刘邦说："就按你的话办。你虽然重病在身，还是要尽力辅佐太子。"

商山四皓

第二年，刘邦得胜回到长安，愈发病重，他自知将不久于人世，更加急迫地要改立太子。张良进谏，不听。叔孙通博引古今，力陈不能易太子，刘邦面上虽答应了他，但心里的想法仍未改变。一天，刘邦举行宴会，太子侍坐，四个老头跟随太子之后，八十多岁的人，头发胡须都白了，但衣冠甚伟。刘邦甚觉奇怪，追问姓名。四人趋前，自报姓名，乃是商山四皓。刘邦大惊，因为他仰慕四人多年，屡次求访，四皓都避而不见，现在居然追随太子。四人说太子为人仁孝，恭敬爱士，天下人都愿意为太子赴汤蹈火，所以他四人来奔。四人祝寿毕，快步离去。刘邦目送四人，召戚夫人，说太子有四皓辅佐，羽翼已丰，难以撼动，另立太子之事已是不可能了。不久，刘邦去世，太子登基做了皇帝。

张飞退曹兵

三国时期，曹操领兵分八路进攻樊城，为保城中百姓，刘备只得弃城而去，不幸与幼子阿斗失散。大将赵子龙于千军万马中救出幼主，直穿曹军重围，往长坂桥而去，后面曹将文聘率军穷追不舍。

赵云来到桥边，已是人困马乏，忽见张飞挺矛立于桥上，率领二十余骑前来接应。张飞让赵云先走，眼见曹军成千上万的兵马杀将过来，心生一计。他命所有士兵到桥东的树林内砍下树枝，拴在马尾巴上，然后策马在树林内往来驰骋，冲起尘土，使人以为有重兵埋伏。曹将文聘率军追到长坂桥，见张飞倒竖虎须，圆睁环眼，手持长矛，立马桥上。又见桥东树林之后尘土大起，疑有伏兵，便勒住马，不敢近前。不一会儿，其余将领也都赶到，见此情形，都怕是诸葛亮用计，谁也不敢向前。于是有人飞报曹操。

赵云截江夺阿斗

张飞立于桥上，隐隐约约见后军有青罗伞盖、仪仗旌旗来到，知是曹操亲来阵前查看，心中一急，怒声喝道："我乃燕人张翼德，谁敢来与我决一死战？"声如巨雷，吓得曹兵两腿发抖。

曹操赶紧命左右撤去伞盖，环视左右将领，说："我以前曾闻，张飞能于百万军中取上将头颅如囊中取物。今天遇见，大家万万不可轻敌。"

曹操话音刚落，张飞又大声喊道："燕人张翼德在此，谁敢来决一死战？"曹操见张飞如此气概，又怕中诸葛亮的计策，自己已是心虚，准备退军。张飞见曹军阵脚移动，又大吼一声："战又不战，退又不退，却是何故？"喊声未绝，曹军一员大将夏侯杰惊得胆肝碎裂，坠马而死。曹军将士调转马头，回身便跑，一时间人如潮涌，马似山崩，伤者无数。张飞见曹军退去，不敢追赶，率二十余骑士兵，拆断长坂桥，回营交令去了。

树上开花这一计策的运用，既可指借他人的力量增强自己的实力，也可指借某种因素制造假象迷惑他人。

在此例中，张飞制造了伏兵假象，辅以自身的威猛，一举吓退曹军，正是树上开花这一计的妙用。

寇准定下御敌策 借助皇威退辽兵

宋朝北与辽朝接壤，辽军经常入侵，宋人对辽颇有畏惧之心。宋真宗时，辽军再次大举南下，兵临澶州城下。边境将领驰书告急，一夜之间竟达五次。但是，这些告急文书都被寇准扣住不发。真宗闻知，大为惊骇，召寇准责问，寇准便请真宗御驾亲征。满朝大臣都在，真宗推辞不得，只好极不情愿地答应了。

宋朝上下都知辽军厉害，皇帝虽答应了亲征之事，却心里犯难。有些朝臣为身家性命着想，更惊恐不安，极力阻止亲征。临安人王钦若请皇帝暂避金陵，阆中人陈尧叟则请皇帝暂往成都。皇帝犹豫不决，同寇准商议，寇准说："谁为陛下出此下策，其罪当斩。陛下神武英明，将士团结和睦，倘御驾亲征，敌人必闻风丧胆，落荒而去。纵使不亲征，或出奇兵挫败敌人的计谋，或坚守阵地疲劳敌兵，此皆能稳操胜券，何必弃宗庙社稷而远走金陵、成都？真这样做，必人心涣散，上下解体，大宋江山危矣！”听了这话，皇帝觉得甚是有理，亲征的信心坚定起来。

寇准

真宗一行抵达澶州，远远望去，辽军阵营整齐，声势浩大。随行大臣们都惶惶不安，请求皇帝就地驻扎，不要过河，寇准一再坚请说：“陛下如不毅然渡过黄河，那么我军人人自危，而敌军却不会受到震慑，这不是取威决胜之道。况且我方王超率领精兵屯于山中，扼住辽兵的咽喉，李继隆、石保吉分兵以掣辽兵左右肘，四方援兵陆续到来，为何迟疑不敢前进？”高琼也一再坚请渡河，还指挥卫士赶快准备好车辇。真宗无奈，率众人渡过黄河，来到北城的门楼之上。远近的宋军望见帝辇的华盖，士气高涨，欢呼万岁，其声音数十里外都能听到。辽军见宋军士气高昂，颇为惊惧。

真宗将军事大权委与寇准，寇准号令严明，处事果断，士卒对他很敬畏佩服。不久，辽军数千骑兵逼近城下，寇准命令士卒出击，斩杀俘虏了大半。辽军损失惨重，只得退去。真宗回宫，留寇准在北城之上坐镇指挥。过段时间，真宗派人察探寇准的近况，见寇准正与人饮酒下棋，泰然自若，根本不像面临强敌的情形。真宗得知，非常高兴，说：“寇准如此从容镇定，我还担忧什么呢？”寇准的行为既使皇帝放下心来，也大大稳定了军心，增强了兵士的胜利信心。

辽见军事上占不到什么便宜，就想通过谈判获得些利益。于是派遣大臣韩杞同宋以前派往辽的使臣曹利用一起前来请求结盟，让宋朝把关南的土地割让与辽。真宗虽然反对割地，但是希望通过赔偿金银来议和。寇准力加劝谏，他反对以银帛求和，还建议让辽向宋称臣，并向辽索要幽、蓟二州之地。他说：“必如此，才可保边境百年无事，不然，数十年后，他们又起贪心了。”皇帝不听，想尽快结束对峙状态，命曹利用前往辽军议和，说：“实在不得已，每年给辽百万钱亦可。”寇准闻知，把曹利用召到帷幄之中，说："虽有圣旨，你答应辽的岁币不得过三十万，否则我就杀你的头。"曹利用知寇准之言非儿戏，在谈判桌上极力坚持。辽见宋军士气旺盛，一时无隙可乘，也不敢强求，最后双方达成协议，辽与宋约为兄弟之国，尊宋帝为兄，宋每年给辽白银十万两，丝绢二十万匹。和约定后，辽军北还，边境复安。

辽是宋的宿敌，时刻威胁着宋的安全。高梁河之战中，宋军遭到惨败，宋太宗仅以身免，乘驴车仓皇南逃。从此，宋军不敢北进，而辽军却时时南下，宋军很惧怕辽军。这一次辽军大举进攻，其势汹汹，宋朝朝野震惊，大多数人有惧战情绪。但从实力上看，宋朝地大物博，兵力众多，并非不堪一击，辽军若想长驱直入，确也不是一件易事。应该说，宋朝之处于劣势，重要的不是实力上的劣势，而是心理上的劣势。因此，面对辽军的攻势，朝廷必须冷静镇定，稍有不慎，轻则丧师失地，重则国破家亡。在这危急存亡之时，寇准力促皇帝出征。皇帝亲临前线，虽不能冲锋陷阵，却极大地鼓舞了士气，守军虽还是那些人马，但两军相逢勇者胜，无形中增强了许多战斗力。辽军突见宋帝亲临，士气高昂，内心惊惧，无形中削弱了战斗力。寇准面对强敌，丝毫不惧，饮酒弈棋，谈笑自若，也有利于安定士卒，增强信心。"借局布势，力小势大"，寇准运用树上开花之计，使皇帝权威这一"虚"的力量与前线守军这一"实"的力量结合起来，借用皇帝权威这一因素增强守军的威势力量，大获成功。最后虽未能劝住皇帝向辽输送银帛，毕竟保住了宋朝北方领土，将损失控制在较小的限度内。

第三十计 反客为主

[原文]

乘隙插足，扼其主机，渐之进也。

[译文]

有机会就插足进去，掌握它的主要机关，这一过程是：循序渐进。

[计名由来]

反客为主之计，语本《唐李问对·卷中》："臣较量主客之势，则有变客为主，变主为客之术。"至《三国演义》第七一回"(夏侯)渊为人轻躁，恃人少谋，可激动士卒，拔寨前进，步步为营，诱渊来战而擒之；此乃反客为主之法"。移用于军事，是指在军事中，要努力变被动为主动，争取掌握战争主动权的谋略。尽量想办法钻空子，插进一只脚去，控制它的首脑机关或者机要部位，抓住有利时机，兼并或者控制他人。古人使用本计，多是对于盟友的，往往是借援助盟军的机会，先站稳脚跟，然后步步为营，反客为主，取而代之。

袁绍和韩馥，本来是一对盟友，当年曾经共同讨伐过董卓。后来，袁绍势力逐渐强大，总想不断扩张。他屯兵河内，缺少粮草，十分犯愁。老友韩馥知道情况之后，主动派人送去粮草，帮袁绍解决供应困难。

袁绍

袁绍觉得等待别人送粮草，不能够根本解决问题。他听取谋士逢纪的劝告，决定夺取粮仓冀州。而当时的冀州牧正是盟友韩馥，袁绍也顾不了那么多，马上下手，实施他的锦囊妙计。

他首先给公孙瓒写了一封信，建议与他一起攻打冀州。公孙瓒很早就想找个理由攻占冀州，袁绍这个建议，正中下怀。他立即下令，发兵攻打冀州。

袁绍又暗地派人去见韩馥，说:“公孙瓒和袁绍联兵攻打冀州，冀州难以自保。袁绍过去不是你的老盟友吗？最近你不是还给他送过粮草吗？你何不联合袁绍，对付公孙瓒呢？让袁绍进城，冀州不就保全了吗？”

韩馥只得邀请袁绍进入冀州。这位请来的客人，表面上尊重韩馥，实际上他逐渐将自己部下一个一个似钉子扎进了冀州的要害部位。这时，韩馥清楚地知道，他这个“主”已被“客”取而代之了。为了保全性命，他只得只身逃出冀州了。

[古今战例]

诸葛亮取汉中

刘备兵进汉中，曹操自领大军前来防御，两军于汉水两岸隔河相对。诸葛亮查看地势，见汉水上游有一处丘陵地带，可以埋伏千余人，便回到营房中吩咐赵云说:“你可以带领五百人，携带战鼓号角，埋伏于上游的丘陵地带。无论何时，只要听到我军营中炮响，便可擂鼓扬威，只是不许出战。”赵云领命，带兵埋伏去了。第二天，曹兵前来挑战，蜀军只是不出，连弓箭也不放。曹兵无奈，只好回兵。到了晚上，诸葛亮见曹营灯火熄灭，军兵已经休息，随即放响号炮。赵云听到，立即下令鼓角齐鸣。曹兵以为敌人前来劫寨，急忙奔出准备防守，却哪里有一个蜀军人马，折腾了半天，刚想回营再去休息，只听一声炮响，鼓角又鸣，蜀兵呐喊之声震天动地，山谷齐应。曹兵彻夜难安。一连三夜，夜夜如此。曹操心里发怯，便退后三十里扎营。诸葛亮遂请刘备亲自渡汉水，于水边扎起大寨，并嘱咐他如何行事。

第二天，曹操见刘备背水结营，便领兵前来交战。蜀将刘封出马，曹操命徐晃出阵。刘封敌不住徐晃，打了几下拨马便逃。曹操指挥大军追来，蜀兵尽望水边逃走，丢弃营寨，军器马匹散落满地。曹兵争相拾取，不战自乱。曹操一见，知道中计，急忙下令鸣金收兵。正在此时，只见诸葛亮号旗举起，刘备领兵返身杀回，黄忠、赵云也从两边杀来。曹兵大败而逃，蜀兵连夜追赶。曹操欲回守南郑，到了城下一看，南郑已被蜀将张飞、魏延攻占，只好仓皇逃到阳平关去了。

刘备来到南郑，对曹操速败之事疑惑不解，因为曹操一向善于用兵。诸葛亮解释说，是因为他利用了曹操多疑的性格，以疑兵迷惑他，使他不敢勇战。针对现在曹操退守阳平关的情况，诸葛亮也早有打算，他派张飞、魏延去截断曹操的粮道，又叫黄忠、赵云分兵两路去放火烧山。

诸葛亮智取汉中

再说曹操退守阳平关，急令哨兵外出打探消息。不久，哨兵回报，说蜀兵已将远近小路全部阻断，山里砍柴的地方全被敌人放火烧尽。曹操正在疑惑，又有人来报告，说张飞、魏延分兵两路，已把粮草劫去了。曹操惊惧不已，粮草被劫，则军中的后勤供应成了问题；山野被烧，无处砍柴，则部队的生火问题也出现了困难。曹操无奈，只好领兵出关来战，希望凭一战之功杀退蜀兵。这次曹军出阵的仍是徐晃，蜀兵出阵的也仍是刘封。刘封打了几下又连忙败走，曹操领兵来追。突听蜀营之中炮声不断，鼓角齐鸣。曹操怕有埋伏，急忙下令后退。曹兵惊慌失措，自相践踏，死伤极多。曹操退回阳平关，刚刚歇定，蜀兵已赶到城下。他们虽不攻城，却于东门放火，西门呐喊，南门放火，北门擂鼓，不知搞什么名堂。曹操心中大惧，阳平关是不敢待下去了，急忙弃城出逃，在蜀兵的一路追杀之下，逃到斜谷界口去了。后来，曹操驻扎斜谷界口，见蜀兵又跟杀过来，心知此关也无法保住，勉强出战，又被魏延一箭射中，只好索性放弃斜谷界口，放弃整个汉中，急忙逃奔许都而去。

刘备进攻汉中，诸葛亮的几番用计都非常精妙。他先是布置疑兵，鸣角击鼓恐吓敌人，疲惫敌人，迫使曹操自动后退三十里，继而，又过河背水结营，引诱曹操前来进攻，然后设伏兵杀敌。曹操退守阳平关，诸葛亮又釜底抽薪，放火烧山，抢劫粮草，然后故计重演，于阳平关的四座城门外放火的放火，呐喊的呐喊，击鼓的击鼓，弄得敌人心慌意乱，遂使曹操胆气丧尽，被迫又放弃了阳平关，最终又放弃了斜谷界口，使得整个汉中之地全部归入刘备的手中。

刘永福退法军

公元 1882 年，受法国国王的派遣，海军舰队司令李威利率兵攻占河内。

竹林过渠

竹自古为名士所推崇，认为它高洁疏直，实际上，它还有许多实用功能。竹质坚硬，将其削尖便是利器。刘永福所用的竹筒、猪笼、鸡笼都是用竹所制。

刘永福率领的黑旗军再次应越南国王之请前往救援。在几次战斗中，法军连遭挫折，损失巨大。

李威利见步兵打了败仗，就改用骑兵。他的骑兵的马都是精心选来的洋马，又高又肥。骑兵手持马刀来往驰骋，非常厉害，骑兵司令韦鹭也智勇双全。所以李威利夸他的骑兵是“无敌骑兵”。

刘永福为破法国骑兵，思索好久，终于想出一条妙计来。

这天，刘永福命令军士们连夜砍来当地的许多竹子，命他们将大毛竹截成一段一段的竹筒，细毛竹削成蔑织成鸡笼，中号竹子破裂开编成猪笼。第二天黎明时分，刘永福兵分三路向法军进攻。

李威利得知黑旗军进攻的消息，丝毫不以为然，认为刘永福绝对是有去无回。于是法军也将骑兵分三路迎敌。黑旗军见法军骑来，慌忙就向后退。李威利和韦鹭率领骑兵紧追不舍，直追到黑旗军逃进的山坳。看见胜利在望，李威利和韦鹭兴奋不已，完全丧失了警惕。他们拼命向山坳里追去。这时，一声炮响，山冈上扔下了成百上千个猪笼、鸡笼和竹筒。法军战马踩在竹筒上就被滑倒，踩到猪笼、鸡笼就被套住了马蹄，弄得马腿无法打弯，更不能行走。一匹匹连人带马被摔倒，前撞后倒，马嘶人喊，乱成一团。这时，黑旗军的大刀、鸟铳、櫑木滚石大显神威。一直杀了三个时辰，“无敌骑兵”全军覆没，二百多名骑兵被击毙，李威利、韦鹭以及手下三十名军官也成了刀下之鬼。

刘永福的黑旗军以落后原始的武器击败拥有长枪骏马的法国骑兵，其主要原因在于刘永福善于发挥主观能动性，创造了有利于己方的形势，他知道要想打败法军，只能先断他们的足—马，另外还要诱近了打，使法军的武器优势无法发挥。由此，他采用竹笼战法困住敌军，并把他们诱进到预设的伏击圈里，此时，法军除了被动挨打，已经别无选择了。从此例中可以看出，发挥主观能动性，创造有利的作战态势，是利用反客为主取得战争胜利的一大因素。

第三十一计 美人计

［原文］

兵强者，攻其将；将智者，伐其情。将弱兵颓，其势自萎。利用御寇，顺相保也。

［译文］

对付实力强大的敌人，就要以主要精力对付他的将帅；对付有智谋的将帅，就要设法找到他的弱点并挫败他的意志。将帅斗志衰弱，部队士气消沉，它的势力必定自行萎缩。利用敌人的弱点，对他进行分化瓦解，就可以扭转敌我形势，从而保全自己。

［计名由来］

美人计，语出《六韬·文伐》："养其乱臣以建之，进美女淫声以惑之。"意思是，对于用军事打击难以征服的敌方，要使用"糖衣炮弹"，先从意志思想上打败敌方的将帅，使其内部丧失战斗力，再行强攻。对兵力比自己强大的敌人，要制服他的将帅；对于足智多谋的将帅，要设法用声色犬马去腐蚀他，使其斗志衰退，部队士气消沉，失去战斗力。利用多种手段，攻其弱点，己方顺势保存实力，由弱变强。

春秋时吴越之战，勾践兵败于吴王夫差。夫差罚勾践夫妇在吴王宫里服劳役，借以羞辱他。越王勾践在夫差面前卑躬屈膝，百般逢迎，骗取了夫差的信任，终于放他回越国。后来越终于灭掉了吴，吴王夫差拔剑自刎。

西施与郑旦

勾践灭吴，原因就是勾践成功地使用了"美人计"。

勾践被放回越国以后，卧薪尝胆，不忘报仇雪恨。吴国强大，靠武力越国难以取胜，越大夫文种献计：“高飞之鸟，死于美食，深泉之鱼，死于芳饵。要想复国雪耻，应投其所好，衰其斗志，才可置夫差于死地。”于是勾践挑选了两名绝代佳人：西施、郑旦，送给夫差，并每年进献珍奇异宝。夫差毫不设防，整日与美人饮酒作乐，连大臣伍子胥的劝谏也听不进去。公元前428年，吴国大旱，卧薪尝胆的勾践终于一举消灭了吴国，夫差只能一死了之。

［古今战例］

吕不韦的阴谋

吕不韦本是赵国阳翟的大富商，精明能干，往来各方，贱买贵卖，积攒起庞大的家私。他富可敌国，连国君也要对他忌惮三分。但是吕不韦不满于此，他希望获得更多的权势。于是他将目光投向秦国公子子楚。子楚是昭王之孙，在赵国做人质，处境维艰。其父安国君被封为太子，但是安国君之子有二十多人，子楚的母亲又不受宠，所以几乎没有继位的可能。

吕不韦凭借自己敏锐的嗅觉，断定子楚是极有分量的筹码，于是前去拜访子楚，极力游说他。吕不韦直言能够光大子楚的门庭，为他分析目前的形势。子楚虽然不受重视，又长期留在诸侯国做人质，但想要继位也并非完全不可能。安国君非常宠爱华阳夫人，能够选定太子的只有华阳夫人。华阳夫人自己又没有儿子，所以，如果想要继位，就要从华阳夫人下手。

吕不韦馈赠给子楚数千金银，以支付他日常用度，还为他添置家业，帮他广交宾客。子楚对吕不韦感激不已，视其为心腹。吕不韦又拿出许多金银用来购买奇珍异宝，自己带着这些宝物去秦国游说。他先拜见了华阳夫人的姐姐，将带来的财物敬献给华阳夫人，并且在夫人面前夸赞子楚，说他聪明贤能，礼贤下士，结交了许多诸侯宾客。华阳夫人听后十分高兴。吕不韦又趁势通过华阳夫人之姊来提醒她结交世子，为自己的将来铺路。华阳夫人听后十分心动，加上现在子楚在赵国，不被重视，没有权势，如若扶植他，比较容易掌控。于是华阳夫人就找到时机向安国君提起这事，立子楚为继承人，并请吕不韦做他的老师。

子楚在诸侯国中名头越来越响，逐渐对吕不韦倨傲起来。吕不韦心中恼怒，但是并未表现出来。吕不韦家中常备歌妓舞女，遇有重要客人就让她们出来歌舞助兴。当中有一姿容绝艳、能歌善舞的邯郸女子，风情万种，刚怀了吕不韦的骨肉。子楚有一次与吕不韦一同饮酒，看到此女后惊为天人，立时请求吕不韦将女子赐予他。吕不韦大为光火，但是转念一想，有了这个女子，更容易掌控子楚。何况这个女子怀有自己的骨血，事情的发展对自己更为有利。吕不韦第二日便将女子献了出去。

这名歌妓过了十月以后，生下了儿子，取名叫政，这名女子也被立为夫人。

公元前 257 年，秦军攻赵，赵国想杀死子楚。子楚偷偷回到秦国，而子楚的妻儿则在赵国隐匿起来。公元前 251 年，昭王去世，安国君继位，华阳夫人为后，子楚为太子，子楚的妻儿也回到秦国。后来子楚继位，便是秦庄襄王。公元前 249 年，任命吕不韦为丞相，封为文信侯，河南洛阳十万户作为他的食邑。庄襄王死后，太子嬴政继位，尊奉吕不韦为相国，并称他为“仲父”。

吕不韦当初花费金银，帮助子楚做了太子，得了地位，自己也一路攀升。吕不韦又命自己的歌妓去侍奉子楚，使出美人计将利益牢牢地抓在自己手中。

司徒巧施美人计

公元 189 年，在镇压黄巾起义中卓有“战功”的董卓，率兵进入了洛阳，废掉汉少帝，立献帝，自任相国，独揽朝中大权。

司徒王允表面上效忠董卓，暗地里却对他恨之入骨，时刻想除掉他，肃清朝政。王氏是山西望族，世代担任州郡的重要官职，在当地影响很大，威望颇高。董卓废掉少帝，在朝中为所欲为，许多忠贞之士都纷纷借故离开朝廷，只有王允仍然留在朝中，并且对董卓言听计从，这是王允自己的打算。此时朝廷内外交困，献帝继位，但东汉政权仍危机四伏。而此时董卓大权在握，一般人对他奈何不得，所以王允表面上对董卓百依百顺，取得他的信任。暗地里，王允细心计划，周密布置。董卓见王允不但具有才识，而且对自己忠心耿耿，毫无二心，于是便把王允当作自己的心腹亲信，对王允不生丝毫疑心，无论朝政大小，都托付给王允处理。王允也借机主持了一些恢复王室和发展社会经济的具体事务。

王允一直在找对付董卓的合适时机，但是董卓身边还有一员得力干将，那就是他的义子吕布。吕布力气过人，武艺超群，是当时有名的勇士。吕布对董卓忠心耿耿，虽然有许多人想刺杀董卓，但是因为吕布的武功，都无功而返。王允一直忧心如焚，此事被府中的歌妓貂蝉发现。貂蝉自小进

司徒王允说貂蝉

入王允家中，聪明伶俐，姿色歌舞出众，被王允视作女儿，王允对她也十分放心。

王允见到貂蝉的容色，决定利用貂蝉去离间董卓与吕布。他将想法告诉貂蝉，貂蝉也愿意配合。

几天后，王允托人送给吕布厚礼，吕布登门拜谢。席间，王允故意让貂蝉出来给吕布斟酒，让吕布看得目瞪口呆。然后王允将貂蝉许配给吕布，吕布大喜过望，拜谢而归。

吕布走后没几天，王允又以司徒的身份在家中宴请董卓。酒后，王允让歌妓出场献舞，众女载歌载舞，簇拥貂蝉出场。董卓一见之下，惊为天人，垂涎不已。王允便乘机将貂蝉献给董卓，并且连夜将貂蝉送入董卓府中。

吕布知道后大怒，找王允算账。王允便说是董卓要求把貂蝉带入府中，选择良辰吉日为吕布成亲，吕布这才息怒。谁知几天以后，吕布突然发现董卓已经占有貂蝉。吕布怒不可遏，但是忌惮董卓，不敢当面质问。乘董卓出去后，吕布进入府中，貂蝉见到吕布便向他哭诉，说是董卓强占自己。吕布心下忿恨，对董卓的意见与日俱增。不久之后，吕布和貂蝉正在相会，恰巧被董卓撞见，董卓勃然大怒。待吕布走后，貂蝉又向董卓哭诉，说是吕布乘机调戏侮辱自己。几次三番，终于挑起了董卓与吕布的仇恨，两人势同水火。董卓为了避免吕布的骚扰，将貂蝉带到自己的别墅。王允这头又与吕布联合，两人定下计划，准备杀掉董卓。王允假传圣旨，让董卓回朝接替皇位。当董卓入朝时，吕布正守在旁边，一戟刺过来，便将董卓刺死。

董卓死后，吕布的势力也被分裂，不久之后在辕门被曹操杀死。王允就这样用美人计将董卓势力分解，并借吕布的刀杀死了董卓。

第三十二计 空城计

[原文]

虚者虚之，疑中生疑；刚柔之际，奇而复奇。

[译文]

与敌比较，我们的力量本来就显薄弱，如果进一步显示空虚，就会让敌人难以揣摩；在敌众我寡时，这种奇中再奇的战术，会有意想不到的效果。

[计名由来]

历史上第一个空城计的战例出现在春秋时期。楚国的令尹公子元，在他哥哥楚文王死了之后，想占有漂亮的嫂子文夫人。用各种方法讨好她，文夫人都无动于衷。于是他想建立功业，显显自己的能耐，以讨得文夫人的欢心。

公元前666年，公子元亲率兵车六百乘，浩浩荡荡，攻打郑国。楚军一路直逼郑国国都。郑国国力较弱，都城内更是兵力空虚，无法抵抗楚军进犯。

郑国危在旦夕，群臣慌乱，有的主张纳款请和，有的主张拼一死战，有的主张固守待援。上卿叔詹说："请和与决战都非上策，固守待援，倒是可取的方案。郑齐订有盟约，而今有难，齐国会出兵相助。只是空谈固守，恐怕也难守住。公子元伐郑，实际是想邀功图名，讨好文夫人。他一定急于求成，又特别害怕失败，我有一计可退楚军。"

郑国按照叔詹的计策，在城内做了安排。他命令士兵全部埋伏起来，不让敌人看见一兵一卒。店铺照开门，百姓往来如常，不准露出一丝慌乱之色，城门大开，放下吊桥，摆出完全不设防的样子。

楚军先锋到达郑国都城城下，见此情况，心里怀疑，莫非城中有埋伏，诱我中计？因此不敢妄动。公子元赶到城下，也好生奇怪。他率众到城外高地上望了望，城中确实空虚，但又隐约看到了郑国的旌旗甲士，公子元认为其中有诈，不可贸然进攻，先探听虚实再说。

这时，齐国接到郑国的求援信，已联合鲁宋两国发兵救郑。公子元闻报，知道三国兵到楚国定不能胜，于是下令全军连夜撤走，人衔枚，马裹蹄，不出一点声响。

第二天清晨，叔詹登城一望，说："楚军已经撤走。"

这就是中国历史上第一个使用空城计的战例。

［古今战例］

李广虚作疑兵

汉朝时，匈奴军大举入侵雁门、上郡。汉景帝命"飞将军"李广统军御敌。

一天，皇帝的近臣带领几十名骑兵出营，发现三个匈奴人，以为是敌军侦探，便立即跃马追去，三个匈奴人转身放箭，射伤近臣，几十名骑兵也被射杀殆尽。

李广闻报，判断说，这一定是匈奴射雕的猎户，于是便带百余骑去追赶，结果杀死二人，活捉一人。李广正准备上马回营，突然发现远处奔来数千匈奴骑兵。匈奴骑兵这时也发现了李广一行。匈奴兵误认为这是汉军派出来的诱兵，就急忙驰向山头，列开阵势，准备迎击。李广手下的骑兵见状大惊，皆拍马欲退。李广制止说："我们远离主力部队，如果惊慌撤退，匈奴肯定会追杀我们。现在最好的办法是留下来，这样，匈奴就会以为我们是大军的诱兵而不敢贸然进击。"于是，他率领骑兵继续行进。当走到离匈奴阵地约二里的地方时，李广命令骑兵全部下马解鞍，以迷惑敌人。

李广

匈奴军由于摸不透李广的用意，果然不敢轻易出击。一会儿，匈奴有一个骑白马的将军走出阵地巡视兵士，李广发现后，立即跃马弯弓，带领十多名骑兵冲上去一箭就将骑白马的人射落马下。然后驰回自己的队伍中，又卸下马鞍，叫兵士们把马放了，让马吃草，大家躺在地上休息。一直等到日暮，匈奴人还是辨不清李广的虚实，始终不敢下山。到了半夜，匈奴军担心遭到汉军伏兵袭击，便乘夜撤退而去。李广终于安全返营。

陆逊智退兵

公元236年，孙权北征，派右都督陆逊与中司马诸葛瑾攻襄阳。陆逊派亲戚韩扁怀揣奏疏上报朝廷，返回途中，在沔中遇到敌人，敌人抓获了韩扁。诸葛瑾听后，十分恐慌，写信给陆逊说:“大驾已还，敌人得到韩扁，将我们的虚实全部打听清楚了。而且河水快干了，最好是赶快离去。”陆逊未作答复，仍催促人种葑豆（一种蔬菜），与众将领下棋射箭游戏，一如平常。诸葛瑾说:“陆伯言足智多谋，他这样做一定自有考虑。”于是亲自来见陆逊。陆逊说:“敌人知道大驾已还，再不用为此筹谋，便专心对付我们。如今敌人已经守卫了要害之处，兵将已经出动。我们自己应当镇定自如以稳住部队，然后再巧施计谋，退出此地。如果今天就向敌人表明我们要走，敌人会以为我们害怕了，必然会来威逼我们，那就是必败之势了。”于是秘密地与诸葛瑾定计，令诸葛瑾坐镇舟船，陆逊率领全部兵马向襄阳进发。敌人素来惧怕陆逊，见陆逊要攻襄阳，立即退回城中。诸葛瑾便引船而出，陆逊慢慢整顿好队伍，大张旗鼓地走上船。敌人不知究竟，不敢追击，于是陆逊全军安然退出。

诸葛瑾

第三十三计 反间计

[原文]

疑中之疑。比之自内，不自失也。

[译文]

在疑阵中再布疑阵，并且利用敌人作为内应，我方就会取得胜利，而且不受半点损失。

[计名由来]

“反间计”一词出自《孙子·用间篇》和《战国策·燕策》，意思是说巧妙利用敌人的间谍，使其反为我所用。在战争中，双方使用间谍是十分常见的。《孙子兵法》就特别强调间谍的作用，认为将帅打仗必须事先了解敌方的情况。要准确掌握敌方的情况，不可靠鬼神，不可靠经验，“必取于人，知敌之情者也。”这里的“人”，就是间谍。《战国策·燕策》：“惠王即位，用齐人反间，疑乐毅而使骑劫代之将。”亦即其义。《孙子兵法》专门有一篇《用间篇》，指出有五种间谍。利用敌方乡里的普通人作间谍，叫因间；收买敌方官吏作间谍，叫内间；收买或利用敌方派来的间谍为我所用，叫反间；故意制造和泄露假情况给敌方间谍，叫死间；派人去敌方侦察，再回来报告情况，叫生间。唐代杜牧解释反间计特别清楚，他说：“敌有间来窥我，我必先知之，或厚赂诱之，反为我用；或佯为不觉，示以伪情而纵之，则敌人之间，反为我用也。”

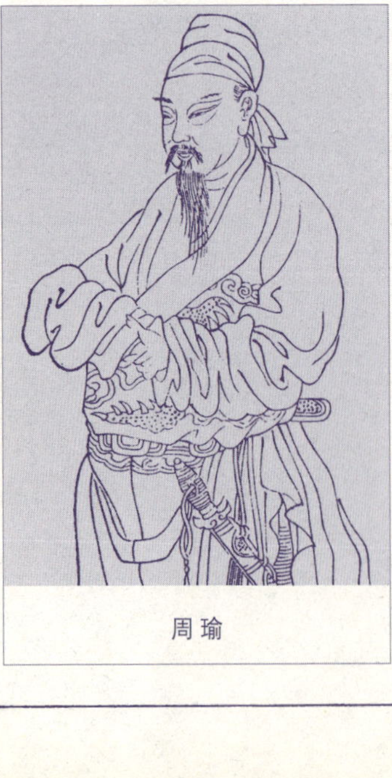
周瑜

三国时期，赤壁大战前夕，周瑜巧用反间计杀了精通水战的叛将蔡瑁、张允，就是个有名的利用反间计取胜的例子。

曹操率领号称八十三万大军，准备渡过长江，占据南方。当时，孙刘联合抗曹，但兵力比曹军要少得多。

曹操的队伍都由北方之兵组成，善于马战，可不善于水战。正好有两个精通水战的降将蔡瑁、张允可以为曹操训练水军。曹操把这两个当作宝贝，优待有加。一次东吴主帅周瑜见对岸曹军在水中摆阵，井井有条，十分在行，心中大惊。他想一定要除掉这两个心腹大患。

曹操一贯爱才，他知道周瑜年轻有为，是个军事奇才，很想拉拢他。曹营谋士蒋干自称与周瑜曾是同窗好友，愿意过江劝降。曹操当即让蒋干过江说服周瑜。

周瑜见蒋干过江，一个反间计就已经酝酿成熟了。他热情款待蒋干，酒席筵上，周瑜让众将作陪，炫耀武力，并规定只叙友情，不谈军事，堵住了蒋干的嘴巴。

周瑜佯装大醉，约蒋干同床共眠。蒋干见周瑜不让他提及劝降之事，心中不安，哪里能够入睡。他偷偷下床，见周瑜案上有一封信。他偷看了信，原来是蔡瑁、张允写来，约定与周瑜里应外合，击败曹操。这时，周瑜说着梦话，翻了翻身子，吓得蒋干连忙上床。守了一会儿，忽然有人要见周瑜，周瑜起身和来人谈话，还装作故意看看蒋干是否睡熟。蒋干装作沉睡的样子，只听周瑜他们小声谈话，听不清楚，只听见提到蔡、张二人。于是蒋干对蔡、张二人和周瑜里应外合的计划确认无疑。

他连夜赶回曹营，让曹操看了周瑜伪造的信件，曹操顿时火起，杀了蔡瑁、张允。等曹操冷静下来，才知中了周瑜反间之计，但也无可奈何了。

[古今战例]

范雎反间计

秦国数次打败赵国的军队，廉颇坚守壁垒，不出去迎战，赵王认为廉颇损兵折将，伤亡太多，又胆怯不肯出战，十分生气，好几次责备他。应侯又派人拿千金到赵国行反间之计，说：“秦国所畏惧的，是马服君的儿子赵括。廉颇容易对付，他就要投降了！”赵王于是派赵括代替廉颇为将军。蔺相如说：“君王派赵括为将军，就好像用胶粘住瑟柱来鼓瑟，怎能称心如意呢？赵括只会诵读他父亲留下的兵书，而不知随机应变。”赵王不听。赵括自幼学习兵法，自认天下无敌；曾和他父亲赵奢谈论军事，赵奢无法难住他，然而总是说他兵法不佳。赵括的母亲询问原因，赵奢说：“兵法是死的东西，括儿轻易谈论。假使赵国不派赵括为将军就罢了，如果一定由他率领军队，那么赵国军队被打败的，就一定是因为括儿了。”等到赵括即将

赵括母见王

率兵启程时，他的母亲亲自上书赵王，说不可派用赵括。赵王说："为什么？"回答说："最初我事奉他的父亲，当时他身为将军，自己奉食给他人进用的，有十几位，和他结交为友的，有百多位，国君及宗室所赏赐的东西，全部分给官兵；自接受君命之日起，不问家事，专心工作。现在赵括一旦做将军，东向朝见，军官无人敢抬头看他；君王所赏赐的金钱财帛，回家收藏起来，看到便宜多利的田宅，可购买的便把它购买下来。君王认为赵括像他的父亲，其实父子的心志不同，希望君王不要派遣他。"赵王说："请勿多言，我已经决定了。"赵括的母亲说："假如他今后有不称职的事情发生，请求不要牵连到我。"赵王立即准许。

秦王听说赵括已经做了赵国的将军，就暗中派武安君做上将军，王龁做副将，下令军中："有谁敢泄露由武安君为将的，斩首！"赵括来到军中，变更廉颇的作战方式，更动军部的佐战人员，派兵出击秦国军队。武安君假装战败逃走，伸展左右两翼之兵加以包围。赵括乘胜追击，到达秦国的军垒，壁垒坚强，累攻不下；秦出奇兵二万五千人，断绝赵军的后路，又派骑兵五千人断绝与赵国军垒之间的通道。把赵军一分为二，粮饷补给中断。武安君派轻兵从正面来攻，赵国战况不利，便筑设壁垒以待救援到来。秦王听到赵国粮饷补给的路线中断，便亲到河内，派十五岁以上的人民全赴长平前线，担任阻绝赵国救兵和粮食的任务。齐楚二国派人援赵，但因赵人欠缺粮食，于是向齐国请求支援粟米，齐王不答应。九月，赵军因为断绝了四十六天的粮食，军中士卒都私下彼此残杀以为食。秦军突然加强攻势，赵军想分四队冲出包围，往复四五次，都冲不出去。赵括亲自率领精锐部卒，和秦军作肉搏战，被秦人乱箭射死。赵军大败，四十万士兵全部投降。武安君说："秦国已经攻下上党，上党人民却不喜欢做秦国人，反而归附赵国。赵国士兵反复无常，如不赶尽杀绝，今后恐会叛乱。"于是使用欺骗手段，将他们全部活埋杀死，只遣送弱小士兵二百四十人回赵。这场战争的结果，前前后后斩首及被俘虏的有四十五万人，给赵国带来极大的震撼。

秦王智灭魏国

秦王对魏公子即信陵君的威名深为忧虑，就派人带黄金万两到魏，收买晋鄙门客，让他在魏王面前诽谤信陵君。晋鄙原是魏国大将，信陵君窃符救赵时用朱亥杀掉晋鄙，从此与晋鄙门客结怨。门客对魏王说："公子在国外已十几年了，现在又回来做了魏国大将，各诸侯国都听从他的指挥。如今在诸侯心目中只知尊信陵君，而不知有您魏王，公子自己也想趁机称王，大家慑于公子威望，也都准备拥戴他为王。"与此同时，秦国又多次派使者到魏国见信陵君，假意庆贺并询问他是否已立为魏王。魏王天天听到这些诋毁信陵君的消息，不能不信，就派人取代了信陵君的职务。信陵君知道自己是受诽谤而被废除大将职务的，"乃谢病不朝，与宾客为长夜饮，饮醇酒，多近妇女。日夜为乐饮者四岁，竟病酒而卒。"秦王得知信陵君已死，派大将蒙骜率兵攻魏，克二十城。设东郡以后，又不断蚕食魏国，十八年后活捉魏王，攻陷魏都大梁。敌不疑，其间不成。秦王间魏王而成功，正是利用了魏内部的矛盾，又利用了魏王的轻信而挑拨之，达到了假魏王之手除信陵君的目的。

张嶷巧施反间计

张嶷是蜀汉著名的韬略家，一生建功立业，颇有建树。张嶷精通韬略，风格灵活，尤以政治韬略见长。

苏祁邑的君王冬逢、冬逢的弟弟隗渠等人，已经投降了蜀国又反叛。张嶷诛杀了冬逢。冬逢的妻子，是旄牛部落王的女儿，张嶷用计宽恕了她。而隗渠逃到了西边边界。隗渠刚勇凶猛，敏捷强悍，各部族都非常害怕他，他派两个亲信假装投降张嶷，实际上是来窃取消息。张嶷觉察了，许诺给他们重赏，让他们回去作反间，他们两人于是合谋杀了隗渠。隗渠死后，各部族都安定下来了。又有斯都县年老的首领李求承，以前曾亲手杀死了龚禄，张嶷招募人将他捕捉，历数他以前的罪恶诛杀了他。

开始张嶷因为郡所的外城房屋颓坏，另外修筑了小土堡。他在官位三年，迁回原来的郡所，修补整治内城和外城，少数民族的男男女女莫不贡献力量。

他在郡中十五年，境内安宁和平。因他多次请求回朝，便召他到成都。

姜维

少数民族的百姓留恋爱慕，扶着车子流泪。经过旄牛邑，邑王背着婴儿来迎接他，追寻到蜀郡边界，他的统军将领相继跟随朝贡的有一百多人。张嶷回到朝廷后，被任命为荡寇将军。他意气风发、勇敢有气节，士大夫大多尊重他。然而他放荡少礼，人家也因此指责他。公元254年，魏国狄道长李简写密信请求投降，卫将军姜维率领张嶷利用李简的资助以出兵陇西。到狄道后，李简率领城中全部官吏百姓出来迎接蜀军。蜀军的前锋与魏国将军徐质交锋，张嶷临阵牺牲，然而他杀伤的敌人也已过倍。阵亡以后，封他的长子张瑛为西乡侯，二儿子张护雄继承他的爵位。南边越郡的少数民族百姓听说张嶷战死，没有一个不悲痛哭泣的，还替张嶷立庙，四季水旱时总是祭祀他。

贾逵将计就计

东汉末年以来，刺史总领诸郡，布政一方，与以往职掌司察之任，区别很大。贾逵富有政治、军事韬略，威恩兼施，整肃万里，为曹魏集团中有名的封疆大吏。贾逵运用韬略，烂熟于心，注重因时制宜，因地制宜，圆融灵活，讲究实效，其所行事，多有可贵之处。

以前，贾逵曾到皮氏，对当地人说:“双方争夺一块地方，先占据有利地形的一方必胜。”到郭援包围绛邑，形势危急的时候，贾逵知道绛邑将被攻破，就派人从小路将他的印绶送回河东郡，并让他通知郡守，赶快占据皮氏。郭援吞并了绛邑的守军之后，将要继续进军。贾逵怕他先占领皮氏，就用别的计策使郭援的谋士祝奥产生疑虑，以至郭援的军马停留了七天。河东郡郡守听从了贾逵的劝告，所以没有打败仗。

后来贾逵被推举为茂才，任渑池县令。高干谋反以后，弘农郡的张琰要起兵响应，贾逵不知道张琰的阴谋，去见他。到那以后，听说叛乱已经发生了，想回去，又怕被捉住，就替张琰出谋划策，好像是与他同谋的人。张琰相信了他。当时渑池县寄治于蠡城，城外的壕沟很不坚固，贾逵请求张琰派兵去修蠡城的城池，那些要谋反叛乱的都不隐讳他们的阴谋，所以贾逵能够把他们一网打尽。然后再修城抗拒张琰的部队。

张琰败亡以后，贾逵因为祖父去世离官，又由司徒征召他为掾吏，以议郎职衔参与司隶军事。

孙子讲，“上兵伐谋”，打乱敌方部署，使其计划不能如期实施，是最为有利之举。一旦充分了解敌方之谋，有目的地实施己方之谋，反彼为己，因彼成己，使敌人套入圈套，一举取胜。贾逵借机就势，因敌为谋，表现了处变不惊、灵活机动的韬略素养。

吕蒙用间

吕蒙为三国时代的著名智将，也是中国历史上杰出的军事家。

吕蒙在年轻时代，不辞艰险，卓具胆魄，然读书不多，智略未广。后来，在军事实践中注意理论与文化的修养，于是学问日增，以致运筹谋划，出奇制胜，手段高超，识见过人，谋勇兼具，如虎添翼。

吕蒙善于见机，敢于决断，明于大计，精于指挥，曾巧降郝普，智擒关羽，建立了赫赫战功。吕蒙在韬略上圆融变通，临机制变，已臻于化境。

刘备派关羽镇守荆州全境，孙权命令吕蒙往西夺取长沙、零陵、桂阳三郡，吕蒙发文到长沙、桂阳两郡，对方望风归服，唯独零陵太守郝普守城不降。而刘备亲自从西蜀来到公安，派关羽来争夺三郡。孙权那时在陆口，让鲁肃带领万人驻扎在益阳抵御关羽，用紧急文书召令吕蒙，要他舍弃零陵，赶快回来帮助鲁肃。

鲁肃

起初，吕蒙平定长沙之后，要去零陵，经过酃县时带上南阳人邓玄之。邓玄之是郝普的老友，吕蒙想用他去诱降郝普。接到紧急文书时，吕蒙先将此事保密。夜晚召见各将领，布置计谋策略，声言早晨便要攻城。

吕蒙看着邓玄之说：“郝子太听说世间有忠义的事，也想要这样做，可是不识时机。现在左将军刘备在汉中，被夏侯渊所围。关羽在南郡，由我主上亲自来对付他。他们正是首尾倒悬，救死还来不及，哪有余力再来管这边的事呢？现在我军都是精锐部队，人人都想拼命作战，主上派兵沿路不绝。如今子太危在旦夕，等待盼望不到的救兵，就好像牛蹄穴中的鱼，想依赖长江、汉水的救济，这事已经很明显不可靠了。如果子太能够集中士卒的心，保守孤城，勉强拖延时间，来等待援兵，这还可以。现在我军全心全意来攻，要不了多少日子，城池必定攻破，城破之后，自己死了有什么好处？何况还会让白发苍苍的百岁老母也遭诛杀，岂不痛心吗？想来此人得不到外间消息，认为援军可靠，所以才这样做。你可前去见他，向他陈述祸福的实况。”

玄之去见了郝普，把吕蒙这些话都说给他听，郝普畏惧，就听从了吕蒙的意见。邓玄之先出城报告吕蒙，说郝普随后就到。吕蒙预先命令四员部将，各选一百名士兵，等郝普一出城，便进去据守城门。一会儿郝普出来了，吕蒙迎上去握住他的手，和他一起下到船上。交谈之后，拿出紧急文书给郝普看，并且拍手大笑。郝普看了文书，才知道刘备在公安，关羽在益阳，自觉惭愧悔恨，无地自容。

吕蒙留下孙皎，将善后事宜委托给他，自己立即率部赶赴益阳。刘备请求结盟，孙权就把郝普等人放归，划湘水为界，将零陵还给刘备。将寻阳、阳新作为吕蒙的奉邑。

岳飞用间杀叛贼

公元1130年，南宋济南知府刘豫反叛宋朝，投降金主，在大名府（今河北大名南）被金主封为大齐皇帝。此后，刘豫多次配合金兵攻打宋军，成为宋军北伐的极大威胁。

公元1137年，岳飞奉命进攻金兵。他认为，要打败金兵，必须先破坏刘豫与金人的关系，进而除掉他，以削弱敌人的力量。岳飞了解到，金人内部对刘豫态度不一，金将粘罕对刘豫亲善，金国元帅完颜宗弼（即金兀术）对刘豫憎恶，就想利用这个矛盾离间敌人。

这时正好宋军捉到了一个金兀术派来的间谍，岳飞就决定利用他进行反间活动。岳飞把这个间谍找来，当面故意责问：“你不是张斌吗？前些日子派你送信给齐王，约他和我们一起把金兀术引诱到清河（今江苏淮阴东大清河），两军夹击，把他消灭。你带着我的信不到齐王那里去，差点儿误了我的大事。”间谍听了岳飞这番话，丈二和尚摸不着头脑，但怕岳飞杀死他，为了保住性命也就默认自己是张斌，并向岳飞叩头求饶。岳飞就给刘豫写了一封信，约刘豫一起诱杀金兀术，又把信装在蜡丸里封好，为了防止丢失，在间谍的腿上割开一个口子，把蜡丸塞到里边，包扎起伤口。然后，岳飞对间谍说："我饶了你，这回你要严守秘密，一定把信送到。"

这个间谍以为不但保住了性命，还意外地得到了重要情报，真是喜出望外。他急忙跑回金国，把信送给金兀术。金兀术看后，又惊又怒，他把这封信报告了金朝皇帝。金主下令把刘豫废掉，并充军到临潢（今内蒙古自治区林东镇）。

岳飞利用敌人营垒内部的矛盾，巧借敌间，诈中又诈，用一个反间计除掉了一个叛贼，解除了一大威胁。唐朝杜牧说："敌有间窥我……示以伪情而纵之，则敌人之间，反为我用也。"这个成功事例，可以作为对这段话的生动说明。

第三十四计 苦肉计

［原文］

人不自害，受害必真；假真真假，间以得行。童蒙之吉，顺以巽（xùn）也。

［译文］

按常理来说，人是不会伤害自己的，若遭受到伤害，必是真实的；我们若能利用这一点，以假乱真，并使敌人不怀疑，那离间计就成功了。采用童蒙柔顺办法欺骗敌人，就是顺应他柔顺性情达到目的的。

［计名由来］

苦肉计是一种特殊的离间法。人们都不愿意伤害自己，如果说被别人伤害，这肯定是真的。己方如果以假当真，敌方肯定信而不疑，这样才能使苦肉之计得以成功。运用此计，“自害”是真，“他害”是假，以真乱假。己方要造成内部矛盾激化的假象，再派人装作受到迫害，借机钻到敌人心脏中去进行间谍活动。

春秋时期，吴王阖闾杀了吴王僚，夺得王位。他十分惧怕吴王僚的儿子庆忌为父报仇。庆忌正在卫国扩大势力，准备攻打齐国，夺取王位。

阖闾整日提心吊胆，要大臣伍子胥替他设法除掉庆忌。伍子胥向阖闾推荐了一个智勇双全的勇士，名叫要离。阖闾见要离矮小瘦弱，说道：“庆忌人高马大，勇力过人，如何杀得了他？”要离说：“刺杀庆忌，要靠智不靠力。只要能接近他，事情就好办。”阖闾说：“庆忌对吴国防范最严，怎么能够接近他呢？”要离说：“只要大王砍断我的右臂，杀掉我的妻子，我就能取信于庆忌。”阖闾不肯答应。要离说：“为国亡家，为主残身，我心甘情愿。”

不久，吴都忽然流言四起：阖闾弑君篡位，是无道昏君。吴王下令追查，原来流言是要离散布的。阖闾下令捉了要离和他的妻子，要离当面大骂昏王。阖闾假借追查同谋未杀要离，只是斩断了他的右臂，把他夫妻二人关进监狱。

几天后，伍子胥让狱卒放松看管，让要离乘机逃出。阖闾听说要离逃跑，就杀了他的妻子。

这件事不但传遍吴国，邻近的国家也都知道了。要离逃到卫国，求见庆忌，要求庆忌为他报断臂杀妻之仇，庆忌接纳了他。

要离果然接近了庆忌，他劝说庆忌伐吴。要离成了庆忌的贴身亲信。庆忌乘船向吴国进发，要离乘庆忌没有防备，从背后用矛尽力刺去，刺穿了胸膛。庆忌的卫士要捉拿要离。庆忌说："敢杀我的也是个勇士，放他走吧！"庆忌因失血过多而死。

要离完成了刺杀庆忌的任务，家毁身残，也自刎而死。这也是历史上运用苦肉计的典范。

[古今战例]

申包胥哭来秦兵救楚国

楚国大夫伍子胥与申包胥两人私交甚好，后来伍子胥因受楚王追杀被迫出奔吴国之前，曾对申包胥说："我一定要颠覆楚国。"申包胥说："我一定使它保存下来。"等到伍子胥率吴军攻入楚国的郢都以后，到处寻求楚昭王，要报当年逼杀父兄之仇。找不到楚昭王，就掘开楚平王的坟墓，抬出楚平王的尸体，抽打了三百鞭之后才算罢休。

这时申包胥逃进深山之中，他派人告诉伍子胥说："您报仇的方法简直太过分了！我听说，人多力量大，可以战胜上天，上天的意志决定也能打破人力。您过去曾是平王的臣子，曾面北而事奉过他，而今却鞭笞死人，这岂不是太无视天道了吗？"伍子胥对来人说："请代我感谢申包胥，对他说，我眼下日暮而途远，所以我要倒行逆施。"于是申包胥就跑到秦国，去向秦国请求救兵。秦国不答应出兵。申包胥站在秦国朝廷之上，昼夜痛哭，连续哭了七天七夜。秦哀公觉得申包

孟姜女亲送寒衣

孟姜女丈夫被秦王征去筑长城，她前去送寒衣，但丈夫尸骨无存，她于是站在长城脚下痛哭不已。申包胥因为秦国不肯发兵，痛哭了七天七夜。

胥实在可怜，说："楚王虽然无道，但有这样的臣子，这个国家能不保存下来吗？"于是就派遣五百辆战车援救楚国。这年六月，秦军在稷地打败了吴军，楚国终于得救了。

勾践忍辱脱身

战国时期，吴国兴兵讨伐越国，吴王夫差屡败越军，越王勾践只得投降，他把国事委托给大夫文种管理，便率大夫范蠡到吴国去伺奉夫差。

勾践为了尽快逃离吴国，东山再起，兴越灭吴，便装作苟且偷生的样子，其实却在暗中积蓄力量。他住在山洞中，每日蓬头垢面，低三下四，为夫差做仆役。有人在他身后指点着说："这就是当年的越王勾践呀！"他听到了仍装作满不在乎，毫不反感。

有一次，夫差染病，卧床不起。勾践得知此病不久便可痊愈，就亲见夫差祝贺道："恭喜大王，您的病近几天就能好转。"夫差不解地问："你怎么知道？"勾践回答说："我曾学过一种本领，只要尝一尝粪便，便可知道人的生死寿数。我刚才尝过大王的粪便，味酸而稍有点苦，得了'时气之症'！此病很快就能痊愈，大王不用担心。"夫差听后非常感动，被勾践的"关切"之情迷惑住了，认为勾践已无反叛之心，就放心地下令放勾践回国了。

萧何自污免祸

公元前196年秋天，淮南王英布谋反，高祖亲率大军前往讨伐。出征过程中，高祖多次派人打探相国萧何在京城干些什么。萧何因为皇上在前线作战，就在后方安抚勉励百姓，尽一切力量支援前线，就像前一年支援讨伐陈地的时候一样。

任用三杰

刘邦在打天下的过程中，张良、韩信、萧何三杰作用重大。但刘邦后来猜忌心重，萧何只好自污免祸。

这时有位客人劝萧何："先生不久就要祸灭九族了。试想想，您身为相国，开国功臣中您位列第一，还能有比这更高的名位和待遇吗？您从刚刚进入关中的时候起，就很得老百姓的信任和爱戴，到现在已经十多年了，老百姓归附您，您也一直致力于老百姓的和平安定。现在皇上之所以多次打听您在京城干些什么，就是怕您倾覆动摇关中。眼下您为什么不多买些田地，再放些低利贷款，以此来玷污自己的名声？只有这样，皇上才能对您放心。”于是萧何听从客人的主意。高祖听说后非常高兴。

完颜阿骨打采“哀兵”之计

完颜阿骨打即金太祖，女真族，公元1115年称帝，建立金朝。辽国主耶律延禧，听说完颜阿骨打脱离辽国，宣布独立称帝建国，还攻占了黄龙府（今吉林农安县）后，又惊又怒，亲自率领七十万大军前往征讨，并派驸马萧特末率领骑兵五万，进到斡邻泺会合进攻金兵。完颜阿骨打受到势力强大的辽兵的威胁，深感不安。为了保住新建立的独立政权，当即召集各部落首领商讨迎战方略。阿骨打面对敌强我弱、敌众我寡的形势，认为只有全体将士上下齐心协力才有可能取得胜利。如何才能使大家同心协力、同仇敌忾呢？阿骨打采用“哀兵必胜”的计谋来激励士气。他当众从腰间拔出佩剑，并在自己的脸上乱划一通，满脸道道血痕，然后仰望天空，痛哭流涕地说：“我当初起兵就是为了让女真族不受外族人的欺凌，希望自己立国，没料到辽国竟动用全国的兵力来征讨我们。现在大祸临头，死在眼前了。我们要想生存下去，只有两条出路：一条是动员全族人民齐心合力，与辽决一死战；另一条路就是杀了我的全家老小，然后向辽投降，这样或许可以取得辽国的宽恕，国家可能转祸为福，何去何从请大家来定夺。”各部落首领见完颜阿骨打满面血泪，都悲愤交集，一个个也都泪流满面。大家慷慨激昂地发誓说：“大家都是为了女真族的独立而自愿参加起兵的，现在事已至此，只有齐心协力决一死战才能胜利。我们赴汤蹈火也在所不辞。”

阿骨打采用“哀兵”之计，立见成效，从部落首领到士卒，个个斗志昂扬，求战心切。于是，完颜阿骨打立即率军轻装疾进，日夜兼程，终于在护步答岗追上了辽军。完颜阿骨打采用分道夹攻辽军的战术，迫使辽军陷入被动之势。乘辽军还未调整好兵力之机，就率领所有的后备力量，横扫辽中军，使辽军阵容大乱，数十万辽军失去指挥，混乱一团。辽军恐慌万状，夺路奔逃，金军猛追，辽军死伤惨重，金军取得了决定性胜利。由于完颜阿骨打施用“哀兵必胜”的谋略，使得金军上下有了拼死的决心和勇气，终于扭转了败局，并取得了以弱胜强、以寡击众的胜利。这一关键大战的胜利彻底改变了辽、金两国间力量的对比，为金灭辽奠定了基础。

第三十五计 连环计

[原文]

将多兵众，不可以敌，使其自累，以杀其势。在师中吉，承天宠也。

[译文]

敌人力量强大，不要和它硬拼，要让对方互相牵制，从而削弱其力量。将帅靠指挥巧妙得当，用兵如神，获取胜利如同有天神相助一样。

[计名由来]

连环计，指多计并用，计计相连，环环相扣，一计累敌，一计攻敌，任何强敌，无所不破。如果敌方力量太大，就不要硬拼，要用计使其自相钳制，借以削弱敌方的战斗力。巧妙地运用谋略，就犹如天神相助。

此计的关键是要使敌人“自累”，就是互相钳制，背上包袱，使其行动不自由。这样，就给围歼敌人创造了良好的条件。

[古今战例]

陈友谅中计全军覆没

公元 1360 年，陈友谅杀徐寿辉，在采石（今安徽当涂北）自称皇帝，国号汉。他自恃兵强地广，企图联合张士诚，以东西夹击的手段，吞掉朱元璋。面对这种形势，朱元璋根据张士诚、陈友谅这两个割据势力的不同特点，决定对张士诚采取以守为攻，对陈友谅采取以攻为守的策略。因为，如果先打张士诚，陈友谅必出兵救援；若先打陈友谅，张士诚则不会轻易出兵。下定决心之后，朱元璋便把主力放在西线，以对付陈友谅。朱元璋深知制胜强敌，不能力夺，只能智取。他经过深思熟虑，决定以调虎离山之计，诱使陈友谅“出洞”。朱元璋部将康茂才是陈友谅的旧友，康茂才的老门房也曾侍奉过陈友谅，朱元璋即令康茂才派老门房带着康茂才的亲笔降书“逃”到陈友谅军中，并向陈友谅提供了许多假情报，相约陈友谅兵分三路直取应天，然后里应外合，吃掉朱元璋。陈友谅中计，便问老门房：“康将军现在何处？”回答说：“现守江东桥。”又问是石桥还是木桥？回答是木桥。遂约定：

陈友谅率军至江东桥后，以喊“老康”为号。朱元璋弄清了陈友谅进军路线和兵力分布底细，立即派胡大海攻取信州（今江西上饶市），直捣陈友谅后路，又派重兵在途中设伏，连夜把江东桥改为石桥。一切准备就绪，朱元璋即登上卢龙山亲自指挥，并规定发现敌人举红旗为号，伏兵出击举黄旗为号。陈友谅带领主力进至江东桥，发现是石桥，再喊“老康”亦无人呼应，知中计，顿时惊慌失措。此时，只见山上的黄旗一挥，霎时间伏兵四起，把陈友谅的兵马团团围住。经过一场恶战，陈友谅全军覆没，陈友谅侥幸坐上一只小船夺路而逃，从此朱元璋少了一个争霸对手。

努尔哈赤智取开原

明朝三路大军的惨败震惊了朝野上下，明朝廷在一片埋怨和混乱之中，迟迟拿不出扭转辽东危局的对策。后金汗王努尔哈赤见两个月后明朝廷对辽东局势仍未做出有力的决策，便决定乘机率军进攻开原。

开原是一座古城。“辽左三面临险，而开原孤悬一隅。”它东邻建州，西接蒙古，北界叶赫，不仅是明朝当时和蒙古、女真经济文化交流的重要场所，而且是明朝廷在辽东对抗蒙古贵族和女真贵族南进的前进堡垒。努尔哈赤要进兵辽、沈，自然要首先摧毁明朝孤悬一隅的堡垒——开原古城。

公元1619年6月10日，努尔哈赤率四万八旗兵，分奇正两路：以小股部队直奔沈阳为疑兵，沿途杀三十人、俘二十人以虚张声势；主力部队则指向靖安堡，于16日突抵开原城下。明开原守军兵无粮饷，马缺草料，腐败不堪。努尔哈赤事先就派谍工人员潜入城中，对明军内部的兵士勇怯、粮饷虚实、将吏智庸等情况了如指掌，当探知守军在城外远处牧放马匹时，便乘虚挥军突然围城。

当时，明开原守军原总兵官马林，同蒙古介赛、暖兔订有盟约，他们答应在后金进攻开原时出兵相援。马林仗蒙古有援兵来援便疏于戒备，不加设防。八旗军驰至城下，马林来不及布防，摄开原道事的推事官郑之范等慌忙登城守御，并在四门增兵。八旗军一面在南、西、北三面攻城，布战车、竖云梯，鱼贯而上，沿城冲杀，杀得城上守兵纷纷溃逃；一面布重兵于东门，进行夺门搏战。由于后金派进城里的谍工人员“开门内应”，八旗军很顺利地夺门而入。

努尔哈赤在攻占开原的这场战役上，以声东击西、乘虚攻城、步骑摧坚、里应外合的策略智取开原，为后金的进一步南进创造了条件。

第三十六计 走为上

［原文］

全师避敌，左次无咎（jiù），未失常也。

［译文］

把军队暂时撤走，避开敌人的锋芒，以退为进、待机破敌，这不违背正常的用兵法则。

［计名由来］

此计名出自《南齐书·王敬则传》："檀公三十六策，走为上计。"至宋惠洪《冷斋夜话》卷九："渊才曰：'三十六计，走为上计。'"其实，我国战争史上，早就有"走为上"计运用得十分精彩的例子。

春秋初期，楚国日益强盛，楚将子玉率师攻晋。楚国还胁迫陈、蔡、郑、许四个小国出兵，配合楚军作战。此时晋文公刚攻下依附楚国的曹国，明知晋楚之战迟早不可避免。

子玉率部浩浩荡荡向曹国进发，晋文公闻讯，分析了形势，他对这次战争的胜败没有把握，楚强晋弱，其势汹汹，他决定暂时后退，避其锋芒。对外假意说道："当年我被迫逃亡，楚国先君对我以礼相待。我曾与他有约定，将来如我返回晋国，愿意两国修好。如果迫不得已，两国交兵，我定先退避三舍。现在，子玉伐我，我当实行诺言，先退三舍（古时一舍为三十里）。"

晋文公退兵太行山

他撤退九十里，已到晋国边界城濮，仗着临黄河、靠太行山，足以御敌，并事先派人往秦国和齐国求助。

子玉率部追到城濮，晋文公早

已严阵以待。晋文公已探知楚国左、中、右三军，以右军最薄弱，右军前头为陈、蔡士兵，他们本是被胁迫而来，并无斗志。子玉命令左右军先进，中军继之。楚右军直扑晋军，晋军忽然又撤退，陈、蔡军的将官以为晋军惧怕，又要逃跑，就紧追不舍。忽然晋军中杀出一支军队，驾车的马都蒙上老虎皮。陈、蔡军的战马以为是真虎，吓得乱蹦乱跳，转头就跑，骑兵控制不住，楚右军大败。晋文公派士兵假扮陈、蔡军士，向子玉报捷："右师已胜，元师赶快进兵。"子玉登车一望，晋军后方烟尘蔽天，他大笑道："晋军不堪一击。"其实，这是晋军诱敌之计，他们在马后绑上树枝，来回奔跑，故意弄得烟尘蔽日，制造假象。子玉急命左军并力前进。晋军上军故意打着帅旗，往后撤退。楚左军又陷于晋国伏击圈内，又遭歼灭。等子玉率中军赶到，晋军三军合力，已把子玉团团围住。子玉这才发现，右军、左军都已被歼，自己已陷重围，好急令突围。虽然他在猛将大心的护卫下逃得性命，但部队伤亡惨重，只得悻悻回国。

这个故事中晋文公的几次撤退，都不是消极逃跑，而是主动退却，寻找或制造战机。所以，"走"，是上策。

又如：

春秋时期，楚国在南方诸国中，地盘较大，国力较强，所以它极力想进一步扩张势力，企图称霸诸侯。

这一年楚庄王命令大夫卢戢黎率领楚军进攻庸国，戢黎熟悉楚西境的地理人情，一举攻占了庸国的方城。但庸人集众奋力抵抗，楚军一时也不能取胜。此时戢黎部将即其子卢扬窗守方城，因麻痹大意而被庸人俘获。庸人对扬窗看守不严，三日后扬窗逃回，向戢黎报告情况说："庸国人数众多，各部齐集，都是手拿武器、身穿异服的兵士，如果我们兵少，则很难取胜。不如调集所有的主力和后备人马，一举攻入庸国，才能全歼庸军。"师叔不同意，"强攻不行，对庸国部众，应以智取，不能硬拼。可先佯作退走，有意小败几次，使庸人以为我军不堪一击，因而骄横，庸人越是胜利而骄傲、放纵，就越会激怒我军士兵，然后再等待时机进攻。"于是由他亲自率军与庸人接战，一连七仗，师叔都有意败下阵来。庸人真以为楚军不能打仗，骄傲地说："人都说楚军强悍，但不是庸人的对手！"因而戒备松懈。

楚庄王率后续楚军，亲自乘车驻到临品督战。师叔向楚庄王报告了七战七走以骄庸人的情况，并说："时机已经成熟，请大王发起攻击吧，一定能歼灭庸军。”楚庄王立即下令分两路攻打庸国。一路由子越率部从石溪（楚入庸的要道）攻入庸国，一路由子贝带兵从仞地（入庸要道）进袭。庸人因有前一段的胜利，轻敌麻痹，哪里想到楚军会有这么大的威力？子越、子贝两路夹攻，庸国国君倾全国兵力迎战，抵挡不住，节节败退。楚军长驱直入，竟破庸城，庸国被楚灭亡。

师叔以退为进，率楚军七战七走，终于赢得最后的胜利。

［古今战例］

刘伯温功成身退回故里饮酒吟诗

为朱元璋平天下、治天下、立下了汗马功劳的刘伯温在功成之后，多次上书请求告老还乡，其原因亦是主动与被动两种因素相撞促成的结果。

公元 1370 年，朱元璋授予刘伯温弘文馆学士，封开国翊运守正文臣、资善大夫、上护军、诚意伯。刘伯温为了免遭朝廷官场斗争的不测之祸，随即上书明太祖要求辞仕过隐居生活。原因有二：一是青少年立下的报国志得以实现，位至开国功臣之列；二是他生就豪爽刚正、疾恶如仇的性格，在为朱元璋出谋划策时曾得罪过不少人，像宰相李善长、胡惟庸等人，就是对明太祖朱元璋，他也常常直谏不讳。因此，他想尽早从官场的漩涡中抽出身来，激流勇退。

公元 1371 年 2 月，刘伯温回到浙江青田南田山（今浙江省文成县）故里，在乡间每日读书吟诗、饮酒弈棋，谢绝同一切官府来往，静心修养乐哉快哉。说刘伯温上书请求辞职含有被迫原因，还可以从他后来被朱元璋剥夺俸禄一事加以佐证。公元 1373 年，胡惟庸当上了丞相，他对刘伯温曾经在明太祖面前不同意自己担任丞相一事，怀恨在心，故诬陷刘伯温在故里谋占有王气之地为自己墓地，图有不轨。朱元璋因疑心极重，遂于第二年下旨剥夺了刘伯温的俸禄。刘伯温被迫忍气吞声进京说明真情，不想在京积忧成疾，公元 1375 年 3 月他重病不起，被送回乡里，一月后逝世。如果刘伯温在朱元璋登基称帝的前夕，不待封官列侯即隐退故里或山中寺院，恐怕也不至于后来遭到剥夺俸禄的冤屈。由此看来，政治斗争中的急流勇退宜早不宜迟，否则，虽辞职也难保全终身。

李泌归隐山林

唐肃宗收复京师后，李泌见肃宗。肃宗留李泌宴饮，同榻而眠。

李泌看张良娣受宠，宦官李辅国权力越来越大以及中书令崔圆三人向皇上进谗言迫害自己，于是他决定退隐山林。

当晚，李泌对肃宗说："臣已略报圣恩，请准许我作闲人。"

肃宗说："我同先生忧患多年，应与先生同乐，您为何要离去呢？"

李泌说："臣有五不可留，愿陛下让我离去，免于一死。"

肃宗说："何谓五不可留？"

李泌说："我遇陛下太早，陛下任我太重，宠任我太深，我的功劳太高，事迹太奇，有此五虑。陛下不让我走，就是杀了我。"

肃宗说："先生为何怀疑我，朕不是病狂，为何要杀先生呢？"

李泌说："正因我知陛下不会杀我，我才敢如此请求。我身具这五点，迟早会招来祸患。陛下对臣这么信任，有些话尚且不敢说，等天下安定了，我哪敢再说什么？"

肃宗说："我知道了，先生要北伐，我不听从您的建议，你生气了。"

李泌说："不是，我指建宁王一事。"

肃宗说："建宁王听小人的话，谋害兄长，想夺储位，我不得不把他赐死，先生还不知道吗？"

李泌说："建宁王若有此心，广平王必怨恨他，可广平王每次与我谈话，都说弟弟冤枉，泪如雨下。况且以前，陛下欲用建宁王为天下兵马大元帅，我请改任广平王，建宁王要是想夺太子位，必恨臣，为什么他认为我是忠心，对我更加亲善呢？"

李贤

肃宗听到此，也忍不住流泪，哭着说："先生说得对，我知道错了，但事情已经过去，我不想再听这事了。"

李泌说："我不是追究以前而是为了警戒将来。当年则天后有四子，错杀太子弘，立次子贤为太子，贤内心忧惧，作《黄台瓜辞》，想使天后感动，但则天后不予理睬。李贤被废后，死在贬所黔中。《黄台瓜辞》这样说：'种瓜黄台下，瓜熟子离离。一摘使瓜好，再摘使瓜稀，三摘尤可为，四摘抱蔓归。’陛下已摘一个瓜，千万不敢再摘了。”

肃宗惊讶地说：“我不会做出这种事的。我会把这首诗写在绅带上，时时警惕意外情况的出现。”

李泌深沉地说：“陛上记在心上就行了，何必形于外呢？”

这次谈话后，李泌即入衡山，归隐泉林去了。由于他的话受到肃宗的重视，虽然张良娣、李辅国欲伤害太子，太子最终受到保护。

李泌与汉初张良一样，功成身退，且在退出政治斗争之时，还保护了太子，因此结局圆满。太子登上皇位后，对他也十分尊重。

李泌的聪明之处在于正确认识形势，也知自己在斗争漩涡中心，所以及时抽身，远离是非。走之前还借机劝诫肃宗重视太子，避免朝廷纷争动荡。

张良功成身退专心养精修道

张良在辅佐刘邦建立汉王朝以后，自请告退，专心修道养身。促使张良激流勇退的原因主要有三个，其中既有主动的成分，也含被迫的因素。第一，张良参加刘邦反秦，主要是他的祖父、父亲曾连续任战国时韩国的宰相，但韩被秦国所灭，他要为韩报仇。当刘邦建立汉朝论功行封时，张良辞让了刘邦令其自择齐国三万户为食邑的封侯，而自请封给与刘邦相遇的留地，故称张良为留侯。张良为韩报仇灭秦的政治目的和“封万户、位列侯”的个人目标都已达到。第二，张良看到彭越、韩信等开国元勋功臣被诛杀的悲惨结局，联想到范蠡、文种兴越后或隐居或被诛杀，他深深领悟到“狡兔死，走狗烹；高鸟尽，良弓藏；敌国灭，谋臣亡”的政治哲理，生怕韩信等人的命运落到自己头上。第三，张良虽谋略过人，但身体素质较差，体弱多病，身患多种疾病，为了健身益体，故让权于人，潜心养精蓄气，延年益寿。这实在是军事谋略家高人一筹之举。

张良谏刘邦

图书在版编目(CIP)数据

图解孙子兵法·三十六计/孙武等著,崇贤书院释译.—合肥:黄山书社,2015.11

(经典传家系列丛书)

ISBN 978-7-5461-5304-9

Ⅰ.①图… Ⅱ.①孙… ②崇… Ⅲ.①兵法-中国-古代-通俗读物 Ⅳ.①E892.2-49

中国版本图书馆 CIP 数据核字(2015)第 286437 号

总 策 划 李 克
选题策划 汤吟菲 白剑峰
编辑统筹 刘 春
责任编辑 程 景
装帧设计 未 氓
责任印制 戚 帅
出版发行 时代出版传媒股份有限公司(http://www.press-mart.com)
黄山书社(http://www.hspress.cn)
地址邮编 合肥市政务文化新区翡翠路 1118 号出版传媒广场 7 层 230071
印 刷 安徽联众印刷有限公司
版 次 2016 年 3 月第 1 版
印 次 2018 年 10 月第 4 次印刷
开 本 700mm×1000mm 1/16
字 数 400 千
印 张 26
书 号 ISBN 978-7-5461-5304-9
定 价 29.80 元

服务热线 0551-63533706

销售热线 0551-63533761

官方直营书店(http://hsssbook.taobao.com)